Cloud-Service-Zertifizierung

Sebastian Lins · Stephan Schneider
Ali Sunyaev

Cloud-Service-Zertifizierung

Ein Rahmenwerk und
Kriterienkatalog zur
Zertifizierung von Cloud-Services

2., aktualisierte und erweiterte Auflage

 Springer Gabler

Sebastian Lins
Karlsruher Institut für Technologie (KIT)
Karlsruhe, Deutschland

Stephan Schneider
Karlsruher Institut für Technologie (KIT)
Karlsruhe, Deutschland

Ali Sunyaev
Karlsruher Institut für Technologie (KIT)
Karlsruhe, Deutschland

ISBN 978-3-662-58856-7   ISBN 978-3-662-58857-4 (eBook)
https://doi.org/10.1007/978-3-662-58857-4

Die Deutsche Nationalbibliothek verzeichnet diese Publikation in der Deutschen Nationalbibliografie; detaillierte bibliografische Daten sind im Internet über http://dnb.d-nb.de abrufbar.

Springer Gabler

Springer Gabler ist ein Imprint der eingetragenen Gesellschaft Springer-Verlag GmbH, DE und ist ein Teil von Springer Nature.
Die Anschrift der Gesellschaft ist: Heidelberger Platz 3, 14197 Berlin, Germany

Vorwort

Cloud-Computing hat im vergangenen Jahrzehnt ein großes mediales Interesse hervorgerufen. Für Anbieter von IT-Services ergeben sich neue Geschäftsmodelle, indem beispielsweise Softwareanwendungen als Services über das Internet vertrieben werden und durch nutzungsbasierte Kostenabrechnung Einstiegsbarrieren entfallen. Ebenso ergeben sich für regional orientierte, mittelständische IT-Anbieter Möglichkeiten, ihr Angebot über Cloud-Plattformen anzubieten und damit eine breitere Kundenschicht zu erreichen. Für Anwender bietet Cloud-Computing die Möglichkeit, stets aktuelle IT-Ressourcen bei hoher Flexibilität mit geringen Investitionskosten zu beziehen und sich dabei auf ihr Kerngeschäft konzentrieren zu können. Dies ist insbesondere für kleine und mittelständische Unternehmen (KMU) interessant, da diese im Vergleich zu Großunternehmen häufig mit begrenzten Ressourcen arbeiten und durch Cloud-Computing von Skaleneffekten profitieren können.

Neben diesen Vorteilen bringt Cloud-Computing aber auch neue Herausforderungen mit sich. Dazu gehören unter anderem Themen wie Rechtssicherheit beim Auslagern von Daten in andere Rechtsräume, Performanz beim Bezug von IT-Ressourcen über das Internet sowie die Integrationsfähigkeit von standardisierten Services mit einer ggf. über Jahre gewachsenen IT-Landschaft in Unternehmen. IT-Anwender geben zwar ressourcenintensive Aufgaben wie Entwicklung und Wartung von IT-Ressourcen ab, damit einhergehend geben sie jedoch auch die Kontrolle über IT-Sicherheit, Verfügbarkeit und Datenschutz ab und müssen bei deren Einhaltung auf den Cloud-Service-Anbieter vertrauen. Des Weiteren wird die breitenwirksame Nutzung von Cloud-Services durch eine am Markt vorherrschende Informationsasymmetrie gehemmt. Sie erschwert es einerseits Anwendern, Cloud-Services hinsichtlich ihrer individuellen Vorteilhaftigkeit und den

verbundenen Risiken umfassend zu bewerten, und andererseits Anbietern ihr Ser-
viceangebot an den Bedürfnissen potenzieller Kunden auszurichten. Es ist daher
eine Grundvoraussetzung für die breitenwirksame Nutzung und Entwicklung innovativer Cloud-Angebote, den Informationsaustausch zwischen Cloud-Service-
Anbietern und Cloud-Service-Kunden zu fördern.

Um diese und weitere Herausforderungen zu adressieren, hat das Bundesministerium für Wirtschaft und Technologie das Technologieprogramm Trusted Cloud
(www.trusted-cloud.de) als Bestandteil der Hightech-Strategie der Bundesregierung im Jahr 2010 ins Leben gerufen. Das Ziel des Technologieprogramms Trusted
Cloud ist die Entwicklung und Erprobung innovativer, sicherer und rechtskonfor-
mer Cloud-Computing-Lösungen, von denen insbesondere der deutsche Mittel-
stand profitieren soll. Dabei liegt ein besonderer Fokus darauf, Technologien und
Dienste zu entwickeln, die Transparenz am Markt schaffen, eine einheitliche Bewertung und Beurteilung von Cloud-Services ermöglichen und somit das Vergleichen von Angeboten erleichtern.

Für den Vergleich von Cloud-Angeboten haben sich über die Jahre verschiedene
Vergleichsportale und Marktplätze etabliert. Jedoch finden insbesondere mittelständische Cloud-Service-Anbieter auf bestehenden elektronischen Marktplätzen
nur bedingt Gehör bei potenziellen Kunden. Kriterien wie bspw. Unternehmens-
größe, Reputation oder Umsatz des Cloud-Service-Anbieters haben oft maßgebli-
chen Einfluss auf die Anbieterauswahl. Dies erschwert es kleineren Cloud-Service-
Anbietern sich am Markt zu etablieren. Bewertungen der Cloud-Servicequalität
durch unabhängige Prüfinstitutionen können hier Abhilfe schaffen. Insbesondere
Cloud-Kunden mit begrenzten Ressourcen können durch unabhängige Bewertungen von Cloud-Services verlässliche Informationen über die zu erwartende Servicequalität erlangen und diese in den Auswahlprozess einbeziehen.

Das Projekt „Value4Cloud" setzt hier an und hat marktunterstützende Mehrwertdienste für Cloud-Services entwickelt, die auf bestehenden Marktplätzen und Infor-
mationsportalen eingebunden werden können. Value4Cloud ist eines von 14 geförder-
ten Projekten im Rahmen des Trusted-Cloud-Technologieprogramms. Value4Cloud
zielt unter anderem darauf ab, mittelständische Anwender bei der Bewertung von
Qualitätsaspekten von Cloud-Services umfassend zu unterstützen, um Vertrauen in
Services und Anbieter zu fördern. Aus dem Projekt Value4Cloud gehen Informationen
und Werkzeuge hervor, die das Vertrauen potenzieller Anwender stärken und technische, organisatorische sowie rechtliche Hemmnisse abbauen.

Im Kontext des Forschungsprojekts Value4Cloud haben die Autoren dieses
Buchs ein Rahmenwerk zur Zertifizierung von Cloud-Services entwickelt. Die wesentlichen Bestandteile dieses Rahmenwerks bilden Gestaltungsempfehlungen für

Cloud-Service-Zertifizierungen und einen Kriterienkatalog zur Zertifizierung von Cloud-Services, welche in diesem Buch vorgestellt werden. Es zeigt sich, dass Zertifizierungen zur Adressierung bestehender Probleme im Cloud-Service-Markt beitragen können, indem sie Vertrauen schaffen, die Transparenz von Cloud-Services erhöhen, und es Cloud-Service-Anbietern ermöglichen, eingesetzte Systeme und Prozesse zu verbessern.

Der in diesem Buch vorgestellte Kriterienkatalog zur Zertifizierung von Cloud-Services, aber auch bestehende Zertifizierungen am Markt, bspw. das *„Star Audit"* von EuroCloud, suggerieren ein hohes Maß an Sicherheit, Verfügbarkeit und Compliance, bei einer Gültigkeit von ein bis drei Jahren. Aufgrund der inhärenten Dynamik und der ständigen (technischen) Weiterentwicklung von Cloud-Services, werden jedoch hohe Anforderungen an Zertifizierungen gestellt. Daher ist eine langjährige Gültigkeit im Cloud-Computing-Umfeld kritisch zu betrachten. Die Einhaltung bestimmter Anforderungen und Kriterien kann über diesen Zeitraum gefährdet sein, bspw. durch das Auftreten von schwerwiegenden Sicherheitsvorfällen oder Änderungen an der Konfiguration des Cloud-Services.

Um die Glaubwürdigkeit ausgestellter Zertifikate zu erhöhen, und um kontinuierlich sicherzustellen, dass Cloud-Services sicher und zuverlässig angeboten werden, hat das Bundesministerium für Bildung und Forschung fünf Projekte in dem Forschungsbereich „Sicheres Cloud Computing" im Rahmen der Hightech-Strategie der Bundesregierung gefördert und initiiert. Das Projekt „Next Generation Certification" (NGCert; www.ngcert.de) beschäftigt sich mit der Forschung und Entwicklung dynamischer Zertifizierungen für Cloud-Services, die es ermöglichen kritische Anforderungen an Cloud-Services kontinuierlich und (teil-)automatisiert zu überprüfen. Im Kontext des Forschungsprojekts NGCert haben die Autoren dieses Buchs Grundlagen, Metriken, Messmethoden und Gestaltungsrichtlinien zur kontinuierlichen und (teil-)automatisierten Zertifizierung von Cloud-Services erarbeitet und Akzeptanzstudien mit relevanten Akteuren am Markt durchgeführt. Die Ergebnisse dieser Forschung werden in diesem Buch zusammengefasst vorgestellt.

Das Buch richtet sich insbesondere an (potenzielle) Kunden von Cloud-Services, Anbieter von Cloud-Services sowie Anbieter von Cloud-Service-Zertifizierungen. Es dient (potenziellen) Cloud-Service-Kunden als Kriterienkatalog und Entscheidungshilfe, um Cloud-Angebote zu bewerten, vergleichen und auszuwählen. Zudem zeigt es den Bedarf und den Mehrwert für Cloud-Service-Kunden von kontinuierlichen Zertifizierungen auf. Es dient Cloud-Service-Anbietern als Kriterienkatalog zum Self-Assessment und zur Verbesserung eigener Services. Durch die Einführung einer kontinuierlichen Zertifizierung werden Vorteile für Cloud-Service-Anbieter aufgezeigt, Maßnahmen zur Teilnahme an einer kontinuierlichen Zertifizierung vorgestellt und Lösungsansätze zur Bewältigung möglicher Herausforderungen bei einer Teilnahme diskutiert. Außerdem dient das Buch Anbietern von Cloud-Service-Zertifizierungen als Kriterienkatalog und Rahmenwerk zur Beurteilung und zur Verbesserung des eigenen Kriterienkatalogs und Zertifizierungsrahmenwerks. Durch die umfassende Einführung und Diskussion von kontinuierlichen Zertifizierungsverfahren wird diesen Anbietern zudem aufgezeigt, wie sie zukünftig ihre Prozesse zur Überprüfung automatisieren können, um eine neue Generation von transparenten und fortlaufend gültigen Zertifizierungen anbieten zu können.

Wir möchten den Value4Cloud- und NGCert-Projektkonsortien für die hervorragende Zusammenarbeit in den Projekten danken: Fortiss und dem Lehrstuhl für Wirtschaftsinformatik, Technische Universität München (Prof. Dr. Helmut Krcmar), Universität Kassel (Prof. Dr. Jan-Marco Leimeister, Prof. Dr. Alexander Roßnagel), SpaceNet (Sebastian von Bomhard), Gate – Technologiezentrum und Gründerzentrum gate Garching (Dr. Franz Glatz), Universität Passau (Prof. Dr. Hermann de Meer), Fujitsu Technology Solutions (Britta Laatzen), EuroCloud Deutschland_eco e.V. und eco – Verband der Internetwirtschaft (Andreas Weiss, Christine Neubauer). Für die Mitarbeit und Unterstützung bei der Ausarbeitung des Kriterienkatalogs möchten wir uns beim TÜV Rheinland sowie weiteren Feld- und Transferpartnern bedanken. Ebenso möchten wir uns bei Jens Lansing, Heiner Teigeler, Scott Thiebes und Fangjian Gao für ihre Mitarbeit bedanken.

Die diesem Buch zugrunde liegenden Vorhaben Value4Cloud und NGCert wurden mit Mitteln des Bundesministeriums für Wirtschaft und Technologie unter dem Förderkennzeichen 01MD11043A, und Mitteln des Bundesministeriums für Bildung und Forschung unter dem Förderkennzeichen 16KIS0079 gefördert. Die Vorhaben und die Ergebnisse des Buches fließen auch in aktuelle Forschungsprojekte des Karlsruher Instituts für Technologie ein. So wird im Projekt AUDITOR (www.auditor-cert.de) eine Datenschutzzertifizierung für Cloud-Services entwickelt und berücksichtigt erstmals die kontinuierliche Überprüfung von Zertifizierungskriterien.

Sebastian Lins
Dr. Stephan Schneider
Prof. Dr. Ali Sunyaev

Inhaltsverzeichnis

Einleitung

1

Zusammenfassung

Dieses Kapitel motiviert die Relevanz von (kontinuierlichen) Cloud-Service-Zertifizierungen und beschreibt den Beitrag des Buches.

Cloud-Computing ist ein zentraler Wachstumsmotor und Innovationstreiber, welcher bereits die gesamte IT-Branche nachhaltig verändert hat (Benlian et al. 2018). Cloud-Computing beschreibt die bedarfsgerechte und flexible Bereitstellung und Nutzung von IT-Ressourcen als Service über das Internet (aus der „Wolke"). IT-Ressourcen können sich dabei auf Software (Software as a Service), Plattformen für die Entwicklung und den Betrieb von Anwendungen (Platform as a Service) sowie Infrastruktur in Form von Speicher und Rechenleistung (Infrastructure as a Service) beziehen (Mell und Grance 2011). Das Cloud-Computing-Ökosystem ist jedoch durch Unsicherheiten und einem Mangel an Transparenz geprägt (Sunyaev und Schneider 2013; Fernandes et al. 2014) und die Adoption von Cloud-Services ist durch Hemmschwellen wie bspw. Sicherheitsrisiken, Kontrollverlust über die eigenen Daten, und intransparente Preismodellen erschwert (Schneider und Sunyaev 2016). Kunden haben es weiterhin schwer, Cloud-Services hinsichtlich ihrer individuellen Vorteile und den verbundenen Risiken umfassend zu bewerten.

In diesem Zusammenhang können Zertifizierungen von Cloud-Services Entscheidungsträger bei der Auswahlentscheidung unterstützen, Transparenz am Markt schaffen, Vertrauen und Akzeptanz auf der Kundenseite erhöhen sowie es Cloud-Service-Anbietern ermöglichen, ihre Systeme und Prozesse zu überprüfen

© Springer-Verlag GmbH Deutschland, ein Teil von Springer Nature 2019
S. Lins et al., *Cloud-Service-Zertifizierung*,
https://doi.org/10.1007/978-3-662-58857-4_1

und zu verbessern (Sunyaev und Schneider 2013; Lins et al. 2016). In diesem Buch werden Forschungsergebnisse von zwei dreijährigen Forschungsprojekten vorgestellt. Zum einen das Forschungsprojekt „Value4Cloud" das vom Bundesministerium für Wirtschaft und Technologie im Rahmen des Technologieprogramms „Trusted Cloud" gefördert wurde. Im Kontext des Forschungsprojekts „Value4Cloud" haben die Autoren ein Rahmenwerk zur Zertifizierung von Cloud-Services entwickelt, das praxisnahe Gestaltungsempfehlungen für Cloud-Service-Zertifizierungen beschreibt. Zum anderen das Forschungsprojekt „Next Generation Certification" (NGCert) das vom Bundesministerium für Bildung und Forschung in dem Forschungsbereich „Sicheres Cloud Computing" im Rahmen der Hightech-Strategie der Bundesregierung gefördert wurde. Im Rahmen von NGCert haben die Autoren dieses Buchs Grundlagen, Metriken, Messmethoden und Gestaltungsrichtlinien zur kontinuierlichen und (teil-)automatisierten Zertifizierung von Cloud-Services erarbeitet und Akzeptanzstudien mit relevanten Akteuren am Markt durchgeführt. Die Ergebnisse dieser Forschung werden in diesem Buch zusammengefasst vorgestellt.

Dieses Buch adressiert insbesondere die Problematik, dass Kriterienkataloge von Cloud-Service-Zertifizierungen von den meisten Anbietern von Zertifizierungen als proprietäres Eigentum behandelt werden und daher nur auf einem sehr abstrakten Level veröffentlicht sind. Somit müssen Cloud-Kunden nicht nur den Cloud-Service vertrauen, sondern auch in die Umfänglichkeit der Zertifizierung. Wenn Cloud-Kunden sehr spezifische Anforderungen haben, reicht ein solch abstraktes Informationslevel jedoch nicht aus. Ob spezifische Anforderungen von Cloud-Kunden im Rahmen der Zertifizierung überprüft worden sind, ist somit nicht immer ersichtlich. Dieses Buch stellt eine umfangreiche Sammlung von Kriterien zur Zertifizierung von Cloud-Services mit Gestaltungsempfehlungen für Cloud-Service-Zertifizierungen bereit. Es dient somit als zentrales Nachschlagewerk für (potenzielle) Kunden von Cloud-Services, Anbieter von Cloud-Services sowie Anbieter von Cloud-Service-Zertifizierungen. Potenzielle Cloud-Service-Kunden können den Kriterienkatalog als Entscheidungshilfe heranziehen, um Cloud-Angebote zu bewerten, vergleichen und auszuwählen. Der Kriterienkatalog kann dazu verwendet werden, Anforderungslisten für Cloud-Services zu erstellen bzw. existierende Listen zu ergänzen. Als umfassende Anforderungsliste, die auf etablierten Cloud-Standards aufbaut und mit Experten aus dem Cloud-Umfeld praxisnah geschärft wurde, können insbesondere kleine und mittelständische Unternehmen, die noch wenig Erfahrungen im Cloud-Umfeld gesammelt haben, auf einer umfangreichen und soliden Basis Cloud-Services vergleichen und vermeiden somit, dass eventuell wichtige sicherheitskritische oder regulatorische Anforderungen übersehen werden. Die Gestaltungsempfehlungen können dazu herangezogen werden, Cloud-Service-Zertifikate aus Kundensicht zu bewerten und bspw. Cloud-Services zu vergleichen, die mit unterschiedlichen Zertifikaten zertifiziert worden sind. Cloud-Service-Anbieter können den Kriterienkatalog zum Self-Assessment und zur Verbesserung eigener Services nutzen sowie zur Vorbereitung auf eine Auditierung ihrer Services. Dazu bietet der Kriterienkatalog in diesem Buch eine konkrete Anwendungsrichtlinie, in der beschrieben wird, welche Anforderungen von Cloud-Services erfüllt werden müssen und welche technischen, organisatorischen und rechtlichen Rahmenbedingungen zu beachten sind. Cloud-Service-Zertifizierungsanbietern dienen der Kriterienkatalog und die Gestaltungsempfehlungen zum Assessment und zur Verbesserung des eigenen Kriterienkatalogs und Zertifizierungsrahmenwerks.

Ferner adressiert dieses Buch die Problematik, dass eine langjährige Gültigkeit von Zertifizierungen im Cloud-Computing-Umfeld aufgrund von inhärenter Dynamik und der ständigen (technischen) Weiterentwicklung von Cloud-Services kritisch zu betrachten ist. Insbesondere kann die Einhaltung bestimmter Anforderungen und Kriterien über die Gültigkeitsdauer der Zertifizierungen von ein bis drei Jahren gefährdet sein, bspw. durch das Auftreten von schwerwiegenden Sicherheitsvorfällen oder Änderungen an der Konfiguration des Cloud-Services. Um die Glaubwürdigkeit ausgestellter Zertifikate zu erhöhen und um kontinuierlich sicherzustellen, dass Cloud-Services sicher und zuverlässig angeboten werden, stellt dieses Buch daher Grundlagen für kontinuierliche Zertifizierungen von Cloud-Services dar, welches es ermöglichen kritische Anforderungen an Cloud-Services kontinuierlich und (teil-)automatisiert zu überprüfen. Dabei zeigt es den Bedarf und den Mehrwert von kontinuierlichen Zertifizierungen für Cloud-Service-Kunden auf. Ferner werden Vorteile für Cloud-Service-Anbieter aufgezeigt, Maßnahmen zur Teilnahme an einer kontinuierlichen Zertifizierung vorgestellt und Lösungsansätze zur Bewältigung möglicher Herausforderungen bei einer Teilnahme diskutiert. Außerdem unterstützt das Buch durch die umfassende Einführung und Diskussion von kontinuierlichen Zertifizierungsverfahren die Anbieter von Cloud-Service-Zertifizierungen, indem aufgezeigt wird, wie sie zukünftig ihre Prozesse zur Überprüfung automatisieren können, um eine neue Generation von transparenten und fortlaufend gültigen Zertifizierungen anbieten zu können. Die Forschungsergebnisse dieses Buches adressieren somit die Marktteilnehmer im Cloud-Service-Zertifizierungsumfeld ganzheitlich und tragen dadurch zur Steigerung der Transparenz am Cloud-Markt bei.

Dieses Buch ist wie folgt aufgebaut. Im Kap. 2 werden zunächst die Grundlagen zum Cloud-Computing und zur Zertifizierung von Cloud Services erläutert. In Kap. 3 werden Gestaltungsempfehlungen für Cloud-Service-Zertifizierungen beschrieben. Kap. 4 beschreibt den detaillierten Kriterienkatalog zur Zertifizierung von Cloud-Services. Kap. 5 führt in die Durchführung von kontinuierlichen Zertifizierungsverfahren ein und Kap. 6 beschreibt Rahmenbedingungen und Anforderungen an diese Verfahren. Kap. 7 beschreibt Metriken und Messverfahren zur automatisierten Beurteilung von Zertifizierungskriterien, während Kap. 8 das monitoring-basierte Zertifizierungsverfahren im Detail betrachtet. Kap. 9 schließt mit einem Ausblick auf das Marktpotenzial von kontinuierlichen Zertifizierungen. Kap. 10 schließt dieses Buch mit einem Fazit und einem Ausblick ab. Die Vorgehensweise zur Herleitung des Kriterienkatalogs ist im Anhang beschrieben.

Literatur

Benlian A, Kettinger WJ, Sunyaev A, Winkler TJ (2018) The transformative value of cloud computing: a decoupling, platformization, and recombination theoretical framework. J Manag Inf Syst 35(3):719–739. https://doi.org/10.1080/07421222.2018.1481634

Fernandes DB, Soares LB, Gomes J, Freire M, Inácio PM (2014) Security issues in cloud environments: a survey. Int J Inf Secur 13(2):113–170. https://doi.org/10.1007/s10207-013-0208-7

Lins S, Grochol P, Schneider S, Sunyaev A (2016) Dynamic certification of cloud services: trust, but verify! IEEE Secur Priv 14(2):67–71. https://doi.org/10.1109/MSP.2016.26

Mell P, Grance T (2011) SP 800-145. The NIST definition of cloud computing: recommendations of the National Institute of Standards and Technology. https://doi.org/10.6028/NIST.SP.800-145

Schneider S, Sunyaev A (2016) Determinant factors of cloud-sourcing decisions: reflecting on the IT outsourcing literature in the era of cloud computing. J Inf Technol 31(1):1–32. https://doi.org/10.1057/jit.2014.25

Sunyaev A, Schneider S (2013) Cloud services certification. Commun ACM (CACM) 56(2):33–36. https://doi.org/10.1145/2408776.2408789

Grundlagen zur Zertifizierung von Cloud-Services

2

Zusammenfassung

In diesem Kapitel werden die Grundlagen zu Cloud-Computing und der Zertifizierung von Cloud-Services kurz erläutert. Es werden die grundlegenden Charakteristiken des Cloud-Computings, die Service- und Bereitstellungsmodelle beschrieben sowie Risiken beim Einsatz von Cloud-Services erörtert. Anschließend wird eine kurze Einführung zur Zertifizierung von Cloud-Services gegeben, in welcher der Nutzen von Zertifizierungen für Cloud-Service-Anbieter und -Kunden dargelegt wird, gefolgt von einer Marktübersicht zu existierenden Cloud-Service-Zertifizierungen.

2.1 Cloud-Computing

In der Fachliteratur existieren eine Vielzahl von Definitionen und Erklärungsansätzen von Cloud-Computing (Leimeister et al. 2010; Marston et al. 2011). Dabei hat sich die Definition des National Institute of Standards and Technology (NIST) in der Fachwelt als Grundlage etabliert. Nach dieser Definition bezeichnet Cloud-Computing ein Modell, welches einen flexiblen und bedarfsorientierten Zugriff auf eine gemeinsam genutzte Sammlung von konfigurierbaren IT-Ressourcen ermöglicht, die über das Internet oder einem Netzwerk abgerufen werden (Mell und Grance 2011). Darunter fällt beispielsweise der Zugriff auf Netzwerke, Server, Speicher oder Anwendungen. Cloud-Services werden mit minimalem Managementaufwand und geringer Interaktion mit dem Cloud-Service-Anbieter schnell

© Springer-Verlag GmbH Deutschland, ein Teil von Springer Nature 2019   5
S. Lins et al., *Cloud-Service-Zertifizierung*,
https://doi.org/10.1007/978-3-662-58857-4_2

bereitgestellt und können möglichst automatisch an den individuellen Bedarf der Cloud-Service-Kunden angepasst werden. Ferner zeichnet sich Cloud-Computing durch fünf spezielle Charakteristiken aus und man unterscheidet drei Service- und sechs Bereitstellungsmodelle. Diese werden im Folgenden erläutert.

2.1.1 Charakteristiken

Die für Cloud-Computing kennzeichnenden Charakteristiken sind der bedarfsgerechte Zugriff, eine Netzwerkanbindung, die Möglichkeit zur Ressourcenbündelung, eine hohe Skalierbarkeit und eine verbrauchsabhängige Bezahlung (Mell und Grance 2011).

Bedarfsgerechter Zugriff (On-demand Self-service)
Der bedarfsgerechte Zugriff ermöglicht es Cloud-Service-Kunden selbstständig und nahezu unmittelbar Leistungsparameter der in Anspruch genommenen Cloud-Services anzupassen. Dies kann insbesondere automatisch und ohne menschliche Interaktion mit den jeweiligen Cloud-Service-Anbietern durchgeführt werden. So ist es beispielsweise möglich, je nach aktuellem Bedarf, erhaltene Rechen-, Speicher- oder Bandbreitenkapazitäten zu erhöhen oder zu reduzieren.

Netzwerkanbindung (Broad Network Access)
Cloud-Services werden über ein Breitbandnetzwerk bereitgestellt, in der Regel über das Internet. Cloud-Services nutzen standardisierte Kommunikationsschnittstellen und können mit einer Vielzahl von Endgeräten benutzt werden, darunter beispielsweise Smartphones, Tablets oder Laptops.

Ressourcenbündelung (Resource Pooling)
Die vom Cloud-Service-Anbieter bereitgestellten Ressourcen werden durch eine Multi-Mandanten-Architektur von mehreren Cloud-Service-Kunden gleichzeitig genutzt. Dabei werden die physischen und virtuellen Ressourcen je nach Bedarf dynamisch den verschiedenen Cloud-Service-Kunden zugeteilt. Cloud-Service-Kunden können hierbei nicht immer den exakten Standort feststellen, an dem sich die genutzten Ressourcen befinden. Jedoch ist eine grobe Eingrenzung hinsichtlich des Landes, der Region oder des Rechenzentrums in einigen Fällen möglich.

Skalierbarkeit (Rapid Elasticity)
Bereitgestellte Ressourcen können flexibel und schnell, in einigen Fällen vollautomatisch, erhöht oder freigegeben werden, um so die Ressourcen auf den aktuellen

Bedarf abzustimmen. Unter anderem deshalb entsteht für den Cloud-Service-Kunden der Eindruck, dass Ressourcen nahezu unbegrenzt scheinen und zu jeder Zeit in jedem Ausmaß verfügbar sind.

Verbrauchsabhängige Bezahlung (Measured Service)
Um Cloud-Services messbar und transparent zu gestalten, kontrollieren und optimieren Cloud-Services den Ressourcenverbrauch anhand von serviceabhängigen Kennzahlen, beispielsweise dem Speicherplatz, der Rechenleistung oder der Bandbreite. Dadurch kann eine bedarfsgerechte Abrechnung angeboten und durchgeführt werden. Zudem wird die Ressourcennutzung überwacht, kontrolliert, protokolliert und kommuniziert, sodass sowohl für den Cloud-Service-Kunden, als auch für den Cloud-Service-Anbieter, Transparenz über die Nutzung geschaffen wird.

2.1.2 Service-Modelle

Im Cloud-Computing kann ferner zwischen den drei grundlegenden Service-Modellen Software as a-Service (SaaS), Platform as a Service (PaaS) sowie Infrastructure as a Service (IaaS) unterschieden werden (Mell und Grance 2011).

Software as a Service
Der Cloud-Service-Kunde kann mittels verschiedener Geräte entweder über ein Thin-Client-Interface, beispielsweise einem Web-Browser, oder über ein entsprechendes Anwendungsinterface auf angebotene Softwareanwendungen zugreifen. Der Cloud-Service-Kunde hat hierbei keine Kontrolle über die zugrunde liegende Cloud-Infrastruktur, sondern kann nur spezifische Anwendungseinstellungen vornehmen.

Platform as a Service
Der Cloud-Service-Kunde kann selbstentwickelte oder erworbene Anwendungen auf der Cloud-Infrastruktur des Cloud-Service-Anbieters installieren und betreiben. Hierzu werden Programmiersprachen, Programmbibliotheken oder weitere vom Cloud-Service-Anbieter unterstützte Dienste und Werkzeuge genutzt. Ähnlich wie bei dem Software-as-a-Service-Modell hat der Cloud-Service-Kunde keine Kontrolle über die zugrunde liegende Cloud-Infrastruktur. Auf der anderen Seite kann er eigene installierte oder ausgeführte Anwendungen verwalten und kann gegebenenfalls eine limitierte Anzahl von Einstellungen in der entsprechenden technischen Anwendungsumgebung durchführen.

Infrastructure as a Service

Der Cloud-Service-Kunde erhält Zugang zu Hardwareressourcen des Cloud-Service-Anbieters, darunter fallen beispielsweise Rechenleistung, Speicherkapazitäten oder Netzwerke. Diese kann er zur Installation und zum Betrieb beliebiger Software verwenden, beispielsweise Betriebssysteme oder Anwendungen. Ihm obliegt die Kontrolle über Betriebssysteme, Speicher und installierten Anwendungen, gegebenenfalls auch über ausgewählte Netzwerkressourcen, beispielsweise über Firewalls, jedoch nicht über die zugrunde liegende Cloud-Infrastruktur.

Darüber hinaus finden sich in der Praxis und Literatur eine Vielzahl von weiteren Service-Modellen, beispielsweise Database as a Service oder Security as a Service. Tab. 2.1 listet beispielhaft weitere Service-Modelle auf und ordnet sie den grundlegenden Modellen Infrastructure, Platform und Software as a Service zu. Im Folgenden wird nur zwischen diesen drei Modellen unterschieden.

Diese Service-Modelle repräsentieren gemeinsam den technischen Grundansatz von Cloud-Computing, in dem Software, Plattform und Infrastruktur als aufeinander aufbauende Schichten verstanden werden (sogenannter ‚Cloud-Stack‘). Hierbei ermöglicht und unterstützt die Infrastruktur eine Plattform, während eine Plattform zur Ausführung von Software genutzt wird. Basierend auf dem Cloud-Stack können die Einflussmöglichkeiten des Cloud-Service-Kunden und des -Anbieters für die grundlegenden Cloud-Service-Modelle detailliert beschrieben werden. Tab. 2.2 stellt die Einflussmöglichkeiten schematisch dar.

In Tab. 2.2 wird deutlich, dass bei der Nutzung eines SaaS-Dienstes, der Cloud-Service-Kunde keine technischen Änderungsmöglichkeiten beim Cloud-Service hat. Es ist lediglich möglich, dass ein Cloud-Service-Kunde gewisse Konfigurationen oder Einstellungen bei bezogenen Cloud-Anwendungen durchführen kann, wie beispielsweise das Ein- und Ausschalten gewisser Funktionalitäten oder das Anpassen von grafischen Benutzeroberflächen. Zudem sei anzumerken, dass der Cloud-Service-Nutzer Sorge zu tragen hat, dass die Cloud-Anwendung sicher und

Tab. 2.1 Weitere Cloud-Service-Modelle und deren Zuordnung zu den grundlegenden Service-Modellen Software, Platform und Infrastructure as a Service

Service-Modell	Grundlegende Service-Modelle			Beispielhafte Literatur
	SaaS	PaaS	IaaS	
Security as a Service	•	–	–	Sharma et al. (2016)
Search as a Service	•	–	–	Dašić et al. (2016)
Testing as a Service	–	•	–	Linthicum (2009)
Database as a Service	–	•	–	Linthicum (2009)
Network as a Service	–	–	•	Soares et al. (2011)
Rendering as a Service	–	–	•	Annette et al. (2015)

Tab. 2.2 Einflussmöglichkeiten nach dem Schichtenmodell, adaptiert von Singh et al. (2016); European Network and Security Agency (2012)

Akteur	IaaS	PaaS	SaaS	Beschreibung der Schicht
Cloud-Service-Kunde	Sichere Anwendungsnutzung			Der Cloud-Service-Kunde ist für eine sichere Nutzung der Anwendung verantwortlich.
	Nutzerspezifika			Kundenindividuelle Einstellungen oder Konfigurationen von genutzten Anwendungen.
	Anwendung		Anwendung	Angebotene Softwarelösungen.
	Softwaresicherheit		Softwaresicherheit	Mechanismen zur Erhöhung der Sicherheit von angebotenen Anwendungen.
	Administration und Support der Software		Administration und Support der Software	Administration der angebotenen Software sowie Behandlung von Support-Anfragen durch den Cloud-Service-Kunden.
	Betriebssystem	Betriebssystem	Betriebssystem	Grundlegende Software zum Betrieb von Anwendungen.
	Laufzeitumgebung	Laufzeitumgebung	Laufzeitumgebung	Die Laufzeitumgebung führt Applikationen aus, für welche die Laufzeitumgebung geeignet ist.
	Datenbank	Datenbank	Datenbank	Software zur Verwaltung und Strukturierung von Daten.
	Plattformsicherheit	Plattformsicherheit	Plattformsicherheit	Mechanismen zur Erhöhung der Sicherheit von angebotenen Plattformen.
	Administration und Support der Plattform	Administration und Support der Plattform	Administration und Support der Plattform	Administration der angebotenen Plattform sowie Behandlung von Support-Anfragen durch den Cloud-Service-Kunden.
	Virtuelle Maschinen	Virtuelle Maschinen	Virtuelle Repräsentation von Rechnerressourcen wie bspw. Server oder CPUs.
Cloud-Service-Anbieter	Virtualisierungsschicht	Virtualisierungsschicht		Mechanismen zur Erstellung und Verwaltung von Virtuellen Maschinen.
	Berechnungskomponenten	Berechnungskomponenten		Komponenten zur Durchführung von Berechnungen oder Verarbeitung von Daten im Cloud-Service.
	Speicher	Speicher		Mechanismen zur Speicherung von Daten.
	Netzwerk	Netzwerk		Mechanismen zum Transport von Daten.
	Infrastruktur-sicherheit	Infrastruktursicherheit		Mechanismen zur Erhöhung der Sicherheit von angebotenen Ressourcen.
	Administration und Support für die Infrastruktur	Administration und Support für die Infrastruktur		Administration der angebotenen Infrastruktur sowie Behandlung von Support-Anfragen durch den Cloud-Service-Kunden.
	Hardware			Die physische Hardware zur Erbringung des Cloud-Services.
	Gebäude, Einrichtung und Equipment			Die physische Einrichtung des Cloud-Service.
	Konnektivität- und Netzanbindung			Die physische Konnektivität des Rechenzentrums.
	Rechenzentrumsicherheit			Mechanismen zur Erhöhung der Sicherheit des Rechenzentrums, darunter Gebäudeverantwortliche mit Wachpersonal und physische Sicherungssysteme.

Legende:

Cloud-Service-Kunde	IaaS-Kerngeschäft
SaaS-Kerngeschäft	Full-Stack-Anbieter oder Sub-Provider
PaaS-Kerngeschäft	

konform genutzt wird. Zum Kerngeschäft des SaaS-Anbieters gehören die Entwicklung, der Betrieb und die Administration der Softwareanwendung sowie die Sicherstellung der Softwaresicherheit.

Im Falle eines PaaS-Dienstes betreibt ein Cloud-Service-Kunde eigene Anwendungen auf einer angebotenen Cloud-Plattform. Somit ist der Cloud-Service-Kunde für die Erstellung und den Betrieb der Anwendungen verantwortlich. Zudem muss der Cloud-Service-Kunde die Sicherheit der Anwendung verantworten, um beispielsweise Cross-Site-Scripting oder Softwareschwachstellen zu verhindern. Zum Kerngeschäft des PaaS-Anbieters gehören die Entwicklung, der Betrieb und die Administration der Plattform (beispielsweise der angebotenen Betriebssysteme oder Datenbanken) sowie die Sicherstellung der Plattformsicherheit.

Beim Angebot eines IaaS-Dienstes ist der Cloud-Service-Anbieter für die korrekte und sichere Virtualisierung und die Bereitstellung der notwendigen physischen Ressourcen zuständig. Ein Cloud-Service-Kunde trägt die Verantwortung über angemietete Virtuelle Maschinen und darauf ausgeführten Anwendungen, Datenbanken, Betriebssystemen und Laufzeitumgebungen. Zudem übernimmt der Cloud-Service-Kunde die Verantwortung über Software- und Plattformsicherheit. Die notwendige physische Hardware, Einrichtungen und Equipment können durch einen IaaS-Anbieter bereitgestellt werden oder bei einem Rechenzentrum eines Sub-Anbieters bezogen werden.

Als weiterführende Literatur sei auf die NIST ‚*Cloud Security Reference Architecture*‘ verwiesen, welche im Anhang D eine detaillierte Betrachtung der Einflussmöglichkeiten für die verschiedenen Service-Modelle auflistet (NIST Cloud Computing Security Working Group 2013).

2.1.3 Bereitstellungsmodelle

Zusätzlich zu den oben definierten Service-Modellen wird zwischen den vier grundlegenden Bereitstellungsmodellen (engl.: „Deployment Models") Private-, Community-, Public- und Hybrid-Cloud unterschieden (Mell und Grance 2011). Darüber hinaus werden die Bereitstellungsmodelle Virtual-Private-Cloud und Multi-Cloud oft in der Literatur und Praxis angeführt (Dillon et al. 2010; Amazon Web Services 2015; Grozev und Buyya 2014).

Private-Cloud
Die Cloud-Infrastruktur wird nur durch eine einzelne Organisation und deren Mitglieder genutzt. Sie kann sowohl von der Organisation, Dritter oder einer Kombination dieser besessen, verwaltet und betrieben werden. Ferner muss sich die Cloud-Infrastruktur dafür nicht zwingend lokal bei der Organisation befinden.

Public-Cloud
Die Cloud-Infrastruktur kann durch die allgemeine Öffentlichkeit genutzt werden. Unternehmen, akademische oder staatliche Organisationen, oder eine Kombination dieser besitzen, verwalten und betreiben die Cloud-Infrastruktur.

Community-Cloud
Die Cloud-Infrastruktur wird ausschließlich durch eine Gruppe von Organisationen genutzt, welche ähnliche Anforderungen an den Cloud-Service stellen. Eine oder mehrere Organisationen der Community, Dritte oder eine Kombination dieser Parteien besitzen, verwalten und betreiben die Cloud-Infrastruktur. Auch hierbei muss sich die Cloud-Infrastruktur dafür nicht zwingend lokal bei der Organisation bzw. den Organisationen befinden.

Hybrid-Cloud
Die Cloud-Infrastruktur besteht aus einer Kombination von zwei oder mehreren der oben beschriebenen Modelle. Die einzelnen Infrastrukturen bleiben als Einheit erhalten, werden jedoch durch standardisierte oder proprietäre Technologien verbunden. Dies ermöglicht die Übertragbarkeit von Daten und Anwendungen zwischen den angebundenen Infrastrukturen.

Virtual-Private-Cloud
Erstmals wurde der Begriff „Virtual-Private-Cloud" von Amazon Web Services (AWS) eingeführt, als deren neues Produkt „Amazon VPC" vorgestellt wurde (Amazon Web Services 2015). Beim Virtual-Private-Cloud-Modell wird die Infrastruktur de facto für eine einzelne Organisation bereitgestellt, die mehrere Nutzer (zum Beispiel Geschäftsbereiche) umfassen kann (Dillon et al. 2010). Der Zugriff auf die Cloud wird unter der Verwendung eines Virtual Private Networks (VPN) realisiert. Die Cloud-Infrastruktur ist das Eigentum eines Cloud-Service-Anbieters. Sie wird durch den Cloud-Service-Anbieter betrieben und verwaltet, wobei der Cloud-Service-Kunde die vollständige Kontrolle über die virtuelle Netzwerkumgebung behält.

Multi-Cloud
Werden Cloud-Services verschiedener Cloud-Service-Anbieter aggregiert und zusammengefasst, kann dies als Multi-Cloud verstanden werden (Grozev und Buyya 2014). Hierbei können sowohl Cloud-Service-Anbieter ihre Cloud-Infrastrukturen und Services mit anderen Cloud-Service-Anbietern freiwillig vernetzen, oder ein Cloud-Service-Broker tritt auf dem Markt auf, welcher verschiedene Cloud-Services von (unterschiedlichen) Cloud-Service-Anbietern aggregiert und einen separaten Zugriff zu ihnen ermöglicht. Abb. 2.1 stellt beispielhafte Multi-Cloud-Szenarien dar. Die Unterscheidung zwischen einer Multi-Cloud und einer Hybrid-Cloud stellt sich als schwierig und uneinheitlich dar. Im Gegensatz zu einer Hybrid-Cloud, bei der üblicherweise die Cloud-Infrastrukturen verbunden sind und gemeinsam arbeiten (Orchestrierung), werden bei Multi-Clouds gezielt nur bestimmte Cloud-Komponenten eines Cloud-Services von einem weiteren Cloud-Services-Anbieter

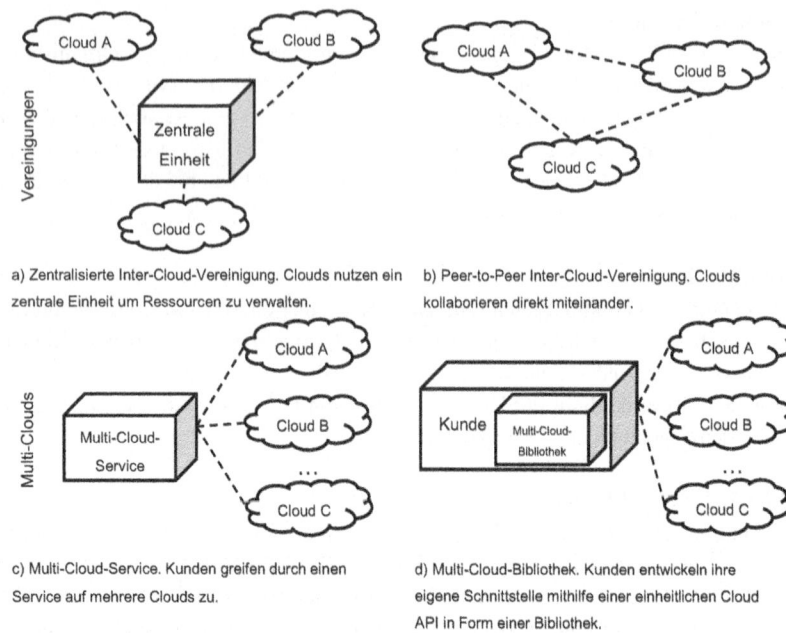

a) Zentralisierte Inter-Cloud-Vereinigung. Clouds nutzen ein   b) Peer-to-Peer Inter-Cloud-Vereinigung. Clouds
zentrale Einheit um Ressourcen zu verwalten.   kollaborieren direkt miteinander.

c) Multi-Cloud-Service. Kunden greifen durch einen   d) Multi-Cloud-Bibliothek. Kunden entwickeln ihre
Service auf mehrere Clouds zu.   eigene Schnittstelle mithilfe einer einheitlichen Cloud
                                                         API in Form einer Bibliothek.

Abb. 2.1   Beispielhafte Formen einer Multi-Cloud (Grozev und Buyya 2014)

genutzt. So kann ein Cloud-Service-Anbieter einer Multi-Cloud beispielsweise die
Berechnungs- und Netzwerkoperationen in einer AWS-Cloud durchführen, während die Speicherung allein durch eine Microsoft Azure-Cloud durchgeführt wird.

2.1.4   Risiken beim Einsatz von Cloud-Services

Unternehmen die ihre Prozesse und Daten in die Cloud auslagern möchten oder planen Cloud-Services zu integrieren, müssen ein umfassendes Verständnis über mögliche Risiken von Cloud-Services entwickeln, um so potenzielle Gefahren besser beurteilen und gegebenenfalls auf ihren Eintritt angemessen reagieren zu können. Auch Cloud-Service-Anbieter müssen ein weitreichendes Verständnis von Risiken besitzen, um Vorkehrungen zur Vermeidung oder Kompensation eventueller Risiken zu treffen. Wenn sie beispielsweise nachweisen können, dass sie es durch spezielle Sicherheitsmaßnahmen schaffen eine Auswahl von Risiken zu minimieren, kann dies als Alleinstellungsmerkmal oder Wettbewerbsvorteil angesehen werden (Subashini und Kavitha 2011).

Bei der Betrachtung der Risiken von Cloud-Computing ergeben sich für jedes Service- und Bereitstellungsmodell individuelle Risiken (European Network and Security Agency 2012; Subashini und Kavitha 2011). Zudem erfordern die einzigartigen Eigenschaften von Cloud-Computing, wie beispielsweise die Vielzahl an Speicherlokationen und die Multi-Mandanten-Architektur, gesonderte Risikobewertungen und angepasste Bewältigungsstrategien (Fernandes et al. 2014). So zeigt sich unter anderem, dass aufgrund der Speicherung großer Datenmengen von vielen verschiedenen Cloud-Service-Kunden, die Cloud als ein hochwertiges Ziel für Angriffe angesehen wird (Subashini und Kavitha 2011). Darüber hinaus sind beim Cloud-Computing viele Risiken inhärent, die auch bei der traditionellen Beschaffung externer IT-Dienstleistungen sowie bei der Verwendung von Webtechnologien zum Tragen kommen. Im Folgenden werden verschiedene Risiken gegliedert in Kategorien aufgeführt, die bei der Adoption von Cloud-Services berücksichtigt werden sollten. Für eine umfassende Klassifizierung von Risiken im Cloud-Computing sei beispielsweise auf Fernandes et al. (2014) verwiesen.

Organisatorische Risiken
Bei der Nutzung von Cloud-Services besteht das Risiko des Kontrollverlusts, da die Überwachung der genutzten Cloud-Services, insbesondere hinsichtlich verschiedener Sicherheitsaspekte, überwiegend dem Cloud-Service-Anbieter obliegt und daher vom Cloud-Service-Kunde nur eingeschränkt verfolgt und beeinflusst werden kann (Marston et al. 2011; Armbrust et al. 2010). Auch hat der Cloud-Service-Kunde eine unzureichende Kontrolle über die Datenlokation, zukünftigen Updates und Wartungsarbeiten. Ebenfalls kann eine eigenständige Kontrolle der eigenen Prozesse oder gespeicherten Daten nur eingeschränkt möglich sein (European Network and Security Agency 2012).

In der Beziehung zwischen Cloud-Service-Anbieter und -Kunde könnten Unklarheiten über die Verteilung der Verantwortlichkeiten vorliegen, da Maßnahmen zur Erhöhung der Sicherheit sowohl vom Cloud-Service-Anbieter übernommen aber auch dem Cloud-Service-Kunden übertragen werden können (Heiser und Nicolett 2008). Sind die Verantwortlichkeiten nicht transparent verteilt, kann es zu Sicherheitslücken kommen.

Eine sorgfältige Auswahl der Mitarbeiter und eine fortlaufende Schulung von Mitarbeitern des Cloud-Services sind erforderlich um sicherzustellen, dass das notwendige Knowhow zum Betrieb und zur Administration des Cloud-Services vorhanden ist sowie alle gesetzlichen Regelungen eingehalten werden (Fernandes et al. 2014). Fahrlässiges Fehlverhalten, beispielsweise bei dem Umgang mit personenbezogenen Daten im Rahmen von Kundensupportanfragen, kann zu einer Verletzung der Service-Level-Agreements oder geltender Datenschutzgesetze führen und in Bußgeldern resultieren. Insbesondere im schnelllebigen Umfeld des Cloud-Computings (Lins et al. 2016), ist eine fortlaufende Sensibilisierung der Mitarbeiter für neue Sicherheitsschwachstellen von Nöten.

Nutzt ein Cloud-Service-Anbieter wiederrum Services von Dritten Parteien so ergeben sich neue Abhängigkeiten und entsprechende Risiken beispielsweise bzgl. der Sicherheit und Verfügbarkeit von Services (Ackermann et al. 2011; Armbrust et al. 2010). Insbesondere im Cloud-Computing-Umfeld gehören durch die Schichtung der Service-Modelle verschachtelte Wertschöpfungsketten zum Alltag (Lins et al. 2018). So nutzt klassischerweise ein SaaS-Anbieter wiederrum Ressourcen durch einen PaaS-Anbieter und begibt sich somit in eine Abhängigkeit bei der Leistungserbringung. Auch können bei der Einbindung von Dritten Parteien Gefahren durch unzureichend gesicherte Schnittstellen entstehen (Cloud Security Alliance 2017).

Aufgrund von fehlenden Werkzeugen, Prozeduren oder Standards, beispielsweise bei Datenformaten, ist eine Daten-, Applikations- oder Serviceübertragbarkeit nicht immer gewährleistet, sodass bei der Nutzung von Cloud-Services sogenannte Lock-In Effekte entstehen können (Gonzalez et al. 2012; Armbrust et al. 2010). Dadurch ist ein einfacher Wechsel der Cloud-Service-Anbieter oder ein Backsourcing mit hohem Aufwand verbunden oder aufgrund fehlender Portierungsservices nicht möglich. Siehe Tab. 2.3.

Sicherheitsrisiken

Bei dem Bezug von Cloud-Services besteht ein hohes Risiko, dass die Verfügbarkeit des Cloud-Services aufgrund von Equipment-, Software- und Kommunikationsfehlern oder Angriffen nicht ausreichend gegeben ist (Fernandes et al. 2014; Jensen et al. 2009). So hat beispielsweise ein gezielter Distributed Denial Of Service Angriff die Nutzung des Cloud-Services Skype von Microsoft am 19. Juni 2017 stark eingeschränkt. Da Cloud-Services heutzutage ein zentraler Bestandteil des Geschäftsalltags sind, ist ein Ausfall hoch kritisch für Unternehmen, der häufig in hohen Verlusten für Cloud-Service-Kunden resultiert (Benlian et al. 2018).

Tab. 2.3 Mögliche organisatorische Risiken

Risiko	Kritikalität
Verlust von Kontrolle	Hoch
Unklarheit über Verantwortlichkeiten	Mittel
Ungeschulte Mitarbeiter	Mittel
Supply-Chain Risiken beim Cloud-Service-Anbieter	Mittel
Lock-In Effekte	Gering

Beim Einsatz von Cloud-Services müssen robuste und skalierbare Identitäts-, Berechtigungs- und Zugriffsmanagementsysteme vorhanden sein, um den böswilligen oder unerlaubten Zugriff auf den Cloud-Service zu verhindern (Cloud Security Alliance 2017). Insbesondere eine regelmäßige Überprüfung der Berechtigungen von Nutzern und Administratoren ist erforderlich, um sicherzugehen das die zugewiesenen Berechtigungen mit den tatsächlichen benötigten Berechtigungen übereinstimmen. Die Verwendung einer Multi-Faktor-Authentifizierung kann dabei helfen, den Zugang trotz gestohlener oder offengelegter Passwörter zu sichern.

Ferner besteht das Risiko einer mangelnden Datenintegrität, da Cloud-Services aus verteilten, einzelnen Modulen im Sinne einer Service-Orientierten-Architektur bestehen, dadurch Daten redundant gespeichert werden und gleichzeitig ein Zugriff durch mehrere Nutzer möglich sein muss (Subashini und Kavitha 2011). Um eine hohe Datenintegrität über mehrere Systeme zu erreichen, ist daher nicht nur ein hoher Synchronisationsaufwand zu leisten (Fernandes et al. 2014). Vielmehr muss eine böswillige oder unbeabsichtigte Veränderung der Daten durch geeignete Protokollierungsmechanismen aufgezeichnet und durch Authentifizierungs- und Identifizierungsverfahren verhindert werden (Xiao und Xiao 2013).

Aufgrund einer fehlerhaften Isolierung der Multi-Mandanten-Architektur oder Schwachstellen in der Virtualisierung und der geteilten Ressourcen in einer Cloud, besteht die Gefahr, dass Mechanismen beispielsweise zur Daten-, Speicher- oder Routingtrennung versagen und dadurch unter anderem Daten ausgelesen werden können (Xiao und Xiao 2013). Darüber hinaus können aufgrund unzureichender Verschlüsslungen beim Datentransfer oder der Datenspeicherung Sicherheitslücken entstehen (Grobauer et al. 2011).

Cloud-Services sind im Allgemeinen ein hochwertiges Ziel für Angriffe, da Angriffe auf die Cloud-Umgebung meist die gesamten Cloud-Kunden eines Cloud-Service-Anbieters betreffen. Die meisten Angriffe auf die Cloud werden auf der Applikationsebene durchgeführt, indem Sicherheitslücken oder Schwachstellen von SaaS-Diensten gezielt attackiert und ausgenutzt werden (Pearson 2013; Subashini und Kavitha 2011). Auch besteht das Risiko von Angriffen während der Datenübertragung, aufgrund der verteilten Architektur und der daraus resultierenden hohen Datenübertragung über das Internet (Ackermann et al. 2011; Subashini und Kavitha 2011). Dazu zählen beispielsweise Packet-Sniffing, Spoofing oder Man-in-the-Middle-Attacken (Fernandes et al. 2014). Neben externen Angriffen besteht auch das Risiko böswilliger Mitarbeiter, welche über notwendige Zugriffsrechte verfügen (Ackermann et al. 2011; Subashini und Kavitha 2011). Diese können durch unautorisierte Zugriffe auf die (gesamte) Cloud-Umgebung einwirken. Siehe Tab. 2.4.

Tab. 2.4 Mögliche Sicherheitsrisiken

Risiko	Kritikalität
Die Verfügbarkeit eines Cloud-Services ist nicht ausreichend gegeben	Hoch
Mangelnde Datenintegrität	Hoch
Fehlerhafte Isolierung	Hoch
Unzureichende Verschlüsselung	Mittel
Systemangriffe	Hoch
Sicherheitslücken in SaaS-Diensten	Hoch
Angriffe während der Datenübertragung	Hoch
Böswillige Mitarbeiter („Insider")	Mittel

Risiken in Bezug auf den Datenschutz und der Privatsphäre
Bei dem Betrieb von Cloud-Services werden meist Datenzentren in verschiedenen Ländern genutzt. Somit können sich unterschiedliche gesetzliche und juristische Reglungen des jeweiligen Landes ergeben (Sengupta et al. 2011; Zhou et al. 2010; Park et al. 2016).

Darüber hinaus können Cloud-Service-Kunden nur schwer nachvollziehen, welche Datenverarbeitungspraktiken und Maßnahmen zur Datensicherheit in welcher Art und Weise vom Cloud-Service-Anbieter durchgeführt werden (Ackermann et al. 2011; Armbrust et al. 2010). Somit besteht auch die Gefahr, dass aufgrund von Fehlern sensible Daten veröffentlicht werden, diese nicht verfügbar oder verloren sind (Ackermann et al. 2011; Repschlaeger et al. 2013; Subashini und Kavitha 2011). Unzureichende Datensicherungsmaßnahmen (engl. Backups) können zu einem unwiederbringlichen Datenverlust für Cloud-Nutzer führen (Cloud Security Alliance 2017). Daher sollten Cloud-Service-Anbieter regelmäßig Datensicherungen durchführen und diese auf Funktionalität bzw. Wiederherstellbarkeit überprüfen. Insbesondere wenn physische Hardware aufgrund von gerichtlicher Anordnung konfisziert und untersucht wird, besteht die Gefahr, dass aufgrund der Ressourcenteilung verschiedener Anwender, alle auf der Hardware befindlichen Daten durch dritte Parteien ausgelesen werden können (European Network Information Security Agency 2013). Auch stellt eine angemessene und vollständige Datenlöschung eine große Herausforderung dar, da eine Vielzahl der Sicherungskopien von Daten an verschiedenen Standorten existiert (Chen und Zhao 2012; Ali et al. 2015). Siehe Tab. 2.5.

Evolutionäre Risiken
Schließlich sehen sich Cloud-Service-Kunden evolutionären Risiken gegenübergestellt. So könnten nach der Adoption, beispielsweise aufgrund von Softwareänderungen, neue Schwachstellen in dem Cloud-Service entstehen (Lins et al. 2016).

Tab. 2.5 Mögliche Risiken in Bezug auf den Datenschutz und der Privatsphäre

Risiko	Kritikalität
Verschiedene gesetzliche Regelungen aufgrund der verschiedenen Speicherorte sowie ein Mangel an rechtlichen Standards	Hoch
Intransparenz von Speicherung der Daten und Risiken bezüglich der Privatsphäre	Mittel
Unzureichende Einsicht in die Datenverarbeitung der Cloud-Service-Anbieter	Gering
Aufdeckung oder Veröffentlichung sensibler Daten	Hoch
Verlust oder nicht Verfügbarkeit von Daten	Hoch
Konfiszierung von physischer Hardware aufgrund von gerichtlicher Anordnung	Gering
Unsichere oder unvollständige Datenlöschung	Gering

Tab. 2.6 Mögliche evolutionäre Risiken

Risiko	Kritikalität
Änderungen am Cloud-Service	Mittel
Veränderungen von vertraglichen Regelungen oder Rahmenbedingungen	Gering
Veränderungen des Service-Angebots oder Cloud-Service-Anbieter meldet Konkurs an	Gering

Des Weiteren kann es vorkommen, dass ein Cloud-Service-Anbieter akquiriert wird und dies zu veränderten Rahmenbedingungen und vertraglichen Regelungen führen kann (Repschlaeger et al. 2013; Trenz et al. 2013). Aufgrund von Veränderungen im Service-Portfolio oder durch Konkurs des Cloud-Service-Anbieters kann es auch dazu kommen, dass genutzte Cloud-Services nicht mehr angeboten werden (Marston et al. 2011; McNeish et al. 2016). Siehe Tab. 2.6.

2.2 Zertifizierung von Cloud-Services

Cloud-Service-Anbieter sehen sich mit vielen Bedenken von potentiellen Cloud-Service-Kunden hinsichtlich des Vertrauens in die angebotenen Services und deren Sicherheit konfrontiert (Khan und Malluhi 2013; Kalloniatis et al. 2013; Schneider und Sunyaev 2016). Es zeigt sich, dass Zertifizierungen zur Adressierung dieses Problems beitragen können, indem sie Vertrauen schaffen, die Transparenz im Cloud-Service-Markt erhöhen und es Cloud-Service-Anbieter ermöglichen, eingesetzte Systeme und Prozesse zu verbessern (Sunyaev und Schneider 2013; Lins et al. 2016; Lang et al. 2018). Eine Zertifizierung ist definiert als ein Verfahren, welches durch eine unabhängige dritte Partei durchgeführt wird und formal verifiziert, dass ein Produkt, ein Prozess, ein System oder eine Person zu definierten Kriterien und Anforderungen konform ist (International Organization for Standardization 2004). Das schriftliche Ergebnisdokument, welches diese Konformität festhält, wird als Zertifikat bezeichnet (Bruhn 2008).

Generell wird zwischen drei Arten der Zertifizierungen im Cloud-Service-Umfeld unterschieden und zwar:

1. Zertifizierung von Cloud-Services, wie beispielsweise EuroCloud StarAudit, Cloud Security Alliance Security, Trust & Assurance Registry (STAR) oder ISO/IEC 27001/27017;
2. Zertifizierung von Cloud-Experten, wie beispielsweise CCSK (Certification in Cloud Security Knowledge) von der Cloud Security Alliance, Certified Cloud-Professional (CCP) der Cloud-Schule, CompTIA Cloud Essentials oder EMC Cloud Architect Certification;
3. Zertifizierung von Partnern und Cloud-Service-Anbietern, wie beispielsweise Microsoft Private Cloud Zertifizierung oder SAP-zertifizierter Provider von Cloud-Services.

Das folgende Werk bezieht sich dabei stets auf (1) Zertifizierungen von Cloud-Services. Im Rahmen von Zertifizierungen wird häufig auch von Auditierungen gesprochen. Die Auditierung umfasst die Überprüfung der Prozesse und Systeme, ob diese den Anforderungen und Richtlinien entsprechen. Ein Audit kann jedoch auch ohne auszustellende Zertifizierung durchgeführt werden (beispielsweise ein internes Audit oder ein Vorab-Audit zur Feststellung der Zertifizierungsfähigkeit). Zur Zertifizierung von Cloud-Services wurden bereits verschiedene Programme initiiert. So führt beispielsweise die Organisation EuroCloud die Zertifizierung „EuroCloud Star Audit" durch, indem ein Dokumentenreview und eine Vor-Ort-Auditierung vorgenommen werden.

2.2.1 Nutzen von Zertifizierungen für Cloud-Service-Anbieter

Cloud-Service-Anbieter können eine Vielzahl von Vorteile generieren, wenn sie sich einer Zertifizierung unterziehen. Durch ein Zertifikat kann vor allem das Kundenvertrauen in den angebotenen Cloud-Service gesteigert werden. Das Zertifikat kann aber auch als ein Marketinginstrument verwendet werden, indem bspw. die Bekanntheit des Zertifikats ausgenutzt wird. Durch eine unabhängige Prüfung kann einerseits die Qualität der internen Prozesse (bspw. der Administrationsprozesse) sowie die Effizienz verbessert werden. Andererseits können aber auch Hinweise zur Rechtssicherheit und IT-Sicherheit des Cloud-Services gegeben werden. So könnten bspw. durch einen im Rahmen der Zertifizierung durchgeführten Penetrationstest Schwachstellen des Cloud-Services identifiziert und anschließend behoben werden.

Ferner können Cloud-Service-Anbieter sich durch eine erhöhte Transparenz, welche mit einer Zertifizierung geschaffen werden kann, besser am Markt positionieren. Gerade kleine und mittlere Unternehmen sehen in der Zertifizierung Chancen sogar Wettbewerbsvorteile gegenüber anderen Cloud-Service-Anbietern erzielen zu können (Khan und Malluhi 2013; Sunyaev und Schneider 2013). Schlussendlich kann ein Zertifikat potenzielle Cloud-Service-Kunden dazu motivieren, sich für den zertifizierten Cloud-Service zu entscheiden, und somit können Zertifizierungen den Gewinn und Umsatz steigern.

Andererseits äußern Cloud-Service-Anbieter häufig Bedenken gegen eine Zertifizierung. Zum einen begeben sie sich in eine Abhängigkeit zu der Zertifizierung und den jeweiligen Zertifizierungsstellen. Insbesondere die Einhaltung von strikten Zertifizierungsanforderungen kann unter Umständen die Innovationskraft und Schnelllebigkeit von dynamischen Cloud-Services einschränken. Zum anderen fürchten Cloud-Service-Anbieter einen zu hohen Dokumentationsaufwand sowie einen zu hohen Ressourcen- und Zeitaufwand im Rahmen der Zertifizierung. Neben diesen Aufwänden entstehen bei der Zertifizierung auch hohe Kosten – dabei ist zwischen den Kosten für die Zertifizierung (einmalig) und den Kosten für die fortlaufende Einhaltung der Zertifizierungsanforderungen (laufend) zu unterscheiden. Um diese Befürchtungen entgegen zu wirken, müssen daher Zertifizierungsstellen Transparenz über die Zertifizierungen und den entsprechenden Zertifizierungsprozessen schaffen, oder modulare Zertifizierungsverfahren anbieten, welche abhängig von den verfügbarem Kapital und Ressourcen des Cloud-Service-Anbieters ein abgestuftes Verfahren ermöglichen.

2.2.2 Nutzen von Zertifizierungen für Cloud-Service-Kunden

Kaum ein (potenzieller) Cloud-Service-Kunde ist Experte im Bereich von Cloud-Services, sofern Cloud-Computing nicht zum eigenen Kerngeschäft gehört (Trusted Cloud e.V. 2016). Dadurch ergeben sich Unsicherheiten und Bedenken, wenn es um die Auswahl des passenden Cloud-Services geht (Schneider und Sunyaev 2016; Lang et al. 2016). So fehlt (potenziellen) Cloud-Service-Kunden beispielsweise das Wissen oder die Kontrollmöglichkeiten, ob ein Cloud-Service rechtskonform ist oder sicher mit den eigenen Daten umgeht. Für einen unerfahrenen Cloud-Service-Kunden geben Zertifikate eine erste Orientierung. Sie machen auf Basis einer fachlich geeigneten und unabhängigen Prüfung Aussagen über die Qualität und Vertrauenswürdigkeit eines Cloud-Services. Insbesondere im Hinblick auf das Niveau von Sicherheit und Datenschutz, welches durch einen Cloud-Service erfüllt wird, können Zertifizierungen Transparenz schaffen und Bedenken von Cloud-Service-Kunden abbauen. Ein Zertifikat stellt auch ein Mittel zur Risikominimierung für Cloud-Service-Kunden dar, da sie wiederrum ihre Kunden einen Nachweis zur Verfügung stellen können, dass sie einen sicheren Cloud-Service nutzen. Eine Zertifizierung schafft nicht nur Vertrauen in den angebotenen Cloud-Service, sondern auch in den Cloud-Service-Anbieter als Verantwortlicher, da in Cloud-Service-Zertifizierungen oft auch dessen finanzielle Stabilität, Organisationsstruktur und Managementprozesse untersucht und geprüft werden.

Problematisch bei der Einbeziehung von Zertifizierungen in den Entscheidungsprozess ist, dass es nicht „das eine Zertifikat" gibt, sondern eine Vielzahl verschiedener Zertifikate mit verschiedenen Schwerpunkten auf dem Markt existieren (Schneider et al. 2013, 2014). Je nachdem, wie die eigenen Bedürfnisse eines Cloud-Service-Kunden ausgeprägt sind, können unterschiedliche Zertifikate bei der Auswahl herangezogen, und in der Entscheidungsfindung anders berücksichtigt werden. Ist ein Unternehmen beispielsweise überwiegend auf nationaler Ebene aktiv, können Zertifikate mit dem regionalen Fokus auf Deutschland ausreichend sein. Handelt es sich um ein global agierendes Unternehmen, sollte das Unternehmen zusätzlich auf europäische und internationale Zertifikate achten. Auch gilt es beispielsweise zu klären, welche Faktoren (wie Verfügbarkeit, Sicherheit oder Datenschutz) beim Einsatz von Cloud-Services besonders wichtig sind. Unterschiedliche Zertifikate setzen verschiedene Schwerpunkte bei der Prüfung und Bewertung von Cloud-Services. Während die einen Zertifikate Daten- und Informationssicherheit fokussieren, legen andere ihren Schwerpunkt auf Transparenz und Serviceorientierung. Das folgende Kapitel gibt daher eine Marktübersicht über bestehende Cloud-Service-Zertifizierungen.

2.2.3 Marktübersicht über Cloud-Service-Zertifizierungen

Es haben sich bereits eine Vielzahl an Cloud-Service-Zertifizierungen am Markt etabliert (Schneider et al. 2014; Neubauer et al. 2018). Tab. 2.7 fasst wichtige Cloud-Service-Zertifizierung zusammen. Dabei wird unterschieden, welche Reichweite die Zertifizierung hat (National, Europäisch oder International) und welche

Tab. 2.7 Übersicht über Cloud-Service-Zertifizierungen (Neubauer et al. 2018)

Zertifizierung	Cloud Kontext	Reichweite	Anbieter/Prüfer	Ablauf	Laufzeit	Abdeckung/Inhalt
EuroCloud Star Audit	explizit	Europäisch	EuroCloud	Dokumentenreview und Vor-Ort Audit	24 Monate	Anbieterprofil, Vertrag und Compliance, Sicherheit, Betrieb und Infrastruktur, Betriebsprozesse, Anwendung, Implementierung
Trusted Cloud	explizit	Europäisch (mindestens DACH)	Kompetenznetzwerk Trusted Cloud e.V.	Dokumentenreview und Vor-Ort Audit	36 Monate	Anbieter, Service, Subunternehmer, Zertifikate, Vertrag, Sicherheit, Datenschutz, Operative Prozesse, Interoperabilität, Architektur
Anforderungskatalog Cloud Computing (C5)	explizit	National (Deutschland)	Bundesamt für Sicherheit in der Informationstechnik/Testat nur durch Wirtschaftsprüfungsgesellschaften	Dokumentenreview und Vor-Ort Audit	12 Monate	Sicherheit, Datenschutz, Interoperabilität, Anwendung, Implementierung
„Trusted Cloud – TÜV"	explizit	Europäisch (mindestens DACH)	TÜV Trust IT GmbH (Austria)	Vor-Ort Audit (TÜV)	24 Monate	Sicherheit und allgemeine Rahmenbedingungen

(Fortsetzung)

Tab. 2.7 (Fortsetzung)

Zertifizierung	Cloud Kontext	Reichweite	Anbieter/Prüfer	Ablauf	Laufzeit	Abdeckung/Inhalt
Trust in Cloud	explizit	National (Deutschland)	Cloud-EcoSystem	Self-Assessment, Dokumentenreview	12 Monate	Referenzen, Qualität der Bereitstellung nach nationalen Vorgaben
Trusted Cloud Datenschutz-Profil	explizit	National (Deutschland)	Stiftung Datenschutz	Dokumentenreview und Vor-Ort Audit	36 Monate	Datenschutz in verschiedenen Schutzklassen
TÜV Cloud Security	explizit	National (Deutschland)	TÜV Rheinland	Dokumentenreview, Vor-Ort Audit (TÜV)	36 Monate	Sicherheit
TRUSTed Cloud Privacy Zertifizierung	explizit	International (wichtig für Cloud-Service-Provider welche in der EU operieren)	TrustArc (früher TRUSTe)	TRUSTe Review und Evaluation	12 Monate	Datenschutz, Bescheinigung der Compliance
Cloud Security Alliance STAR	explizit	International	Cloud Security Alliance	Self-Assessment; Dokumentenreview, Vor-Ort Audit	12 Monate	Sicherheit und allgemeine Rahmenbedingungen
FedRaMP	explizit	National (USA)	FedRaMP General Services Administration; Akkreditierte Zertifizierungsorganisation	Self-Assessment	12 Monate	Sicherheit

Zertifizierung	Cloud Kontext	Reichweite	Anbieter/Prüfer	Ablauf	Laufzeit	Abdeckung/Inhalt
EuroPriSe (European Privacy Seal)	implizit	Europäisch	Unabhängiges Landeszentrum für Datenschutz Schleswig-Holstein (ULD), Zwei akkreditierte Experten (Recht und IT)	Vor-Ort Audit, Dokumentenreview	24 Monate	Datenschutz
ISAE 3402/ SSAE 16 Typ II (früher SAS70)	implizit	International	Diverse zertifizierte Organisationen, vorrangig aus dem Wirtschaftsprüfungsbereich	Vor-Ort Audit	6-12 Monate	Interne betriebliche Kontrollen (IKS)
ISO 27001	implizit	International	Diverse, siehe oben	Vor-Ort Audit	36 Monate	Sicherheit
ISO 27017	explizit	International	Diverse, siehe oben	Dokumentenreview, Vor-Ort Audit	36 Monate	Sicherheit mit engem Bezug zu Cloud-Services
BSI IT-Grundschutz	implizit	National (Deutschland)	BSI, Zertifizierte Auditoren	Dokumentenreview, Vor-Ort Audit	36 Monate	IT-Sicherheit
AUDITOR	explizit	International	Diverse	Dokumentenreview, Vor-Ort Audit	36 Monate	Datensicherheit

Prüfarten durchgeführt werden (unter anderem Dokumentenreview oder Vor-Ort Audit). Zudem wird angegeben, wer die Zertifizierung anbietet und überprüft, und wie lange die Laufzeit (Gültigkeitsdauer) der Zertifizierung ist. Schließlich werden einige Kurzinformationen über den Inhalt der Zertifizierung angegeben.

Literatur

Ackermann T, Miede A, Buxmann P, Steinmetz R (2011) Taxonomy of technological IT outsourcing risks: support for risk identification and quantification. In: Proceedings of the 19th European conference on information systems

Ali M, Khan SU, Vasilakos AV (2015) Security in cloud computing: opportunities and challenges. Inf Sci 305(June):357–383. https://doi.org/10.1016/j.ins.2015.01.025

Amazon Web Services (2015) AWS|Amazon Virtual Private Cloud (VPC) – Sichere Private Cloud (VPN). https://aws.amazon.com/de/vpc/. Zugegriffen am 22.06.2016

Annette JR, Banu WA, Chandran PS (2015) Rendering-as-a-service: taxonomy and comparison. Procedia Comput Sci 50:276–281. https://doi.org/10.1016/j.procs.2015.04.048

Armbrust M, Fox A, Griffith R, Joseph AD, Katz R, Konwinski A, Lee G, Patterson D, Rabkin A, Stoica I (2010) A view of cloud computing. Commun ACM 53(4):50–58. https://doi.org/10.1145/1721654.1721672

Benlian A, Kettinger WJ, Sunyaev A, Winkler TJ (2018) The transformative value of cloud computing: a decoupling, platformization, and recombination theoretical framework. J Manag Inf Syst 35(3):719–739. https://doi.org/10.1080/07421222.2018.1481634

Bruhn M (2008) Qualitätsmanagement Für Dienstleistungen: Grundlagen, Konzepte, Methoden, 7. Aufl. Springer, Berlin/Heidelberg

Chen D, Zhao H (2012) Data security and privacy protection issues in cloud computing. In: Proceedings of the 2012 international conference on computer science and electronics engineering

Cloud Security Alliance (2017) The treacherous 12 – top threats to cloud computing + industry insights. https://cloudsecurityalliance.org/group/top-threats/. Zugegriffen am 29.11.2018

Dašić P, Dašić J, Crvenković B (2016) Service models for cloud computing: Search as a Service (SaaS). Int J Eng Technol 8(5):2366–2373. https://doi.org/10.21817/ijet/2016/v8i5/160805034

Dillon T, Wu C, Chang E (2010) Cloud computing: issues and challenges. In: Proceedings of the 24th IEEE international conference on advanced information networking and applications

European Network and Security Agency (2012) Cloud computing – benefits, risks and recommendations for information security. https://resilience.enisa.europa.eu/cloud-security-and-resilience/publications/cloud-computing-benefits-risks-and-recommendations-for-information-security. Zugegriffen am 22.06.2016

European Network Information Security Agency (2013) Critical cloud computing: a CIIP perspective on cloud computing services. https://www.enisa.europa.eu/publications/critical-cloud-computing. Zugegriffen am 29.11.2018

Fernandes DB, Soares LB, Gomes J, Freire M, Inácio PM (2014) Security issues in cloud environments: a survey. Int J Inf Secur 13(2):113–170. https://doi.org/10.1007/s10207-013-0208-7

Gonzalez N, Miers C, Redígolo F, Simplício M, Carvalho T, Näslund M, Pourzandi M (2012) A quantitative analysis of current security concerns and solutions for cloud computing. J Cloud Comput Adv Syst Appl 1(1):11. https://doi.org/10.1186/2192-113x-1-11

Grobauer B, Walloschek T, Stocker E (2011) Understanding cloud computing vulnerabilities. IEEE Secur Priv 9(2):50–57. https://doi.org/10.1109/MSP.2010.115

Grozev N, Buyya R (2014) Inter-cloud architectures and application brokering: taxonomy and survey. Softw Pract Exp 44(3):369–390. https://doi.org/10.1002/spe.2168

Heiser J, Nicolett M (2008) Assessing the security risks of cloud computing. Gartner Inc. http://s3.amazonaws.com/academia.edu.documents/33355553/Gartner_Security_Risks_of_Cloud.pdf?AWSAccessKeyId=AKIAIWOWYYGZ2Y53UL3A&Expires=1498136359&Signature=GaUtYOBOYbyHlCcc3PFilrqBMiA%3D&response-content-disposition=inline%3B%20filename%3DAssessing_the_Security_Risks_of_Cloud_Co.pdf. Zugegriffen am 22.06.2017

International Organization for Standardization (2004) Conformity assessment – vocabulary and general principles. ISO/IEC 17000:2004

Jensen M, Gruschka N, Herkenhöner R (2009) A survey of attacks on web services. Comput Sci Res Dev 24(4):185. https://doi.org/10.1007/s00450-009-0092-6

Kalloniatis C, Mouratidis H, Islam S (2013) Evaluating cloud deployment scenarios based on security and privacy requirements. Requir Eng 18(4):299–319. https://doi.org/10.1007/s00766-013-0166-7

Khan KM, Malluhi Q (2013) Trust in cloud services: providing more controls to clients. Computer 46(7):94–96. https://doi.org/10.1109/MC.2013.254

Lang M, Wiesche M, Krcmar H (2016) What are the most important criteria for cloud service provider selection? a Delphi study. In: Proceedings of the 24th European conference on information systems

Lang M, Wiesche M, Krcmar H (2018) Criteria for selecting cloud service providers: a Delphi study of quality-of-service attributes. Inf Manag 55(6):746–758. https://doi.org/10.1016/j.im.2018.03.004

Leimeister S, Böhm M, Riedl C, Krcmar H (2010) The business perspective of cloud computing: actors, roles and value networks. In: Proceedings of the 18th European conference on information systems

Lins S, Grochol P, Schneider S, Sunyaev A (2016) Dynamic certification of cloud services: trust, but verify! IEEE Secur Priv 14(2):67–71. https://doi.org/10.1109/MSP.2016.26

Lins S, Schneider S, Sunyaev A (2018) Trust is good, control is better: creating secure clouds by continuous auditing. IEEE Trans Cloud Comput 6(3):890–903. https://doi.org/10.1109/tcc.2016.2522411

Linthicum DS (2009) Cloud computing and SOA convergence in your enterprise: a step-by-step guide: how to use SaaS, SOA, mashups, and web 2.0 to break down the IT gates, 1. Aufl. Addison-Wesley, Boston

Marston S, Li Z, Bandyopadhyay S, Zhang J, Ghalsasi A (2011) Cloud computing – the business perspective. Decis Support Syst 51(1):176–189. https://doi.org/10.1016/j.dss.2010.12.006

McNeish JE, Francescucci A, Hazra U (2016) Investigating consumers' reluctance to give up local hard drives after adopting the cloud. J Inf Commun Ethics Soc 14(2):152–166. https://doi.org/10.1108/jices-06-2015-0021

Mell P, Grance T (2011) SP 800-145. The NIST definition of cloud computing: recommendations of the national institute of standards and technology. https://doi.org/10.6028/NIST.SP.800-145

Neubauer C, Weiss A, Lins S, Sunyaev A (2018) Vergleich Existierender Zertifizierungen Zum Nachweis Vertrauenswürdiger Cloud-Services. In: Krcmar H, Eckert C, Roßnagel A, Sunyaev A, Wiesche M (Hrsg) Management Sicherer Cloud-Services: Entwicklung und Evaluation Dynamischer Zertifikate, 1. Aufl. Springer Fachmedien Wiesbaden, Wiesbaden, S 81–90. https://doi.org/10.1007/978-3-658-19579-3_7

NIST Cloud Computing Security Working Group (2013) NIST cloud computing security reference architecture. https://csrc.nist.gov/publications/detail/sp/500-299/draft. Zugegriffen am 29.11.2018

Park S-T, Park E-M, Seo J-H, Li G (2016) Factors affecting the continuous use of cloud service: focused on security risks. Clust Comput 19(1):485–495. https://doi.org/10.1007/s10586-015-0516-y

Pearson S (2013) Privacy, security and trust in cloud computing. In: Pearson S, Yee G (Hrsg) Privacy and security for cloud computing, 1. Aufl. Springer London, London, S 3–42. https://doi.org/10.1007/978-1-4471-4189-1_1

Repschlaeger J, Erek K, Zarnekow R (2013) Cloud computing adoption: an empirical study of customer preferences among start-up companies. Electron Mark 23(2):115–148. https://doi.org/10.1007/s12525-012-0119-x

Schneider S, Lansing J, Gao F, Sunyaev A (2014) A taxonomic perspective on certification schemes: development of a taxonomy for cloud service certification criteria. In: Proceedings of the 47th Hawaii international conference on system sciences

Schneider S, Lansing J, Sunyaev A (2013) Empfehlungen Zur Gestaltung Von Cloud-Service-Zertifizierungen. Ind Manag 29(4):13–17

Schneider S, Sunyaev A (2016) Determinant factors of cloud-sourcing decisions: reflecting on the IT outsourcing literature in the era of cloud computing. J Inf Technol 31(1):1–32. https://doi.org/10.1057/jit.2014.25

Sengupta S, Kaulgud V, Sharma VS (2011) Cloud computing security – trends and research directions. In: Proceedings of the 2011 IEEE world congress on services

Sharma DH, Dhote C, Potey MM (2016) Identity and access management as security-as-a-service from clouds. Procedia Comput Sci 79:170–174. https://doi.org/10.1016/j.procs.2016.03.117

Singh S, Jeong Y-S, Park JH (2016) A survey on cloud computing security: issues, threats, and solutions. J Netw Comput Appl 75:200–222. https://doi.org/10.1016/j.jnca.2016.09.002

Soares J, Carapinha J, Melo M, Monteiro R, Sargento S (2011) Building virtual private clouds with network-aware cloud. In: Proceedings of the 5th international conference on advanced engineering computing and applications in sciences

Subashini S, Kavitha V (2011) A survey on security issues in service delivery models of cloud computing. J Netw Comput Appl 34(1):1–11. https://doi.org/10.1016/j.jnca.2010.07.006

Sunyaev A, Schneider S (2013) Cloud services certification. Commun ACM (CACM) 56(2):33–36. https://doi.org/10.1145/2408776.2408789

Trenz M, Huntgeburth JC, Veit DJ (2013) The role of uncertainty in cloud computing continuance: antecedents, mitigators, and consequences. In: Proceedings of the 21st European conference on information systems

Trusted Cloud e.V. (2016) Welchen Nutzen Schaffen Standards und Zertifikate? https://www.trusted-cloud.de/de/standards. Zugegriffen am 22.06.2017

Xiao Z, Xiao Y (2013) Security and privacy in cloud computing. IEEE Commun Surv Tutorials 15(2):843–859. https://doi.org/10.1109/SURV.2012.060912.00182

Zhou M, Zhang R, Xie W, Qian W, Zhou A (2010) Security and privacy in cloud computing: a survey. In: Proceedings of the sixth international conference on semantics, knowledge and grids

Gestaltungsempfehlungen für Cloud-Service-Zertifizierungen

3

Zusammenfassung

In diesem Kapitel werden Empfehlungen zur Gestaltung von Cloud-Service-Zertifizierungen präsentiert. Die Gestaltungsempfehlungen basieren auf Interviews mit Cloud-Service-Anbietern, -Kunden und -Beratern sowie einer Analyse der existierenden Cloud-Service-Zertifizierungen. Die Gestaltungsempfehlungen können von Cloud-Service-Zertifizierungsanbietern dazu verwendet werden, ihre Zertifizierungen effizient zu gestalten und an den Marktbedürfnissen auszurichten sowie von Cloud-Service-Kunden und -Anbietern, um Cloud-Service-Zertifizierungen zu bewerten.

3.1 Wahrnehmung von Cloud-Service-Zertifizierungen

Praktiker haben eine überwiegend positive Einstellung gegenüber Cloud-Service-Zertifizierungen, wonach der Nutzen weit über die reine Entscheidungsunterstützung hinausgeht. Cloud-Service-Anbieter heben drei wesentliche Vorteile hervor. Erstens helfen Zertifizierungen bei der Strukturierung und Verbesserung der eigenen internen Prozesse. Zweitens bieten sie die Möglichkeit nachzuweisen, dass ein Cloud-Service-Anbieter fähig ist, hochqualitative Cloud-Services bereitzustellen und darüber das Vertrauen potenzieller Kunden zu erlangen. Drittens können Zertifikate als Marketinginstrumente eingesetzt werden sowie den Eintritt in ansonsten nicht zugängliche Märkte ermöglichen (z. B. öffentlicher Sektor). Um diese

© Springer-Verlag GmbH Deutschland, ein Teil von Springer Nature 2019
S. Lins et al., *Cloud-Service-Zertifizierung*,
https://doi.org/10.1007/978-3-662-58857-4_3

Vorteile zu erzielen, sind Cloud-Service-Anbieter bereit, in eine entsprechende Zertifizierung zu investieren, jedoch nur unter der Voraussetzung, dass ein weit verbreitetes und anerkanntes sowie von Cloud-Service-Kunden nachgefragtes Zertifikat existiert. Dieser Bedarf wächst auf Kundenseite stetig, sodass Cloud-Service-Zertifizierungen immer häufiger angefordert werden.

Cloud-Service-Kunden haben ebenfalls eine positive Einstellung gegenüber Cloud-Service-Zertifizierungen, die sich insbesondere in wahrgenommenen Vorteilen wie Vertrauensgewinn in den Cloud-Service-Anbieter, Förderung von Mindest-Qualitätsstandards sowie Unterstützung bei der Auswahlentscheidung manifestieren. Zertifizierungen werden jedoch nicht als Allheilmittel gesehen, die eine detaillierte Auseinandersetzung mit den auszuwählenden Cloud-Services erübrigen. Cloud-Service-Kunden haben konkrete Anforderungen an Cloud-Services und stellen eigene Anforderungskataloge zusammen, die mit dem Kriterienkatalog einer Zertifizierung – sofern er offengelegt ist – abgeglichen werden müssen. Cloud-Service-Kunden bemängeln, dass insbesondere branchenspezifische Anforderungen bisher nicht abgedeckt werden und dass häufig nicht auf Anhieb klar ist, was in welcher Detailtiefe überprüft wurde. Zudem garantieren Zertifikate nicht unbedingt die Einhaltung der Zertifizierungskriterien, sondern nur, dass Sie zum Zeitpunkt der Ausstellung einem gewissen Mindestqualitätsstandard entsprochen haben.

3.2   Gestaltungsempfehlungen für Cloud-Service-Zertifizierungen

Aus den erhobenen Anforderungen, die eine Cloud-Service-Zertifizierung erfüllen muss, um Akzeptanz am Markt und damit eine Steigerung des Vertrauens von Cloud-Service-Kunden in die zertifizierten Cloud-Services zu erreichen, wurden Gestaltungsempfehlungen abgeleitet. Diese werden im folgenden Abschnitt erläutert und sind in Tab. 3.1 zusammengefasst.

Die Zertifizierung sollte von einer unabhängigen Organisation gestaltet und herausgegeben werden, nicht aber von privaten Organisationen oder öffentlichen Einrichtungen. Der eigentliche Audit-Prozess sollte von akkreditierten Organisationen durchgeführt werden, zum Beispiel Branchenverbänden oder privatwirtschaftlichen Unternehmen. Branchenverbände als Herausgeber von Zertifizierungen wurden mit gemischten Meinungen bewertet, da eigene (unter anderem auch monetäre) Ziele die Unabhängigkeit einer Zertifizierung beeinflussen können. Andererseits besteht in der dynamischen Umwelt von Cloud-Computing die Problematik, dass angesichts der langen Zeitspanne bis international anerkannte Normen veröffentlicht

Tab. 3.1 Gestaltungsempfehlungen für Cloud-Service Zertifizierungen

Charakteristik		Bevorzugte Ausprägung
Organisation	Herausgeber	Standardisierungsgremium oder Branchenverband. Unabhängige Organisation mit langjähriger Erfahrung und hoher Reputation, der potenzielle Cloud-Service-Kunden hohes Vertrauen zuschreiben.
	Auditor	Akkreditierte Organisation oder Branchenverband losgelöst vom Beratungsauftrag zur Vorbereitung auf die Zertifizierung oder Durchführung der Prüfungen.
Prozess	Auditierungsprozess	Unter anderem Vor-Ort-Audit, Dokumentenreview und Interviews. Aufwand für Audit und Umfang der Zertifizierung transparent und sofort ersichtlich darlegen.
	Gültigkeit und Re-Auditierung	Maximal zwei Jahre. (Teil-)automatisiertes Monitoring zur kontinuierlichen Überwachung der zertifizierten Services.
Inhalt	Dimensionen	Fokus auf nicht-funktionale Eigenschaften: siehe Tab. 3.2
	Objekt	Cloud-Service.
	Umfang	Optionale branchenspezifische Bausteine, Kriterienkatalog abgestimmt auf unterschiedliche Informationsbedürfnisse verschiedener Stakeholder.
	Reichweite	International abgestimmtes Rahmenwerk mit rechtlichen Bausteinen auf nationaler bzw. Rechtsraumebene.
	Basis (zugrunde liegendes Rahmenwerk)	Standard: öffentlich zugänglicher und detaillierter Kriterienkatalog. Einsetzbar als Katalog zur Zertifizierung von Cloud-Services, Selbstbewertung und Leitfaden zur Entscheidungsunterstützung. Publiziert in einer maschinenlesbaren Servicebeschreibungssprache.

werden (z. B. ISO- oder DIN-Normen), ein Branchenverband als Herausgeber (z. B. EuroCloud) als einzig kurzfristig gangbare Lösung wahrgenommen wird. Falls der Audit von privatwirtschaftlichen Organisationen durchgeführt wird, ist es von entscheidender Bedeutung, Mechanismen zur Verhinderung von Gefälligkeitsaudits zu finden. So wurde insbesondere die Konstellation als kritisch bewertet, in der die auditierende Organisation ebenfalls den Beratungsauftrag zur Vorbereitung auf die Zertifizierung übernimmt. Um diese Konstellation zu vermeiden, ist eine

Trennung von ausstellenden, auditierenden und beratenden Organisationen zur Vorbereitung auf den Audit unabdingbar.

Der Zertifizierungsprozess muss eine Vor-Ort-Prüfung beinhalten und sollte neben maximal zweijährigen Re-Audits auch auf (teil-)automatisierte Mechanismen zur kontinuierlichen Überwachung und Erneuerung der Zertifizierung zurückgreifen. Mit automatisierten Überwachungsmechanismen kann ein konstantes Niveau an Servicequalität nachgewiesen werden, das mit regelmäßigen Vor-Ort-Audits nicht auf wirtschaftliche Art und Weise erreicht werden kann. Als Schwachstelle aktueller Zertifizierungen wurde die häufig bestehende Unklarheit über Zertifizierungsinhalte und -umfang genannt. Um dies zu beheben, muss das zugrunde liegende Rahmenwerk mit Zertifizierungskriterien detailliert und öffentlich zugänglich sein und nicht nur auf abstrakter Ebene beschrieben sein. Des Weiteren muss der durch den Auditor in eine Vor-Ort-Zertifizierung investierte Aufwand transparent kommuniziert und an prominenter Stelle im Zertifizierungsbericht ersichtlich sein, ebenso wie der Umfang der zertifizierten Komponenten des Services.

Eine Cloud-Service-Zertifizierung sollte auf einen einzelnen Service bezogen sein und nicht auf den gesamten Cloud-Service-Anbieter. Die Zertifizierung sollte sich überwiegend auf nicht-funktionale Eigenschaften eines Services konzentrieren. Die wichtigsten Zertifizierungsdimensionen sind in Tab. 3.2 zusammengefasst. Zusätzliche branchenspezifische Anforderungen sollten im zugrunde liegenden Rahmenwerk enthalten sein und vom Cloud-Service-Anbieter nach Bedarf zertifiziert werden können. Um die unterschiedlichen Informationsbedürfnisse der Kunden zu erfüllen, sollte eine Zertifizierung daher mehrere Dimensionen abdecken. Die Interviews geben Grund zur Annahme, dass die identifizierten Dimensionen unterschiedliche Prioritäten bei verschiedenen Interessengruppen aufweisen. Während zum Beispiel Sicherheit und Verfügbarkeit primär Anliegen des Managements sind, betreffen Kundensupport und Prozesse beim Cloud-Service-Anbieter eher die Mitarbeiter, die nach Einführung eines Cloud-Services mit dem Cloud-Service-Anbieter interagieren. Die Ergebnisse der nachgelagerten Umfrage deuten darauf hin, dass sich die relativen Wichtigkeiten einzelner Zertifizierungsdimensionen je nach Zielgruppe unterscheiden. Daher sollte der Kriterienkatalog sowie der darauf basierende Bericht auf die Informationsbedürfnisse der unterschiedlichen Stakeholder abgestimmt sein, zum Beispiel je nach Rolle und Position der Entscheidungsträger im Unternehmen. Idealerweise liegt der Bericht digital, interaktiv und filterbar vor, optimal sogar maschinenlesbar. Eine international gültige Zertifizierung wird als Idealzustand angesehen. Jedoch erscheint die Umsetzung einer solchen Zertifizierung aufgrund der unterschiedlichen rechtlichen Gegebenheiten und Rechtsprechungen äußerst herausfordernd.

Tab. 3.2 Rangfolge und Definitionen der Zertifizierungsdimensionen

Rang	Definition
1	*Datenschutz*: Zertifizierung, dass (i) der Cloud-Service-Anbieter sich an geltendes Datenschutzrecht hält, (ii) durch den Cloud-Service-Anbieter keine inhaltliche Auswertung der im Cloud-Services gespeicherten Nutzdaten des Kunden erfolgt, (iii) sämtliche Kundendaten nach Beendigung des Vertragsverhältnisses vollständig und unwiederherstellbar gelöscht werden, (iv) Kundendaten durch den Cloud-Service-Anbieter nicht an dritte Organisationen verkauft, verliehen oder weitergegeben werden.
2	*IT-Sicherheit*: Zertifizierung, dass der Cloud-Service-Anbieter Maßnahmen etabliert hat, die sicherstellen, dass Daten sicher gespeichert und übertragen werden sowie vor unberechtigtem Zugriff durch Dritte und andere Cloud-Service-Kunden geschützt sind.
3	*Verfügbarkeit*: Zertifizierung, dass der Cloud-Service die versprochenen Performancezusagen einhält sowie die Verfügbarkeit der Daten sicherstellt und Maßnahmen zur Verhinderung eines Datenverlustes betreibt.
4	*Rechtliche Compliance*: Zertifizierung, dass der Cloud-Service-Anbieter rechtliche und regulatorische Vorgaben an Cloud-Services einhält.
5	*Vertragsbedingungen*: Zertifizierung, dass verständliche Vertragsvereinbarungen existieren, die der gängigen Geschäftspraxis entsprechen, sowie dass die Vertragsbedingungen die Eigentumsrechte des Kunden an den im Cloud-Service gespeicherten Kundendaten nicht einschränken.
6	*Interoperabilität*: Zertifizierung, dass die Kundendaten in standardisierten Formaten gespeichert und exportiert werden können, dass der Cloud-Service über eine offene Schnittstelle zur Integration mit anderen Cloud-Services oder sonstigen Anwendungen verfügt, sowie dass über diverse Endgeräte ortsunabhängig auf den Cloud-Service zugegriffen werden kann.
7	*Kundensupport*: Zertifizierung, dass der Cloud-Service-Anbieter Erreichbarkeiten und Reaktionszeiten des Kundensupports zusichert und einhalten kann sowie eine proaktive Informationspolitik gegenüber den Kunden betreibt.
8	*Finanzielle Stabilität*: Zertifizierung, dass die mittelfristige finanzielle Tragfähigkeit des Cloud-Service-Anbieters sichergestellt ist.
9	*Flexibilität*: Zertifizierung, dass die bezogene Leistung durch den Kunden selbsttätig angepasst werden kann und die Anpassung automatisiert, in kürzester Zeit und bei transparenten Kosten durchgeführt wird.

Zertifizierungen sollten daher auf einem international vereinbarten Rahmenwerk aufbauen, rechtliche Compliance muss jedoch auf nationaler bzw. Rechtsraum-ebene beurteilt und zertifiziert werden. Cloud-Service-Kunden sehen in einer solchen Zertifizierung bereits einen Mehrwert, wenn sie für einzelne Länder klar-stellt, dass der zertifizierte Cloud-Service mit den jeweiligen gesetzlichen Vorschriften konform ist.

3.3 Gestaltungsempfehlungen für informative Kriterienkataloge und Prüfberichte

Cloud-Service-Kunden bemängeln häufig an aktuellen Zertifizierungen die bestehende Unklarheit über Zertifizierungsinhalte und -umfang. Im Folgenden werden Empfehlungen zur Darstellung und Klassifikation von Zertifizierungskriterien abgegeben (siehe Tab. 3.3). Diese Empfehlungen beschreiben, welche Informationen in einem Kriterienkatalog oder einem Zertifizierungsprüfbericht für jedes Zertifizierungskriterium angegeben werden sollten, um Cloud-Service-Kunden von der Zuverlässigkeit und Angemessenheit der Zertifizierung zu überzeugen, und um ihnen die Zertifizierungskriterien in einer nachvollziehbaren und verständlichen Art und Weise bereitzustellen. Somit dienen diese Empfehlungen als Grundlage für die transparente und effektive Beschreibung von Zertifizierungskriterien. Durch eine derart (verbesserte) Kriterienbeschreibung und -Klassifizierung können zudem Cloud-Service-Auditoren bei der Auditdurchführung und Cloud-Service-Anbieter bei der Aufwandsabschätzung und dem Management von Auditierungen unterstützt werden. Zudem wird sichergestellt, dass innovative, kontinuierliche Zertifizierungsverfahren für einen Kriterienkatalog Anwendung finden können. Nachfolgend werden die einzelnen Empfehlungen näher erläutert.

Angabe der Bedeutung für die Informationssicherheit
Um die Bedeutung eines Zertifizierungskriteriums (beispielsweise in Hinblick auf die Informationssicherheit) darstellen zu können, sollte für jedes Kriterium ein Bewertungsschema hinterlegt sein. Die Herausforderung bei der Angabe der Bedeutung besteht darin, diese gegenüber Cloud-Service-Kunden verständlich und einfach darzulegen. Eine praxistaugliche Möglichkeit hierzu wird durch die

Tab. 3.3 Taxonomie zur Darstellung und Klassifikation von Kriterien

Taxonomie-Dimensionen
Bedeutung des Zertifizierungskriteriums für die Informationssicherheit eines Cloud-Services
Prüfobjekt bei der Auditierung
Eingesetzte(n) Auditierungsmethode(n)
Angewandte Prüftiefe bei der Untersuchung der Prüfobjekte
Messwerte, Messgrößen und/oder weitere quantitative Informationen
Beeinflussbarkeit von Veränderungen seitens des Cloud-Services
Notwendigkeit einer kontinuierlichen Überprüfung
Prüfintervall bei der Auditierung der Einhaltung des Zertifizierungskriteriums
Konsequenzen bei einer Verletzung des Zertifizierungskriteriums

Cloud-Zertifizierung „EuroCloud StarAudit" umgesetzt. Jedes Kriterium wird dort anhand einer Sternebewertung (*** bis *****) klassifiziert. Wird eine Zertifizierung so gestaltet, dass nicht alle Zertifizierungskriterien für die Vergabe des Zertifikates vom Cloud-Service erfüllt werden müssen, oder wird gar ein Kriterium verletzt, können Cloud-Service-Kunden anhand dieser Klassifizierung die Wichtigkeit und mögliche Gefährdung der Informationssicherheit besser einschätzen.

Empfehlung: Bei der Spezifikation eines Zertifizierungskriteriums soll angegeben werden, welche Bedeutung das Zertifizierungskriterium für die Informationssicherheit eines Cloud-Services besitzt.

Angabe eines Prüfobjekts

Das Prüfobjekt beschreibt welche Art von Entität auditiert wird (beispielsweise ein Prozess, Vertrag oder eine Software), um die Erfüllung eines Zertifizierungskriteriums zu überprüfen. Tab. 3.4 stellt mögliche Prüfobjekte exemplarisch dar. Beispielsweise könnte ein Zertifizierungskriterium fordern, dass geprüft wird, ob die Informationssysteme des Cloud-Service Anbieters regelmäßig dahingehend überprüft werden, ob bestimmte Sicherheitsstandards erfüllt werden können. Mögliche Prüfobjekte dieses Zertifizierungskriteriums sind:

Tab. 3.4 Übersicht über mögliche Prüfobjekte bei der Auditierung

Prüfobjekt	Beschreibung
Vertrag	Die zu überprüfenden Objekte sind Eigenschaften und Inhalte von rechtsverbindlichen Vereinbarungen mit Cloud-Service-Kunden oder Sub-Anbietern.
Prozess	Das zu prüfende Objekt ist ein Prozess oder eine entsprechende und realitätsnahe Prozessdokumentation.
Anbietereigenschaften	Es werden Eigenschaften und Ausprägungen des Cloud-Service-Anbieters geprüft, z. B. die zugrunde liegende Organisationsstruktur.
Diensteigenschaften	Zu den Diensteigenschaften gehören insbesondere Cloud-Service-Features und Funktionen, die für den Cloud-Service-Kunden unmittelbar sichtbar sind.
Infrastruktur	Ein Kriterium betrachtet physische Objekte, wie beispielsweise Hardware-Komponenten oder die Rechenzentrumsinfrastruktur.
Softwarearchitektur	Ein Kriterium untersucht virtuelle Objekte, z. B. Software oder den Quellcode sowie die Zusammenstellung und Interaktionen der einzelnen Komponenten des Cloud-Services.
Personal	Ein Kriterium erfordert die Betrachtung von Personalressourcen, z. B. die Durchführung von Mitarbeiterschulungen.

- Die schriftlichen Dokumentationen des Prüfprozesses, aus denen unter anderem hervorgeht, welche Informationssysteme überprüft werden, auf welche Sicherheitsstandards diese überprüft werden, wer für die Überprüfung beim Cloud-Service-Anbieter verantwortlich ist und wie die Regelmäßigkeit der Überprüfung geregelt ist.
- Vergangenheitsorientierte Nachweise, die die Durchführung der regelmäßigen Überprüfungen bestätigen.
- Die für die Überprüfung der Informationssysteme verantwortlichen Mitarbeiter des Cloud-Service-Anbieters, die vom Cloud-Service-Auditor befragt werden.

Bleibt eine Zertifizierung bei der Beschreibung der Prüfobjekte vage, können Cloud-Service-Kunden nicht nachvollziehen, welche Komponenten eines Cloud-Services im Zentrum der Auditierung stehen.

Empfehlung: Bei der Spezifikation eines Zertifizierungskriteriums soll angegeben werden, welche Komponenten eines Cloud-Services bei der Auditierung überprüft werden.

Angabe der Auditierungsmethode
Um die Transparenz der Zertifizierung zu steigern und die Glaubwürdigkeit und Akzeptanz eines Zertifikates zu stärken, sollte die eingesetzte Auditierungsmethode pro Kriterium angegeben werden. Welche Auditierungsmethoden bei der Überprüfung eines Zertifizierungskriteriums zum Einsatz kommen, besitzt neben dem Prüfintervall einen Einfluss auf die Zuverlässigkeit der Einhaltung. So kann beispielsweise die Zuverlässigkeit durch den Einsatz kontinuierlicher Auditierungsmethoden erhöht werden, da durch diese eine fortlaufende Kontrolle der Einhaltung erfolgen kann. Wichtig bei der Angabe der Auditierungsmethode ist, dass die Beschreibung für den Cloud-Service-Kunden nachvollziehbar sowie verständlich ist. Tab. 3.5 stellt exemplarische Auditierungsmethoden dar.

Empfehlung: Bei der Spezifikation eines Zertifizierungskriteriums soll (sollen) die vom Cloud-Service-Auditor eingesetzte(n) Auditierungsmethode(n) genannt und beschrieben sein.

Angabe der Prüftiefe
Die Prüftiefe gibt an, in welchem Umfang die einem Zertifizierungskriterium zugrunde liegenden Prüfobjekte überprüft wurden. Es kann beispielsweise eine vollumfängliche von einer stichprobenartigen Überprüfung unterschieden werden. Die Angabe der Prüftiefe und der enge Zusammenhang zum Prüfobjekt werden anhand

Tab. 3.5   Übersicht über mögliche Auditierungsmethoden

Auditierungs-methode	Beschreibung
Dokumenten-prüfung	Mit der Dokumentenprüfung überprüft der Prüfer die Einhaltung der Kriterien anhand der Angaben in der Dokumentation des Cloud-Service-Anbieters. Ein Cloud-Service-Anbieter legt entsprechende Dokumente, (technische) Protokolle oder Testate vor.
Interview	Die Befragung von Mitarbeitern des Cloud-Service-Anbieters oder anderer Personen, die mit der Erbringung des Cloud-Services befasst sind, kann zur Sachverhaltsermittlung einzelner Aspekte und zur Überprüfung der Richtigkeit der Dokumentation eingesetzt werden. Sie soll insbesondere zur Überprüfung von Aspekten eingesetzt werden, die vom Prüfer als kritisch er-achtet werden. Befragungen können schriftlich oder persönlich durchgeführt werden. Die Ermittlung zentraler Aspekte sollte durch mündliche Befragungen erfolgen. Soweit persönliche Befragungen unverhältnismäßig wären, können an ihrer Stelle Videokonferenzen durchgeführt werden.
Nutzung des Cloud-Services	Eine Dienstnutzung kann notwendig sein, um die Funktionsweise und die Ergebnisse der Funktionen eines Cloud-Services beurteilen zu können. Ein Prüfer vergleicht hierbei die zu erwartenden Ergebnisse gemäß der vorliegenden Dokumentation mit den tatsächlichen Ergebnissen, welche durch eine Dienstnutzung erbracht werden. Eine Dienstnutzung kann zur Überprüfung der Richtigkeit der Dokumentation eingesetzt werden. Die Dienstnutzung kann in Begleitung oder unter Anweisung eines Mitarbeiters des Cloud-Service-Anbieters oder eigenständig durch den Prüfer durchgeführt werden. Der Cloud-Service-Anbieter ist vorab über die Dienstnutzung zu informieren und stellt dem Prüfer notwendige Zugänge (bspw. Test-Accounts) bereit. Sofern notwendig, wählt der Prüfer geeignete Testdaten. Hierzu zählen zufällig erzeugte Werte, die eine realistische und funktionskonforme Nutzung des Vorgangs ermöglichen. Bei dieser Prüfmethode nimmt der Prüfer eine reine Black-Box-Perspektive ein und beurteilt nur die Ergebnisse der Dienstnutzung. Er erhält somit keinen Einblick in die internen Verarbeitungsschritte des Cloud-Services.
Dienst-überwachung	Eine Dienstüberwachung kann durchgeführt werden, um die anforderungskonforme Ausführung eines technischen oder organisatorischen Vorgangs nachvollziehen und nachweisen zu können. Hierzu können ein Vorgang oder eine Vorgangsreihe angestoßen und die tatsächliche Ausführung überwacht (,monitoring') oder Protokolle der Vorgangsausführung überprüft werden.Ein Cloud-Service-Anbieter stellt dem Prüfer bei Bedarf und falls vorhanden, die (technischen) Protokolle über die Ausführung des Vorgangs zur Einsicht zur Verfügung. Bei invasiven Prüfverfahren oder Verfahren, die zu einer Beeinträchtigung des Cloud-Services führen könnten,

(Fortsetzung)

Tab. 3.5 (Fortsetzung)

Auditierungs-methode	Beschreibung
	ist eine Abstimmung mit dem Cloud-Service-Anbieter und dessen Genehmigung vor der Durchführung des Prüfverfahrens notwendig. Der Cloud-Service-Anbieter muss den Prüfer bei der Durchführung unterstützen. Im Gegensatz zur Dienstnutzung nimmt der Prüfer eine White-Box-Perspektive ein, und erhält nicht nur Einblick in die Ergebnisse der Dienstnutzung sondern auch in die einzelnen Schritte der Verarbeitung.
Sicherheits-technische Tests	Bei sicherheitstechnischen Tests können computergestützte Testierungs- und Auditierungsprodukte und -dienstleistungen eingesetzt werden. Der Prüfer muss sicherstellen, dass nur geeignete (ggf. extern bereitgestellte) Produkte und Dienstleistungen, die sich auf Prüftätigkeiten auswirken, genutzt werden. Die eingesetzten Produkte und Dienstleistungen zur Durchführung von sicherheitstechnischen Tests sind im Prüfbericht zu dokumentieren. Bei invasiven Prüfverfahren oder Verfahren, die zu einer Beeinträchtigung des Datenverarbeitungsvorgangs des Cloud-Services führen könnten, ist eine Abstimmung mit dem Cloud-Service-Anbieter und dessen Genehmigung vor der Durchführung des Prüfverfahrens notwendig. Der Cloud-Service-Anbieter ist verpflichtet den Prüfer bei der Durchführung zu unterstützen.
Entwicklungs-beurteilung	Eine Entwicklungsbeurteilung umfasst die Prüfung von Entwicklungsmethodiken und -verfahren sowie bei Bedarf eine Prüfung der Testsysteme und -umgebungen, welche bei der Entwicklung von Hard- und Software zur Erbringung der Cloud-Services eingesetzt werden. Zur Durchführung der Entwicklungsbeurteilung kann auch auf eine Dokumentenprüfung und eine Befragung mit Fokus auf die angewandten Entwicklungstätigkeiten zurückgegriffen werden.
Assetprüfung	Bei einer Assetprüfung wird die Einhaltung von Kriterien überprüft, indem ein Asset (z. B. Hardware oder Software und ggf. die dazugehörige Dokumentation), in Begleitung oder unter Anweisung eines Mitarbeiters des Cloud-Service-Anbieters untersucht wird. Eine Assetprüfung kann daher auch im Rahmen einer Befragung durchgeführt werden. Eine Assetprüfung kann auch eine Inspektion von Software-Codes, bspw. die Einsicht von Konfigurationen in technischen Protokolldateien, umfassen.
Vor-Ort-Prüfung	Die Vor-Ort-Prüfung umfasst mindestens die Inaugenscheinnahme der Verfahren und technischen Einrichtungen in den Räumlichkeiten des Cloud-Service-Anbieters.
Kontinuierliche Auditierung	Das Kriterium wird durch einen Cloud-Service-Auditor kontinuierlich überwacht, um die Einhaltung dauerhaft sicherzustellen.

des folgenden Beispiels verdeutlicht: Ein Zertifizierungskriterium könnte fordern, dass wenn eine Leistung eines Sub-Anbieters für einen Cloud-Service notwendig ist geprüft wird, ob die Kommunikation mit diesem Sub-Anbieter verschlüsselt wird. Bei diesem Kriterium soll im Sinne der Prüftiefe angegeben werden, ob der Cloud-Service-Auditor eine verschlüsselte Kommunikationsverbindung bei einer Auswahl oder von allen Sub-Anbietern überprüft hat. Wird die Prüftiefe zu jedem Prüfobjekt angegeben, so können Cloud-Service-Kunden hieran den Umfang der Überprüfung erkennen und somit abschätzen, ob diese Prüftiefe für ihren Sicherheitsbedarf angemessen ist. Reicht die Prüftiefe eines Zertifizierungskriteriums einem Cloud-Service-Kunden nicht aus, da er insoweit beispielsweise eines besonders hohen Schutzes bedarf, so kann er sich in diesem Fall selbst an den Cloud-Service-Anbieter wenden und weitere Nachweise einfordern oder sogar eine eigene Überprüfung durchführen.

Empfehlung: Bei der Spezifikation eines Zertifizierungskriteriums soll angegeben werden, in welcher Prüftiefe die Prüfobjekte untersucht werden.

Angabe von Messwerten, Messgrößen und weiteren quantitativen Informationen

Um den Informationsgehalt einer Zertifizierung für Cloud-Service-Kunden zu erhöhen, können Messgrößen und konkrete quantitative Angaben, wie beispielsweise Messwerte oder auch Ausführungsintervalle, ergänzt werden. So kann beispielsweise im Zusammenhang mit dem Zertifizierungskriterium „besitzt der offerierte Cloud-Service eine schnelle Skalierungsfähigkeit; kann er also nach Bedarf schnell und elastisch zur Verfügung gestellt werden?", angegeben werden, innerhalb welcher Zeit weitere Systemressourcen bereitgestellt werden können. Ähnlich kann in Bezug auf das Zertifizierungskriterium „werden die betroffenen Kunden rechtzeitig über entsprechende Sicherheitslücken, -brüche oder -vorfälle informiert?" die Angabe, innerhalb welcher Zeit die betroffenen Cloud-Service-Kunden vom Cloud-Service-Anbieter informiert werden, eine weitere hilfreiche Information für Cloud-Service-Kunden darstellen.

Durch die Angabe von Messwerten, Messgrößen oder weiteren quantitativen Informationen kann die Vergleichbarkeit von Zertifizierungen, die bisher oftmals nur auf einer reinen Ja/Nein-Bewertung des Kriteriums basiert, verfeinert werden, um Cloud-Service-Kunden somit eine fundierte Entscheidung im Auswahlprozess zu ermöglichen. Die Angabe von Messwerten, Messgrößen und weiteren quantitativen Informationen ist jedoch nicht für alle Zertifizierungskriterien möglich, weshalb bei der Entwicklung einer Zertifizierung jedes Zertifizierungskriterium daraufhin untersucht werden muss, welche quantitativen Angaben sinnvoll und für Cloud-Service-Kunden relevant sind. Zudem besteht die Herausforderung bei der Angabe und Interpretation von quantitativen Angaben darin, diese ins Verhältnis zum betrachteten Cloud-Service beziehungsweise Cloud-Service-Anbieter zu setzen.

Empfehlung: Bei der Spezifikation eines Zertifizierungskriteriums sollen Messwerte, Messgrößen und/oder weitere quantitative Informationen angegeben werden, sofern dies für dieses Zertifizierungskriterium möglich und sinnvoll ist.

Angabe von Veränderungen, bei denen eine erneute Überprüfung des Zertifizierungskriteriums notwendig ist
Mögliche Aktualisierungen und Veränderungen (beispielsweise der Austausch von Hardware oder ein Update der Software) eines Cloud-Services gefährden die Zuverlässigkeit einer Zertifizierung. Um nach diesen Veränderungen dennoch die Gültigkeit zu gewährleisten, ist eine erneute Überprüfung der von den Veränderungen betroffenen Zertifizierungskriterien erforderlich. Um Cloud-Service-Kunden von der Zuverlässigkeit der Einhaltung der Zertifizierungskriterien zu überzeugen, soll bei der Spezifikation eines Zertifizierungskriteriums angegeben werden, bei welchen Veränderungen seitens des Cloud-Services eine erneute Überprüfung des Kriteriums erfolgt. Zur Umsetzung dieser Empfehlung kann die Zertifizierungsstelle eine Liste mit möglichen Veränderungen erstellen und diesen Veränderungen jeweils den Zertifizierungskriterien zuordnen, die bei der jeweiligen Veränderung erneut überprüft werden müssen. Alternativ könnte die Zertifizierungsstelle zu jedem Zertifizierungskriterium festlegen, bei welchen Veränderungen eine erneute Überprüfung dieses Zertifizierungskriteriums erforderlich ist.

Empfehlung: Bei der Spezifikation eines Zertifizierungskriteriums soll angegeben werden, bei welchen Veränderungen seitens des Cloud-Services eine erneute Überprüfung des Zertifizierungskriteriums durch den Cloud-Service-Auditor erfolgen wird.

Angabe, ob eine kontinuierliche Prüfung notwendig ist
Ferner sollte für jedes Zertifizierungskriterium angegeben werden, ob ein Kriterium während des Betriebs von dem Cloud-Service-Auditor oder einer dritten Partei fortlaufend überwacht werden sollte. Hierbei wird dem Cloud-Service-Anbieter insbesondere unterstellt, dass er jede legale Möglichkeit zur Senkung der eigenen Kosten oder zur Verbesserung der eigenen Wettbewerbsposition ergreifen wird,

auch wenn diese im Widerspruch zu einzelnen, bereits zertifizierten Kriterien steht. Diese Widersprüche sind aufgrund der langen Gültigkeit der Zertifizierungen ohne eine kontinuierliche Überprüfung über den Einhalt der Kriterien nicht festzustellen. So wäre es beispielsweise denkbar, dass die Erreichbarkeit eines Teams für Security-Incident-Handling 24 Stunden an 7 Tagen der Woche gewährleistet werden muss, dies während des Zertifizierungszeitraums auch den Anforderungen entspricht, das Team jedoch aus Kostengründen nach der Zertifizierung nur noch einige Stunden in der Woche erreichbar ist. Jedes Kriterium sollte daher hinsichtlich der Notwendigkeit einer kontinuierlichen Überprüfung bewertet werden.

Empfehlung: Bei der Spezifikation eines Zertifizierungskriteriums soll angegeben werden, ob und warum dieses Kriterium kontinuierlich überprüft werden sollte.

Angabe des Prüfintervalls
Das Prüfintervall gibt an, wie häufig die Überprüfung eines Zertifizierungskriteriums erfolgt. Wird ein Kriterium beispielsweise nur im Rahmen des Zertifizierungsaudits einmalig geprüft, während des alljährlichen Monitoring-Audits oder durch eine kontinuierliche Überprüfung validiert, kann dies entsprechend vermerkt werden, um die Transparenz des Prüfprozesses zu erhöhen. Durch die Verkürzung von langen Prüfintervallen (beispielsweise jährlich oder halbjährig) bis hin zu einer kontinuierlichen Überprüfung, kann zudem die Zuverlässigkeit der Einhaltung der Zertifizierungskriterien gesteigert werden.

Empfehlung: Bei der Spezifikation eines Zertifizierungskriteriums soll angegeben werden, in welchem Prüfintervall die Einhaltung des Zertifizierungskriteriums geprüft wird.

Konsequenzen bei der Verletzung eines Zertifizierungskriteriums
Um wiederum die Transparenz des Zertifizierungsprozesses und die Zuverlässigkeit der Zertifikatsaussage gegenüber Cloud-Service-Kunden zu signalisieren, soll bei der Spezifikation eines Zertifizierungskriteriums angegeben werden, welche Konsequenzen eine vom Cloud-Service-Auditor festgestellte Verletzung eines Zertifizierungskriteriums für den Cloud-Service-Anbieter besitzt. Die Konsequenzen sollen hierbei individuell für jedes Zertifizierungskriterium festgelegt werden, da diese sich hinsichtlich ihrer Bedeutung für die Zertifikatsaussage und Informationssicherheit unterscheiden können. Mögliche Konsequenzen wären beispielsweise, dass der Cloud-Service-Auditor respektive die Zertifizierungsstelle dem

Cloud-Service-Anbieter eine Frist zur Wiederherstellung der Einhaltung des verletzten Zertifizierungskriteriums setzt oder – im schlimmsten Fall – dass das Zertifikat dem Cloud-Service-Anbieter (vorübergehend) entzogen wird.

Empfehlung: Bei der Spezifikation eines Zertifizierungskriteriums soll angegeben werden, welche Konsequenzen die Verletzung des Zertifizierungskriteriums hat.

Kriterienkatalog zur Zertifizierung von Cloud-Services

4

Zusammenfassung

Dieses Kapitel beinhaltet den Kriterienkatalog zur Zertifizierung von Cloud-Services. Der Kriterienkatalog ist entlang von Kategorien sortiert und umfasst für jedes Kriterium die Information welches Objekt zertifiziert werden muss, mit welcher primären Auditierungsmethode zertifiziert werden sollte, und ob eine Vor-Ort-Auditierung sowie eine kontinuierliche Auditierung notwendig ist. Manche Kriterien sind als Empfehlung definiert. Solche Kriterien sind als optional anzusehen und nicht zwingend notwendig, jedoch wird es Cloud-Service-Anbietern empfohlen, diese Kriterien zu erfüllen bzw. Funktionalitäten in ihren Services anzubieten.

4.1 Zugrundeliegende Struktur des Kriterienkatalogs

Die Struktur des Kriterienkatalogs umfasst für jedes Zertifizierungskriterium neben einer eindeutigen ID, einer Beschreibung und einer Kategorie vier weitere Eigenschaften: Vor-Ort-Auditierung, Auditierungsmethode, Kontinuierliche Auditierung und geprüftes Objekt.

Die Eigenschaft **Vor-Ort-Auditierung** beschreit ob ein Cloud-Service-Auditor vor Ort sein muss, um ein Kriterium überprüfen zu können. Das Kriterium muss verlässlich zu geringstmöglichen Kosten geprüft werden. Wenn eine zuverlässige Prüfung aus der Ferne geschehen kann (bspw. über eine Videokonferenz und Zugriff

© Springer-Verlag GmbH Deutschland, ein Teil von Springer Nature 2019
S. Lins et al., *Cloud-Service-Zertifizierung*,
https://doi.org/10.1007/978-3-662-58857-4_4

auf den Cloud-Service über das Internet), dann sollte dies aus Kostengründen entsprechend so geprüft werden. Daneben legt die Eigenschaft **Auditierungsmethode** fest, wie ein Kriterium geprüft wird. Wobei dies nicht explizit zu verstehen ist, sondern als Empfehlung für die primäre Auditierungsmethode. Beispielsweise geht eine Dokumentenprüfung eines definierten Prozesses in der Regel auch mit einem Interview einher, ob dieser Prozess im Unternehmen auch gelebt wird. Bei beiden Eigenschaften wurde bei der Klassifizierung eine Kosten-Nutzen-Abwägung durchgeführt, um das Ziel einer möglichst kosteneffizienten Zertifizierung zu erreichen. Ferner legt die Eigenschaft **Kontinuierliche Auditierung** fest, ob ein Kriterium während des Betriebs von einer dritten Partei fortlaufend überwacht werden sollte. Hierbei wird dem Cloud-Service-Anbieter insbesondere unterstellt, dass er jede legale Möglichkeit zur Senkung der eigenen Kosten oder zur Verbesserung der eigenen Wettbewerbsposition ergreifen wird, auch wenn diese im Widerspruch zu einzelnen bereits zertifizierten Kriterien steht. Diese Widersprüche sind aufgrund der langen Gültigkeit der Zertifizierungen ohne eine kontinuierliche Überprüfung über den Einhalt der Kriterien nicht festzustellen. So wäre es bspw. denkbar, dass die Erreichbarkeit eines Teams für Security-Incident-Handling 24 h an 7 Tagen der Woche gewährleistet werden muss, dies während des Zertifizierungszeitraums auch den Anforderungen entspricht, das Team jedoch aus Kostengründen nach der Zertifizierung nur noch einige Stunden in der Woche erreichbar ist. Ferner wird bei der Klassifizierung abgewogen, ob der Cloud-Service-Anbieter Vorteile generieren kann, wenn er gegen Zertifizierungskriterien verstößt, und ob diese Vorteile nur durch bestimmte Aufwände, bspw. einmalige Kosten, realisiert werden können. Sollten die entstehenden Aufwände gegenüber den Vorteilen überwiegen, so scheint es unwahrscheinlich, dass der Cloud-Service-Anbieter eine Änderung und somit einen Verstoß gegen ein Kriterium vornehmen wird. Hingegen scheint eine kontinuierliche Auditierung bei kontinuierlich oder regelmäßig durchzuführenden Aufgaben des Cloud-Service-Anbieters sinnvoll. Das **Geprüfte Objekt** beschreibt, welche Art von Entität zertifiziert wird, bspw. ein Prozess, Vertrag oder Software. Tab. 4.1 zeigt die Struktur des Kriterienkatalogs.

Jedes Zertifizierungskriterium hat jeweils genau eine Ausprägung pro Eigenschaft. Tab. 4.2 fasst die Struktur des Kriterienkatalogs sowie die Verteilung der Ausprägungen zusammen. Betrachtet man zum Beispiel das Kriterium: „Ist eine redundante Auslegung aller wichtigen Versorgungskomponenten für das Rechenzentrum vorhanden, beispielsweise Strom, Klimatisierung und Internetanbindung?", so ist es das Ziel, die Verfügbarkeit sicherzustellen, indem vor Ort eine Assetprüfung auf der Infrastruktur eines Cloud-Services durchgeführt wird. Eine kontinuierliche Auditierung scheint in diesem Fall nicht von Nöten.

Tab. 4.1 Definition der Eigenschaften von Zertifizierungskriterien

Eigenschaft	Definition
Vor-Ort-Auditierung	
Ja	Das Kriterium erfordert vom Auditor das zu prüfende Objekt vor Ort beim Cloud-Service-Anbieter zu auditieren, bspw. durch eine Begehung des Rechenzentrums.
Nein	Das zu prüfende Objekt kann auch remote vom Auditor auditiert werden, bspw. durch eine Nutzung des Cloud-Services oder Prüfung von Zertifikaten.
Auditierungsmethode	
Interview	Ein Kriterium wird durch Interviews mit Mitarbeitern des Cloud-Service-Anbieters überprüft, bspw. Befragung von Systemadministratoren oder Softwareentwicklern. Interviews kommen häufig zum Einsatz um zu überprüfen, ob bestimmte Prozesse nicht nur in einem Dokument definiert sind, sondern im Unternehmen auch wirklich gelebt werden.
Servicenutzung	Ein Kriterium wird überprüft, indem der Cloud-Service durch einen Auditor genutzt und getestet wird, bspw. Login in den Service und Testen von speziellen Features.
Assetprüfung	Ein Kriterium wird überprüft, in dem ein Asset (bspw. Hardware oder Software und ggf. die dazugehörige Dokumentation), in Begleitung oder unter Anweisung eines Mitarbeiters des Cloud-Service-Anbieters untersucht wird.
Dokumentationsprüfung	Ein Kriterium wird überprüft, indem der Anbieter entsprechende Dokumente, Protokolle und Testate vorlegt. Hierbei handelt es sich um konkrete schriftliche Dienstanweisungen, Prozessdefinitionen und Zertifikate, und nicht um eine Selbstauskunft des Anbieters.
Kontinuierliche Auditierung	
Ja	Das Kriterium sollte kontinuierlich überwacht werden, um die Einhaltung dauerhaft sicherzustellen.
Nein	Das Kriterium muss nicht kontinuierlich überwacht werden.
Geprüftes Objekt	
Prozess	Das zu prüfende Objekt ist ein Prozess bzw. eine entsprechende und realitätsnahe Prozessdokumentation.
Anbietereigenschaften	Es werden Eigenschaften und Ausprägungen des Cloud-Service-Anbieters geprüft, bspw. die zugrunde liegende Organisationsstruktur.
Serviceeigenschaften	Zu den Serviceeigenschaften gehören insbesondere Cloud-Service-Features und Funktionen, welche für den Kunden unmittelbar sichtbar sind.
Infrastruktur	Ein Kriterium betrachtet physische Objekte, wie bspw. Hardwarekomponenten oder die Rechenzentrumsinfrastruktur.

(Fortsetzung)

Tab. 4.1 (Fortsetzung)

Eigenschaft	Definition
Softwarearchitektur	Ein Kriterium untersucht virtuelle Objekte, bspw. Software oder den Quellcode sowie die Zusammenstellung und Interaktionen der einzelnen Komponenten des Cloud-Services.
Vertrag	Das zu überprüfende Objekt sind Eigenschaften und Inhalte von Verträgen mit Cloud-Service-Kunden oder Cloud-Zulieferern.
Personal	Ein Kriterium erfordert die Betrachtung von Personalressourcen, bspw. die Durchführung von Mitarbeiterschulungen.

Tab. 4.2 Ausprägungen der Eigenschaften von Zertifizierungskriterien

Dimension	Charakteristikum	Anzahl Kriterien	Anteil innerhalb einer Dimension
Vor-Ort-Auditierung	Ja (Vor Ort)	132	60 %
	Nein	87	40 %
Auditierungsmethode	Interview	38	17 %
	Servicenutzung	9	4 %
	Assetprüfung	86	39 %
	Dokumentationsprüfung	86	39 %
Kontinuierliche Auditierung	Ja (kontinuierlich)	48	22 %
	Nein	171	78 %
Geprüftes Objekt	Prozess	68	31 %
	Anbietereigenschaften	6	3 %
	Serviceeigenschaften	17	8 %
	Infrastruktur	20	9 %
	Softwarearchitektur	60	27 %
	Vertrag	41	19 %
	Personal	7	3 %

4.2 Kriterienkatalog

Die Zertifizierungskriterien wurden anhand von bekannten und etablierten Standards für Cloud-Computing, IT-Sicherheit und IT-Services mit einem hohen Reifegrad und hohen Einflusspotential abgeleitet (siehe auch Gao und Schneider (2012); Bernnat et al. (2012)). Für Details zur Vorgehensweise siehe Kap. 11 (Anhang: Vorgehensweise). Die Angaben in Klammern hinter jedem Kriterium verweisen auf die Quelle, aus der das Kriterium abgeleitet wurde und bezieht sich auf die Angaben in Tab. 4.3.

Tab. 4.3 Quellen zur Herleitung der Taxonomie

Iteration	Datenquelle
BSI (2011)	Bundesamt für Sicherheit in der Informationstechnik, Sicherheitsempfehlungen für Cloud Computing Anbieter – Mindestanforderungen in der Informationssicherheit
ISO (2005)	International Organization for Standardization, ISO/IEC 27001
CSA (2011)	Cloud Security Alliance, Security guidance for critical areas of focus in cloud computing v3.0
CCUC (2010)	Cloud-Computing Use Cases Discussion Group, Cloud-Computing Use Cases
NIST, Badger et al. (2012)	National Institute of Standards and Technology, Cloud Computing Synopsis and Recommendations
EuroCloud (2010)	EuroCloud Deutschland_eco e. V., Leitfaden Cloud Computing Recht. Datenschutz & Compliance
ITIL, Stein et al. (2012)	AXELOS, Information Technology Infrastructure Library (ITIL)

Die folgenden Kapitel beschreiben die jeweiligen Anforderungen, die Cloud-Service-Anbieter erfüllen sollten. Dabei werden die Anforderungen als geschlossene Fragen formuliert. Zielsetzung dieses Kriterienkatalogs ist es, in einem möglichst breiten Kontext Anwendung finden zu können. Es werden daher absichtlich keine konkreten Implementierungsvorgaben genannt wie bestimmte Kriterien zu erfüllen sind oder konkrete Anweisungen genannt wie entsprechende Komponenten zu überprüfen sind. Solche Vorgaben wären zu kontextspezifisch und könnten nur in ausgewählten Einsatzszenarien Anwendung finden. Wie die entsprechenden Kriterien überprüft werden, liegt daher im Ermessen des jeweiligen Auditors.

4.2.1 Verfügbarkeits- und Kapazitätsmanagement

Die Sicherstellung einer kontinuierlichen Erreichbarkeit des angebotenen Cloud-Services nimmt eine zentrale Rolle in der Bereitstellung ein. Hierbei gilt es, ein Mindestmaß an Verfügbarkeit gemäß den vertraglich festgehaltenen Kundenvereinbarungen zu gewährleisten. Dazu werden einerseits interne Mechanismen und Prozesse benötigt, welche eventuelle Störungen und Ressourcenausfälle bemerken. Es muss sichergestellt werden, dass eine angemessene Skalierbarkeit der Cloud-Services abhängig vom Nutzerbedarf vorliegt, sodass keine Ressourcenengpässe für Cloud-Service-Kunden entstehen können. Um die Verfügbarkeit und die Skalierbarkeit sicherzustellen sowie den Ressourcenbedarf von Cloud-Service-Kunden bedienen zu können, muss ein Cloud-Service-Anbieter entsprechende Kapazitätsmanagementsysteme und -prozesse etablieren. Diese müssen die Nutzung der verfügbaren Ressourcen überwachen und einen entsprechenden Lastenausgleich durchführen. Hierbei gilt es sicherzustellen, dass die vertraglich vereinbarten Ressourcen fortlaufend bzw. bei Bedarf verfügbar sind. Das Kapazitätsmanagementsystem muss sowohl die kurzfristige Kapazitätsplanung (Ausgleich von Lastspitzen) als auch die langfristige Kapazitätsplanung unterstützen. Die Verfügbarkeit eines Cloud-Services muss jedoch nicht nur adäquat aus technischer Perspektive gewährleistet werden, sondern es müssen auch transparente vertragliche Vereinbarungen über die Verfügbarkeit bestehen. Diese müssen eindeutig und verständlich formuliert sein.

ID	Beschreibung			
K-001	Verfügt der Cloud-Service-Anbieter über eine Verfügbarkeitsmonitoring, welches die Leistung des angebotenen Cloud-Services fortlaufend kontrolliert? (ITIL)			
	Auditierungsmethode	Assetprüfung	**Objekt**	Softwarearchitektur
	Kontinuierlich	Nein	**Vor Ort**	Nein
K-002	Existiert eine exakte Definition des Cloud-Service-Anbieters, wie der Verfügbarkeitsanteil (in %) des Cloud-Services definiert und berechnet wird? (NIST)			
	Auditierungsmethode	Dokumentationsprüfung	**Objekt**	Vertrag
	Kontinuierlich	Nein	**Vor Ort**	Nein
K-003	Wird hinsichtlich der Verfügbarkeit des Cloud-Services vom Cloud-Service-Anbieter explizit spezifiziert, welche Fälle als Systemausfall gelten? (CCUC)			
	Auditierungsmethode	Dokumentationsprüfung	**Objekt**	Vertrag
	Kontinuierlich	Nein	**Vor Ort**	Nein
K-004	Besitzt der Cloud-Service eine schnelle Skalierungsfähigkeit; kann er also nach Bedarf schnell und elastisch zur Verfügung gestellt werden? (CCUC)			
	Auditierungsmethode	Servicenutzung	**Objekt**	Serviceeigenschaften
	Kontinuierlich	Ja	**Vor Ort**	Nein
K-005	Wird der Cloud-Service laufend überwacht, um eventuelle Störungen oder Ressourcenausfälle rechtzeitig zu erkennen und die Verfügbarkeit des Cloud-Services sicherzustellen, bspw. Ausfälle des Virtualisierungsservers oder virtueller Maschinen? (BSI)			
	Auditierungsmethode	Assetprüfung	**Objekt**	Infrastruktur
	Kontinuierlich	Ja	**Vor Ort**	Ja

ID	Beschreibung			
K-006	Wird die Nutzung der Ressourcen des Cloud-Service-Anbieters überwacht und abgestimmt, sodass ein Lastenausgleich bei Bedarf schnell durchgeführt werden kann? (ISO, NIST, ITIL)			
	Auditierungsmethode	Interview	**Objekt**	Prozess
	Kontinuierlich	Ja	**Vor Ort**	Ja
K-007	Werden Prognosen für zukünftige Kapazitätsanforderungen zur Gewährleistung der Systemperformance und Erfüllung der Kundennachfragen realisiert? Werden die Analyseergebnisse eines Capacity Management Information System (CMIS) bei der Kapazitätsplanung des Cloud-Service-Anbieters einbezogen? (ISO, NIST, ITIL)			
	Auditierungsmethode	Assetprüfung	**Objekt**	Prozess
	Kontinuierlich	Nein	**Vor Ort**	Ja
K-008	*Empfehlung:* Ist der Cloud-Service-Anbieter befähigt, die Verarbeitungsvorgänge oder virtuellen Maschinen der Cloud-Service-Kunden zwischen verschiedenen physischen Maschinen zu migrieren, ohne hierbei die Verfügbarkeit einzelner Funktionen zu gefährden? (NIST)			
	Auditierungsmethode	Assetprüfung	**Objekt**	Softwarearchitektur
	Kontinuierlich	Nein	**Vor Ort**	Ja

4.2.2 Sicherheitsarchitektur

Die Cloud-Architektur sollte so gewählt werden, dass eine möglichst hohe Sicherheit erreicht werden kann. Dazu zählt unter anderem eine sichere Grundkonfiguration für Cloud-Services sowie die fortlaufende Einhaltung sämtlicher Sicherheitsrichtlinien. Zudem sollten standardisierte Sicherheitsmechanismen, bspw. Antivirus- und Intrusion-Detection-Systeme etabliert und fortlaufend betrieben werden. Eine kontinuierliche Überwachung der Systeme gegenüber möglichen externen und internen Angriffen ist darüber hinaus ebenfalls notwendig. Dazu könnte der Datenverkehr innerhalb des Netzwerkes wie auch zu den Cloud-Service-Kunden überwacht werden. Insbesondere bei Cloud-Services ist sicherzustellen, dass eine voll funktionsfähige Mandantentrennung gewährleistet wird, um den unerlaubten Zugriff auf Kundendaten zu verhindern.

ID	Beschreibung
K-009	Können sämtliche relevanten Sicherheitsereignisse einschließlich aller Sicherheitslücken oder -vorfälle erfasst, protokolliert, revisionssicher archiviert und ausgewertet werden? Können kundenspezifische Protokolle bereitgestellt werden? (BSI, CCUC)

Auditierungsmethode	Assetprüfung	Objekt	Serviceeigenschaften
Kontinuierlich	Nein	Vor Ort	Nein

ID	Beschreibung
K-010	Wird der Cloud-Service 24/7 gegenüber Angriffen und Sicherheitsvorfällen umfassend überwacht? Können verdächtige Aktivitäten (bspw. Extraktion großer Datenmengen mehrerer Mandanten), Angriffe und Sicherheitsvorfälle rechtzeitig erkannt und in Abhängigkeit der Kritikalität zeitnahe Reaktion eingeleitet werden? (BSI)

Auditierungsmethode	Assetprüfung	Objekt	Softwarearchitektur
Kontinuierlich	Ja	Vor Ort	Ja

ID	Beschreibung
K-011	Ist der ausgehende Datenverkehr, also Daten die die Grenzen der Infrastruktur des Cloud-Service-Anbieters verlassen, ausreichend gegen unbefugte Änderung, Weitergabe und Offenlegung geschützt? (ISO)

Auditierungsmethode	Assetprüfung	Objekt	Softwarearchitektur
Kontinuierlich	Ja	Vor Ort	Ja

ID	Beschreibung
K-012	Werden Sicherheitsmaßnamen gegen sowohl interne (von Cloud-Service-Kunden auf andere Cloud-Service-Kunden) als auch gegen externe Netzangriffe ergriffen? (BSI, NIST)

Auditierungsmethode	Assetprüfung	Objekt	Prozess
Kontinuierlich	Nein	Vor Ort	Ja

ID	Beschreibung
K-013	Sind Richtlinien und Verfahren für die Sicherheit von Informationen, welche durch verschiedene zusammengeschaltete Informationssysteme versendet werden, entwickelt und implementiert worden? (ISO)

Auditierungsmethode	Assetprüfung	Objekt	Prozess
Kontinuierlich	Nein	Vor Ort	Ja

ID	Beschreibung
K-014	Ist die Grundkonfiguration für den Cloud-Service sicher erstellt? Werden also ein gehärtetes Server-Betriebssystem und ein gehärtetes Gastbetriebssystem eingesetzt? Sind alle nicht benötigten Programme und Dienste abgeschaltet oder deinstalliert? (BSI)

Auditierungsmethode	Assetprüfung	Objekt	Softwarearchitektur
Kontinuierlich	Ja	Vor Ort	Ja

ID	Beschreibung			
K-015	Werden sämtliche Standardmaßnahmen für den Schutz des Cloud-Hosts praktiziert, bspw. Host-Firewalls, Network-Intrusion-Prevention-Systeme, Applikationsschutz, Antivirus, regelmäßige Integritätsüberprüfungen wichtiger Systemdateien und Host-based Intrusion-Detection-Systeme? (BSI, CSA, NIST)			
	Auditierungsmethode	Assetprüfung	**Objekt**	Softwarearchitektur
	Kontinuierlich	Ja	**Vor Ort**	Ja
K-016	Sind die Uhren aller relevanten Informationsverarbeitungssysteme des Cloud-Service-Anbieters mit einer anerkannten Zeitquelle synchronisiert? (ISO)			
	Auditierungsmethode	Assetprüfung	**Objekt**	Softwarearchitektur
	Kontinuierlich	Ja	**Vor Ort**	Ja
K-017	Ist bspw. das Database-Activity-Monitoring für die Speicherung sensibler Daten in der Cloud präsent, um Verstöße gegen die Sicherheitspolitik, bspw. SQL-Injections, zu melden? Wurde ein Warnsystem gegen die Verletzung der Sicherheitspolitik generiert? (CSA)			
	Auditierungsmethode	Assetprüfung	**Objekt**	Softwarearchitektur
	Kontinuierlich	Nein	**Vor Ort**	Ja
K-018	Ist sichergestellt, dass beim Einsatz von mobilem Code (z. B. VBScript, Java Applets, ActiveX Controls) dieser signiert ist? (ISO)			
	Auditierungsmethode	Assetprüfung	**Objekt**	Softwarearchitektur
	Kontinuierlich	Nein	**Vor Ort**	Ja
K-019	Sind alle Mandanten eines Cloud-Services auf allen Ebenen des Cloud-Stacks sicher und robust getrennt, bspw. auf Ebene der Anwendung, der Server, des Netzwerks oder des Datenspeichers? (BSI, CSA, NIST)			
	Auditierungsmethode	Assetprüfung	**Objekt**	Softwarearchitektur
	Kontinuierlich	Nein	**Vor Ort**	Ja
K-020	Wird der Zugriff auf Informationssysteme und Daten des Cloud-Services automatisch gesperrt, wenn eine Vielzahl von fehlgeschlagenen Anmeldungsversuchen festgestellt wird? (BSI, NIST)			
	Auditierungsmethode	Servicenutzung	**Objekt**	Serviceeigenschaften
	Kontinuierlich	Ja	**Vor Ort**	Nein
K-021	Sind Verfahren zur Kontrolle der Installation der Software auf operativen Systemen des Cloud-Service-Anbieters vorhanden? (ISO)			
	Auditierungsmethode	Assetprüfung	**Objekt**	Softwarearchitektur
	Kontinuierlich	Nein	**Vor Ort**	Ja

ID	Beschreibung
K-022	*Empfehlung:* Ist ein Informationssicherheits-Managementsystem (ISMS) im Unternehmen des Cloud-Service-Anbieters implementiert? Wird das ISMS zu geplanten Intervallen überprüft (mindestens einmal pro Jahr), um dessen Eignung, Angemessenheit und Wirksamkeit weiterhin sicherzustellen? (BSI, ISO)

Auditierungsmethode	Dokumentationsprüfung	**Objekt**	Prozess
Kontinuierlich	Nein	**Vor Ort**	Ja

ID	Beschreibung
K-023	*Empfehlung:* Stehen alle relevanten Sicherheits-Protokolldaten in einem für die maschinelle Verarbeitung geeigneten Format zur Verfügung? (BSI)

Auditierungsmethode	Assetprüfung	**Objekt**	Softwarearchitektur
Kontinuierlich	Nein	**Vor Ort**	Ja

4.2.3 Berechtigungskonzept

Die Nutzung angebotener Cloud-Services muss durch ein angemessenes Berechtigungskonzept und Rollenmanagement geschützt werden, um den unerlaubten Zugriff auf Funktionen des Services zu unterbinden. Bevor ein potenzieller Cloud-Service-Kunde Zugriff erhält, muss ein Registrierungsprozess durchlaufen werden, bei dem notwendige Informationen eines Nutzers erhoben, entsprechende Authentifizierungsdaten (bspw. Nutzer-ID, Passwörter) erstellt, und Berechtigungen vergeben werden. Auch Mitarbeiter des Cloud-Service-Anbieters müssen diesem Berechtigungskonzept unterliegen, um auch administrative Zugriffe regulieren zu können. Bei der Erstellung des Berechtigungskonzeptes ist eine überschneidungsfreie und sichere Spezifikation von Berechtigungen entscheidend. Neben der initialen Vergabe von Berechtigungen ist eine regelmäßige Überprüfung auf deren Notwendigkeit und Aktualität sowie ein dokumentierter De-Registrierungsprozess erforderlich, um eine fortlaufende Sicherheit zu gewährleisten.

ID	Beschreibung
K-024	Werden inaktive Verbindungen zum Cloud-Service (Sessions) nach einem vordefinierten Zeitraums der Inaktivität automatisch geschlossen? (ISO)

Auditierungsmethode	Servicenutzung	**Objekt**	Softwarearchitektur
Kontinuierlich	Nein	**Vor Ort**	Nein

ID	Beschreibung			
K-025	Ist der Berechtigungsprozess des Cloud-Services unter Berücksichtigung folgender Punkte gesichert? 1) klare Identifikation aller Teilnehmer im Berechtigungsprozess; 2) präzise definierte Verantwortlichkeiten und Berechtigungsregeln für den Genehmigungs- und Abmeldungsprozess; 3) definierter Prozess zur Verwaltung der Änderungen in den Berechtigungsregeln; 4) definierte Auslöser und Häufigkeit der Überprüfung der Berechtigungsregeln; 5) Nutzung des Least-Privilege-Prinzip in den Berechtigungsregeln. (CSA)			
	Auditierungsmethode	Interview	**Objekt**	Prozess
	Kontinuierlich	Nein	**Vor Ort**	Ja
K-026	Gibt es ein formales Registrierungs- und De-Registrierungsverfahren für die Erteilung und Aufhebung des Zugriffs auf sämtliche Informationssysteme und -services des Cloud-Service-Anbieters? (ISO, CSA)			
	Auditierungsmethode	Interview	**Objekt**	Prozess
	Kontinuierlich	Nein	**Vor Ort**	Ja
K-027	Wird die Vergabe von Passwörtern für die Nutzer der Systeme und Cloud-Services durch einen formalen Managementprozess geregelt? (ISO)			
	Auditierungsmethode	Assetprüfung	**Objekt**	Prozess
	Kontinuierlich	Nein	**Vor Ort**	Ja
K-028	Werden alle Rollen und deren Rechte im Rahmen des Zugriffsrechtemanagements regelmäßig überprüft? (BSI, ISO)			
	Auditierungsmethode	Dokumentationsprüfung	**Objekt**	Prozess
	Kontinuierlich	Ja	**Vor Ort**	Nein
K-029	Ist der Zugriff auf Betriebssysteme des Cloud-Service-Anbieters durch einen Anmeldungsprozess gesichert? (ISO)			
	Auditierungsmethode	Assetprüfung	**Objekt**	Softwarearchitektur
	Kontinuierlich	Ja	**Vor Ort**	Ja
K-030	Ist eine robuste Zugriffskontrolle (bspw. rollenbasierte Zugriffskontrollen) für sowohl Cloud-Service-Kunden als auch für Administratoren des Cloud-Service-Anbieters im Einsatz, um den Zugriff auf Informationssysteme und Daten des Cloud-Services zu regulieren? (BSI, ISO, CSA, NIST)			
	Auditierungsmethode	Assetprüfung	**Objekt**	Softwarearchitektur
	Kontinuierlich	Ja	**Vor Ort**	Ja

ID	Beschreibung
K-031	Ist die Verwendung von Systemprogrammen, mit denen System- und Softwareeinstellungen überschrieben werden könnten, eingeschränkt, überwacht und kontrolliert? (ISO)

Auditierungsmethode	Assetprüfung	Objekt	Softwarearchitektur
Kontinuierlich	Nein	Vor Ort	Ja

ID	Beschreibung
K-032	Werden offene Standards wie SAML oder OAuth zur Förderung der Interoperabilität in bestimmten Fällen eingesetzt, bspw. wenn ein Single-Sign-On erforderlich ist? (CSA)

Auditierungsmethode	Assetprüfung	Objekt	Softwarearchitektur
Kontinuierlich	Nein	Vor Ort	Ja

ID	Beschreibung
K-033	Ist der Zugriff auf den Programmquellcode des Cloud-Services eingeschränkt? (ISO)

Auditierungsmethode	Assetprüfung	Objekt	Softwarearchitektur
Kontinuierlich	Nein	Vor Ort	Ja

ID	Beschreibung
K-034	Können die Zugriffsrechte aller Mitarbeiter, Sub-Anbieter und Cloud-Service-Kunden auf die Daten und Informationsverarbeitungseinrichtungen des Cloud-Service-Anbieters wieder entzogen werden, nachdem das Beschäftigungsverhältnis, Vertragsverhältnis oder die Vereinbarung hierzu beendet wurde? (ISO)

Auditierungsmethode	Assetprüfung	Objekt	Softwarearchitektur
Kontinuierlich	Nein	Vor Ort	Ja

ID	Beschreibung
K-035	Ist die Verbindungsfähigkeit der Nutzer nach entsprechender Zugriffspolitik eingeschränkt, insbesondere für Verbindungen, die von außerhalb der Infrastruktur des Cloud-Service-Anbieters erfolgen? (ISO)

Auditierungsmethode	Assetprüfung	Objekt	Softwarearchitektur
Kontinuierlich	Nein	Vor Ort	Nein

ID	Beschreibung
K-036	Wird die Qualität der Passwörter für Nutzer und Administratoren durch ein entsprechendes Verwaltungssystem sichergestellt? (ISO)

Auditierungsmethode	Assetprüfung	Objekt	Softwarearchitektur
Kontinuierlich	Nein	Vor Ort	Nein

ID	Beschreibung
K-037	*Empfehlung:* Wird die automatische Equipment-Identifikation als Hilfsmittel für die Authentisierung von Verbindungen aus bestimmten Standorten und Anlagen verwendet? (ISO)

Auditierungsmethode	Assetprüfung	Objekt	Softwarearchitektur
Kontinuierlich	Nein	Vor Ort	Ja

4.2.4 Datenmanagement

Zur Einhaltung von Datenschutzrichtlinien ist ein angemessenes Datenmanagement erforderlich. Dazu gehört unter anderem die Sicherstellung der Datenintegrität, die Durchführung von angemessenen Datensicherungen sowie die sichere Speicherung und Verarbeitung der (Kunden-)Daten. Das Datenmanagement muss hierbei den gesamten Lebenszyklus der Daten berücksichtigen, welcher aus der Datenerzeugung, -speicherung, -nutzung, -weitergabe sowie -zerstörung besteht. Entsprechend sollte ein Cloud-Service-Anbieter für jede Stufe des Zyklus angemessene Maßnahmen und Prozesse etabliert haben, um unter anderem eine unbefugte Veröffentlichung (sensibler) Daten zu unterbinden. Ein wichtiger Bestandteil der Datenspeicherung bildet die Durchführung von regelmäßigen Daten-Backups, gemäß den vertraglich festgelegten Vereinbarungen mit Cloud-Service-Kunden. Durch diese Backups soll das Risiko eines möglichen Datenverlusts (bspw. aufgrund eines technischen Defekts) ausgeschlossen werden. Darüber hinaus muss gewährleistet werden, dass Kundendaten vollständig und rückstandsfrei bei Bedarf gelöscht werden können.

ID	Beschreibung			
K-038	Sind Anforderungen für die Sicherstellung der Datenintegrität in Applikationen des Cloud-Service-Anbieters bekannt? Werden geeignete Kontrollen dafür definiert und implementiert? (ISO)			
	Auditierungsmethode	Assetprüfung	**Objekt**	Softwarearchitektur
	Kontinuierlich	Ja	**Vor Ort**	Nein
K-039	Werden formale Richtlinien, Verfahren, Kontrollaktivitäten und Datensicherheitsmechanismen im Lebenszyklus der Kundendaten, die aus der Datenerzeugung, -speicherung, -nutzung und -weitergabe sowie -zerstörung bestehen, definiert und umgesetzt, um die unbefugte Offenlegung oder den Missbrauch der Daten auszuschließen? (BSI, ISO, CSA, NIST)			
	Auditierungsmethode	Assetprüfung	**Objekt**	Prozess
	Kontinuierlich	Ja	**Vor Ort**	Ja
K-040	Werden Backup- und Ausfallsicherungssysteme bei Vertragsende auf Kundenwunsch bereinigt? (CSA)			
	Auditierungsmethode	Assetprüfung	**Objekt**	Prozess
	Kontinuierlich	Nein	**Vor Ort**	Ja

ID	Beschreibung
K-041	Werden alle Datenträger des Cloud-Service-Anbieters durch den Einsatz eines formalen Managementverfahrens sicher und geschützt entsorgt, wenn sie nicht mehr benötigt werden? (ISO, NIST, CCUC)

Auditierungsmethode	Dokumentationsprüfung	Objekt	Prozess
Kontinuierlich	Nein	Vor Ort	Ja

ID	Beschreibung
K-042	Sind Datenträger beim Datentransport über die physischen Grenzen des Cloud-Service-Anbieters hinaus vor unbefugtem Zugriff, Missbrauch oder Korruption geschützt? (ISO)

Auditierungsmethode	Dokumentationsprüfung	Objekt	Prozess
Kontinuierlich	Nein	Vor Ort	Ja

ID	Beschreibung
K-043	Sind Mechanismen vom Cloud-Service-Anbieter vorhanden, sodass sensible Daten des Cloud-Service-Kunden von unsensiblen Daten isoliert gespeichert werden können? (CSA, NIST)

Auditierungsmethode	Assetprüfung	Objekt	Softwarearchitektur
Kontinuierlich	Nein	Vor Ort	Ja

ID	Beschreibung
K-044	Sind Mechanismen vom Cloud-Service-Anbieter dafür vorhanden, dass Kundendaten, einschließlich aller Vorgängerversionen der Daten, temporäre Dateien, Metadaten und Dateifragmente, auf Wunsch des Cloud-Service-Kunden rechtzeitig, vollständig und zuverlässig gelöscht werden können? (BSI, CSA, NIST, EC)

Auditierungsmethode	Assetprüfung	Objekt	Softwarearchitektur
Kontinuierlich	Nein	Vor Ort	Ja

ID	Beschreibung
K-045	Werden Daten, Software und Systeme basierend auf dem Datensicherungskonzept und der mit Cloud-Service-Kunden vereinbarten Backup-Politik regelmäßig gesichert und archiviert? Wird sporadisch überprüft, ob die erzeugten Datensicherungen zur Wiederherstellung verlorener Daten tatsächlich erfolgreich genutzt werden können? (BSI, ISO, CSA, NIST, ITIL)

Auditierungsmethode	Assetprüfung	Objekt	Softwarearchitektur
Kontinuierlich	Ja	Vor Ort	Ja

ID	Beschreibung
K-046	Werden reguläre Datenauszüge und die -sicherung mit offenen Datenformaten durchgeführt, damit sie ohne entsprechenden Cloud-Service-Anbieter ebenso genutzt werden können und somit die Portabilität erhört wird? (CSA)

Auditierungsmethode	Assetprüfung	Objekt	Softwarearchitektur
Kontinuierlich	Nein	Vor Ort	Ja

ID	Beschreibung			
K-047	Sind die Backupstrategien und -politiken des Datensicherungsprozesses für Cloud-Service-Kunden transparent definiert? Sind alle Informationen dazu für Cloud-Service-Kunden nachvollziehbar, einschließlich Umfang, Speicherintervalle, Speicherzeitpunkte und Speicherdauer? (BSI, CSA)			
	Auditierungsmethode	Dokumentationsprüfung	**Objekt**	Vertrag
	Kontinuierlich	Nein	**Vor Ort**	Nein
K-048	Gibt es Maßnahmen, die gewährleisten, dass der Betrieb oder die Bereitstellung der Daten im Falle einer Insolvenz des Cloud-Service-Anbieters sichergestellt werden könnte? (BSI, EC)			
	Auditierungsmethode	Dokumentationsprüfung	**Objekt**	Vertrag
	Kontinuierlich	Nein	**Vor Ort**	Nein
K-049	*Empfehlung:* Ist eine Daten-Dispersion-Technik für die Datenspeicherung in der Cloud im Einsatz? (CSA)			
	Auditierungsmethode	Assetprüfung	**Objekt**	Infrastruktur
	Kontinuierlich	Nein	**Vor Ort**	Ja

4.2.5 Verschlüsselung

Um eine sichere Verschlüsselung von gespeicherten Daten zu ermöglichen, sollten entsprechende Managementprozesse etabliert werden. Dabei ist es insbesondere von Bedeutung, dass ein entsprechendes Schlüsselmanagement unternehmensweit etabliert ist, um mögliche Schwachstellen (bspw. bei Administrationszugriffen) zu minimieren. Die entsprechenden Sicherheitsstandards sollten also in allen sicherheitskritischen Softwareanwendungen des Unternehmens etabliert sein.

ID	Beschreibung			
K-050	Wenn die gespeicherten Daten vom Cloud-Service-Anbieter verschlüsselt sind, sind alle folgenden Best Practices (K-051 bis K-064) umgesetzt? (BSI, CSA, NIST, CCUC)			
	Auditierungsmethode	Assetprüfung	**Objekt**	Softwarearchitektur
	Kontinuierlich	Nein	**Vor Ort**	Ja
K-051	1) Ein robuster Algorithmus sollte eingesetzt werden. (BSI, CSA, NIST, CCUC)			
	Auditierungsmethode	Assetprüfung	**Objekt**	Softwarearchitektur
	Kontinuierlich	Nein	**Vor Ort**	Ja

ID	Beschreibung
K-052	2) Standardtechnik für die Verschlüsselung sollte verwendet werden. (BSI, CSA, NIST, CCUC)

Auditierungsmethode	Assetprüfung	Objekt	Softwarearchitektur
Kontinuierlich	Nein	Vor Ort	Ja

ID	Beschreibung
K-053	3) Eine säulenartige Verschlüsselungsmethode sollte eingesetzt werden (BSI, CSA, NIST, CCUC)

Auditierungsmethode	Assetprüfung	Objekt	Softwarearchitektur
Kontinuierlich	Nein	Vor Ort	Ja

ID	Beschreibung
K-054	4) Die Schlüsselerzeugung sollte in einer sicheren Umgebung und unter Einsatz geeigneter Schlüsselgeneratoren erfolgen. (BSI, CSA, NIST, CCUC)

Auditierungsmethode	Assetprüfung	Objekt	Softwarearchitektur
Kontinuierlich	Nein	Vor Ort	Ja

ID	Beschreibung
K-055	5) Kryptografische Schlüssel sollten möglichst nur für einen Einsatzzweck dienen. (BSI, CSA, NIST, CCUC)

Auditierungsmethode	Assetprüfung	Objekt	Softwarearchitektur
Kontinuierlich	Nein	Vor Ort	Ja

ID	Beschreibung
K-056	6) Generell sollten Schlüssel nie in klarer Form, sondern grundsätzlich verschlüsselt im System gespeichert werden. (BSI, CSA, NIST, CCUC)

Auditierungsmethode	Assetprüfung	Objekt	Softwarearchitektur
Kontinuierlich	Nein	Vor Ort	Ja

ID	Beschreibung
K-057	7) Die Speicherung muss stets redundant gesichert und wiederherstellbar sein, um einen Verlust eines Schlüssels zu auszuschließen. (BSI, CSA, NIST, CCUC)

Auditierungsmethode	Assetprüfung	Objekt	Softwarearchitektur
Kontinuierlich	Nein	Vor Ort	Ja

ID	Beschreibung
K-058	8) Die Schlüssel müssen zentral verwaltet werden. (BSI, CSA, NIST, CCUC)

Auditierungsmethode	Assetprüfung	Objekt	Softwarearchitektur
Kontinuierlich	Nein	Vor Ort	Ja

ID	Beschreibung
K-059	9) Die Schlüssel müssen sicher, vertraulich, integer und authentisch verteilt werden. (BSI, CSA, NIST, CCUC)

Auditierungsmethode	Assetprüfung	Objekt	Softwarearchitektur
Kontinuierlich	Nein	Vor Ort	Ja

ID	Beschreibung
K-060	10) Administratoren der Cloud dürfen keinen Zugriff auf Kundenschlüssel haben. (BSI, CSA, NIST, CCUC)

Auditierungsmethode	Assetprüfung	Objekt	Softwarearchitektur
Kontinuierlich	Nein	Vor Ort	Ja

ID	Beschreibung
K-061	11) Schlüsselwechsel müssen regelmäßig durchgeführt werden. Man muss regelmäßig auf die Aktualität der verwendeten Schlüssel überprüfen. (BSI, CSA, NIST, CCUC)

Auditierungsmethode	Assetprüfung	Objekt	Softwarearchitektur
Kontinuierlich	Nein	Vor Ort	Ja

ID	Beschreibung
K-062	12) Der Zugang zum Schlüsselverwaltungssystem sollte eine separate Authentisierung erfordern. (BSI, CSA, NIST, CCUC)

Auditierungsmethode	Assetprüfung	Objekt	Softwarearchitektur
Kontinuierlich	Nein	Vor Ort	Ja

ID	Beschreibung
K-063	13) Die Schlüssel sollten sicher archiviert werden. (BSI, CSA, NIST, CCUC)

Auditierungsmethode	Assetprüfung	Objekt	Softwarearchitektur
Kontinuierlich	Nein	Vor Ort	Ja

ID	Beschreibung
K-064	14) Nicht mehr benötigte Schlüssel sind auf sichere Art zu löschen bzw. zu vernichten. (BSI, CSA, NIST, CCUC)

Auditierungsmethode	Assetprüfung	Objekt	Softwarearchitektur
Kontinuierlich	Nein	Vor Ort	Ja

ID	Beschreibung
K-065	Stammen die Technologien und Produkte zur Verschlüsselung, Entschlüsselung, Signierung und Verifizierung des Cloud-Services aus zuverlässigen Quellen? (CSA)

Auditierungsmethode	Assetprüfung	Objekt	Softwarearchitektur
Kontinuierlich	Ja	Vor Ort	Nein

ID	Beschreibung
K-066	Wenn eine Leistung eines Sub-Anbieters für einen Cloud-Service notwendig ist, wird dann die Kommunikation mit diesem Sub-Anbieter verschlüsselt? (BSI)

Auditierungsmethode	Assetprüfung	Objekt	Softwarearchitektur
Kontinuierlich	Ja	Vor Ort	Nein

ID	Beschreibung
K-067	Ist die Kommunikation zwischen verschiedenen Cloud-Standorten mit einem robusten Algorithmus verschlüsselt? (BSI)

Auditierungsmethode	Assetprüfung	Objekt	Softwarearchitektur
Kontinuierlich	Nein	Vor Ort	Nein

ID	Beschreibung			
K-068	Ist die Kommunikation zwischen Cloud-Service-Anbieter und -Kunden mit einem robusten Algorithmus verschlüsselt? (BSI, NIST)			
	Auditierungsmethode	Assetprüfung	**Objekt**	Softwarearchitektur
	Kontinuierlich	Nein	**Vor Ort**	Nein
K-069	Ist der Key-Management-Prozess unter Beachtung von Best Practices im Einsatz, wenn die gespeicherten Daten des Cloud-Service-Anbieters verschlüsselt sind? (CSA, ISO)			
	Auditierungsmethode	Interview	**Objekt**	Prozess
	Kontinuierlich	Nein	**Vor Ort**	Ja
K-070	*Empfehlung:* Kann der Cloud-Service-Anbieter auf Kundenwunsch die in dem angebotenen Cloud-Service gespeicherten Kundendaten verschlüsseln? (CSA, CCUC)			
	Auditierungsmethode	Assetprüfung	**Objekt**	Serviceeigenschaften
	Kontinuierlich	Nein	**Vor Ort**	Ja

4.2.6   Virtualisierung

Neben den Anforderungen an eine sichere Cloud-Architektur müssen entsprechende Maßnahmen zur Sicherstellung einer sicheren Virtualisierung befolgt werden. So sollten Mechanismen implementiert werden, welche den Datenverkehr
zwischen virtuellen Maschinen auf derselben physischen Maschine überwachen,
um so möglicherweise interne Angriffe zu überwachen.

ID	Beschreibung			
K-071	Sind VM-spezifische Sicherheitsmechanismen im Hypervisor eingebettet, um den Datenverkehr zwischen VMs auf derselben physischen Maschine zu überwachen? (CSA)			
	Auditierungsmethode	Assetprüfung	**Objekt**	Softwarearchitektur
	Kontinuierlich	Nein	**Vor Ort**	Ja
K-072	*Empfehlung:* Wird vom Cloud-Service ein offenes Virtuelle-Maschinen-Format zur Sicherung der Interoperabilität unterstützt, wie etwa das Open Virtualization Format (OVF)? (BSI, CSA, NIST, CCUC)			
	Auditierungsmethode	Assetprüfung	**Objekt**	Serviceeigenschaften
	Kontinuierlich	Nein	**Vor Ort**	Nein

ID	Beschreibung
K-073	*Empfehlung:* Stehen Dokumente für die Cloud-Service-Kunden zur Verfügung, anhand derer sie nachvollziehen können, welche spezifischen Virtualisierungstechniken für den angebotenen Cloud-Service verwendet werden? (CSA)

Auditierungsmethode	Dokumentationsprüfung	**Objekt**	Serviceeigenschaften
Kontinuierlich	Nein	**Vor Ort**	Nein

4.2.7 Sicherheitsmanagement

Neben der Implementierung einer sicheren Cloud-Architektur ist auch das Sicherheitsmanagement von zentraler Bedeutung. Hierzu zählt die Zuweisung und Koordination von Rollen und Verantwortlichkeiten zur Aufrechterhaltung der Sicherheit. So sollten Sicherheitsmanager eingeführt, Mitarbeiter entsprechend geschult und Ereignisse möglichst schnell über Managementkanäle kommuniziert werden. Ferner sollte ein Ansprechpartner für Cloud-Service-Kunden etabliert werden, der bei Störungen, Fehlern oder Sicherheitsvorfällen zur Verfügung steht. Auch eine unternehmensweite Sicherheitspolitik und übergreifende Sicherheitsprozesse sollten definiert werden, um Schwachstellen und Störungen zu vermeiden. Dazu zählt bspw. die Einführung eines Vulnerability-Management-Prozesses, der für eingesetzte Systeme und Komponenten Schwachstellen identifiziert und bewertet.

ID	Beschreibung
K-074	Können Informationssicherheitsereignisse möglichst schnell über die geeigneten Managementkanäle intern berichtet werden? (ISO)

Auditierungsmethode	Interview	**Objekt**	Prozess
Kontinuierlich	Ja	**Vor Ort**	Ja

ID	Beschreibung
K-075	Ist ein Informationssicherheitspolitik-Dokument des Cloud-Service-Anbieters veröffentlicht und gegenüber allen Mitarbeitern und relevanten externen Parteien so auch kommuniziert worden? (ISO, CSA)

Auditierungsmethode	Interview	**Objekt**	Prozess
Kontinuierlich	Nein	**Vor Ort**	Ja

ID	Beschreibung
K-076	Gibt es einen Vulnerability-Management-Prozess für alle eingesetzten Systeme und Softwarekomponenten? (ISO)

Auditierungsmethode	Interview	**Objekt**	Prozess
Kontinuierlich	Ja	**Vor Ort**	Nein

ID	Beschreibung			
K-077	Werden Informationssicherheitsaktivitäten von Vertretern unterschiedlicher Abteilungen des Cloud-Service-Anbieters mit relevanten Rollen und Arbeitsaufgaben übergreifend koordiniert? (ISO)			
	Auditierungsmethode	Dokumentationsprüfung	**Objekt**	Prozess
	Kontinuierlich	Nein	**Vor Ort**	Ja
K-078	Werden beim Cloud-Service-Anbieter regelmäßig technische Auditierungen, bspw. Penetrationstests, durchgeführt? (BSI, CSA)			
	Auditierungsmethode	Dokumentationsprüfung	**Objekt**	Prozess
	Kontinuierlich	Ja	**Vor Ort**	Nein
K-079	Werden geeignete Kontakte mit bestimmten Interessengruppen, Behörden, anderen Spezialistenforen für Sicherheit oder Fachverbänden seitens des Cloud-Service-Anbieters gepflegt? (ISO)			
	Auditierungsmethode	Interview	**Objekt**	Anbietereigenschaft
	Kontinuierlich	Ja	**Vor Ort**	Ja
K-080	Sind bei der Konfiguration und Zusammenstellung der Komponenten des Cloud-Services (Hard- und Software) die veröffentlichten Empfehlungen der Hersteller oder von Advisories berücksichtigt worden? (BSI, NIST)			
	Auditierungsmethode	Assetprüfung	**Objekt**	Softwarearchitektur
	Kontinuierlich	Nein	**Vor Ort**	Ja
K-081	Können alle Abteilungsleiter des Cloud-Service-Anbieters gewährleisten, dass sämtliche Sicherheitsprozesse innerhalb ihres Verantwortungsbereiches korrekt ausgeführt werden, um die Sicherheitspolitik und -standards einzuhalten? (ISO)			
	Auditierungsmethode	Interview	**Objekt**	Personal
	Kontinuierlich	Nein	**Vor Ort**	Ja
K-082	Existiert ein Sicherheitsmanager im Unternehmen des Cloud-Service-Anbieters, der die Durchsetzung der Sicherheitsmaßnahmen leitet und gewährleistet? Kann sichergestellt werden, dass der Sicherheitsmanager des Cloud-Service-Anbieters direkt an seine strategische Unternehmensleitung berichtet? (CSA)			
	Auditierungsmethode	Interview	**Objekt**	Personal
	Kontinuierlich	Nein	**Vor Ort**	Ja
K-083	Wird ein Ansprechpartner für Cloud-Service-Kunden zu Sicherheitsfragen explizit benannt? Dies kann auch der definierte Single-Point-of-Contact sein, bspw. ein Service-Desk. (BSI)			
	Auditierungsmethode	Dokumentationsprüfung	**Objekt**	Vertrag
	Kontinuierlich	Nein	**Vor Ort**	Nein

ID	Beschreibung
K-084	Wird die Gewährleistung der Sicherheit innerhalb der Organisation von der Geschäftsführung des Cloud-Service-Anbieters durch eine klare Zielsetzung, sichtbares Engagement, die explizite Zuordnung und Anerkennung der Informationssicherheitsverantwortlichkeiten aktiv unterstützt? (ISO)

Auditierungsmethode	Interview	**Objekt**	Prozess
Kontinuierlich	Nein	**Vor Ort**	Ja

4.2.8 Netzwerkmanagement

Um eine hohe Verfügbarkeit von Cloud-Services zu gewährleisten, ist die Sicherstellung einer zuverlässigen Netzwerkverbindung unabdingbar. Dabei müssen Kennzahlen wie bspw. die vorhandene und notwendige Bandbreite oder Latenzzeiten überwacht werden. Auf technischer Ebene muss ein Cloud-Service eine sichere Netzwerksegmentierung aufweisen, um die Ausbreitung von Fehlern zu vermeiden. Daneben sollten auch Routing-Kontrollen etabliert werden, sodass ein unberechtigter Zugriff auf das Netzwerk ausgeschlossen ist.

ID	Beschreibung
K-085	Ist eine Netzsegmentierung vorhanden, sodass sich bspw. aufgetretene Fehler nicht beliebig ausbreiten können? Ist insbesondere das Management-Netz vom Datennetz isoliert? (BSI, ISO)

Auditierungsmethode	Assetprüfung	**Objekt**	Infrastruktur
Kontinuierlich	Nein	**Vor Ort**	Ja

K-086	Sind Routing-Kontrollen für Netzwerkverbindungen implementiert, um sicherzustellen, dass Rechnerverbindungen wie auch ein Informationsfluss nicht die Zugriffspolitik verletzen? (ISO)

Auditierungsmethode	Assetprüfung	**Objekt**	Infrastruktur
Kontinuierlich	Nein	**Vor Ort**	Ja

K-087	Ist die Netzwerkverbindung des Cloud-Service-Anbieters zuverlässig in dem Sinn, dass die Netzwerkverbindung ausreichend Bandbreite und eine geringe Latenzzeit besitzt? (CSA, NIST)

Auditierungsmethode	Assetprüfung	**Objekt**	Infrastruktur
Kontinuierlich	Ja	**Vor Ort**	Nein

4.2.9 Infrastrukturmanagement

Um die fehlerfreie Bereitstellung und die stetige Erreichbarkeit des angebotenen Services zu gewährleisten, müssen auch verschiedene Anforderungen an die Infrastrukturen erfüllt werden. So müssen Rechenzentren und Anlagen des Cloud-Services-Anbieters als robuste Infrastruktur angesehen werden können, die über redundante (Versorgungs-)Komponenten verfügen. Die Sicherheit muss durch entsprechende Zutritts- und Zugriffsregelungen, regelmäßige Wartungen und der Etablierung von Vorkehrungen zum Schutz vor dem Abfangen von Informationen aber auch entsprechenden Brandschutzvorkehrungen gewährleistet werden.

ID	Beschreibung			
K-088	Sind die Aufgaben und Rollen zur Wahrung der Informationssicherheit im Rechenzentrum des Cloud-Service-Anbieters klar definiert und verständlich? (CSA)			
	Auditierungsmethode	Dokumentationsprüfung	**Objekt**	Prozess
	Kontinuierlich	Nein	**Vor Ort**	Nein
K-089	Wird der Zutritt ins Rechenzentrum über Videoüberwachungssysteme, Bewegungssensoren, Alarmsysteme und von geschultem Sicherheitspersonal permanent überwacht? (BSI, ISO, CSA, NIST)			
	Auditierungsmethode	Assetprüfung	**Objekt**	Infrastruktur
	Kontinuierlich	Ja	**Vor Ort**	Ja
K-090	Ist der Zutritt ins Rechenzentrum durch eine Zwei-Faktor-Authentifizierung gesichert? (BSI, ISO)			
	Auditierungsmethode	Assetprüfung	**Objekt**	Infrastruktur
	Kontinuierlich	Nein	**Vor Ort**	Ja
K-091	Wird der physische Zugriff auf Diagnose- und Konfigurationsschnittstellen des Cloud-Service-Anbieters kontrolliert? (ISO)			
	Auditierungsmethode	Assetprüfung	**Objekt**	Infrastruktur
	Kontinuierlich	Nein	**Vor Ort**	Ja
K-092	Sind das Rechenzentrum, die Büros und Arbeitsräume des Cloud-Service-Anbieters insgesamt als robuste Infrastruktur anzusehen, die ausreichend Widerstand gegen unbefugtes Eindringen bieten? (BSI, ISO, CSA, NIST, EC)			
	Auditierungsmethode	Assetprüfung	**Objekt**	Infrastruktur
	Kontinuierlich	Nein	**Vor Ort**	Ja

ID	Beschreibung
K-093	Sind das Rechenzentrum, die Büros und Arbeitsräume des Cloud-Service-Anbieters insgesamt als robuste Infrastruktur anzusehen, die ausreichend Widerstand gegen Elementarschäden durch etwa Gewitter oder Hochwasser bieten? (BSI, ISO, CSA, NIST, EC)

Auditierungsmethode	Assetprüfung	**Objekt**	Infrastruktur
Kontinuierlich	Nein	**Vor Ort**	Ja

ID	Beschreibung
K-094	Werden alle Anlagen des Cloud-Service-Anbieters korrekt gewartet, damit ihre fortgesetzte Verfügbarkeit und Integrität gewährleistet werden können? (ISO, CCUC)

Auditierungsmethode	Dokumentationsprüfung	**Objekt**	Infrastruktur
Kontinuierlich	Nein	**Vor Ort**	Ja

ID	Beschreibung
K-095	Werden sämtliche Anlagen, die Speichermedien enthalten, vor der Entsorgung überprüft, um sicherzustellen, dass alle sensiblen Daten und lizenzierte Software gelöscht oder garantiert überschrieben wurden? (ISO)

Auditierungsmethode	Dokumentationsprüfung	**Objekt**	Prozess
Kontinuierlich	Nein	**Vor Ort**	Ja

ID	Beschreibung
K-096	Befindet sich das Rechenzentrum des Cloud-Service-Anbieters in einer Region, in der politische Unruhen und Naturkatastrophen wie Erdbeben, Hochwasser oder Erdrutsche selten auftreten? (CSA)

Auditierungsmethode	Dokumentationsprüfung	**Objekt**	Infrastruktur
Kontinuierlich	Ja	**Vor Ort**	Nein

ID	Beschreibung
K-097	Ist eine redundante Auslegung aller wichtigen Versorgungskomponenten für das Rechenzentrum vorhanden, beispielsweise Strom, Klimatisierung und Internetanbindung? (BSI, ISO)

Auditierungsmethode	Assetprüfung	**Objekt**	Infrastruktur
Kontinuierlich	Ja	**Vor Ort**	Ja

ID	Beschreibung
K-098	Verfügt der Cloud-Service-Anbieter über Ausweich- bzw. Redundanz-Rechenzentren, um den Ausfall eines anderen Rechenzentrums kompensieren zu können? Sind die redundanten Rechenzentren weit genug voneinander entfernt, so dass ein beherrschbares Schadensereignis nicht gleichzeitig das ursprünglich genutzte Rechenzentrum und das, in dem die Ausweichkapazitäten genutzt werden, beeinträchtigt wird? (BSI, NIST, CCUC)

Auditierungsmethode	Assetprüfung	**Objekt**	Infrastruktur
Kontinuierlich	Ja	**Vor Ort**	Ja

ID	Beschreibung			
K-099	Werden zeitgemäße Vorkehrungen für den Brandschutz, d. h. Brandmeldeanlage, Brandfrüherkennung, sowie geeignete Löschtechnik umgesetzt und praktiziert? (BSI, ISO, CSA)			
	Auditierungsmethode	Assetprüfung	**Objekt**	Infrastruktur
	Kontinuierlich	Nein	**Vor Ort**	Ja
K-100	Werden regelmäßige Brandschutzübungen durchgeführt? (BSI, ISO, CSA)			
	Auditierungsmethode	Dokumentationsprüfung	**Objekt**	Prozess
	Kontinuierlich	Nein	**Vor Ort**	Ja
K-101	Sind die Kommunikationsverkabelungen vor einem Abfangen der Informationen geschützt? (ISO)			
	Auditierungsmethode	Assetprüfung	**Objekt**	Infrastruktur
	Kontinuierlich	Nein	**Vor Ort**	Ja
K-102	Sind die Strom- und Kommunikationsverkabelungen vor Beschädigungen geschützt? (ISO)			
	Auditierungsmethode	Assetprüfung	**Objekt**	Infrastruktur
	Kontinuierlich	Nein	**Vor Ort**	Ja
K-103	*Empfehlung:* Existieren redundante Leitungswege für Versorgungseinrichtungen des Cloud-Rechenzentrums? (BSI)			
	Auditierungsmethode	Assetprüfung	**Objekt**	Infrastruktur
	Kontinuierlich	Nein	**Vor Ort**	Ja

4.2.10 Compliance-Management

Ein Cloud-Service-Anbieter muss eine Vielzahl an verschiedenen gesetzlichen, regulatorischen, vertraglichen und/oder branchenspezifischen Anforderungen erfüllen. Daher ist es wichtig, dass geeignete Verfahren und Prozesse implementiert sind, welche einerseits die Einhaltung gewährleisten und zudem auch Veränderungen von Anforderungen wahrnehmen können. Die Erfüllung von Datenschutzanforderungen und -richtlinien bildet bei der Bereitstellung von Cloud-Services einen zentralen Aufgabenbereich. So unterliegt bspw. die Datenlokation bei der Speicherung und Verarbeitung von personenbezogenen Daten gewissen Einschränkungen. Auch die transparente Abgrenzung der Verantwortlichkeiten zwischen Cloud-Service-Anbieter und -Kunde ist erforderlich.

ID	Beschreibung
K-104	Ist eine Kommunikationsregel für den Fall etabliert, dass Weisungen des Cloud-Service-Kunden nach Auffassung des Cloud-Service-Anbieters gegen den Datenschutz verstoßen? So muss der Cloud-Service-Anbieter den Cloud-Kunden unverzüglich informieren, wenn er der Ansicht ist, dass eine Weisung des Cloud-Service-Kunden gegen datenschutzrechtliche Vorschriften verstößt. (EC)

Auditierungsmethode	Interview	Objekt	Prozess
Kontinuierlich	Nein	Vor Ort	Nein

ID	Beschreibung
K-105	Wie unterstützt der Cloud-Service-Anbieter als Auftragsverarbeiter von personenbezogenen Daten den Cloud-Service-Kunden bei der Erfüllung der Rechte der betroffenen Personen, darunter Auskunftserteilung, Berichtigung und Vervollständigung, Löschung, Einschränkung der Datenverarbeitung, Mitteilungspflichten, Datenübertragung und Widerspruch?

Auditierungsmethode	Dokumentationsprüfung	Objekt	Prozess
Kontinuierlich	Nein	Vor Ort	Nein

ID	Beschreibung
K-106	Kann der Cloud-Service-Anbieter in einer für den Kunden transparenten Weise offenlegen, wie er Datenschutzanforderungen einhält? Kann er zum Beispiel entsprechende Zertifikate nachweisen? (CSA)

Auditierungsmethode	Dokumentationsprüfung	Objekt	Anbietereigenschaft
Kontinuierlich	Nein	Vor Ort	Nein

ID	Beschreibung
K-107	Erfüllt der physische Ort, in dem die personenbezogenen Daten gespeichert und verarbeitet werden, eine der folgenden Bedingungen? 1) Der Ort ist innerhalb der Mitgliedsstaaten der EU oder eines Vertragsstaats des europäischen Wirtschaftsraums (EWR) 2) Der Ort ist außerhalb der EU oder eines Vertragsstaats des EWR, aber für den Empfängerstaat oder die internationale Organisation liegt ein Beschluss der Europäischen Kommission nach Art. 45 Abs. 3 EU-Datenschutzgrundverordnung vor, der bestätigt, dass dort ein angemessenes Datenschutzniveau gilt. Alternativ kann die Verarbeitung stattfinden, wenn der Empfänger geeignete Garantien im Sinne des Art. 46 Abs. 2 Datenschutzgrundverordnung vorweist und den betroffenen Personen durchsetzbare Rechte und wirksame Rechtsbehelfe in dem Drittstaat oder gegenüber der Internationalen Organisation zur Verfügung stehen. Geeignete Garantien sind auch bei einem Zertifikat nach Art. 42 Abs. 2 EU-Datenschutzgrundverordnung gegeben, wenn außerdem rechtsverbindliche und durchsetzbare Verpflichtungen des Cloud-Service-Anbieters in dem Drittstaat bestehen, geeignete Garantien, einschließlich in Bezug auf die Rechte der betroffenen Personen, anzuwenden. (BSI, NIST)

Auditierungsmethode	Dokumentationsprüfung	Objekt	Infrastruktur
Kontinuierlich	Ja	Vor Ort	Nein

ID	Beschreibung			
K-108	Legt der Cloud-Service-Anbieter in der rechtsverbindlichen Vereinbarung zur Auftragsverarbeitung fest, ob der Cloud-Service-Anbieter die Daten des Cloud-Service-Kunden innerhalb der EU/des EWR verarbeitet oder in einem Drittland? (BSI, CSA, NIST, CCUC)			
	Auditierungsmethode	Dokumentationsprüfung	**Objekt**	Vertrag
	Kontinuierlich	Nein	**Vor Ort**	Nein
K-109	Wird ein Datenschutzbeauftragter explizit benannt, der gegenüber Cloud-Service-Kunden, Mitarbeitern und Dritten für Belange bezüglich des Datenschutzes als Ansprechpartner zur Verfügung steht? (EC)			
	Auditierungsmethode	Interview	**Objekt**	Personal
	Kontinuierlich	Ja	**Vor Ort**	Ja
K-110	Sind geeignete Verfahren vom Cloud-Service-Anbieter implementiert worden, um die Einhaltung gesetzlicher, regulatorischer, vertraglicher und/oder branchenspezifischer Anforderungen fortlaufend zu gewährleisten? Legt der Cloud-Service-Anbieter hierfür Kontrollverfahren und Zuständigkeiten fest? Kann er dies für den Cloud-Service-Kunden nachvollziehbar darlegen? (ISO, CSA, NIST)			
	Auditierungsmethode	Dokumentationsprüfung	**Objekt**	Prozess
	Kontinuierlich	Nein	**Vor Ort**	Ja
K-111	Sind systemkritische Protokolle vor Verlust, Vernichtung und Fälschung geschützt? (ISO)			
	Auditierungsmethode	Assetprüfung	**Objekt**	Softwarearchitektur
	Kontinuierlich	Nein	**Vor Ort**	Ja
K-112	Gewährleistet der Cloud-Service-Anbieter durch risikoangemessene Maßnahmen, dass die Verarbeitung der Daten des Cloud-Service-Kunden nur nach Maßgabe der Weisungen des Cloud-Service-Kunden erfolgt? (BSI, EC)			
	Auditierungsmethode	Dokumentationsprüfung	**Objekt**	Vertrag
	Kontinuierlich	Nein	**Vor Ort**	Nein
K-113	Ist es für Cloud-Service-Kunden transparent, welche staatlichen Eingriffs- und Einsichtsrechte, gerichtlich festlegbare Einsichtsrechte Dritter sowie Prüfpflichten zu im Cloud-Service gespeicherten Daten existieren? (BSI, CCUC)			
	Auditierungsmethode	Dokumentationsprüfung	**Objekt**	Vertrag
	Kontinuierlich	Nein	**Vor Ort**	Nein
K-114	Kann das Kontrollrecht der für den Cloud-Service-Kunden zuständigen Aufsichtsbehörde bei Auftragsdatenverarbeitung gewährleistet werden? (BSI)			
	Auditierungsmethode	Dokumentationsprüfung	**Objekt**	Vertrag
	Kontinuierlich	Nein	**Vor Ort**	Nein

ID	Beschreibung			
K-115	Hat der Cloud-Service-Anbieter ein internes Kontrollsystem etabliert, welches die finanzielle Stabilität des Unternehmens sicherstellt? (CSA, CCUC, ITIL)			
	Auditierungsmethode	Dokumentationsprüfung	**Objekt**	Anbietereigenschaft
	Kontinuierlich	Nein	**Vor Ort**	Ja
K-116	Sind die Konzernstruktur, Rechts- und Besitzverhältnisse des Cloud-Service-Anbieters für die Cloud-Service-Kunden transparent dargelegt, um potenzielle Interessenkonflikte zu vermeiden (z. B. wenn ein Cloud-Service-Anbieter einem Unternehmen gehört, das in Konkurrenz zu dem Cloud-Service-Kunden steht). (BSI, CSA, EC)			
	Auditierungsmethode	Dokumentationsprüfung	**Objekt**	Anbietereigenschaft
	Kontinuierlich	Nein	**Vor Ort**	Nein
K-117	Ist explizit definiert, welcher Rechtsstandard dem Dienstvertrag zugrunde gelegt wird und welcher Gerichtsstandort und welche Rechte im Falle eines Rechtsstreits angewendet werden? (BSI, ITIL)			
	Auditierungsmethode	Dokumentationsprüfung	**Objekt**	Vertrag
	Kontinuierlich	Nein	**Vor Ort**	Nein
K-118	*Empfehlung:* Kann ein Cloud-Service-Anbieter branchenspezifische Vorschriften erfüllen? Kann er hierfür Zertifikate oder Prüfungsberichte vorweisen, die ihm durch einen vertrauenswürdigen Dritten verliehen wurden? (NIST, CCUC, EC)			
	Auditierungsmethode	Dokumentationsprüfung	**Objekt**	Serviceeigenschaften
	Kontinuierlich	Nein	**Vor Ort**	Nein

4.2.11 Incident-Management

Im Rahmen der Bereitstellung eines Cloud-Services kann es zu einer Vielzahl von Fehlern und Störungen kommen. Diese müssen entsprechend durch präzise definierte Prozesse aufgegriffen und zeitnah behandelt werden. Hierbei ist es auch wichtig, Transparenz über aufgetretene Störungen für Cloud-Service-Kunden zu schaffen. So sollten diese rechtzeitig informiert werden, falls nachteilige Auswirkungen für ihre Geschäftsprozesse auftreten könnten.

ID	Beschreibung			
K-119	Sind Mechanismen zur Quantifizierung der Typen, Mengen und Schadenskosten der Informationssicherheitsereignisse vorhanden? (ISO)			
	Auditierungsmethode	Interview	**Objekt**	Prozess
	Kontinuierlich	Nein	**Vor Ort**	Ja

ID	Beschreibung
K-120	Werden alle Events, die den Geschäftsbetrieb des Cloud-Service-Kunden betreffen und nicht auf technischer Ebene automatisch behandelt werden, durch den Einsatz geeigneter Mechanismen wie Event-Driven-Messaging-Patterns an die Cloud-Service-Kunden weitergeleitet, damit diese entsprechende Maßnahmen initiieren können? (ITIL)

Auditierungsmethode	Assetprüfung	Objekt	Softwarearchitektur
Kontinuierlich	Ja	Vor Ort	Nein

ID	Beschreibung
K-121	Ist das handlungsfähige Team für Security-Incident-Handling und Trouble-Shooting 24/7 erreichbar? (BSI)

Auditierungsmethode	Dokumentationsprüfung	Objekt	Anbietereigenschaft
Kontinuierlich	Ja	Vor Ort	Nein

ID	Beschreibung
K-122	Ist die Historie für den Incident-Response-Prozess des Cloud-Service-Anbieters dokumentiert und in den Fällen, wo eine Informationsmeldepflicht besteht, für Cloud-Service-Kunden zugänglich? (CSA)

Auditierungsmethode	Dokumentationsprüfung	Objekt	Serviceeigenschaften
Kontinuierlich	Ja	Vor Ort	Nein

ID	Beschreibung
K-123	Sind alle folgend genannten Punkte für den Incident Reporting (IR) Prozess des Cloud-Service-Anbieters eindeutig definiert und vertraglich reglementiert? 1) Ansprechpartner, Kommunikationskanäle und verfügbare IR-Teams des Cloud-Service-Anbieters; 2) Definition von Incident und Meldekriterien; 3) Unterstützung des Cloud-Service-Kunden bei der Incident-Erkennung; 4) Rollen und Verantwortlichkeiten des Cloud-Service-Anbieters bei Sicherheits-Incident; 5) Unterstützung des Cloud-Service-Anbieters bei Incident-Handling gemäß dem IR-Plan des Cloud-Service-Kunden; 6) Regulärer IR-Test (mindestens einmal pro Jahr); 7) Umfang der Inspektionstätigkeiten nach dem Incident. (CSA)

Auditierungsmethode	Dokumentationsprüfung	Objekt	Prozess
Kontinuierlich	Nein	Vor Ort	Ja

ID	Beschreibung
K-124	*Empfehlung:* Stehen Wiederherstellungsfunktionen (bspw. zur Wiederherstellung von Websites, Systemen, oder Daten) über ein nutzerorientiertes und selbstbedienbares Portal zur Verfügung, sodass der Cloud-Service-Kunde eine Wiederherstellung selbstständig starten kann? (CSA)

Auditierungsmethode	Servicenutzung	Objekt	Serviceeigenschaften
Kontinuierlich	Nein	Vor Ort	Nein

4.2.12 Risikomanagement

Die Durchführung eines Risikomanagements ist erforderlich, um fortlaufende Risiken zu identifizieren, zu analysieren und zu minimieren. Dazu sind entsprechende Risikomanagementpläne zu definieren, die unter anderem Maßnahmen und Verantwortlichkeiten festlegen. Bei der Erstellung von Risikomanagementplänen ist eine möglichst umfassende Risikoidentifikation, -bewertung und eine Einschätzung hinsichtlich der Kritikalität und Auswirkung erforderlich. Bei der Ermittlung von Risikoszenarien kann darüber hinaus auch ein Cloud-Service-Kunde mit eingebzogen werden, um die Transparenz zu erhöhen.

ID	Beschreibung			
K-125	Gibt es einen Risikomanagementplan des Cloud-Service-Anbieters dahingehend, welche angemessenen Maßnahmen, Ressourcen, Verantwortlichkeiten und Priorisierungen für die Verwaltung der Informationssicherheitsrisiken bestehen? Wird dieser Plan unter Berücksichtigung neu auftretender Sicherheitsherausforderungen kontinuierlich aktualisiert und verbessert? (ISO, CSA)			
	Auditierungsmethode	Interview	**Objekt**	Prozess
	Kontinuierlich	Ja	**Vor Ort**	Ja
K-126	Werden Risikobewertungen, das Niveau der Restrisiken und die identifizierten akzeptablen Risiken regelmäßig unter Berücksichtigung des Wandels der Organisation, Technologie, Geschäftsziele und -prozesse, erkannten Bedrohungen, der Auswirkung der implementierten Kontrollen und externen Ereignisse überprüft? (ISO)			
	Auditierungsmethode	Interview	**Objekt**	Prozess
	Kontinuierlich	Ja	**Vor Ort**	Ja
K-127	Ist der Risikobewertungsansatz des Cloud-Service-Anbieters definiert? Ist die identifizierte Risikobewertungsmethodik für das Managementsystem für Informationssicherheit und seine zugehörigen Rechts- und Informationssicherheitsanforderungen geeignet? Gibt es Kriterien und ein akzeptables Niveau für die Risikoübernahme? (ISO)			
	Auditierungsmethode	Interview	**Objekt**	Prozess
	Kontinuierlich	Nein	**Vor Ort**	Ja

ID	Beschreibung			
K-128	Werden alle Risiken des angebotenen Cloud-Services anhand folgender Methoden analysiert und evaluiert? 1) Evaluierung der Auswirkungen auf die Organisation aufgrund eines Sicherheitsausfalls und Berücksichtigung der Konsequenzen des Verlusts von Vertraulichkeit, Integrität oder der Verfügbarkeit der Assets; 2) Evaluierung der realistischen Wahrscheinlichkeit eines solchen Sicherheitsausfalls unter Berücksichtigung aller denkbaren Bedrohungen und Sicherheitslücken, der mit dem Vermögen verbundenen Auswirkungen und der aktuell implementierten Kontrollen; 3) Abschätzung des Risikoniveaus; 4) Bestimmung, ob das Risiko akzeptierbar oder eine Gegenmaßnahme erforderlich ist. (ISO, CSA)			
	Auditierungsmethode	Interview	**Objekt**	Prozess
	Kontinuierlich	Nein	**Vor Ort**	Ja
K-129	Wurden alle möglichen Optionen für die Behandlung der Risiken auf Seiten des Cloud-Service-Anbieters identifiziert und evaluiert? Wurden allen identifizierten Restrisiken des Cloud-Services, die nicht vollständig behandelt werden können, von der Geschäftsleitung des Cloud-Service-Anbieters zur Kenntnis genommen? (ISO)			
	Auditierungsmethode	Interview	**Objekt**	Prozess
	Kontinuierlich	Nein	**Vor Ort**	Ja
K-130	Werden individuelle Risikoszenarien für offerierte Cloud-Services von Cloud-Service-Anbieter und -Kunden gemeinsam definiert? (CSA)			
	Auditierungsmethode	Interview	**Objekt**	Prozess
	Kontinuierlich	Nein	**Vor Ort**	Ja

4.2.13 Notfallmanagement

Neben der Sicherstellung der Verfügbarkeit ist die Etablierung eines Notfallmanagements sowie entsprechender Notfallpläne entscheidend. Dabei gilt es unter anderem, mögliche Unterbrechungen zu identifizieren und zu bewerten, sodass Pläne zur Wiederherstellung und Schadensbegrenzung entwickelt und im Notfall eingesetzt werden können. Die entwickelten Notfallpläne sind fortlaufend zu aktualisieren und auf ihre Wirksamkeit zu testen, um bei einem Eintritt einer Unterbrechung eine möglichst schnelle Reaktion sicherzustellen.

ID	Beschreibung			
K-131	Sind Pläne für das Notfallmanagement vom Cloud-Service-Anbieter entwickelt und implementiert worden, um den angebotenen Cloud-Service entsprechend der vereinbarten Verfügbarkeit aufrechtzuerhalten und bei Ausfall wiederherzustellen? (BSI, ISO, CSA, NIST, ITIL)			
	Auditierungsmethode	Interview	**Objekt**	Prozess
	Kontinuierlich	Ja	**Vor Ort**	Ja
K-132	Werden Notfallmanagement-Pläne regelmäßig getestet und erneuert, um deren Aktualität und Wirksamkeit zu garantieren? (ISO, BSI)			
	Auditierungsmethode	Interview	**Objekt**	Prozess
	Kontinuierlich	Ja	**Vor Ort**	Ja
K-133	Stehen dem Cloud-Service-Anbieter technischen Ressourcen zur Verfügung, um sein angebotenes System im Schadensfall schnell wiederherzustellen? (CSA, ITIL)			
	Auditierungsmethode	Assetprüfung	**Objekt**	Prozess
	Kontinuierlich	Nein	**Vor Ort**	Ja
K-134	Kann die Wiederherstellung von Daten, Dateien oder Systemlaufwerken in, für den Cloud-Service angemessener Zeit, realisiert werden? (CSA)			
	Auditierungsmethode	Assetprüfung	**Objekt**	Prozess
	Kontinuierlich	Nein	**Vor Ort**	Nein
K-135	Sind alle Ereignisse und Risiken, die Unterbrechungen des Cloud-Services sowie der Geschäftsprozesse verursachen könnten, identifiziert, dokumentiert und gemäß ihrer Wahrscheinlichkeit, Wirkung und Konsequenzen für die Datensicherheit klassifiziert? Sind diesbezüglich bestehende Risiken und entsprechende Gegenmaßnahmen definiert worden? (BSI, ISO, CSA, NIST, ITIL)			
	Auditierungsmethode	Dokumentationsprüfung	**Objekt**	Prozess
	Kontinuierlich	Ja	**Vor Ort**	Ja
K-136	Ist für das Notfallmanagement des Cloud-Services ein Rahmenwerk oder Standard vorhanden, um die Konsistenz aller Pläne sicherzustellen, Informationssicherheitsanforderungen konsequent zu adressieren und Priorisierungen des Testens und der Wartung des Systems zu identifizieren? (ISO)			
	Auditierungsmethode	Dokumentationsprüfung	**Objekt**	Prozess
	Kontinuierlich	Nein	**Vor Ort**	Ja

ID	Beschreibung
K-137	Orientiert sich die Wiederherstellungsoption für einen angebotenen Cloud-Service an den Ergebnissen der Risikoanalyse? Kann also gewährleistet werden, dass ein kritischer Cloud-Service nach einem Ausfall schneller und zuverlässiger wiederhergestellt werden kann? (ITIL)

Auditierungsmethode	Dokumentationsprüfung	**Objekt**	Prozess
Kontinuierlich	Nein	**Vor Ort**	Nein

ID	Beschreibung
K-138	Ist für jeden angebotenen Cloud-Service explizit angegeben, welche Option oder Kombination von Optionen der Cloud-Service-Kunde zur Wiederherstellung des Cloud-Services nutzen kann? (ITIL)

Auditierungsmethode	Dokumentationsprüfung	**Objekt**	Serviceeigenschaften
Kontinuierlich	Nein	**Vor Ort**	Nein

ID	Beschreibung
K-139	Wurden alle Komponenten für den angebotenen Cloud-Service einzeln getestet, um festzustellen, wie schwer der Ausfall einer bestimmten Komponente andere bzw. das gesamte System beeinflussen kann? Wurden Abhängigkeiten des Systems von solchen kritischen Komponenten möglichst reduziert? (CSA)

Auditierungsmethode	Assetprüfung	**Objekt**	Softwarearchitektur
Kontinuierlich	Nein	**Vor Ort**	Ja

ID	Beschreibung
K-140	Steht die Testbestätigung des Notfallmanagements des Cloud-Service-Anbieters für Cloud-Service-Kunden auf Nachfrage zur Einsicht bereit? (CSA)

Auditierungsmethode	Dokumentationsprüfung	**Objekt**	Vertrag
Kontinuierlich	Nein	**Vor Ort**	Nein

4.2.14 Änderungs- und Release-Management

Bei der Bereitstellung eines Cloud-Services ist ein sicheres Änderungs- und Release-Management von entscheidender Bedeutung. Insbesondere, da Änderungen parallel für mehrere Cloud-Service-Kunden durchgeführt werden und diese keinen Einfluss auf Änderungen haben. Daher muss der Cloud-Service-Anbieter entsprechende Prozesse etablieren, die das Umsetzen von Änderungen auf Software- und Hardwareebene exakt definieren. Hierbei sollte insbesondere sichergestellt werden, dass eine dokumentierte Eignungsprüfung und ein Abnahmeprozess durchgeführt werden, um nachteilige Auswirkungen aufgrund der Änderungen zu vermeiden. So gilt es bspw. bei der Änderung einer physischen Cloud-Komponente oder dem Umsetzen eines neuen Patches sicherzustellen, dass die Sicherheit und Verfügbarkeit des Cloud-Services weiterhin gewährleistet sind.

ID	Beschreibung
K-141	Wird bei der Abnahme von Changes überprüft, ob bestimmte Sicherheitsstandards eingehalten werden? (ISO)

Auditierungsmethode	Dokumentationsprüfung	Objekt	Prozess
Kontinuierlich	Ja	Vor Ort	Ja

ID	Beschreibung
K-142	Ist der Genehmigungsprozess für neue Informationsverarbeitungseinrichtungen, die indirekt den Betrieb des Cloud-Services beeinflussen können (bspw. Zugangskontrolle zum Rechenzentrum), definiert und implementiert? (ISO)

Auditierungsmethode	Interview	Objekt	Prozess
Kontinuierlich	Nein	Vor Ort	Ja

ID	Beschreibung
K-143	Gibt es einen angemessenen Backout-Plan sowie eine klare Definition von Baselines für Configuration Items, mit denen der Ausgangszustand des Cloud-Services beim Scheitern einer Änderung wiederhergestellt werden kann? (ITIL)

Auditierungsmethode	Assetprüfung	Objekt	Prozess
Kontinuierlich	Nein	Vor Ort	Ja

ID	Beschreibung
K-144	Wird ein sicheres Patch-Management durchgeführt? Sind Abnahmekriterien für neue Patches und System-Updates etabliert? Finden dokumentierte Eignungsprüfungen der Systeme vor der Abnahme statt? (BSI, NIST, ISO, ITIL)

Auditierungsmethode	Dokumentationsprüfung	Objekt	Prozess
Kontinuierlich	Ja	Vor Ort	Ja

ID	Beschreibung
K-145	Wird ein sicheres Änderungs- und Release-Management für alle den Cloud-Service betreffenden Komponenten (bspw. Betriebssystem, Hypervisor) durchgeführt? Ist ein definierter und dokumentierter Abnahmeprozess vorhanden? Finden dokumentierte Eignungsprüfungen der Systeme vor der Abnahme statt? Werden dem Kunden auf Nachfrage, Art und Umfang der Änderungen zur Verfügung gestellt? (BSI, NIST, ISO, ITIL)

Auditierungsmethode	Dokumentationsprüfung	Objekt	Prozess
Kontinuierlich	Ja	Vor Ort	Ja

ID	Beschreibung
K-146	Wird die Patch-Verträglichkeit vor dem Einspielen eines Patchs in den Wirkbetrieb auf Testsystemen sichergestellt? (BSI, NIST)

Auditierungsmethode	Dokumentationsprüfung	Objekt	Prozess
Kontinuierlich	Ja	Vor Ort	Ja

ID	Beschreibung
K-147	Werden bei Änderungen einzelner Komponenten mögliche Auswirkungen auf den Cloud-Service überprüft und getestet, um eine nachteilige Auswirkung auf den Betrieb oder die Sicherheit auszuschließen? (ISO)

Auditierungsmethode	Dokumentationsprüfung	Objekt	Prozess
Kontinuierlich	Ja	Vor Ort	Ja

ID	Beschreibung			
K-148	Sind Testdaten für den Abnahmetest des Cloud-Service-Anbieters sorgfältig gewählt worden und kontrolliert? (ISO)			
	Auditierungsmethode	Dokumentationsprüfung	**Objekt**	Prozess
	Kontinuierlich	Nein	**Vor Ort**	Ja
K-149	Ist in den Richtlinien für Änderungen an Cloud-Services fixiert, dass eine Änderung allein mit entsprechender Autorisierung vorgenommen werden darf? (ITIL)			
	Auditierungsmethode	Dokumentationsprüfung	**Objekt**	Prozess
	Kontinuierlich	Nein	**Vor Ort**	Ja
K-150	*Empfehlung:* Steht Cloud-Service-Kunden die Möglichkeit offen, ihre Applikationen im angebotenen Cloud-System zu testen, falls das Cloud-System im Rahmen eines umfangreichen Changes aktualisiert wird? (CCUC)			
	Auditierungsmethode	Servicenutzung	**Objekt**	Softwarearchitektur
	Kontinuierlich	Nein	**Vor Ort**	Nein
K-151	Sind die Geltungsbereiche, Rollen und Verbindlichkeiten im Rahmen des Änderungs- und Release-Managements zwischen Cloud-Service-Anbieter und -Kunde klar definiert und aufeinander abgestimmt? (ITIL)			
	Auditierungsmethode	Dokumentationsprüfung	**Objekt**	Vertrag
	Kontinuierlich	Nein	**Vor Ort**	Ja
K-152	*Empfehlung:* Werden Änderungen in Softwarepaketen beim Cloud-Service-Anbieter vermieden, wenn diese nicht unbedingt notwendig sind? (ISO)			
	Auditierungsmethode	Interview	**Objekt**	Prozess
	Kontinuierlich	Nein	**Vor Ort**	Ja

4.2.15 Fremddienstleistungen

Bei der Bereitstellung von Cloud-Services können auch Sub-Anbieter mit eingebunden werden, welche grundlegende oder ergänzende Services anbieten. Durch
diese Einbindung ergeben sich zum einen neue (Sicherheits-)Risiken, die adressiert werden müssen. Zum anderen ergeben sich aber auch Verpflichtungen, bspw.
hinsichtlich der Transparenz der Cloud-Service-(Schichten-)Architektur. So ist es
wichtig, dass jeder Sub-Anbieter mindestens die gleichen Vorgaben bzgl. Sicherheit, Verfügbarkeit und Datenschutz erfüllt, wie der Cloud-Service-Anbieter.

ID	Beschreibung		
K-153	Wenn der Cloud-Service-Anbieter einen Sub-Anbieter zur Erbringung seiner Leistung nutzt, sind die zusätzlichen Risiken für die Information und Informationsverarbeitung des Cloud-Service-Anbieters vor Einbeziehung dieses Sub-Anbieters bekannt und werden sie angemessen kontrolliert? (ISO, ISO)		
	Auditierungsmethode	Dokumentationsprüfung	**Objekt**	Prozess
	Kontinuierlich	Nein	**Vor Ort**	Ja
K-154	Sind Sicherheits-Features, Service-Levels und Sicherheitsanforderungen aller Netzwerkservices bekannt und in einem Netzwerk-Dienstservice-Vertrag festgehalten, wenn diese Services extern bezogen werden? (ISO)		
	Auditierungsmethode	Dokumentationsprüfung	**Objekt**	Vertrag
	Kontinuierlich	Nein	**Vor Ort**	Ja
K-155	Kann der Cloud-Service-Anbieter auf Rückfrage Nachweise erbringen, dass Verträge mit Sub-Anbieter gemäß den Datenschutzvorgaben des Kundenvertrages geschlossen werden? (EC, ITIL)		
	Auditierungsmethode	Dokumentationsprüfung	**Objekt**	Vertrag
	Kontinuierlich	Nein	**Vor Ort**	Nein
K-156	Wenn der Cloud-Service-Anbieter einen anderen Sub-Anbieter zur Erbringung seiner Leistung beauftragt, ist hierbei sichergestellt, dass die dem Cloud-Service-Kunden vertraglich zugesicherten Kontrollrechte gegenüber diesem Sub-Anbieter erhalten bleiben? (EC)		
	Auditierungsmethode	Dokumentationsprüfung	**Objekt**	Vertrag
	Kontinuierlich	Nein	**Vor Ort**	Nein
K-157	Sind die Architektur des Cloud-Services und die Einbindung von Sub-Anbietern übersichtlich und für einen Experten des Cloud-Service-Kunden verständlich dokumentiert? Wird die Dokumentation fortlaufend aktualisiert? (CSA)		
	Auditierungsmethode	Assetprüfung	**Objekt**	Softwarearchitektur
	Kontinuierlich	Nein	**Vor Ort**	Ja
K-158	Wenn der Cloud-Service-Anbieter einen Sub-Anbieter zur Erbringung seiner Leistung nutzt, ist in diesem Fall vertraglich explizit definiert, welche Verantwortlichkeiten bzw. Verpflichtungen der Cloud-Service-Anbieter besitzt, wenn es beim Sub-Anbieter bzw. dessen Diensten zu Problemen kommt? (CCUC)		
	Auditierungsmethode	Dokumentationsprüfung	**Objekt**	Vertrag
	Kontinuierlich	Nein	**Vor Ort**	Nein

ID	Beschreibung
K-159	*Empfehlung:* Sind standardisierte, offengelegte Schnittstellen (APIs und Protokolle), portable Speicherformate oder Middleware für den Cloud-Service, zur Gewährleistung der Interoperabilität und Verbesserung der Probabilität im Einsatz? (BSI, CSA, NIST, CCUC)

Auditierungsmethode	Assetprüfung	Objekt	Softwarearchitektur
Kontinuierlich	Nein	**Vor Ort**	Ja

4.2.16 Entwicklungsprozess

Wird angebotene oder genutzte Software durch den Cloud-Service-Anbieter (wei-ter-)entwickelt, muss die Sicherheit beim Entwicklungsprozess gewährleistet werden. Dazu gehören die Etablierung von Sicherheitsmodellen bei der Entwicklung, die Durchführung von Abnahmetests sowie die Implementierung einer sicheren Entwicklungsumgebung, um nachteilige Auswirkungen auf die Produktivumgebung zu vermeiden. Wird die genutzte Software durch Outsourcing entwickelt, so ist es wichtig, dass der Softwareentwicklungsprozess überwacht und beaufsichtigt wird.

ID	Beschreibung
K-160	Wenn eine vom Cloud-Service-Anbieter genutzte Software durch Outsourcing entwickelt wurde, wurde dabei der Softwareentwicklungsprozess seitens des Cloud-Service-Anbieters überwacht und beaufsichtigt? (ISO)

Auditierungsmethode	Dokumentationsprüfung	Objekt	Prozess
Kontinuierlich	Ja	**Vor Ort**	Ja

ID	Beschreibung
K-161	Ist die Sicherheit ein Bestandteil des Software-Entwicklungsprozesses, d. h., sind eingesetzte Programme oder Module durch z. B. Reviews, automatisierte Tests, Vulnerability-Tests etc. gesichert? Wurde ein Sicherheitsreifegradmodell wie etwa Building Security In Maturity Model (BSIMM2), Software Assurance Maturity Model (SAMM) oder Systems Security Engineering Capability Maturity Model (SSE-CMM) für den Entwicklungsprozess des Cloud-Services herangezogen? (CSA, BSI, ISO)

Auditierungsmethode	Dokumentationsprüfung	Objekt	Prozess
Kontinuierlich	Ja	**Vor Ort**	Ja

ID	Beschreibung
K-162	Sind Anforderungen für Sicherheitskontrollen in den Geschäftsanforderungen für die Entwicklung neuer oder für Verbesserungen der schon existenten Informationssysteme enthalten? (ISO)

Auditierungsmethode	Dokumentationsprüfung	Objekt	Prozess
Kontinuierlich	Nein	Vor Ort	Ja

ID	Beschreibung
K-163	Sind Entwicklungs-, Test- und Betriebseinrichtungen des Cloud-Service-Anbieters voneinander getrennt, damit die Risiken des unbefugten Zugriffs auf das operative System oder der unbefugten Veränderungen des Betriebssystems verringert werden können? (ISO, CSA)

Auditierungsmethode	Assetprüfung	Objekt	Softwarearchitektur
Kontinuierlich	Nein	Vor Ort	Ja

ID	Beschreibung
K-164	Stellt der Cloud-Service-Anbieter den Datenschutz durch Technikgestaltung und datenschutzfreundliche Voreinstellungen bereits bei der Entwicklung sicher?

Auditierungsmethode	Dokumentationsprüfung	Objekt	Prozess
Kontinuierlich	Nein	Vor Ort	Ja

4.2.17 Administration

Um eine sichere Administration eines Cloud-Services durch berechtigte Mitarbeiter zu gewährleisten sind zum einen umfassende Authentifizierungsmechanismen und Zugriffsreglungen erforderlich. Diese müssen sicherstellen, dass nur berechtigte Personen Zugriff auf administrative Funktionen des Cloud-Services haben. Zum anderen sollten kritische Aktivitäten von Administratoren protokolliert werden, um mögliches Fehlverhalten nachvollziehen und zuordnen zu können sowie Transparenz über administrative Prozesse zu schaffen.

ID	Beschreibung
K-165	Werden administrative Tätigkeiten auf kritischen Systemen protokolliert, bspw. das Löschen von Kundendaten? (BSI, ISO)

Auditierungsmethode	Assetprüfung	Objekt	Softwarearchitektur
Kontinuierlich	Nein	Vor Ort	Nein

ID	Beschreibung			
K-166	Wird für die Administratoren des Cloud-Service-Anbieters ein entsprechend starker Authentisierungsmechanismus verwendet, bspw. eine Zwei-Faktor-Authentisierung? (BSI)			
	Auditierungsmethode	Assetprüfung	**Objekt**	Softwarearchitektur
	Kontinuierlich	Nein	**Vor Ort**	Nein
K-167	Verfügen alle Administratoren des Cloud-Service-Anbieters über einen eindeutigen Benutzernamen für den persönlichen Gebrauch? (ISO)			
	Auditierungsmethode	Assetprüfung	**Objekt**	Softwarearchitektur
	Kontinuierlich	Nein	**Vor Ort**	Nein
K-168	Erfolgt die Fernadministration des Cloud-Services durch Mitarbeiter des Cloud-Service-Anbieters über einen sicheren Kommunikationskanal? (BSI)			
	Auditierungsmethode	Assetprüfung	**Objekt**	Softwarearchitektur
	Kontinuierlich	Nein	**Vor Ort**	Nein

4.2.18 Prozessmanagement

Bei der Gestaltung und Umsetzung von Prozessen empfiehlt es sich, standardisierte Vorgehensmodelle zu verwenden, um einerseits Best-Practices im Unternehmen zu implementieren und andererseits, um die Interoperabilität zu erhöhen.

ID	Beschreibung			
K-169	Ist definiert, wie die Wirksamkeit der internen Kontrollaktivitäten gemessen werden kann? Wird eine Messung der Wirksamkeit der internen Kontrollaktivitäten durchgeführt? (ISO)			
	Auditierungsmethode	Interview	**Objekt**	Prozess
	Kontinuierlich	Nein	**Vor Ort**	Ja
K-170	*Empfehlung:* Wird ein standardisiertes Vorgehensmodell (z. B. ITIL oder COBIT) für die IT-Prozesse des angebotenen Cloud-Services definiert und eingehalten? Besitzt der Cloud-Service-Anbieter Zertifikate dafür? Wenn ja, welche? (BSI, CSA)			
	Auditierungsmethode	Interview	**Objekt**	Prozess
	Kontinuierlich	Nein	**Vor Ort**	Ja

4.2.19 Mitarbeitermanagement

Ein fortlaufendes Management der Mitarbeiter ist erforderlich. Hierbei gilt es sicherzustellen, dass Mitarbeiter eine ausreichende berufliche und/oder akademische Qualifikation besitzen, um die ihnen fest zugeteilten und dokumentierten Aufgaben fachlich kompetent durchführen zu können. Die regelmäßige Durchführung von Mitarbeiterschulungen, insbesondere im Hinblick auf den Datenschutz und die Verarbeitung von Kundendaten ist daher unabdingbar. Darüber hinaus müssen operative Managementprozesse, bspw. Aktivitäten bei Änderungen von Beschäftigungsverhältnissen oder die Verwaltung von Vermögensgegenständen, fortlaufend durchgeführt werden.

ID	Beschreibung			
K-171	Werden die Mitarbeiter des Cloud-Service-Anbieters über die bestehenden Regelungen und Handlungsanweisungen zur Informationssicherheit, zum Datenschutz sowie zum Umgang mit Kundendaten unterrichtet und zu deren Einhaltung verpflichtet? (BSI, ISO, CSA)			
	Auditierungsmethode	Interview	**Objekt**	Prozess
	Kontinuierlich	Ja	**Vor Ort**	Ja
K-172	Sind die Verantwortlichkeiten für die notwendigen Aktivitäten im Falle einer Änderung des Beschäftigungsverhältnisses oder Stellungswechsels klar definiert und zugewiesen? (ISO)			
	Auditierungsmethode	Interview	**Objekt**	Prozess
	Kontinuierlich	Nein	**Vor Ort**	Ja
K-173	Existiert ein formales Disziplinarverfahren gegen Mitarbeiter, die eine Sicherheitslücke verursacht haben? (ISO)			
	Auditierungsmethode	Dokumentationsprüfung	**Objekt**	Prozess
	Kontinuierlich	Nein	**Vor Ort**	Ja
K-174	Werden die Vermögensgegenstände des Cloud-Service-Anbieters von einem Mitarbeiter, Auftragnehmer oder Cloud-Service-Kunden zurückgegeben, nachdem sein oder ihr Beschäftigungsverhältnis, Vertragsverhältnis oder seine bzw. ihre Vereinbarung beendet wurde? (ISO)			
	Auditierungsmethode	Dokumentationsprüfung	**Objekt**	Prozess
	Kontinuierlich	Nein	**Vor Ort**	Ja

ID	Beschreibung
K-175	Werden die Mitarbeiter des Cloud-Service-Anbieters regelmäßig geschult (mindestens 1 Mal pro Jahr), damit sie alle eingesetzten Techniken, Komponenten und Funktionalitäten beherrschen? (ISO, BSI, CSA)

Auditierungsmethode	Interview	Objekt	Personal
Kontinuierlich	Ja	Vor Ort	Ja

ID	Beschreibung
K-176	Erfüllt ein interner Sicherheitsprüfer/Auditor folgende Bedingungen: 1) Er verfügt über eine geeignete Qualifikation. 2) Er ist objektiv und unparteiisch. 3) Er war nicht an der Erstellung der zu prüfenden Gegenstände beteiligt. (BSI, ISO)

Auditierungsmethode	Interview	Objekt	Personal
Kontinuierlich	Nein	Vor Ort	Ja

ID	Beschreibung
K-177	Wurde ein neuer oder externer Mitarbeiter vor der Übernahme dahingehend überprüft, dass er ausreichende berufliche und/oder akademische Qualifikationen besitzt, hinreichende Referenzen vorweisen kann und sein vorgelegter Lebenslauf aussagekräftig und vollständig ist? (BSI, ISO, CSA)

Auditierungsmethode	Interview	Objekt	Personal
Kontinuierlich	Nein	Vor Ort	Ja

ID	Beschreibung
K-178	Wird eine Vertraulichkeitsvereinbarung (Non Disclosure Agreements oder Confidentiality Agreements) zwischen Cloud-Service-Anbieter und seinem Mitarbeiter geschlossen? (CSA, EC)

Auditierungsmethode	Interview	Objekt	Vertrag
Kontinuierlich	Nein	Vor Ort	Ja

ID	Beschreibung
K-179	Sind die Kenntnisse der Mitarbeiter des Cloud-Service-Anbieters über Cloud-Service-Kunden auf ein Minimalprivileg- bzw. Need-To-Know-Niveau limitiert? (CSA, EC)

Auditierungsmethode	Interview	Objekt	Personal
Kontinuierlich	Nein	Vor Ort	Ja

4.2.20 Vertragsmanagement

Neben dem fortlaufenden Kundenmanagement muss auch ein Vertragsmanagement durchgeführt werden. Hierbei ist es zentral, dass Verträge zwischen Cloud-Service-Kunde und -Anbieter alle notwendigen Informationen, bspw. über die gewählte Abrechnungsmethode, enthalten und verständlich kommuniziert werden.

So sollte dargelegt werden, welche Kosten für die Nutzung entstehen. In diesem Zusammenhang sollte dem Cloud-Service-Kunden die Möglichkeit gegeben werden, alle verbrauchsabhängigen Kosten zu überwachen. Insbesondere die Spezifikation von Service-Level-Agreements sollte möglichst umfassend geschehen, um eine hohe Transparenz und Nachvollziehbarkeit für Cloud-Service-Kunden zu erzielen.

ID	Beschreibung			
K-180	Gibt es im Vertrag zwischen Cloud-Service-Anbieter und -Kunde detaillierte Beschreibungen zum Umgang mit personenbezogenen Daten (z. B. Hosting, Betrieb, Pflege und Zurverfügungstellung zum Online-Abruf einer bezeichneten Anwendung, Migration von Daten)? Sind der Gegenstand und die Dauer des Auftrags in der rechtsverbindlichen Vereinbarung über die Auftragsverarbeitung festgehalten? (EC)			
	Auditierungsmethode	Dokumentationsprüfung	**Objekt**	Vertrag
	Kontinuierlich	Nein	**Vor Ort**	Nein
K-181	Ist vertraglich definiert, welche Daten im Rahmen des angebotenen Cloud-Services auf welche Weise erhoben, verarbeitet und genutzt werden? Werden der Umfang, die Art und die Zwecke der Datenverarbeitung im Vertrag angegeben? Ist im Vertrag festgehalten, dass die personenbezogenen Daten nur auf dokumentierte Weisung des Verantwortlichen verarbeitet werden? (EC)			
	Auditierungsmethode	Dokumentationsprüfung	**Objekt**	Vertrag
	Kontinuierlich	Nein	**Vor Ort**	Nein
K-182	Wird eine Vertraulichkeitsvereinbarung (Non Disclosure Agreements oder Confidentiality Agreements) zwischen Cloud-Service-Anbieter und -Kunde geschlossen? (BSI, ISO)			
	Auditierungsmethode	Dokumentationsprüfung	**Objekt**	Vertrag
	Kontinuierlich	Nein	**Vor Ort**	Nein
K-183-190	Wird ein Servicekatalog für den angebotenen Cloud-Service bereitgestellt, der ausreichend und in angemessener Weise beschreibt, was dieser Service leistet, welche Geschäftsprozesse er unterstützt und welche weiteren Services damit verbunden sind? (BSI, EC, ITIL)			
	Auditierungsmethode	Dokumentationsprüfung	**Objekt**	Serviceeigenschaften
	Kontinuierlich	Nein	**Vor Ort**	Nein

ID	Beschreibung			
K-184	Stellt der Cloud-Service-Anbieter seinen -Kunden die Möglichkeit bereit, alle im Service-Level-Agreement vereinbarten messbaren Größen einschließlich der Verfügbarkeit des angebotenen Cloud-Services durch einen neutralen Dritten kontinuierlich zu überwachen? (BSI, CSA, CCUC)			
	Auditierungsmethode	Servicenutzung	**Objekt**	Serviceeigenschaften
	Kontinuierlich	Nein	**Vor Ort**	Nein
K-185	Wird auch dann ein formaler Vertrag mit Cloud-Service-Kunden abgeschlossen, wenn der Einsatz des Cloud-Services lediglich getestet werden soll? (EC)			
	Auditierungsmethode	Interview	**Objekt**	Prozess
	Kontinuierlich	Nein	**Vor Ort**	Nein
K-186	Wird der Vertrag schriftlich oder in einem elektronischen Format abgefasst? (CSA, EC)			
	Auditierungsmethode	Interview	**Objekt**	Prozess
	Kontinuierlich	Nein	**Vor Ort**	Nein
K-187	Kann der Vertrag für den angebotenen Cloud-Service entweder handschriftlich oder durch qualifizierte elektronische Signaturen unterzeichnet werden? (EC)			
	Auditierungsmethode	Dokumentationsprüfung	**Objekt**	Prozess
	Kontinuierlich	Nein	**Vor Ort**	Nein
K-188	Hat der Cloud-Service-Kunde die Möglichkeit, sämtliche verbrauchsabhängigen Kosten zu überwachen? (CCUC)			
	Auditierungsmethode	Servicenutzung	**Objekt**	Serviceeigenschaften
	Kontinuierlich	Nein	**Vor Ort**	Nein
K-189	Kann die Bereitstellung der Daten innerhalb einer vereinbarten Frist nach einer Vertragskündigung seitens des Cloud-Service-Anbieters weiter zugesichert werden? (EC)			
	Auditierungsmethode	Interview	**Objekt**	Vertrag
	Kontinuierlich	Nein	**Vor Ort**	Nein
K-190	Gibt es einen formalen Vertrag mit klar definierten, vereinbarten und dokumentierten Verantwortlichkeiten bezüglich der Informationssicherheit des Cloud-Services zwischen Cloud-Service-Anbieter und -Kunden? (ITIL)			
	Auditierungsmethode	Dokumentationsprüfung	**Objekt**	Vertrag
	Kontinuierlich	Nein	**Vor Ort**	Nein

ID	Beschreibung			
K-191	Können alle der folgenden Handlungen des Cloud-Service-Anbieters im Fall von Streitigkeiten zur Leistungserbringung oder zum Zahlungsverzug vertraglich ausgeschlossen werden? 1) Zurückhaltung von Daten des Cloud-Service-Kunden; 2) Zurückhaltung der zu erbringenden Leistungen; 3) Löschung der Daten des Cloud-Service-Kunden ohne dessen explizite Zustimmung. (EC)			
	Auditierungsmethode	Dokumentationsprüfung	**Objekt**	Vertrag
	Kontinuierlich	Nein	**Vor Ort**	Nein
K-192	Ist die Laufzeit des Vertrages exakt angegeben, inklusive Start- und Endzeit bzw. unbegrenzten Nutzungsrecht? (EC)			
	Auditierungsmethode	Dokumentationsprüfung	**Objekt**	Vertrag
	Kontinuierlich	Nein	**Vor Ort**	Nein
K-13-192	Sind Kündigungsfristen des Vertrags für den Cloud-Service-Anbieter und den Cloud-Service-Kunden definiert? (EC)			
	Auditierungsmethode	Dokumentationsprüfung	**Objekt**	Vertrag
	Kontinuierlich	Nein	**Vor Ort**	Nein
K-194	Ist eine Vorankündigung von Änderungen der Datenlokation oder bei der Diensterbringung von Sub-Anbietern vertraglich geregelt? (EC)			
	Auditierungsmethode	Dokumentationsprüfung	**Objekt**	Vertrag
	Kontinuierlich	Nein	**Vor Ort**	Nein
K-195	Existiert ein Sonderkündigungsrecht des Cloud-Service-Kunden, falls der Cloud-Service-Anbieter bestimmte Sub-Anbieter wechselt? (EC)			
	Auditierungsmethode	Dokumentationsprüfung	**Objekt**	Vertrag
	Kontinuierlich	Nein	**Vor Ort**	Nein
K-196	Ist die genutzte Vertragssprache des Cloud-Service-Anbieters für den -Kunden vollständig verständlich? (BSI)			
	Auditierungsmethode	Dokumentationsprüfung	**Objekt**	Vertrag
	Kontinuierlich	Nein	**Vor Ort**	Nein

ID	Beschreibung
K-197	Ist die Abrechnungsmethode des angebotenen Cloud-Services bezüglich folgender Punkte eindeutig definiert und für Cloud-Service-Kunden nachvollziehbar? 1) Wie wird die Nutzung des Cloud-Services berechnet: pauschal, zeitabhängig oder nach dem Leistungsverbrauch? 2) Sind sämtliche verbrauchsabhängigen Kennzahlen klar definiert und transparent nachvollziehbar? 3) Existieren Mengenrabatte oder unterschiedliche Tarife in Abhängigkeit von der abgenommenen Servicemenge? 4) Kann der Cloud-Service-Anbieter seinen Tarif bei signifikanter Änderung des Nutzungsumfangs ändern? 5) Gibt es eine Best-Price-Option? 6) Wird optional eine Flatrate oder per-User-Flatrate angeboten? (EC)

Auditierungsmethode	Dokumentationsprüfung	Objekt	Vertrag
Kontinuierlich	Nein	Vor Ort	Nein

ID	Beschreibung
K-198	Ist vertraglich sichergestellt, dass der Export und die Löschung der Kundendaten nach Beendigung des Cloud-Service-Vertrages ohne zusätzliches Entgelt erfolgen? (EC)

Auditierungsmethode	Dokumentationsprüfung	Objekt	Vertrag
Kontinuierlich	Nein	Vor Ort	Nein

ID	Beschreibung
K-199	Werden alle Leistungen, für die ein Cloud-Service-Kunde zusätzlich zahlen muss, offengelegt? (EC)

Auditierungsmethode	Dokumentationsprüfung	Objekt	Vertrag
Kontinuierlich	Nein	Vor Ort	Nein

ID	Beschreibung
K-200	Wird im Vertrag bzw. in den Service-Level-Agreements geregelt, in welcher Weise und zu welchem Zeitpunkt, nach der Beendigung eines Cloud-Service-Vertrages, Kundendaten rückübertragen und vollständig gelöscht oder vernichtet werden müssen? (BSI, CSA, CCUC, EC)

Auditierungsmethode	Dokumentationsprüfung	Objekt	Vertrag
Kontinuierlich	Nein	Vor Ort	Nein

ID	Beschreibung
K-201	Werden sämtliche Vertrags- und Geschäftsbedingungen für Cloud-Service-Kunden nachvollziehbar kommuniziert? (BSI)

Auditierungsmethode	Dokumentationsprüfung	Objekt	Vertrag
Kontinuierlich	Nein	Vor Ort	Nein

ID	Beschreibung
K-202	Kann der vereinbarte Vertrag zwischen dem Cloud-Service-Anbieter und -Kunden unter bestimmten Voraussetzungen, wie z. B. Verstoß gegen Service-Level-Agreements oder Nichteinhaltung bestimmter Vorschriften, aufgehoben werden? Sind derartige Voraussetzungen im Vertrag explizit ausformuliert? (NIST, EC)

Auditierungsmethode	Dokumentationsprüfung	Objekt	Vertrag
Kontinuierlich	Nein	Vor Ort	Nein

ID	Beschreibung
K-203	Ist die monetäre Kompensation für vordefinierte Schäden oder Leistungsstörungen, die durch eine Serviceunterbrechung verursacht werden, vertraglich vereinbart und geregelt? (NIST, EC)

Auditierungsmethode	Dokumentationsprüfung	Objekt	Vertrag
Kontinuierlich	Nein	Vor Ort	Nein

ID	Beschreibung
K-204	Sind in den Service-Level-Agreements alle der nachstehend genannten grundsätzlichen Teilaspekte enthalten? 1) Umfang und explizite Definition der angebotenen Cloud-Services; 2) Verantwortlichkeiten des Cloud-Service-Anbieters; 3) Funktionalität des Systems einschließlich der Verfügbarkeitsanforderungen, Reaktionszeiten und Rechenleistung; 4) Technisch-organisatorische Maßnahmen des Cloud-Services zum Schutz der Kundendaten; 5) Datenverschlüsselungsanforderung; 6) Mechanismen für die Überwachung der Service-Qualität; 7) Rechtsmittel zur Handhabung der Verletzung der Service-Level-Agreements; 8) Änderungsmöglichkeit der Service-Level-Agreements im Laufe der Zeit; 9) zur Verfügung stehender Speicherplatz; 10) Managementanforderungen; 11) Sicherheitsanforderungen; 12) Datenschutzanforderungen; 13) Gemeinschaftliche Sicherheits-Governance-Struktur und -Prozesse; 14) Pläne für Systemwartungsarbeiten; 15) Kunden-Support. (BSI, CSA, NIST, CCUC, ISO, ITIL)

Auditierungsmethode	Dokumentationsprüfung	Objekt	Vertrag
Kontinuierlich	Nein	Vor Ort	Nein

ID	Beschreibung
K-205	Sind die Rollen, Verantwortlichkeiten und Erwartungen für die Datenverwaltung in der Cloud vertraglich reglementiert? (CSA, NIST)

Auditierungsmethode	Dokumentationsprüfung	Objekt	Vertrag
Kontinuierlich	Nein	Vor Ort	Nein

ID	Beschreibung			
K-206	Ist eine Exit-Vereinbarung mit zugesicherten Formaten vertraglich festgehalten? (BSI, CSA)			
	Auditierungsmethode	Dokumentationsprüfung	**Objekt**	Vertrag
	Kontinuierlich	Nein	**Vor Ort**	Nein
K-207	*Empfehlung:* Besteht für Cloud-Service-Kunden die Möglichkeit, Service-Level-Agreements für den angebotenen Cloud-Service an ihre individuellen Bedürfnisse anpassen zu können? (ITIL)			
	Auditierungsmethode	Interview	**Objekt**	Vertrag
	Kontinuierlich	Nein	**Vor Ort**	Nein
K-208	*Empfehlung:* Stehen Service-Level-Agreements zwischen Cloud-Service-Anbieter und -Kunden in einem standardisierten und für die maschinelle Verarbeitung geeigneten Format bereit, um einerseits die automatisierte Auswertung aller relevanten Voraussetzungen zu unterstützen, andererseits die Auswahl und damit die Allokation der benötigten Ressourcen zu beschleunigen? (NIST, CCUC)			
	Auditierungsmethode	Dokumentationsprüfung	**Objekt**	Serviceeigenschaften
	Kontinuierlich	Nein	**Vor Ort**	Nein
K-209	*Empfehlung:* Werden für die Definition der verwendeten Key-Performance-Indicators des angebotenen Cloud-Services die Empfehlungen von Industriegremien herangezogen, bspw. von der Open Group, Cloud Use Cases, und/oder SMI? (CCUC)			
	Auditierungsmethode	Dokumentationsprüfung	**Objekt**	Vertrag
	Kontinuierlich	Nein	**Vor Ort**	Nein

4.2.21 Kundenmanagement

Um die Bedenken von Cloud-Service-Kunden hinsichtlich der angebotenen Cloud-Services zu reduzieren, ist die proaktive Einbindung von Kunden in Prozesse sowie ein fortlaufendes Kundenmanagement entscheidend. Zum Kundenmanagement gehören unter anderem die Schaffung von Transparenz über interne Prozesse, Vorkommnisse oder Veränderungen sowie die fortlaufende Kommunikation und Abstimmung mit den Cloud-Service-Kunden. Bei der Bereitstellung von Services müssen darüber hinaus kundenindividuelle Anforderungen, welche bspw. in Service-Level-Agreements definiert worden sind sowie Verantwortlichkeiten, die sich bspw. aus der Kundenanzahl ergeben, berücksichtigt werden.

ID	Beschreibung
K-210	Wenn die gespeicherten Daten vom Cloud-Service-Anbieter verschlüsselt sind, stellt der Cloud-Service-Anbieter seinen Cloud-Service-Kunden in diesem Fall eine Übersicht über die eingesetzten kryptografischen Mechanismen und Verfahren bereit? (BSI, ISO, NIST)

Auditierungsmethode	Dokumentationsprüfung	Objekt	Prozess
Kontinuierlich	Nein	Vor Ort	Nein

ID	Beschreibung
K-211	Bietet der Cloud-Service eine Selbstbedienungsmöglichkeit für Cloud-Service-Kunden, d. h. die Provisionierung der Ressourcen oder Dienste (z. B. Rechenleistung, Storage) wird automatisch ohne Interaktion mit dem Cloud-Service-Anbieter durchgeführt? (CCUC)

Auditierungsmethode	Servicenutzung	Objekt	Serviceeigenschaften
Kontinuierlich	Nein	Vor Ort	Nein

ID	Beschreibung
K-212	Besitzen die angebotenen Service-Desks für Cloud-Service-Kunden einen angemessenen Umfang und Qualität: Die Größe und der geografische Ort des Service-Desk müssen der Anzahl der Nutzer und der Art des Geschäfts entsprechen, das Personal muss dafür ausreichend qualifiziert sein und es müssen geeignete Incident-Management-Tools zur Verfügung stehen? (ITIL)

Auditierungsmethode	Interview	Objekt	Prozess
Kontinuierlich	Ja	Vor Ort	Ja

ID	Beschreibung
K-213	Werden die Cloud-Service-Kunden rechtzeitig über Änderungen des Cloud-Services informiert, z. B. neu eingeführte oder angekündigte Funktionen, Sub-Anbieter und andere Punkte, welche für die Service-Level-Agreements relevant sind? (BSI, EC)

Auditierungsmethode	Dokumentationsprüfung	Objekt	Prozess
Kontinuierlich	Ja	Vor Ort	Ja

ID	Beschreibung
K-214	Werden die Cloud-Service-Kunden regelmäßig über Sicherheitsmaßnahmen, Änderungen im IT-Sicherheitsmanagement, Sicherheitsvorfälle, die Ergebnisse durchgeführter Informationssicherheitsrevisionen (IS-Revisionen) und Penetrationstests in Kenntnis gesetzt? (BSI, CSA)

Auditierungsmethode	Dokumentationsprüfung	Objekt	Prozess
Kontinuierlich	Nein	Vor Ort	Ja

ID	Beschreibung
K-215	Werden betroffene Cloud-Service-Kunden rechtzeitig über vertraglich definierte Sicherheitslücken, -brüche oder -vorfälle informiert? (BSI, CSA, ITIL)

Auditierungsmethode	Dokumentationsprüfung	Objekt	Prozess
Kontinuierlich	Ja	Vor Ort	Nein

ID	Beschreibung			
K-216	Stehen Rechnungsprotokolldaten für Cloud-Service-Kunden bereit, selbst nachdem der Cloud-Service-Vertrag beendet wurde? (CSA)			
	Auditierungsmethode	Dokumentationsprüfung	**Objekt**	Vertrag
	Kontinuierlich	Nein	**Vor Ort**	Nein
K-217	Sind Eigentums- und Urheberrechte an allen Daten, Systemen, Software und Schnittstellen im Vertrag mit den Cloud-Service-Kunden festgelegt? (BSI)			
	Auditierungsmethode	Dokumentationsprüfung	**Objekt**	Vertrag
	Kontinuierlich	Nein	**Vor Ort**	Nein
K-218	*Empfehlung:* Ist der Cloud-Service-Anbieter dazu in der Lage, die Sicherheitspolitik des Cloud-Services kundenindividuell zu konfigurieren und zu überwachen? (CCUC)			
	Auditierungsmethode	Assetprüfung	**Objekt**	Serviceeigenschaften
	Kontinuierlich	Nein	**Vor Ort**	Ja
K-219	*Empfehlung:* Ist es möglich, dass der Cloud-Service-Kunde den Cloud-Service auch lokal im eigenen Rechenzentrum betreiben (bspw. durch eine Lizensierung) und eine bestehende Installation migrieren kann? (NIST)			
	Auditierungsmethode	Dokumentationsprüfung	**Objekt**	Serviceeigenschaften
	Kontinuierlich	Nein	**Vor Ort**	Nein

Literatur

Badger L, Grance T, Patt-Corner R, Voas J (2012) Cloud computing synopsis and recommendations: recommendations of the National Institute of Standards and Technology. http://csrc.nist.gov/publications/nistpubs/800-146/sp800-146.pdf. Zugegriffen am 02.12.2014

Bernnat R, Zink W, Bieber N, Strach J (2012) Das Normungs- Und Standardisierungsumfeld von Cloud Computing: Eine Untersuchung aus Europäischer und Deutscher Sicht unter Einbeziehung des Technologieprogramms „Trusted Cloud". Bundesministerium für Wirtschaft und Technologie, Berlin

Bundesamt für Sicherheit in der Informationstechnik (2011) Sicherheitsempfehlungen für Cloud Computing Anbieter – Mindestanforderungen in der Informationssicherheit. https://www.bsi.bund.de/SharedDocs/Downloads/DE/BSI/Mindestanforderungen/Eckpunktepapier-Sicherheitsempfehlungen-CloudComputing-Anbieter.pdf. Zugegriffen am 02.12.2014

Cloud-Computing Use Cases Discussion Group (2010) Cloud-computing use cases. http://cloudusecases.org. Zugegriffen am 02.12.2014

Cloud Security Alliance (2011) Security guidance for critical areas of focus in cloud computing V3.0. https://cloudsecurityalliance.org/guidance/csaguide.v3.0.pdf. Zugegriffen am
02.12.2014

EuroCloud Deutschland_eco e. V. (2010) Leitfaden cloud computing Recht. Datenschutz
& Compliance. http://en.eurocloud.de/2011/03/04/eurocloud-guidelines-cloud-compu-
ting-german-law-data-protection-and-compliance/. Zugegriffen am 02.12.2014

Gao F, Schneider S (2012) Cloud frameworks: an information systems perspective. In: Proceedings of ConLife Academic conference

International Organization for Standardization (2005) ISO/IEC 27001:2005 Information
Security Management. http://www.iso.org/iso/home/standards/management-standards/
iso27001.htm. Zugegriffen am 02.12.2014

Stein F, Schneider S, Sunyaev A (2012) ITIL Als Grundlage Zur Zertifizierung Von
Cloud-Services Und -Anbietern. HMD – Praxis der Wirtschaftsinformatik 49(288):33–41.
https://doi.org/10.1007/BF03340755

Kontinuierliche Zertifizierungsverfahren

5

Zusammenfassung

Dieses Kapitel beschreibt das Problem eines hoch dynamischen Cloud-Service-Umfelds und die dadurch entstehenden Herausforderungen für bestehende Zertifizierungsprozesse. Denn die Durchführung von traditionellen Zertifizierungsprozessen erfordert eine gewisse Stabilität des Cloud-Services, damit davon ausgegangen werden kann, dass die Prüfergebnisse über die gesamte Geltungszeitspanne identisch bleiben. Da sich Cloud-Services durch dynamische Charakteristiken, einer schnelllebigen Technologie und einer sich stetig verändernden Umwelt auszeichnen, ist jedoch die Einhaltung von Zertifizierungskriterien über die Geltungszeitspanne stark gefährdet. Zur Lösung wird ein kontinuierlicher Zertifizierungsprozess vorgestellt, welcher automatisierte Überwachungs- und Auditierungstechniken umfasst, um eine fortlaufende Ermittlung, Bewertung und Entscheidung zu ermöglichen, sowie Mechanismen zur transparenten Bereitstellung von zertifizierungsrelevanten Informationen beinhaltet, um die Einhaltung der Zertifizierungskriterien kontinuierlich zu bestätigen. Zudem wird der Umfang kontinuierlicher Zertifizierungsprozesse diskutiert und das veränderte Wertschöpfungsnetzwerk dargelegt.

© Springer-Verlag GmbH Deutschland, ein Teil von Springer Nature 2019
S. Lins et al., *Cloud-Service-Zertifizierung*,
https://doi.org/10.1007/978-3-662-58857-4_5

5.1   Probleme bestehender Zertifizierungsprozesse

5.1.1   Ablauf eines Zertifizierungsprozesses

Die klassische Zertifizierung von Cloud-Services und anderen Technologien stellt eine retrograde, statische und (überwiegend) von Menschen durchgeführte Methode der Bewertung von IT-Ressourcen dar (Lins et al. 2016a; Lang et al. 2017; Lins und Sunyaev 2018a). Ein Zertifizierungsprozess umfasst gemäß DIN EN ISO/ IEC 17000 die Tätigkeiten Auswahl, Ermittlung, Bewertung, Entscheidung und Genehmigung, gefolgt von einer Überwachung. Abb. 5.1 stellt den zeitlichen Ablauf eines Zertifizierungsprozesses schematisch dar.

Im Rahmen der Auswahl finden planende und vorbereitende Tätigkeiten statt, um für die nachfolgende Ermittlung alle erforderlichen Informationen und Eingangsgrößen erheben oder bereitstellen zu können. Bei der Auswahl werden unter anderem eine Zertifizierungsvereinbarung zwischen einer Zertifizierungsstelle und einem Cloud-Service-Anbieter geschlossen und eine detaillierte Darstellung und Abgrenzung des Bewertungsgegenstands vorgenommen. Im Rahmen von Cloud-Service-Zertifizierungen stellt der Bewertungsgegenstand meist ein Cloud-Service oder dessen Datenverarbeitungsvorgänge dar. Die Abgrenzung des Bewertungsgegenstandes stellt sich in der Praxis meist als schwierig aufgrund der verschachtelten Wertschöpfungskette und Einbindung von Sub-Anbietern im Cloud-Umfeld dar. Aus diesem Grund wurden insbesondere im Kontext von Cloud-Services innovative Modularisierungskonzepte für eine Zertifizierung geschaffen. So wurden bspw. im Rahmen der Zertifizierung ‚Trusted Cloud-Datenschutzprofil‘ und ‚European Cloud Service Data Protection Certification‘ vertikale und horizontale Modularisierungskonzepte entwickelt, welche es ermöglichen einzelne Bestandteile eines Cloud-Services zu zertifizieren (TCDP 2016; AUDITOR 2018).

Bei der Ermittlung werden eine oder mehrere Ermittlungstätigkeiten durchgeführt, um vollständige Informationen über die Erfüllung der im Kriterienkatalog festgelegten Zertifizierungskriterien durch den Cloud-Service zu erhalten. Zur Durchführung der Ermittlungstätigkeiten setzten Zertifizierungsstellen meist

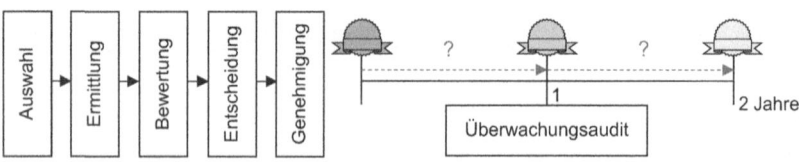

Abb. 5.1 Traditioneller Zertifizierungsprozess

Auditoren (bspw. eigene oder externe Prüfer oder unabhängige Prüfstellen) ein. Bei einer Cloud-Service-Zertifizierung können eine Vielzahl an Ermittlungsmethoden Anwendung finden, bspw. die Dokumentenprüfung, Durchführung von Interviews, Vor-Ort-Begutachtungen, Entwicklungsbegutachtungen oder technische Sicherheitstests. Durch eine anschließende Bewertung verifiziert die Zertifizierungsstelle, ob die Auswahl- und Ermittlungstätigkeiten und deren Ergebnisse hinsichtlich der Erfüllung der festgelegten Zertifizierungskriterien durch einen Cloud-Service geeignet, angemessen und wirksam sind. Dabei ist sowohl eine Bewertung hinsichtlich der Erfüllung der einzelnen Zertifizierungskriterien als auch hinsichtlich der Erfüllung aller Zertifizierungskriterien eines Kriterienkatalogs insgesamt erforderlich.

Im Anschluss entscheidet die Zertifizierungsstelle auf Grundlage des Prüfberichts und der Bewertung über die Erteilung des Zertifikats. Die vergebenen Cloud-Service-Zertifikate haben eine feste Gültigkeitsdauer von meist 1–3 Jahren (Schneider et al. 2014; Lins et al. 2016a). Der Cloud-Service-Anbieter kann vor Ablauf der Gültigkeitsdauer die Aufrechterhaltung der Zertifizierung in Form einer Verlängerung der Zertifizierung beantragen (Re-Zertifizierung). In diesem Fall wird der Cloud-Service erneut geprüft und zertifiziert. Im letzten Schritt wird das Zertifikat erteilt und der Cloud-Service-Anbieter ist daraufhin berechtigt bspw. ein Prüfsiegel der Zertifizierung auf seiner Website einzubinden.

Zudem werden abhängig von der Zertifizierung jährliche Überwachungsaudits während der Gültigkeitsdauer durchgeführt. Ein Überwachungsaudit umfasst systematische, sich wiederholende Ermittlungs- und Bewertungstätigkeiten als Grundlage zur Aufrechterhaltung der Gültigkeit einer Zertifizierung. Aufgrund von Zwischenprüfungen hat die Zertifizierungsstelle dabei festzustellen, ob ein zertifizierter Cloud-Service die Zertifizierungskriterien weiterhin erfüllt. Sollten bei der Überwachung Verstöße oder Abweichungen identifiziert werden, kann die Zertifizierungsstelle unter anderem das Zertifikat zeitweise aussetzen (bspw. bis zur Behebung durch den Cloud-Service-Anbieter), das Zertifikat einschränken (bspw. nur für einen Bestandteil des Cloud-Services vergeben) oder vollständig widerrufen, sodass ein Prüfzeichen nicht geführt werden darf.

5.1.2 Probleme bei traditionellen Zertifizierungsprozessen

Die Durchführung von traditionellen Zertifizierungsprozessen erfordert eine gewisse Stabilität des Bewertungsgegenstandes, damit davon ausgegangen werden kann, dass die Prüfergebnisse über die gesamte Geltungszeitspanne identisch bleiben (Lins et al. 2016a; Lins und Sunyaev 2018a). Da Cloud-Services sich durch

dynamische Charakteristiken, einer schnelllebigen Technologie und einer sich stetig verändernden Umwelt auszeichnen, ist jedoch die Einhaltung von Zertifizierungskriterien über die Geltungszeitspanne stark gefährdet (Lins et al. 2019).

Aus technischer Sicht weist eine Cloud-Service-Infrastruktur dynamische Eigenschaften wie eine hohe Skalierbarkeit und eine einhergehende, bedarfsgerechte
Bereitstellung von Cloud-Ressourcen auf (Lins et al. 2018b). Eine Cloud-
Infrastruktur muss sich daher abhängig vom aktuellen Bedarf dynamisch erweitern
können, um ausreichende Ressourcen für die Lastabweichungen bereitzustellen
(Grozev und Buyya 2014). Um eine fortlaufende Servicequalität zu gewährleisten
sind Cloud-Infrastrukturen derzeit auf eine dynamische Neuzuweisung von Ressourcen und Workload-Transfers innerhalb eines Zusammenschlusses aus diversen
Cloud-Systemen verschiedener Cloud-Rechenzentren angewiesen (z. B. Inter-
Clouds, Cloud-Föderationen, Hybrid- oder Multi-Clouds) (Grozev und Buyya
2014; Buyya et al. 2010). Ebenso zeichnen sich Cloud-Infrastrukturen durch
schnelle Lebenszyklen der eingesetzten Technologien und laufende architektonische Veränderungen durch inhärente Architekturmuster (z. B. Entkopplung von
Systemen und Mikrodiensten) und agiler Softwareentwicklung aus (Venters und
Whitley 2012; Weinhardt et al. 2009). Beispielsweise bieten PaaS- und IaaS-
Technologien eine adäquate Entwicklungsumgebung, sodass Cloud-Entwickler
schnell mit alternativen Gestaltungsmöglichkeiten experimentieren und diese kontinuierlich in die angebotenen Cloud-Services integrieren können (gemäß des Kon-
zeptes der ,Continuous Integration') (Wei und Blake 2010). Ebenso führt die Verbreitung des Cloud-Computing-Modells zur zunehmenden Entkopplung von
Diensten und zur steigenden Wiederverwendung von Diensten Dritter (Benlian
et al. 2018; Tan et al. 2016). So nutzen Cloud-Anwendungen typischerweise Funktionen und Ressourcen von entfernten (Mikro-)Diensten, um beispielsweise Geo-
lokalisierungsinformationen aus Google Maps abzurufen, was zu einer flexiblen
Rekombination der verfügbaren Dienste am Markt führt. In Folge dessen kommt es
immer häufiger zu erheblichen Veränderungen in der Service-Infrastruktur oder gar
in der strategischen Ausrichtung eines Unternehmens.

Aus organisatorischer Sicht operieren Cloud-Service-Anbieter in komplexen
und dynamischen Ökosystemen und Wertschöpfungsnetzwerken mit verschiedenen
Stakeholdern (Felici et al. 2013; Hentschel et al. 2018; Ngo et al. 2012; Lins et al.
2019). Beispielsweise erfordern neue Markteintritte, ein hoher Wettbewerbsdruck
und die stetige Veränderungen der Verbraucherpräferenzen von Cloud-Service-Anbietern, dass sie schnell auf sich abzeichnende Umweltveränderungen reagieren und
ihre Cloud-Services, Strategien, Strukturen und das Tagesgeschäft entsprechend anpassen (Hentschel et al. 2018; Lee et al. 2015; Schneider et al. 2018). Durch die im
Cloud-Computing typische Schichtung der Service-Modelle und den verschachtelten

Wertschöpfungsketten kann es auch zu einem häufigeren Wechsel von Sub-Anbietern kommen (Lins et al. 2018b). Änderungen in der IT-Umgebung, wie das Auftreten neuer Schwachstellen, erfordern von Cloud-Service-Anbietern ihre Prozesse anzupassen und ihre Mitarbeiter entsprechend zu schulen; andernfalls können schädliche Schwachstellen den Cloud-Service gefährden. Diese schnelle Änderung der Geschäftsabläufe im laufenden Betrieb führt dazu, dass die anfänglichen Prozessspezifikationen die im Rahmen einer Zertifizierung überprüft wurden, oft nicht mehr der Wirklichkeit entsprechen. Darüber hinaus verfügen Cloud-Services über eine hochdynamische Rechts- und Regulierungslandschaft (Lins et al. 2016a). In den letzten Jahren wurden bestehende Gesetze angepasst und neue Gesetze vorgeschlagen, um den Herausforderungen der digitalen Transformation zu begegnen. So zielt die EU-Datenschutzgrundverordnung (EU-DSGVO) darauf ab, den Nutzern die Kontrolle über ihre personenbezogenen Daten zurückzugeben und stellt dabei neue Anforderungen an den Betrieb von Cloud-Services, welche wiederrum zu einer Anpassung der Cloud-Services und ihrer Infrastruktur sowie der organisatorischen Abläufe führen.

Bei einer bisherigen jährlichen (strichprobenartigen) Überwachung der Einhaltung von Zertifizierungskriterien können Abweichungen oder Verstöße durch diese technischen oder organisatorischen Änderungen teilweise erst lange nach deren Auftreten erkannt werden (Lins et al. 2019). Da das ausgestellte Zertifikat dennoch weiterhin suggeriert, dass die Anforderungen erfüllt sind, kann ein Cloud-Service-Kunde mögliche Verstöße nicht erkennen (Stephanow und Banse 2018a). Es wird daher insbesondere im Cloud-Kontext aber auch in anderen schnelllebigen und dynamischen IT-Umgebungen ein neuer Ansatz zur Durchführung von Zertifizierungen benötigt.

5.2 Automatisierung von Zertifizierungsprozessen zur Schaffung von Vertrauen und Transparenz

Um den beschriebenen Problemen entgegenzuwirken und fortlaufend die Einhaltung der Kriterien sicherzustellen ist der Einsatz von kontinuierlichen Zertifizierungsprozessen möglich. Durch eine kontinuierliche Zertifizierung wird ein innovativer, (semi-)automatisierter Zertifizierungsprozess eingeführt, welcher die fortlaufende Überwachung von kritischen Parametern eines Cloud-Services ermöglicht (Lins et al. 2018b). Ein kontinuierlicher Zertifizierungsprozess umfasst automatisierte Überwachungs- und Auditierungstechniken, welche eine fortlaufende Ermittlung, Bewertung und Entscheidung ermöglichen, sowie Mechanismen zur transparenten Bereitstellung von zertifizierungsrelevanten Informationen, um die

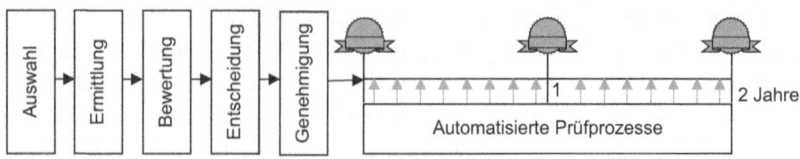

Abb. 5.2 Kontinuierlicher Zertifizierungsprozess

Einhaltung der Zertifizierungskriterien kontinuierlich zu bestätigen (Lins et al. 2015). Abb. 5.2 stellt den kontinuierlichen Zertifizierungsprozess schematisch dar.

Im Gegensatz zu jährlichen Überwachungsaudits ermöglicht eine Automatisierung von Prüfprozessen zeitnah kritische Defekte bereits bei Auftreten zu ermitteln und zu untersuchen, und dadurch die Glaubwürdigkeit der Zertifizierungen und die Vertrauenswürdigkeit in den Cloud-Service zu erhöhen (Lins et al. 2016a; Lang et al. 2016). Fortlaufende (automatisierte) Überprüfungen ermöglichen es zudem Veränderungen eines Cloud-Services während dessen produktiven Betriebs zu detektieren und die Auswirkungen dieser Veränderungen auf die Erfüllung der Kriterien eines Zertifikates zu bewerten. Ebenso sind Cloud-Service-Anbieter und Zertifizierungsstellen in der Lage, ihre Überwachungs- und Auditierungsprozesse an architektonische Veränderungen des Cloud-Services anzupassen, wie z. B. das Hinzufügen von Hardwarekomponenten oder neue Servicefunktionalitäten. Im Gegensatz zur herkömmlichen Zertifizierung berücksichtigt eine kontinuierliche Zertifizierung daher bei der Beurteilung der Einhaltung der Zertifizierung den tatsächlichen Status quo der Cloud-Infrastruktur und informiert die Cloud-Service-Kunden letztlich durch eine transparente und aktuelle Zertifizierungsdarstellung sowohl über Verbesserungen der Infrastruktur (bspw. bessere Servicequalität) als auch über Ausfälle (bspw. Datenverluste). Bei sich abzeichnenden Umweltbedrohungen (z. B. Ankündigung neuer Software-Schwachstellen) oder Änderungen der gesetzlichen Rahmenbedingungen (z. B. Durchsetzung der EU-DSGVO) können Zertifizierungsstellen, die eine kontinuierliche Zertifizierung durchführen, ihren Prüfungsumfang anpassen, indem sie zum Beispiel die Einhaltung neuer Zertifizierungskriterien überprüfen. Hingegen ist eine Änderung des Umfangs einer herkömmlichen Zertifizierung meist erst nach Ablauf der Gültigkeitsdauer möglich.

Der kontinuierliche Zertifizierungsprozess kann abstrakt als sich wiederholender Zyklus verstanden werden. Dabei werden nacheinander und fortlaufend vier Teilprozesse durchgeführt: (1) semi- oder vollständig automatisierte Datenerhebung und -übermittlung; (2) semi- oder vollständig automatisierte Datenanalyse;

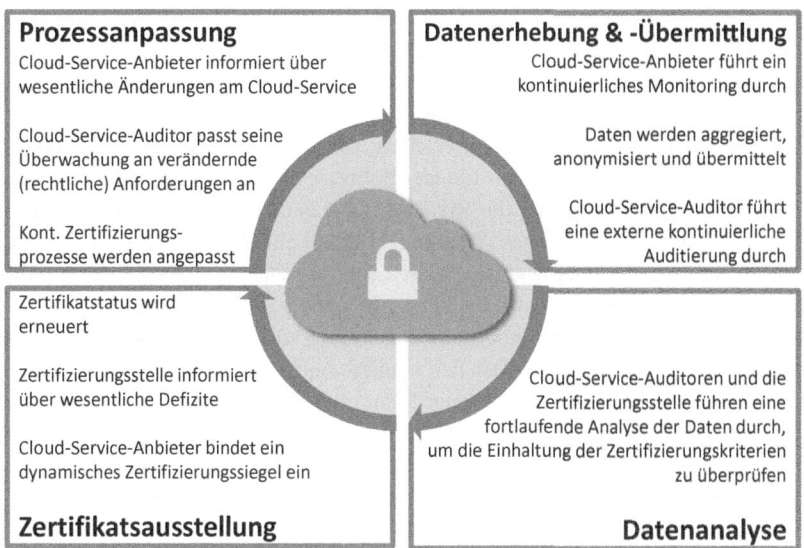

Prozessanpassung
Cloud-Service-Anbieter informiert über wesentliche Änderungen am Cloud-Service

Cloud-Service-Auditor passt seine Überwachung an verändernde (rechtliche) Anforderungen an

Kont. Zertifizierungs-prozesse werden angepasst

Zertifikatstatus wird erneuert

Zertifizierungsstelle informiert über wesentliche Defizite

Cloud-Service-Anbieter bindet ein dynamisches Zertifizierungssiegel ein

Zertifikatsausstellung

Datenerhebung & -Übermittlung
Cloud-Service-Anbieter führt ein kontinuierliches Monitoring durch

Daten werden aggregiert, anonymisiert und übermittelt

Cloud-Service-Auditor führt eine externe kontinuierliche Auditierung durch

Cloud-Service-Auditoren und die Zertifizierungsstelle führen eine fortlaufende Analyse der Daten durch, um die Einhaltung der Zertifizierungskriterien zu überprüfen

Datenanalyse

Abb. 5.3 Ablauf der kontinuierlichen Zertifizierung (Lins et al. 2016a)

(3) Zertifikatsausstellung; und (4) Prozessanpassung (Lins et al. 2016a). Abb. 5.3 verdeutlicht, dass es sich um einen zyklischen Prozess handelt, der immer wieder durchlaufen wird.

5.2.1   Datenerhebung

Eine kontinuierliche Zertifizierung erfordert von einer Zertifizierungsstelle bzw. eingesetzten Cloud-Service-Auditoren regelmäßig umfangreiche Datensätze zu erheben und zu bewerten (Lins und Sunyaev 2018a; Lins et al. 2016a). Zur Erhebung von Daten können Cloud-Service-Auditoren in enger Abstimmung mit einem Cloud-Service-Anbieter externe Auditierungen, welche einen Zugriff auf die Cloud-Infrastruktur benötigen, durchführen. Hierbei haben sich insbesondere *test-basierte Verfahren* als geeignet herausgestellt (Stephanow und Banse 2018c, 2017). Der Zugriff auf zertifizierungsrelevante Daten und damit auch die Datenerhebungsfähigkeiten von Cloud-Service-Auditoren können jedoch aus technischen, organisatorischen oder rechtlichen Gründen eingeschränkt sein (Lins et al. 2018b, c). Zunächst können technische Einschränkungen Cloud-Service-Auditoren daran hindern, die notwendigen, zertifizierungsrelevanten Informationen selbst zu erheben.

So führt beispielsweise die Integration von zusätzlichen Monitoring- und Auditierungssystemen zum Zweck der Datenerhebung meist zu umfangreichen Änderungen an der Cloud-Infrastruktur, welche sehr kostenintensiv sein können oder zu Sicherheitsrisiken führen könnten. Daher sind die meisten Cloud-Service-Anbieter nur widerwillig bereit oder weigern sich, den Zugriff auf die Cloud-Infrastruktur freizugeben oder die Integration fremder Software durchzuführen. Ebenso zögern Cloud-Service-Auditoren auf die Systeme von außen zuzugreifen, um möglichen Sicherheitsrisiken vorzubeugen. Weiterhin erfordert eine effiziente Datenerfassung und -Überwachung umfangreiches Wissen über spezifische organisatorische Prozesse, Strukturen und Systemarchitekturen des Cloud-Service-Anbieters. Das Wissen eines Cloud-Service-Auditors darüber ist jedoch aufgrund ihrer Unabhängigkeit begrenzt, welches somit die Datenerfassungs- und Überwachungsmöglichkeiten einschränkt. Schließlich kann der Zugriff auf erforderliche Daten und Systeme für Cloud-Service-Auditoren aufgrund gesetzlicher oder betrieblicher Anforderungen nur eingeschränkt möglich sein.

Um diese Einschränkungen zu bewältigen, müssen viele der zertifizierungsrelevanten Informationen vom Cloud-Service-Anbieter selbst erhoben und anschließend für die Cloud-Service-Auditoren zugänglich gemacht werden. Die Durchführung eines kontinuierlichen Monitorings durch einen Cloud-Service-Anbieter bildet daher eine notwendige Voraussetzung für die Bereitstellung von zertifizierungsrelevanten Daten und für eine effiziente Durchführung einer kontinuierlichen Zertifizierung. Im Rahmen einer kontinuierlichen Zertifizierung wird dieses Vorgehen als *monitoring-basiertes Zertifizierungsverfahren* bezeichnet.

Test-basierte Verfahren: Eigenständige, externe kontinuierliche Auditierung
Falls Cloud-Service-Auditoren Zugriff auf den Cloud-Service für eigenständige Messverfahren zur Auditierung des Cloud-Services erhalten, können zahlreiche zertifizierungsrelevante Daten erhoben werden (Lins und Sunyaev 2018c; Lins et al. 2018b). Im Allgemeinen können Cloud-Komponenten, welche mit dem Internet verbunden sind, fortlaufend durch einen Cloud-Service-Auditor von außen getestet und abgerufen werden. In der Forschung wurden beispielsweise test-basierte Messmethoden und Systeme zur Auditierung des Access-Managements (Doll et al. 2018a), der Geolokation (Stephanow und Banse 2018b) und der Verfügbarkeit (Doll et al. 2018b) entwickelt. Kap. 7 stellt Überwachungs- und Auditierungsverfahren im Detail vor. Da automatisierte Prüfungen höhere Anforderungen an die Audit-Planung und das -Management stellen, sollten Cloud-Service-Auditoren geeignete IT-Systeme zur Audit-Planung, -Management und -Terminierung einsetzen (Hunton und Rose 2010; Alles et al. 2006). Diese eignen sich insbesondere, um Auditierungsprozesse zu koordinieren und eine fortlaufende und automatisierte Ausführung von Auditierungsfunktionen zu ermöglichen.

Monitoring-basierte Verfahren: Internes Monitoring und externe Datenbereitstellung

Cloud-Service-Anbieter haben ihre Cloud-Infrastruktur bereits mit anspruchsvollen, kontinuierlichen Monitoring-Systemen und -Technologien ausgestattet, um Daten über den Cloud-Service-Betrieb erheben oder schnell bösartige Angriffe, Fehler und Ausfälle erkennen zu können (Lins et al. 2018b; Lins und Sunyaev 2018c). Die dabei gewonnenen Monitoring-Daten können im Rahmen einer kontinuierlichen Zertifizierung verwendet werden, um die Einhaltung von bestimmten Zertifizierungskriterien überprüfen zu können. Die intern erhobenen Daten werden dem Cloud-Service-Auditor über definierte Schnittstellen bereitgestellt. Kap. 8 stellt das monitoring-basierte Verfahren im Detail vor.

5.2.2 Datenübermittlung

Neben der Datenerhebung muss auch die kontinuierliche Bereitstellung bzw. der Austausch von zertifizierungsrelevanten Informationen spezifiziert werden, um Cloud-Service-Auditoren mit den notwendigen Daten fortlaufend zu versorgen (Lins et al. 2018b; Lins und Sunyaev 2018c). Eine Vielzahl von verschiedenen Ansätzen zum Datenaustausch kann angewendet werden, um die laufende Überprüfung der Zertifizierung zu sichern. Erstens könnten Cloud-Service-Anbieter Datenschnittstellen anbieten, die Cloud-Service-Auditoren den Zugriff auf wesentliche Daten ermöglichen, darunter zum Beispiel eine graphische Benutzer-Schnittstelle (wie ein einfaches Web-Frontend zur Darstellung zertifizierungsrelevanter Daten) oder ein standardisiertes Application Programming Interface (API) (zum Beispiel eine XML-, JSON- oder Perl-Schnittstelle). Andererseits können auch Cloud-Service-Auditoren Datenschnittstellen anbieten, darunter ein Web-Interface, in das Cloud-Service-Anbieter ihre relevanten Daten hochladen oder eingeben können. Auch können Cloud-Service-Anbieter Logdateien oder exportierte Daten von bestehenden Monitoringsystemen zur Analyse an Cloud-Service-Auditoren übersenden. Letztlich können Cloud-Service-Auditoren die Bereitstellung von Berichten in zuvor festgelegter Häufigkeit einfordern. Um zum Beispiel die Bewertung der Einhaltung des Zertifizierungskriteriums *„ein Cloud-Service-Anbieter sollte regelmäßig die Firewall-Regelungen überprüfen"* vorzunehmen, kann ein Cloud-Service-Anbieter einen Bericht hochladen, der verschiedene Informationen enthält, wie beispielsweise das Datum, die Version der Firewall-Richtlinie, Zahl der Angriffe, eingeleitete Operationen und erfolgte Firewall-Änderungen. Es wird empfohlen, dass Cloud-Service-Anbieter eine interne Audit-Abteilung einrichten, welche die Erhebung, Verarbeitung, Bereitstellung und Übertragung von zertifizierungsrelevanten Informationen regelt und überwacht. Diese interne Audit-Abteilung stellt eine Kommunikationsbrücke zwischen dem Cloud-Service-Anbieter und -Auditor während der Durchführung einer kontinuierlichen Zertifizierung dar.

5.2.3 Datenanalyse

Eine Zertifizierungsstelle führt eine fortlaufende Analyse der zusammengetragenen und übermittelten Daten durch und prüft, ob die Zertifizierungskriterien weiterhin erfüllt sind (Lins et al. 2016a; Lins und Sunyaev 2018a). Diese Bewertung erfolgt automatisiert zeitgleich, kurze Zeit nach Erhalt der Daten oder bei einer Änderung des zu zertifizierenden Cloud-Services beziehungsweise der Umgebung, in der sich der Cloud-Service befindet. Da zertifizierungsrelevante Daten mit einer hohen Frequenz bereitgestellt werden, sollten die Daten in flexible und skalierbare Datenbanken gespeichert werden. Des Weiteren sollten Ergebnisse für bestimmte Zeit archiviert werden, weil sowohl Cloud-Service-Auditoren wie auch -Kunden daran interessiert sind, die aktuellen mit historischen Daten zu vergleichen. Zur Bewertung der Daten können Entscheidungsunterstützungssysteme eingesetzt werden, welche es einer Zertifizierungsstelle erlauben, die zertifizierten Cloud-Services automatisch zu bewerten, Abweichungen zu entdecken und bei Nichteinhaltung von Anforderungen einen Alarm auszulösen oder weitere Maßnahmen zu ergreifen (bspw. Aussetzung des Zertifikats) (Hunton und Rose 2010). Darüber hinaus könnten Entscheidungsunterstützungssysteme zusätzliche Auditierungsfunktionen aufgrund von äußeren Veränderungen auslösen, wie zum Beispiel durch die Ankündigung von neuen Viren oder von Software-Schwachstellen (*zum Beispiel Heartbleed-Schwachstelle*). Interviews mit Cloud-Service-Kunden ergaben jedoch, dass Entscheidungsprozesse nicht vollautomatisiert werden sollen, sondern dass menschliche Cloud-Service-Auditoren zumindest regelmäßig die Audit-Ergebnisse manuell bewerten sollten, um sicher zu stellen, dass die Ergebnisse nicht aufgrund technischer Fehler verfälscht werden (Lins et al. 2016b, 2018b).

5.2.4 Zertifikatsausstellung

Nach der Datenanalyse veranlasst eine Zertifizierungsstelle die Aktualisierung der Gültigkeit des Zertifikats und informiert gegebenenfalls die Öffentlichkeit und Cloud-Service-Kunden zu wichtigen Themenbereichen, wie beispielsweise festgestellte Abweichungen oder kritischen Defizite (Lins et al. 2016a; Lins und Sunyaev 2018a). Ein Cloud-Service-Anbieter kann auch ein dynamisches Zertifizierungssiegel auf seiner Webseite einbetten, welches seine (potenziellen) Cloud-Service-Kunden über die fortlaufende Einhaltung der Zertifizierung informiert.

Zudem legen Cloud-Service-Kunden einen hohen Wert auf die transparente und verständliche Darstellung der Ergebnisse eines kontinuierlichen Zertifizierungsprozesses, um den Befürchtungen eines Kontrollverlusts und dem Eindruck der Nutzung einer Black-Box bei der Bereitstellung von Cloud-Services entgegenzuwirken (Lins et al. 2016a, b, 2018b). Daher ist es wichtig, kontinuierlich Informationen zu veröffentlichen, welche eine laufende Einhaltung der Zertifizierung bestätigen und die Transparenz bezüglich des Cloud-Service-Betriebs erhöhen.

Ferner wird auch gefordert, dass der Prozess der kontinuierlichen Zertifizierung transparent dargestellt wird, um das Vertrauen in das Verfahren zu erhöhen. Daher wird eine graphische Benutzerschnittstelle gefordert (zum Beispiel ein *Dashboard für Kunden*), um Kunden über die Durchführung von kontinuierlichen Zertifizierungsprozessen zu informieren (Lins et al. 2016b). So können Cloud-Service-Kunden darüber informiert werden, wie und wann Daten erfasst und analysiert wurden, um das Verständnis und die Nachvollziehbarkeit der kontinuierlichen Zertifizierungsverfahren zu verbessern und Rechenschaft abzulegen. Auch wäre es denkbar, dass Zertifizierungsstellen periodisch Berichte veröffentlichen, welche eine Zusammenfassung der durchgeführten Prüfprozesse und identifizierten verdächtigen Vorfälle enthalten. Noch wichtiger ist es, dass Cloud-Service-Kunden bei Eintreten von (kritischen) Verletzungen der Zertifizierung oder größeren Sicherheitsvorfällen automatisch von der Zertifizierungsstelle informiert werden. Ebenso sollten Cloud-Service-Kunden Funktionen zur Verfügung gestellt werden, um identifizierte Vorfälle oder eine Nicht-Einhaltung von Kriterien melden zu können.

5.2.5 Prozessanpassung

Schließlich muss ein kontinuierlicher Zertifizierungsprozess fortlaufend angepasst werden, um die Herausforderungen und Dynamiken eines sich ständig verändernden Umfelds und einer unsicheren Umgebung zu bewältigen (Lins et al. 2018b). Einerseits können auftretende Umgebungsbedrohungen oder gesetzliche Veränderungen Cloud-Service-Auditoren veranlassen ihre Auditierungsoperationen anzupassen, zum Beispiel durch Hinzufügen neuer Zertifizierungskriterien. Andererseits können Veränderungen der Cloud-Service-Architektur (zum Beispiel das Hinzufügen neuer Funktionalitäten oder das Ändern der Hardware) Cloud-Service-Anbieter und -Auditoren dazu zwingen, ihre Monitoring- und Auditierungsprozesse anzupassen. Daher sollten Cloud-Service-Anbieter das Konzept der kontinuierlichen Zertifizierung in ihre bestehenden Change-Management-Prozesse integrieren, um so beispielsweise auch Cloud-Service-Auditoren unmittelbar über größere Veränderungen zu informieren.

5.3 Umfang einer kontinuierlichen Zertifizierung

Ziel einer kontinuierlichen Zertifizierung ist die fortlaufende Überprüfung der Einhaltung von Zertifizierungskriterien durch einen Cloud-Service. Hierbei muss jedoch der genaue Umfang der Prüfprozesse festgelegt werden, da nicht jedes Zertifizierungskriterium automatisiert prüfbar ist bzw. eine automatisierte Überprüfung fordert. Im Folgenden werden daher Richtlinien zur Bewertung von Zertifizierungskriterien hinsichtlich des Erfordernisses einer kontinuierlichen Prüfung vorgestellt. Anschließend werden Entscheidungsregeln vorgeschlagen, welche bei der Frage der Automatisierbarkeit von Prüfprozessen für einzelne Kriterien herangezogen werden können. Exemplarische Anforderungsbereiche und deren Automatisierungspotenzial werden am Ende des Kapitels diskutiert.

5.3.1 Richtlinien zur Bewertung des Erfordernisses einer kontinuierlichen Prüfung

Die folgenden Bewertungskriterien können zur Beurteilung des Erfordernisses einer fortlaufenden Überprüfung von Zertifizierungskriterien herangezogen werden (Lins et al. 2018b). Tab. 5.1 besteht aus Fragen und entsprechenden Attributen. Kann für ein Zertifizierungskriterium eine Frage positiv beantwortet werden, wird dem Kriterium ein Attribut zugewiesen und es wird als zunächst relevant betrachtet. Im Anschluss an diese initiale Relevanzbewertung muss ferner evaluiert werden, ob das Kriterium (teil-)automatisiert überprüft werden kann.

Regelmäßigkeit
Eine Vielzahl von Kriterien erfordert, dass ein Cloud-Service-Anbieter in bestimmten Zeitintervallen oder fortlaufend (technische) Prozesse und Aufgaben durchführt. In einem Kriterium werden dazu öfters Zeitintervalle (bspw. monatlich, quartalsweise) angegeben oder Synonyme für die Regelmäßigkeit (bspw. fortlaufend) verwendet. Um sicherzustellen, dass vorgegebene Zeitintervalle eingehalten werden, sollte die Durchführung kontinuierlich überprüft werden. Folgenden Beispielkriterien wird das Attribut ‚Regelmäßigkeit' zugewiesen:

- *„Es muss ein quartalsweises Review der Regeln von Sicherheitskomponenten (bspw. Firewallregeln) durchgeführt werden."*
- *„Es muss eine fortlaufende Zeitsynchronisation gegen eine Zeitquelle stattfinden."*

Tab. 5.1 Richtlinien zur Bewertung des Erfordernisses einer kontinuierlichen Prüfung von Kriterien

Attribut	Frage
Regelmäßigkeit	Erfordert das Kriterium die regelmäßige Durchführung von Prozessen oder das fortlaufende Betreiben von Systemen?
Interne Veränderungen	Kann das Kriterium durch interne Veränderungen (d. h. bezogen auf den Cloud-Service) beeinflusst werden?
Externe Veränderungen	Kann das Kriterium durch externe Veränderungen (d. h. bezogen auf das IT- und Geschäftsumfeld) beeinflusst werden?
Kritische Cloud-Eigenschaft	Betrifft das Kriterium eine kritische Cloud-Eigenschaft (bspw. Verfügbarkeit, Integrität, Skalierbarkeit), die kontinuierlich sichergestellt werden sollte?
Kritisches Sicherheitskriterium	Betrifft das Kriterium kritische Sicherheitsmechanismen oder -prozesse die fortlaufend eingesetzt bzw. durchgeführt werden müssen?
Vorteile durch Nicht-Einhaltung	Kann ein Cloud-Service-Anbieter ohne großen Aufwand Vorteile erlangen, wenn er die Einhaltung das Kriterium unterbricht?
Transparenz	Erfordert das Kriterium, dass ein Cloud-Service-Kunde oder eine dritte Partei benachrichtigt oder in einen spezifischen Prozess mit einbezogen werden?

Interne Veränderungen

Der Cloud-Service wird durch eine Vielzahl von Anpassungen und Erweiterungen stetig verändert. So könnten bspw. neue Systeme integriert, Funktionen erweitert oder entfernt, Patches angewendet oder Hardware-Komponenten ausgetauscht werden. Um sicherzustellen, dass mögliche Änderungen eines Cloud-Services die Gültigkeit der Zertifikatsaussage nicht gefährden, sollte eine kontinuierliche Zertifizierung insbesondere Change-Management-Prozesse des Cloud-Service-Anbieters berücksichtigen. So könnte das Beispielkriterium *„Alle Service-relevanten Changes werden in einer Testumgebung getestet und erst nach einem definierten Abnahmeverfahren in Betrieb genommen"* das Attribut ‚Interne Veränderungen' zugewiesen werden. Auch sollte eruiert werden, ob eine Änderung des Cloud-Services eine erneute Überprüfung bestimmter Kriterien erfordert. So könnte das Beispielkriterium *„Der Cloud-Service ist ausreichend verschlüsselt"* erneut überprüft werden, falls eine neue Funktion dem Cloud-Service hinzugefügt wurde, welche möglicherweise keine Verschlüsselungsmechanismen verwendet. Folgenden Beispielkriterien wird das Attribut ‚Interne Veränderungen' zugewiesen:

- *„Cloud-Komponenten und Server dürfen keinen ausgehenden Internetzugriff ohne Begründung aufweisen."*
- *„Vor der Einführung neuer Cloud-Komponenten ist eine Eignungsprüfung zu vollziehen."*

Externe Veränderungen

Auch externe Veränderungen im Kunden- oder IT-Umfeld, der Justiz, Politik oder Gesellschaft können die fortlaufende Gültigkeit bestimmter Kriterien gefährden. So könnte bspw. ein abrupter Anstieg der Anzahl an Cloud-Service-Kunden dazu führen, dass ein vorhandener Service-Desk nur unzureichend Unterstützung anbieten kann. Ein mögliches Beispielkriterium *„Die angebotenen Service-Desks müssen einen angemessenen Umfang und Qualität aufweisen, um Kunden persönlich betreuen zu können"* könnte somit das Attribut ‚Externe Veränderungen' zugewiesen werden. Darüber hinaus könnte es Änderungen in der Gesetzeslage geben, anerkannte Verfahren für unsicher erklärt werden oder neue Bedrohungen auftreten, welche eine Gültigkeit von Zertifikatsaussagen gefährden. Dies könnte dazu führen, dass bestimmte Kriterien nach dem Auftreten eines externen Ereignisses (d. h. außerhalb des Cloud-Services) erneut überprüft werden müssen. Folgenden Beispielkriterien wird das Attribut ‚Externe Veränderungen' zugewiesen:

*   *„Verträge mit Dritten müssen vorab eingehend überprüft werden."*
*   *„Die Backupstrategie muss gemäß den jeweiligen Kundenanforderungen durchgeführt werden."*
*   *„Die eingesetzten kryptographischen Verfahren müssen dem Stand der Technik entsprechen"*

Kritische Cloud-Eigenschaft

Cloud-Computing zeichnet sich durch einige essenzielle Charakteristiken aus. In bestehenden Zertifizierungen werden einige Kriterien überprüft, welche diese Charakteristiken aufgreifen und entsprechend sicherstellen. Dazu zählen bspw. die Verfügbarkeit, Skalierbarkeit und Multi-Mandantenfähigkeit. Diese Kriterien sollten fortlaufend überprüft werden, damit ein vorschriftsmäßiger Betrieb von Cloud-Services garantiert wird. Folgenden Beispielkriterien wird das Attribut ‚Kritische Cloud-Eigenschaft' zugewiesen:

*   *„Der Cloud-Service muss ohne tief greifende Änderungen skalierbar sein."*
*   *„Es muss ein wirksames Berechtigungskonzept existieren, dass den unberechtigten Zugriff auf Informationen anderer Mandaten verhindert."*

Kritisches Sicherheitskriterium

Um ein sichereres Cloud-Computing-Umfeld zu schaffen, sollten sicherheitskritische Kriterien fortlaufend überprüft werden. Dazu zählt bspw. die Forderung *„des kontinuierlichen Einsatzes von ‚Intrusion Detection and Protection Systems' und*

Virenscannern". Auch Kriterien zu Sicherheitsprozessen, bspw. die *"lückenlose Dokumentation von Sicherheitsvorfällen"*, erscheinen als relevant für eine kontinuierliche Überprüfung. Folgenden Beispielkriterien wird das Attribut ,Kritische Sicherheitskriterium' zugewiesen:

- *"Es muss ein Review sicherheitskritischer Komponenten durchgeführt werden."*
- *"Im Rahmen der Software-Entwicklung müssen anerkannte Sicherheitspraktiken verfolgt werden."*

Vorteile durch Nicht-Einhaltung
Ein Cloud-Service-Anbieter könnte eine Vielzahl an Vorteilen (bspw. Kostenreduktion) realisieren, wenn er die Einhaltung initial zertifizierter Kriterien unterbricht. Hierbei wird dem Cloud-Service-Anbieter somit opportunistisches oder „böswilliges" Verhalten unterstellt, um für sich selbst positive Aspekte oder einen erhöhten Nutzen zu erzielen (Stephanow et al. 2016). So könnte ein Kriterium *"den Kontakt zu bestimmten Interessengruppen und Fachverbänden"* fordern, der nach einer initialen Zertifizierung aus Kosten- oder Zeitgründen auf Seiten des Cloud-Service-Anbieters jedoch nicht weiter gepflegt wird. Ähnlich könnte ein Kriterium eine *"24/7 Überwachung des Cloud-Services"* erfordern. Um Kosten zu sparen, könnte ein Cloud-Service-Anbieter jedoch nach der initialen Zertifizierung das Zeitintervall der Überwachung reduzieren. In beiden Fällen wäre die Realisierung der Vorteile ohne größeren Aufwand (im Verhältnis zu den Vorteilen) möglich. Um einen möglichen (gezielten) Verstoß bei bestimmten Kriterien zu identifizieren, sollten daher diese Kriterien kontinuierlich überprüft werden. Folgenden Beispielkriterien wird das Attribut ,Vorteile durch Nicht-Einhaltung' zugewiesen:

- *"Alle Service-Änderungen müssen zuvor ausgiebig und umfassend in einer Testumgebung getestet werden."*
- *"Der Source-Code muss ausreichend dokumentiert werden."*

Transparenz
Viele Kriterien schaffen Transparenz über den Cloud-Service-Betrieb, indem sie bspw. fordern, dass ein Cloud-Service-Anbieter Informationen an Kunden übermittelt oder Dritte Parteien informiert werden. Um negative Auswirkungen durch mögliche Fehlleistungen oder eigenes Verschulden zu vermeiden, könnte ein Cloud-Service-Anbieter entsprechende Informationen verheimlichen bzw. die Informationsweitergabe unterbinden. Daher könnte eine fortlaufende Überprüfung

von Kriterien, welche Transparenz fördern, als sinnvoll betrachtet werden. Folgenden Beispielkriterien wird das Attribut ‚Transparenz' zugewiesen:

- *„Es muss sichergestellt werden, dass betroffene Kunden rechtzeitig über entsprechende Sicherheitsvorfälle informiert werden."*
- *„Cloud-Service-Kunden sollten rechtzeitig über Änderungen des Cloud-Services informiert werden."*

5.3.2 Entscheidungsregeln für die Machbarkeit von automatisierten Überprüfungen

Um eine kontinuierliche Zertifizierung zu ermöglichen, müssen viele Zertifizierungskriterien automatisiert überprüft werden können. Verwandte Forschung zeigt bereits auf, dass IT-Auditoren zunächst beginnen werden, bestehende Prozesse zu automatisieren, anstatt neue, automatisierte Prozesse zu entwickeln (Alles et al. 2008). Es muss daher eine Untersuchung erfolgen, welche existierenden Überprüfungen und Zertifizierungskriterien formalisiert und automatisiert werden können. Hierbei gilt es jedoch zu beachten, dass nicht alle Überprüfungen von Kriterien automatisiert durchgeführt werden können. Dies gilt insbesondere für Kriterien, die eine Präsenz beim Cloud-Service-Anbieter erfordern, bspw. die Überprüfung von organisatorischen Maßnahmen und der Einschätzung von Schutzmaßnahmen von Gebäuden (wie Wasser- und Blitzschutz) (Kunz et al. 2013). Für eine Automatisierung von Prüfprozessen müssen einige Bedingungen erfüllt sein. Abb. 5.4 fasst die Entscheidungsregeln zusammen, welche im Folgenden erläutert werden.

Formale Beschreibung des Prüfobjektes
Im ersten Schritt gilt es festzustellen, ob eine präzise und formale Bestimmung bzw. Beschreibung des Prüfobjektes möglich ist. Im Cloud-Kontext können dies unter anderem Eigenschaften eines Cloud-Services (bspw. Verfügbarkeit), physische Komponenten (bspw. Server) oder virtuelle Komponenten (bspw. Quellcode) sein. Soll zum Beispiel die Verfügbarkeit eines Cloud-Services kontinuierlich überwacht werden, gilt es daher genau zu spezifizieren, welche Art von Verfügbarkeit beim Cloud-Service untersucht werden soll. So kann die bloße Erreichbarkeit des Cloud-Services, dessen Antwortzeitverhalten, oder auch die Fähigkeit zur Ausführung von Funktionen auf einzelnen Virtuellen Maschinen des Cloud-Services überwacht werden, um die Verfügbarkeit zu beurteilen (Doll et al. 2018b). Das formal zu beschreibende Prüfobjekt kann abhängig vom Zertifizierungskriterium

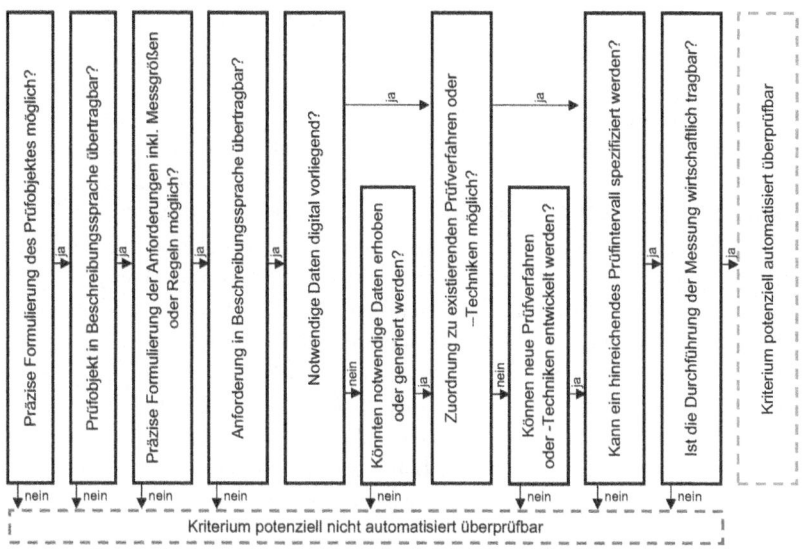

Abb. 5.4 Entscheidungsbaum für die Machbarkeit von automatisierten Prüfungen

weit oder eng gefasst werden, so sind ganze Software-Architekturen (Zhang et al. 2010), Geschäftsprozesse (Doganata und Curbera 2009) oder einzelne virtuelle Maschinen prüfbar (Doelitzscher et al. 2012).

Formale Beschreibung der Anforderungen

Im nachfolgenden Schritt muss geprüft werden, ob eine Formalisierung der Anforderung möglich ist. Dazu gilt es unter anderem die Regeln und Messgrößen zu bestimmen, wie eine boolesche Bedingung (bspw. System betriebsbereit oder nicht betriebsbereit), ein numerischer Wert (bspw. Verfügbarkeitsniveau in Prozent), ein Werteintervall oder eine Zeichenkette (bspw. spezieller Fehlertext), welche kontrolliert werden sollen. So kann bspw. eine Compliance Überprüfung von Workflows automatisiert ausgeführt werden, wenn sich neben den Workflows auch die Regeln, welche die Workflows einhalten müssen, formalisieren lassen (Accorsi et al. 2011; Doganata und Curbera 2009). Insbesondere zur Überprüfung der Einhaltung von Service-Level-Agreements hat verwandte Forschung bereits gezeigt, dass sich viele Anforderungen mit Hilfe von Beschreibungssprachen in formale Spezifikationen umwandeln lassen (Goel et al. 2011; Emeakaroha et al. 2012; Lamparter et al. 2007). Im Kontext von kontinuierlichen Cloud-Service-Zertifizierungen wurde auch bereits aufgezeigt, wie unterschiedliche Metriken kombiniert werden können, um Kennzahlen für die Cloud-Service-Qualität zu erstellen (Stephanow und Fallenbeck 2015).

Spezifikation von Datenobjekten

Eine Automatisierbarkeit von Kriterien setzt schließlich voraus, dass Daten zur Verfügung stehen oder erhoben werden können, anhand derer die Einhaltung von Zertifizierungskriterien überprüft werden kann. Cloud-Service-Anbieter erheben zur Überwachung des Betriebs bereits eine Vielzahl von Daten, wie Informationen über die Verfügbarkeit einzelner Ressourcen oder identifizierte Softwareschwachstellen (Lins und Sunyaev 2018b; Alhamazani et al. 2015). Diese verfügbaren Informationen können im Rahmen von monitoring-basierten Zertifizierungsverfahren verwendet werden. Sollten weitere Daten zur Überprüfung notwendig sein, kann ein Cloud-Service-Anbieter zusätzliche Protokollierungsmechanismen implementieren (Ko et al. 2011) oder diese durch test-basierte Messverfahren eigenständig erheben (Stephanow und Banse 2018c). Durch die Verwendung von modernen Protokollgenerierungs- und Analyseverfahren wie Process Mining kann auch über die Ausführung von Applikationen (Jiang et al. 2008) oder die Durchführung von Prozessen Daten erzeugt werden (van der Aalst und de Medeiros 2005; Wen et al. 2009).

Zuordnung zu Prüfverfahren und –Techniken

Nachdem die notwendigen Daten spezifiziert wurden, kann im nächsten Schritt festgestellt werden, welche Prüfverfahren und –Techniken sich zur Erhebung und Auswertung der Daten eignen. Im Kap. 7 dieses Buches werden exemplarische Prüfverfahren und –Techniken vorgestellt und deren Anwendbarkeit für eine kontinuierliche Zertifizierung diskutiert. Abhängig vom jeweiligen Kriterium kann es erforderlich sein, neue Verfahren zu entwickeln. Bei der Entwicklung gilt es sicherzustellen, dass diese wirtschaftlich tragbar und technisch machbar sind.

Festlegung der Prüfintervalle

Sind geeignete Prüfverfahren festgelegt, muss ein hinreichendes Prüfintervall für jedes Kriterium spezifiziert werden. Bei der Festlegung von Prüfintervallen muss zwischen Intervallen der Informationserhebung und der Informationsauswertung unterschieden werden. Die Häufigkeit der Erhebung von Daten ist von verschiedenen Faktoren abhängig. Die Auswertung erhobener Daten sollte regelmäßig und wenn möglich auf Bedarf durchgeführt werden. Zusätzliche Erhebungen und Auswertungen können darüber hinaus erforderlich sein, wenn wesentliche Änderungen am Cloud-Service vorgenommen werden oder externe Ereignisse auftreten (bspw. Bekanntwerden einer Sicherheitsschwachstelle). Sowohl bei der Erhebung als auch bei der Auswertung müssen eine wirtschaftliche Machbarkeit und Sinnhaftigkeit

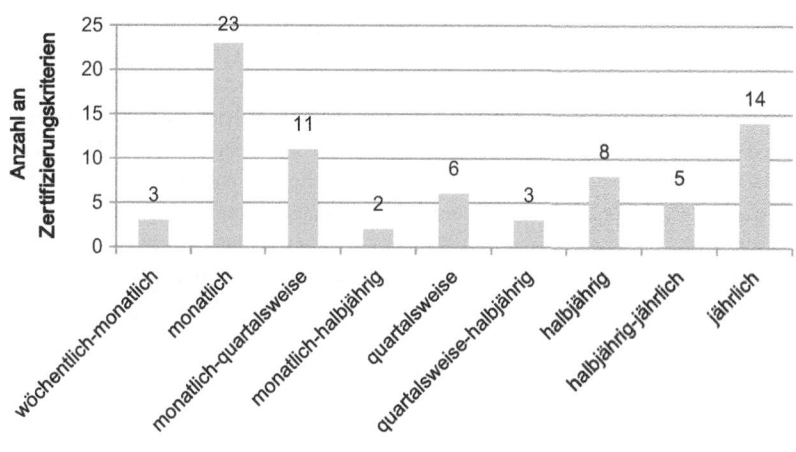

Auswertungsintervall für Kriterien

Abb. 5.5 Exemplarische Intervalle bei der Auswertung von Daten im Rahmen einer kontinuierlichen Zertifizierung für 75 ausgewählte Zertifizierungskriterien

berücksichtigt werden. Um einen ersten Eindruck möglicher Intervalle zu vermitteln, stellt Abb. 5.5 eine Verteilung von Auswertungsintervallen für eine exemplarische Auswahl von Zertifizierungskriterien dar (Lins et al. 2018b).

Bei der Festlegung des Intervalls muss die jeweilige Cloud-Service-Art beachtet werden, bspw. erfordern hoch dynamische Cloud-Services eine häufigere Überprüfung im Vergleich zu statischen. Des Weiteren ist das Intervall abhängig von den etablierten internen Prozessen auf Seiten des Cloud-Service-Anbieters, da diese Prozesse eine Untergrenze darstellen. Führt bspw. ein Cloud-Service-Anbieter quartalsweise ein Review der Firewall-Regeln durch, kann dieser entsprechend maximal quartalsweise Ergebnisse an die Zertifizierungsstelle übermitteln.

Auch erfordern verschiedene Kriterien ein unterschiedliches Erhebungsintervall. So sollte bspw. ein sehr hohes Intervall bei der Überprüfung der Verfügbarkeit, ein hohes Intervall bei technischen Anforderungen (z. B. hinsichtlich der Sicherheitskonzepte) und ein geringeres Intervall bei Prüfungen der Prozessdefinitionen festgelegt werden. Die genaue Spezifikation eines Intervalls kann umfangreicher und technisch komplizierter werden. Um beispielsweise eine möglichst genaue Beurteilung über die Einhaltung der Verfügbarkeitszusage zu erreichen, muss das gewählte Prüfintervall abhängig vom gewählten Betrachtungszeitraum und der angegebenen Verfügbarkeitszusage gewählt werden (Doll et al. 2018b). Bei einer Verfügbarkeitszusage von 99,999 % darf ein System für maximal 5,26 Minuten innerhalb eines Betrachtungszeitraums von einem Jahr ausfallen. Findet also ein Ausfall von insgesamt 6 Minuten statt, wurde die Verfügbarkeitszusage, bezogen auf ein Jahr, nicht eingehalten. Dabei ist es irrelevant, ob ein einmaliger Ausfall vorliegt, dessen Dauer den Schwellwert überschreitet, oder ob mehrere Ausfälle vorliegen, deren aufsummierte Ausfalldauer diesen Schwellwert überschreitet. Wird ein Erhebungsintervall von bspw. 10 Minuten (also größer als die maximal tolerierbare Ausfallzeit, bezogen auf die genannte Verfügbarkeitszusage) gewählt, könnte der Bruch der Verfügbarkeitszusage nicht bemerkt werden, da ein Messzeitpunkt außerhalb des kritischen Zeitraums liegen könnten. Durch eine Verkürzung des Intervalls auf einen Wert kleiner als die maximale tolerierbare Ausfallzeit (in Bezug zu einem gewählten Betrachtungszeitraum), kann zumindest garantiert werden, dass ein einmaliger Ausfall mit einer Dauer länger als die maximale erlaubte Dauer eines Ausfalls auf einen Betrachtungszeitraum erkannt wird. Dieses Beispiel zeigt, dass Prüfintervalle abhängig von den Kriterien und Anforderungen sehr engmaschig durchgeführt werden müssen.

Wirtschaftlichkeit der Überprüfungen
Abschließend sollte stets überprüft werden, ob die verfügbaren Prüfverfahren zu den festgelegten Prüfintervallen wirtschaftlich einsetzbar sind. Eine kontinuierliche Zertifizierung kann nur dann eine Marktakzeptanz finden, wenn der geschaffene Mehrwert den anfallenden Kosten gerecht wird. Sowohl für Cloud-Service-Anbieter als auch für Zertifizierungs- und Prüfstellen muss eine wirtschaftliche Tragfähigkeit sichergestellt sein. Dies hat zur Folge, dass möglicherweise eine Vielzahl von Zertifizierungskriterien theoretisch und technisch automatisiert prüfbar sind, der Aufwand für diese Prüfung jedoch nicht den gewonnenen Mehrwert rechtfertigt und somit als unwirtschaftlich erscheint.

Aktuelle Grenzen der Automatisierbarkeit
Während die Forschung in Hinblick auf die Automatisierung von Prüfprozessen und die Verwendung von künstlicher Intelligenz zur Bewältigung von komplexen Aufgaben voranschreitet, sind der Automatisierbarkeit zum aktuellen Forschungsstand Grenzen gesetzt. Erfordert ein Kriterium die Begehung und Besichtigung physischer Infrastrukturen oder die Überprüfung von Menschen und Interaktionen zwischen diesen, so ist eine Automatisierung nicht möglich. Auch die Einbeziehung von Sub-Anbietern entlang der Wertschöpfungskette ist aufgrund rechtlicher Verantwortungsbereiche und heterogener Systeme nur stark eingeschränkt möglich. Wird bei der Auditierung ein hohes Maß an Flexibilität in der Vorgehensweise benötigt, da variierende Umstände, Ausnahmezustände oder schwer herstellbaren Test-Szenarien untersucht werden müssen, so ist die Automatisierung möglicher Prüfprozesse höchstwahrscheinlich nicht möglich. Auch die Überprüfung von Designentscheidungen, welche meist durch einzelne Mitarbeiter oder ganzen Teams des Cloud-Service-Anbieters getroffen wurden, ist nur manuell durch menschliche Auditoren möglich.

5.3.3 Exemplarische Anforderungsbereiche

Die Analyse von Kriterienkatalogen bestehender Cloud-Service-Zertifizierungen zeigt, dass eine Vielzahl von Zertifizierungskriterien fortlaufend überprüft werden sollte (Lins et al. 2018b). Im Folgenden werden exemplarische Anforderungsbereiche vorgestellt, welche eine fortlaufende Überprüfung gemäß den obigen Richtlinien fordern, um sicherzustellen, dass die Kriterien auch tatsächlich eingehalten werden. Zudem wird eine Einschätzung hinsichtlich der Automatisierbarkeit für entsprechende Prüfungen gegeben.

Funktionalität

Angebotene oder vertraglich zugesicherte Cloud-Service-Funktionen sollten regelmäßig und dynamisch überprüft werden, sodass sichergestellt ist, dass Funktionen gemäß den Anforderungen bereitgestellt werden können. Insbesondere bei Änderungen an oder Ergänzungen von Funktionen sollte sichergestellt werden, dass sich diese nicht nachteilig auf (die Datenverarbeitung) des Cloud-Service-Kunden auswirken.

Die fortlaufende Überprüfung der Funktionalität weist ein hohes Automatisierungspotenzial auf. Im Rahmen der Softwareentwicklung kommen bereits eine Vielzahl von automatisierten Werkzeugen und Methoden zum Testen von Funktionalität, Erzeugung von Fehlerzuständen oder zur Überprüfung der Systemreaktion zum Einsatz. Auch ist die Untersuchung von Quellcode durch automatisierte Tests möglich (Chess und McGraw 2004; Evans und Larochelle 2002). Zur Auditierung können ebenfalls automatisierte Werkzeuge zum GUI-Testing eingesetzt werden (Chang et al. 2010), die maschinelles Sehen unterstützen und damit die Interaktion mit einem Cloud-Service simulieren können.

Cloud-Architektur

In Hinblick auf die Cloud-Architektur sollte fortlaufend die grundlegende Sicherheit und Robustheit der gewählten und über die Zeit gewachsenen Architektur überprüft werden. So können die Netzwerksicherheit, das Ausführen von Backups, eine zuverlässige Mandantenfähigkeit, die verschlüsselte Speicherung von Daten, Datenvertraulichkeit und Datenintegrität im Rahmen von einer kontinuierlichen Zertifizierung sichergestellt werden. Weitere zentrale Eigenschaften von Cloud-Services wie eine hohe Verfügbarkeit und Skalierbarkeit sollten fortlaufend überprüft werden.

Auch die fortlaufende Überprüfung der Cloud-Architektur weist ein hohes Automatisierungspotenzial auf. Cloud-Service-Anbieter überwachen bereits wesentliche Performanzparameter (bspw. Antwortzeitverhalten von Ressourcen) und deren Cloud-Netzwerke, und führen Kapazitäts- und Stresstests zur Feststellung der

Kapazitätsgrenzen durch. Durch die Verwendung von automatisierten Penetrationstests und Werkzeugen zur Durchführung von Schwachstellenanalysen können auch erste Indikatoren über die Robustheit der Architektur und der Mandantentrennung ermittelt werden. Netzwerk-Management-Tools ermöglichen zudem die Detektion von unautorisierter Hardware und Software innerhalb eines Netzwerkes, und können daher bei der Beurteilung sicherheitsrelevanter Kriterien herangezogen werden (National Institute of Standards and Technology 2011).

Überwachungsprozesse

Eine Vielzahl von Zertifizierungskriterien fordert die fortlaufende Überwachung von eingesetzten Cloud-Komponenten und Sicherheitssystemen. Im Rahmen einer kontinuierlichen Zertifizierung kann überprüft werden, ob diese Überwachung auch tatsächlich durchgeführt wird. Dazu zählt bspw. die Durchführung eines Incident-Response-Managements, bei dem ein Cloud-Service-Anbieter Störmeldungen protokolliert und rechtzeitig verarbeiten sollte. Die Durchführung von regelmäßigen, grundlegenden Sicherheitschecks sowie halbjahrlichen Penetrationstests wird empfohlen. Zu den grundlegenden Sicherheitschecks gehören bspw. Überprüfungen des Access- und Controllsystems und der Verschlüsselungsmechanismen. Ein kontinuierliches Kapazitätsmanagement sollte sichergestellt werden, damit ein Cloud-Service skalierbar ist und keine Ressourcenengpässe auftreten können. Die fortlaufende Überwachung der Systeme durch geeignete Intrusion-Detection-Werkzeuge sowie die regelmäßige Auswertung der Analyseergebnisse muss ebenfalls nachgeprüft werden.

Insbesondere die Prozesse zur Durchführung eines Schwachstellen- sowie Event- und Incident- Managements wurden in der Vergangenheit durch die Verwendung von Software-Werkzeugen zunehmend automatisiert (National Institute of Standards and Technology 2011). Moderne Schwachstellen-Scanner finden Softwarefehler proaktiv und liefern einen schnellen und einfach Weg Sicherheitsrisiken zu messen, veraltete Softwareversionen zu identifizieren, Sicherheitsrichtlinien des Unternehmens zu überprüfen und Berichte und Warnungen zu identifizierten Schwachstellen zu generieren. Eine automatisierte Erkennung von Schwachstellen und Softwarefehler ermöglicht somit einen Rückschluss auf die Erfüllung von sicherheitsrelevanten Zertifizierungskriterien. Gleichermaßen werden Event- und Incident-Management-Tools zur Überwachung und Reaktion auf erforderliche Ereignisse in einem Netzwerk oder System eingesetzt, um bekannte Angriffssignaturen, schädliche Software und Eindringlinge zu erkennen und behandeln sowie potenziellen Schaden zu begrenzen. Diese werden typischerweise an Einstiegs- und Ausstiegspunkten (bspw. Firewall, Email-Server, Webserver) des Systems und auf Endgeräten eingebettet.

Compliance-Management

Ein fortlaufendes Compliance-Management gewährleistet eine rechtskonforme Datenspeicherung und -Verarbeitung, Verbesserungen von existierenden Service-Richtlinien und Service-Anpassungen aufgrund von Änderungen der Rechts- oder Regulierungsanforderungen. Im Rahmen einer kontinuierlichen Zertifizierung kann bspw. der Ort der Datenverarbeitung und -Speicherung analysiert werden, um eine kurzfristige Auslagerung von Verarbeitungstätigkeiten in anderen Rechenzentren zu detektieren, oder die Wiederherstellbarkeit von Backups getestet werden, um einen Datenverlust zu verhindern.

In den vergangenen Jahren wurden verschiedene Ansätze entwickelt, welche eine automatisierte Überprüfung der Einhaltung von Richtlinien (engl. policies) ermöglicht, insbesondere in Hinblick auf die Privatsphäre (Sackmann und Kähmer 2008; Accorsi und Stocker 2008; Chieu et al. 2012). Aktuelle Ansätze basieren im Wesentlichen auf einer Zugangskontrolle und der Dokumentation der tatsächlichen Nutzung von Daten sowie Durchführung von Prozessen. Auch werden verschiedene Policy-Sprachen präsentiert und evaluiert, inwieweit diese zur automatisierten Einhaltung von Compliance-Anforderungen eingesetzt werden können, ohne die situationsspezifisch erforderliche Adaptivität von Geschäftsprozessen zu gefährden (Sackmann und Kähmer 2008).

Auch bei der Einhaltung von Service-Level-Agreements, welche mit einem Cloud-Service-Kunden abgeschlossen werden, hat die bisherige Forschung verschiedene Konzepte zur automatisierten Überprüfung entwickelt und getestet, welche auch im Rahmen einer kontinuierlichen Zertifizierung Anwendung finden können (Lamparter et al. 2007; Goel et al. 2011).

Change-Management

Change-Management impliziert die Durchführung von (Sicherheits-)Tests vor der Integration von neuen Hardware-Komponenten und Software sowie die Durchführung von Patch-Management-Prozessen. Werden neue Softwareversionen installiert oder Änderungen an der Hardware vorgenommen, sollten neue Überprüfungen im Rahmen einer kontinuierlichen Zertifizierung durchgeführt werden, um sicherzustellen, dass die Zertifizierungskriterien aufgrund dieser Änderungen nicht verletzt werden. Insbesondere im Falle einer agilen Softwareentwicklung und der Verwendung von Konzepten wie ‚Continuous Integration and Deployment' ist eine fortlaufende Überprüfung empfehlenswert.

Das Patch-Management wird heutzutage durch Software unterstützt, welche die automatisierte Identifizierung, Distribution und Berichterstattung von Softwarepatches ermöglicht. Insbesondere können Informationen bezüglich benötigter Patches und anderen Softwareupdates auf den betroffenen Systemen automatisiert bereitgestellt werden. Die Ergebnisse der Software kann für eine kontinuierliche Zertifizierung genutzt werden, um Informationen über das Patchverhalten von Cloud-Service-Anbieter zu erhalten. Zudem verfügen viele Cloud-Services über automatisierte Konfigurationstests, welche bei der Überprüfung, ob Systeme gemäß den definierten Anforderungen und Einstellungen agieren, genutzt werden können. Zudem erlauben sie Administratoren die Einstellung, Überwachung, Statusprüfung und Zurücksetzung von Systemkonfigurationen. Die Auswertung von diesen Instrumenten zur Systemkonfiguration bietet die Möglichkeit zur automatisierten Prüfung und Beurteilung eines Systems, um die Einhaltung einer sicheren Ausgangskonfiguration zu gewährleisten.

Administration und Mitarbeiter-Management

Auch die sorgfältige und ordnungsgemäße Administration des Cloud-Services sollte überwacht werden, dazu zählt auch die Durchführung regelmäßiger und essenzieller Verwaltungsaufgaben, zum Beispiel das Löschen von inaktiven Benutzerkonten. Änderungen in der IT-Umgebung, wie das Auftreten neuer Schwachstellen, erfordern von Cloud-Service-Anbietern ihre Mitarbeiter entsprechend zu schulen; andernfalls können schädliche Schwachstellen den Cloud-Service gefährden. Ob Schulungen tatsächlich durchgeführt wurden, kann ebenfalls im Rahmen einer kontinuierlichen Zertifizierung festgestellt werden. Das Automatisierungspotenzial von Überprüfungen in Hinblick auf eine sorgfältige Administration und die Durchführung eines angemessenen Mitarbeiter-Managements ist jedoch stark begrenzt, da es an entsprechenden Werkzeugen und Methoden mangelt und zumeist qualitative statt quantitative Bewertungen vorgenommen werden müssen.

Prozessdurchführung

Im Allgemeinen kann die ordnungsgemäße Prozessdurchführung durch eine kontinuierliche Zertifizierung (stichprobenartig) festgestellt werden. Insbesondere schnelle Änderungen an den Geschäftsabläufen im laufenden Betrieb führen dazu, dass die anfänglichen Prozessspezifikationen die initial bei der Zertifizierung überprüft wurden, oft nicht mehr der Wirklichkeit entsprechen. So kann festgestellt werden, ob ein Risikomanagement oder ein Service-Continuity-Management regelmäßig durchgeführt werden, um Risiken für den Cloud-Service zu identifizieren und zu bewerten sowie geeignete Strategien und Notfallpläne zu entwerfen und zu pflegen.

Die automatisierte Überwachung der Durchführung von Prozessen gemäß der Prozessspezifikation ist im eingeschränkten Umfang möglich. Zum einen können Auditoren Informationen aus Workflow-Management-Systemen auslesen, um die korrekte Bearbeitung von Prozessen nachvollziehen zu können. Auch kann über die Durchführung von Prozessen durch die Verwendung von modernen Protokoll-generierungs- und Analyseverfahren wie Process-Mining-Daten erzeugt werden (van der Aalst und de Medeiros 2005; Wen et al. 2009). Allerdings ist die Auswertung von erhobenen Daten aufgrund komplexer Prozessstrukturen und schwer formalisierbaren Prozessspezifikationen meist nur manuell möglich.

5.4   Verändertes Wertschöpfungsnetzwerk einer kontinuierlichen Zertifizierung

Durch die Entwicklung und Umsetzung einer kontinuierlichen Zertifizierung ergibt sich das Potenzial eines neuen Wertschöpfungsnetzwerks, in der neue Akteure mit innovativen Geschäftsmodellen auftreten können und bestehende Akteure neue Rollen und Verantwortlichkeiten einnehmen können (Lins et al. 2018a; Lang et al. 2018). Im Folgenden werden mögliche Akteure des Wertschöpfungsnetzwerkes einer kontinuierlichen Zertifizierung beschrieben. Abb. 5.6 stellt das Wertschöpfungsnetzwerk bestehend aus wesentlichen Akteuren und deren Beziehungen untereinander vereinfacht dar.

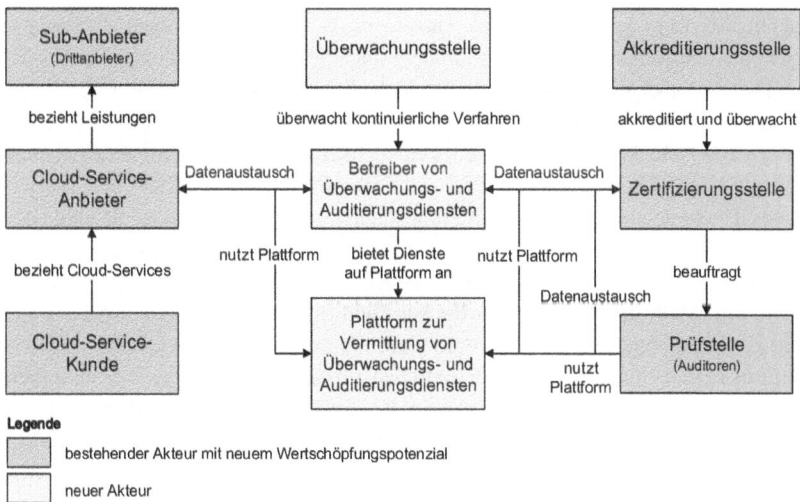

Abb. 5.6   Vereinfachte Darstellung des Wertschöpfungsnetzwerkes

Betreiber von Überwachungs- und Auditierungsdiensten
Eine kontinuierliche Zertifizierung erfordert die Durchführung von automatisierten Überwachungs-, Auditierungs-, und Bewertungstätigkeiten. Hierzu müssen test- und monitoring-basierte Verfahren und Werkzeuge entwickelt werden, welche eine Zertifizierungs- oder Prüfstelle bei der Durchführung unterstützten. Um diesen Bedarf an Verfahren decken zu können, sollten neue Unternehmen auf den Markt eintreten, welche spezielle Überwachungs- und Auditierungsdienste für die kontinuierliche Zertifizierung von Cloud-Services anbieten (Lang et al. 2018).

Aufgrund der Vielfalt und Individualität von angebotenen Cloud-Services auf dem Markt können unterschiedliche Überwachungs- und Auditierungsdienste angeboten werden, darunter beispielsweise Dienste, welche sich auf die Auditierung von IaaS-Services fokussieren. Ein Auditierungsdienst könnte eine Datenerhebung durch ein rein externes Monitoring betreiben, welches keinen Zugriff auf die Komponenten des Cloud-Services benötigt (nicht invasiver Zugriff) (Lang et al. 2018). Dieses externe Monitoring kann zum Beispiel auf alle Cloud-Bereiche angewendet werden, die durch das Internet von außen erreichbar sind, darunter die vereinfachte Überwachung der Cloud-Service-Verfügbarkeit, das Testen auf Verschlüsselung oder das Monitoring von Antwortzeitverhalten. Auch können Daten durch einen direkten (beispielsweise direkter Zugriff auf Log-Dateien) oder indirekten Zugriff (beispielsweise über geeignete Middleware-Komponenten die in die Infrastruktur implementiert werden) auf Komponenten des Cloud-Services erhoben werden (invasiver Zugriff). Schließlich kann ein Cloud-Service-Anbieter die benötigen Daten regelmäßig an den Betreiber zur weiteren Analyse übermitteln (nicht invasiver Zugriff).

Der Betreiber von Überwachungs- und Auditierungsdiensten muss eine vom zu zertifizierenden Cloud-Service-Anbieter unabhängige dritte Person sein (Lang et al. 2018). Denkbar wäre auch, dass ein Zertifizierungs- oder Prüfstelle entsprechende Dienste selbst betreibt. Die technische Infrastruktur, die für den Betrieb eines Überwachungs- oder Auditierungsdienstes benötigt wird, kann entweder vom Betreiber selbst oder durch einen Dritten bereitgestellt und betrieben werden (Lang et al. 2018). So können bestehende Rechenzentrumsanbieter oder neue Akteure am Markt die notwendigen Rechen- und Speicherkapazitäten anbieten. Da die Zertifizierungsstelle ihre Bewertung auf die mittels des Dienstes aufbereiteten Informationen stützt, gelten für diesen Dienst bzw. den Dienstbetreiber dieselben Voraussetzungen und Anforderungen an die Ermittlung, wie für Prüf- bzw. Zertifizierungsstellen (bspw. Anforderungen an die Unparteilichkeit und das Vertrauen). Es muss vor allem stets sichergestellt sein, dass die Verarbeitung der Informationen durch den Dienst rechtssicher erfolgt (Lang et al. 2018). Dies betrifft beispielsweise die Frage, ob Daten zu anonymisieren sind oder nach einer gewissen Speicherdauer gelöscht werden müssen (Hofmann 2018; Hofmann et al. 2018).

Zudem sollte ein Dienst einen möglichst hohen Grad der Automatisierung erreichen, um einen effizienten und flexiblen Betrieb zu ermöglichen. Ebenfalls sollte
eine hohe Erweiterbarkeit und Individualisierung der Konfiguration angestrebt
werden, um beispielsweise neue Zertifizierungskriterien, Komponenten oder
Cloud-Services hinzufügen, entfernen oder anpassen zu können.

Plattform zur Vermittlung von Überwachungs- und Auditierungsdiensten
Auf digitalen Märkten sind in den vergangenen Jahren immer mehr Online-
Plattformen entstanden, um Angebot und Nachfrage zusammenzubringen (Tiwana
et al. 2010; Benlian et al. 2018). Plattformanbieter vertreiben für gewöhnlich keine
eigenen Produkte oder Dienstleistungen, sondern verbinden Angebot und Nachfrage, indem sie Plattform-Dienstleistungen wie Such-, Matching- oder Zahlungs-
abwicklungsfunktionen anbieten (Schumann et al. 2014). Auch im Kontext von
kontinuierlichen Zertifizierungen können Plattformanbieter in den Markt eintreten,
um Anbieter von Überwachungs- und Auditierungsdiensten mit Cloud-Service-
Anbietern und Zertifizierungsstellen zusammenzubringen. Eine Online-Plattform
könnte dadurch eine übergreifende Sammlung von Messverfahren, Methoden und
Metriken vermitteln, welche ein (teil-)automatisiertes Monitoring und/oder eine
Auditierung eines Cloud-Services erlauben (Lang et al. 2018). Auch kann eine
Plattform entsprechende Informationen über Zertifizierungen und deren Kriterien-
kataloge bereitstellen, sodass zu Zertifizierungskriterien geeignete Messverfahren,
Metriken und Methoden zur kontinuierlichen Überprüfung zugewiesen werden
können.

Zertifizierungsstelle
Eine Zertifizierungsstelle vergibt an auditierte Cloud-Service-Anbieter ein Zertifikat (Lang et al. 2018). Eine Zertifizierungsstelle beauftragt in der Regel interne
oder externe Cloud-Service-Auditoren zur Durchführung von Auswahl- und Ermittlungstätigkeiten. Die Bewertung und Entscheidung über die Vergabe eines Zertifikats obliegt der Zertifizierungsstelle.

Eine Zertifizierungsstelle oder entsprechende Auditoren können auf angebotene
Überwachungs- und Auditierungsdienste zurückgreifen, um notwendige Informationen über den Cloud-Service fortlaufend erheben zu können. Die erhobenen
Daten werden dann bewertet, um die Einhaltung von Zertifizierungskriterien überprüfen zu können. Darüber hinaus müssen Zertifizierungsstellen im Rahmen einer
kontinuierlichen Zertifizierung zukünftig neue Kontrollmuster schaffen, die eine
Aussetzung oder den Verlust eines Zertifikates anhand kontinuierlicher Audi-
tierungsinformationen festlegen. Eine Zertifizierungsstelle und Auditoren können
durch eine Überwachungs- oder der Akkreditierungsstelle überwacht werden,

um die ordnungsgemäße Ausführung der kontinuierlichen Zertifizierungsverfahren sicherzustellen. So muss eine Zertifizierungsstelle durch die Deutsche Akkreditie-rungsstelle GmbH akkreditiert werden, wenn sie beispielsweise Zertifizierungen zum Nachweis zur Konformität mit den Anforderungen der EU-DSGVO anbietet.

Ferner kann eine Zertifizierungsstelle ein Informationsdashboard anbieten, das einen Zugriff auf ausgewählte Informationen über Zertifizierungsprozesse und -er-gebnisse ermöglicht (Lang et al. 2018). Der Zugriff kann hierbei über eine graphi-sche Benutzeroberfläche oder über standardisierte Schnittstellen ermöglicht wer-den. Bei diesem Szenario könnten innovative Geschäftsmodelle generiert werden (Lins et al. 2016a, b). So wäre es beispielsweise denkbar, dass eine Zertifizierungs-stelle auf ihrer Homepage ein Informationsdashboard zur Verfügung stellt, welches (öffentliche) Auditinformationen über einen Cloud-Service-Anbieter bereitstellt. Internetnutzer oder (potenzielle) Cloud-Service-Kunden könnten auf das öffentli-che Dashboard zugreifen und Informationen über ihren Cloud-Service-Anbieter einsehen. Das Dashboard könnte wiederum besondere Funktionalitäten für einen Cloud-Service-Kunden anbieten, beispielsweise *„on-demand audit"*. Der Abruf von Information und die Nutzung etwaiger Zusatzfunktionen könnten mit Gebühren versehen werden. Somit hätten eine Zertifizierungs- oder Prüfstellen eine zusätzli-che Einnahmequelle, die bisher noch nicht erschlossen wurde: den Cloud-Service-Kunden.

Cloud-Service-Anbieter
Ein Cloud-Service-Anbieter bietet Cloud-Service-Kunden entsprechende Cloud-Ser-vices an (Lang et al. 2018). Zu seinen Aufgabenbereichen gehören unter anderem der Betrieb des Cloud-Services, die Ergreifung von Sicherheits- und Datenschutzmaß-nahmen sowie die Wartung der angebotenen Cloud-Services. Der Cloud-Service-An-bieter stellt im Wertschöpfungsnetzwerk einen zentralen Akteur dar, welcher Ver-tragsverhältnisse mit verschiedenen Cloud-Service-Kunden und Sub-Anbietern haben kann. Für die Einhaltung der Zertifizierungskriterien ist ein Cloud-Service-An-bieter gemäß seines Verantwortungsbereichs des angebotenen Cloud-Services ver-antwortlich. Während er bei einer herkömmlichen Zertifizierung eine passive Rolle einnimmt, um bspw. im Rahmen von Ermittlungstätigkeiten wie Dokumentenprü-fungen oder Interviews die erforderlichen Daten zur Verfügung stellt, ist ein Cloud-Service-Anbieter bei der Durchführung einer kontinuierlichen Zertifizierung stärker eingebunden. Abhängig von der Art der Datenerhebungsmethode muss der Cloud-Service-Anbieter zertifizierungsrelevante Daten zur Verfügung stellen (moni-toring-basierte Verfahren) oder geeignete Schnittstellen freigeben und Zugriffe auf die Cloud-Infrastruktur ermöglichen (test-basierte Verfahren).

Sub-Anbieter (Drittanbieter)

Aufgrund der komplexen Wertschöpfungsstruktur von Cloud-Services wird zur Er-bringung der Cloud-Services eine Vielzahl von Dienstleistungen Dritter bezogen (Lang et al. 2018). Unter einem Sub-Anbieter wird gemäß DIN ISO/IEC 17789:2017 jeder Dritte verstanden, der in einem Vertragsverhältnis mit dem Cloud-Service-Anbieter steht und dabei eine Teilleistung zur Erbringung des Cloud-Services beiträgt oder diese Leistungen in seinem Namen durchführt. Dazu zählen direkte Leitungserbringungen als integraler Bestandteil der Serviceleistung (bspw. IaaS- oder PaaS-Dienste) und auch indirekte Leistungserbringungen als re-levante Sub-Anbieter im Sinne der Servicequalität (bspw. Management der Virtua-lisierung oder der Abrechnung).

Verletzt der Cloud-Service-Anbieter ein Zertifizierungskriterium aufgrund ei-nes Mangels oder Fehlers bei einem seiner Sub-Anbieter, so ist der Cloud-Service-Anbieter dafür verantwortlich und haftbar (Lang et al. 2018; Hofmann und Roßna-gel 2018). Er ist rechtlich dazu verpflichtet, die Anforderungen, die er selbst aus Gesetz oder dem Auftragsverarbeitungsvertrag mit dem Cloud-Service-Kunden einzuhalten hat, an seine Sub-Anbieter weiterzugeben. Hält sich ein Sub-Anbieter nicht an diese Vorgaben, haftet der Cloud-Service-Anbieter voll gegenüber dem Cloud-Service-Kunden. Bei der Durchführung von kontinuierlichen Zertifizierun-gen ist zu prüfen, ob auch Sub-Anbieter mit in die automatisierten Prüfungen ein-gebunden werden können.

Cloud-Service-Kunde

Ein Cloud-Service-Kunde hat gemäß der Definition in der DIN ISO/IEC 17789:2017 eine geschäftliche Beziehung mit einem Cloud-Service-Anbieter zur Nutzung der angebotenen Cloud-Services. Abhängig von dem bezogenen Dienst (bspw. IaaS, PaaS oder SaaS) entstehen unterschiedlichen Arten der Nutzung und Abhängigkeiten zu einem Cloud-Service-Anbieter. Durch die Einführung einer kontinuierlichen Zertifizierung kann für den Cloud-Service-Kunden eine erhöhte Transparenz über den Betrieb von Cloud-Services erzeugt werden. Der mögliche Zugriff auf ein Informationsdashboard bei einer Zertifizierungsstelle nimmt hier-bei eine zentrale Rolle in der Interaktion zwischen Zertifizierungsstelle und Cloud-Service-Kunden ein. Dieses Dashboard dient primär als Informationsquelle für Cloud-Service-Kunden, sodass diese die Zertifikatseinhaltung und wichtige Cloud-Kennzahlen nachverfolgen können. Zukünftig ist es auch denkbar, dass ein Cloud-Service-Kunde in diesem Informationsdashboard eigene Kriterien und Schwellenwerte definiert, sodass der Überwachungs- und Messumfang kundenin-dividuell angepasst werden kann (Lang et al. 2018).

Akkreditierungs- und Überwachungsstellen

Eine Akkreditierungsstelle ist entscheidend für die Bildung von Vertrauen in die Kompetenz, Integrität und Unparteilichkeit von Zertifizierungs- und Prüfstellen (Lang et al. 2018). Beispiele für Akkreditierungsstellen sind das International Accreditation Forum oder nationale Akkreditierungsstellen wie die Deutsche Akkreditierungsstelle GmbH. Die Akkreditierungsstelle akkreditiert und überwacht Zertifizierungsunternehmen gemäß international anerkannter Normen, um bspw. die Erfüllung von Anforderungen der DIN EN ISO/IEC 17025 an die Kompetenz von Prüf- und Kalibrierlaboratorien oder die Anforderungen an Stellen, die Produkte, Prozesse und Dienstleistungen zertifizieren gemäß DIN EN ISO/IEC 17065 sicherzustellen.

Um zu gewährleisten, dass kontinuierliche Zertifizierungsverfahren rechtskonform und konform gängiger Normen zur Konformitätsbewertung sind, können neben Akkreditierungsstellen zukünftig weitere Überwachungsstellen als unabhängige Instanz auf dem Markt auftreten (Lang et al. 2018). Diese Überwachungsstellen können alle wesentlichen Akteure auf Richtigkeit der Verfahren überprüfen, darunter Cloud-Service-Anbieter, Zertifizierungs- und Prüfstellen und Betreiber von Überwachungs- und Auditierungsdiensten. Durch das Einbinden einer Überwachungsstelle soll beispielsweise die Wahrscheinlichkeit einer Manipulation von Monitoring-Daten reduziert werden. Dazu führt die Überwachungsstelle regelmäßig Plausibilitätsüberprüfungen durch, überprüft die Monitoring-Systeme auf unrechtmäßige Manipulation und stellt die Validität und Integrität der zwischen den Akteuren ausgetauschten Daten sicher. So könnten beispielsweise strichprobenartige Vergleiche zwischen Rohdaten und übermittelten Daten durchgeführt werden.

Weitere Akteure

Neben den vorgestellten Akteuren können weitere Unternehmen und Institutionen auf dem Markt für kontinuierliche Zertifizierungen auftreten. So könnten zukünftig Forschungseinrichtungen, Universitäten, interessierte Cloud-Service-Anbieter, Cloud-Service-Kunden, Beratungsgesellschaften, Behörden oder Verbände eine Community formen, welche die Weiterentwicklung und Verbreitung einer kontinuierlichen Zertifizierung von Cloud-Services vorantreiben (Lang et al. 2018). Auch könnten neue Dienste entwickelt werden, welche die im Rahmen einer kontinuierlichen Zertifizierung erhobenen Daten nutzen, um innovative Mehrwertdienste am Markt für Cloud-Service-Anbieter oder -Kunden anbieten zu können. Es wäre bspw. vorstellbar, dass erhobene Daten nationalen Datenschutzaufsichtsbehörden zur Verfügung gestellt werden, um die Einhaltung der EU-DSGVO nachweisen zu können.

Literatur

van der Aalst WMP, de Medeiros AKA (2005) Process mining and security: detecting anomalous process executions and checking process conformance. Electron Notes Theor Comput Sci 121:3–21. https://doi.org/10.1016/j.entcs.2004.10.013

Accorsi R, Stocker T (2008) Automated privacy audits based on pruning of log data. In: Proceedings of the 12th enterprise distributed object computing conference workshops

Accorsi R, Lowis L, Sato Y (2011) Automated certification for compliant cloud-based business processes. Bus Inf Syst Eng 3(3):145–154. https://doi.org/10.1007/s12599-011-0155-7

Alhamazani K, Ranjan R, Mitra K, Rabhi F, Jayaraman P, Khan S, Guabtni A, Bhatnagar V (2015) An overview of the commercial cloud monitoring tools: research dimensions, design issues, and state-of-the-art. Computing 97(4):357–377. https://doi.org/10.1007/s00607-014-0398-5

Alles M, Brennan G, Kogan A, Vasarhelyi MA (2006) Continuous monitoring of business process controls: a pilot implementation of a continuous auditing system at siemens. Int J Account Inf Syst 7(2):137–161. https://doi.org/10.1016/j.accinf.2005.10.004

Alles MG, Kogan A, Vasarhelyi MA (2008) Audit automation for implementing continuous auditing: principles and problems. http://raw.rutgers.edu/MiklosVasarhelyi/Resume%20Articles/RESEARCH%20%26%20WORKING%20PAPERS/audit%20automation.pdf. Zugegriffen am 22.06.2017

AUDITOR (2018) Zertifizierungsgegenstand AUDITOR. www.auditor-cert.de. Zugegriffen am 29.11.2018

Benlian A, Kettinger WJ, Sunyaev A, Winkler TJ (2018) The transformative value of cloud computing: a decoupling, platformization, and recombination theoretical framework. J Manag Inf Syst 35(3):719–739. https://doi.org/10.1080/07421222.2018.1481634

Buyya R, Ranjan R, Calheiros RN (2010) Intercloud: utility-oriented federation of cloud computing environments for scaling of application services. In: Proceedings of the international conference on algorithms and architectures for parallel processing

Chang T-H, Yeh T, Miller RC (2010) GUI testing using computer vision. In: Proceedings of the SIGCHI conference on human factors in computing systems

Chess B, McGraw G (2004) Static analysis for security. IEEE Secur Priv 2(6):76–79. https://doi.org/10.1109/msp.2004.111

Chieu TC, Singh M, Tang C, Viswanathan M, Gupta A (2012) Automation system for validation of configuration and security compliance in managed cloud services. In: Proceedings of the ninth international conference on e-business engineering

Doelitzscher F, Fischer C, Moskal D, Reich C, Knahl M, Clarke N (2012) Validating cloud infrastructure changes by cloud audits. In: Proceedings of the IEEE eighth world congress on services

Doganata Y, Curbera F (2009) Effect of using automated auditing tools on detecting compliance failures in unmanaged processes. In: Dayal U, Eder J, Koehler J, Reijers H (Hrsg) Business process management, Lecture notes in computer science. Springer, Berlin/Heidelberg, S 310–326. https://doi.org/10.1007/978-3-642-03848-8_21

Doll B, Kühn R, de Meer H (2018a) Beispielhafte Testszenarien: access management. In: Krcmar H, Eckert C, Roßnagel A, Sunyaev A, Wiesche M (Hrsg) Management Sicherer Cloud-Services: Entwicklung Und Evaluation Dynamischer Zertifikate. Springer Fachmedien Wiesbaden, Wiesbaden, S 233–238. https://doi.org/10.1007/978-3-658-19579-3_18

Doll B, Kühn R, de Meer H (2018b) Beispielhafte Testszenarien: Verfügbarkeit Und Kontrollfähigkeit. In: Krcmar H, Eckert C, Roßnagel A, Sunyaev A, Wiesche M (Hrsg) Management Sicherer Cloud-Services: Entwicklung Und Evaluation Dynamischer Zertifikate. Springer Fachmedien Wiesbaden, Wiesbaden, S 249–260. https://doi.org/10.1007/978-3-658-19579-3_20

Emeakaroha VC, Netto MAS, Calheiros RN, Brandic I, Buyya R, De Rose CAF (2012) Towards autonomic detection of SLA violations in cloud infrastructures. Futur Gener Comput Syst 28(7):1017–1029. https://doi.org/10.1016/j.future.2011.08.018

Evans D, Larochelle D (2002) Improving security using extensible lightweight static analysis. IEEE Softw 19(1):42–51. https://doi.org/10.1109/52.976940

Felici M, Koulouris T, Pearson S (2013) Accountability for data governance in cloud ecosystems. In: Proceedings of the 2013 IEEE 5th international conference on cloud computing technology and science

Goel N, Kumar NVN, Shyamasundar RK (2011) SLA monitor: a system for dynamic monitoring of adaptive web services. In: Proceedings of the ninth IEEE European conference on web services

Grozev N, Buyya R (2014) Inter-cloud architectures and application brokering: taxonomy and survey. Softw Pract Exp 44(3):369–390. https://doi.org/10.1002/spe.2168

Hentschel R, Leyh C, Petznick A (2018) Current cloud challenges in Germany: the perspective of cloud service providers. J Cloud Comput 7(1):1–12. https://doi.org/10.1186/s13677-018-0107-6

Hofmann JM (2018) Teil 1 Der Rechtsverträglichen Technikgestaltung der dynamischen Zertifizierung – Rechtliche Kriterien. In: Krcmar H, Eckert C, Roßnagel A, Sunyaev A, Wiesche M (Hrsg) Management Sicherer Cloud-Services: Entwicklung Und Evaluation Dynamischer Zertifikate. Springer Fachmedien Wiesbaden, Wiesbaden, S 177–202. https://doi.org/10.1007/978-3-658-19579-3_15

Hofmann JM, Roßnagel A (2018) Rechtsverträgliche Gestaltung von Cloud-Services. In: Krcmar H, Eckert C, Roßnagel A, Sunyaev A, Wiesche M (Hrsg) Management Sicherer Cloud-Services: Entwicklung und Evaluation dynamischer Zertifikate. Springer Fachmedien Wiesbaden, Wiesbaden, S 25–57. https://doi.org/10.1007/978-3-658-19579-3_4

Hofmann JM, Laatzen B, Lins S, Sunyaev A (2018) Teil 2 Der Rechtsverträglichen Technikgestaltung Der Dynamischen Zertifizierung – Technische Gestaltungsvorschläge. In: Krcmar H, Eckert C, Roßnagel A, Sunyaev A, Wiesche M (Hrsg) Management Sicherer Cloud-Services: Entwicklung und Evaluation dynamischer Zertifikate. Springer Fachmedien Wiesbaden, Wiesbaden, S 279–299. https://doi.org/10.1007/978-3-658-19579-3_23

Hunton JE, Rose JM (2010) 21st century auditing. Account Horiz 24(2):297–312. https://doi.org/10.2308/acch.2010.24.2.297

International Organization for Standardization (2017) DIN ISO/IEC 17789:2017-07 Informationstechnik – Cloud Computing – Referenzarchitektur

Jiang ZM, Hassan AE, Hamann G, Flora P (2008) An automated approach for abstracting execution logs to execution events. J Softw Evol Process 20(4):249–267. https://doi.org/10.1002/smr.374

Ko RL, Lee B, Pearson S (2011) Towards achieving accountability, auditability and trust in cloud computing. In: Abraham A, Mauri J, Buford J, Suzuki J, Thampi S (Hrsg) Advances in computing and communications, Bd 193. Springer, Berlin/Heidelberg, S 432–444

Kunz T, Niehues P, Waldmann U (2013) Technische Unterstützung Von Audits Bei Cloud-Betreibern. Datenschutz Datensich 37(8):521–525. https://doi.org/10.1007/s11623-013-0211-1

Lamparter S, Luckner S, Mutschler S (2007) Formal specification of web service contracts for automated contracting and monitoring. In: Proceedings of the 40th annual Hawaii international conference on system sciences

Lang M, Wiesche M, Krcmar H (2016) What are the most important criteria for cloud service provider selection? A delphi study. In: Proceedings of the 24th European conference on information systems

Lang M, Wiesche M, Krcmar H (2017) Conceptualization of relational assurance mechanisms – a literature review on relational assurance mechanisms, their antecedents and effects. In: Proceedings der 13. Internationalen Tagung Wirtschaftsinformatik

Lang M, Lins S, Wiesche M, Sunyaev A, Krcmar H (2018) Wertschöpfungsnetzwerk des dynamischen Zertifizierungs-Ecosystems. In: Krcmar H, Eckert C, Roßnagel A, Sunyaev A, Wiesche M (Hrsg) Management Sicherer Cloud-Services: Entwicklung und Evaluation dynamischer Zertifikate. Springer Fachmedien Wiesbaden, Wiesbaden, S 343–361. https://doi.org/10.1007/978-3-658-19579-3_28

Lee O-K, Sambamurthy V, Lim KH, Wei KK (2015) How does IT ambidexterity impact organizational agility? Inf Syst Res 26(2):398–417. https://doi.org/10.1287/isre.2015.0577

Lins S, Sunyaev A (2018a) Ablauf der dynamischen Zertifizierung. In: Krcmar H, Eckert C, Roßnagel A, Sunyaev A, Wiesche M (Hrsg) Management Sicherer Cloud-Services: Entwicklung und Evaluation dynamischer Zertifikate. Springer Fachmedien Wiesbaden, Wiesbaden, S 153–158. https://doi.org/10.1007/978-3-658-19579-3_13

Lins S, Sunyaev A (2018b) Einsatz von Monitoring-Basierten Messmethoden zur dynamischen Zertifizierung von Cloud-Services. In: Krcmar H, Eckert C, Roßnagel A, Sunyaev A, Wiesche M (Hrsg) Management sicherer Cloud-Services: Entwicklung Und Evaluation dynamischer Zertifikate. Springer Fachmedien Wiesbaden, Wiesbaden, S 203–222. https://doi.org/10.1007/978-3-658-19579-3_16

Lins S, Sunyaev A (2018c) Konzeptionelle Architektur von dynamischen Zertifizierungen. In: Krcmar H, Eckert C, Roßnagel A, Sunyaev A, Wiesche M (Hrsg) Management sicherer Cloud-Services: Entwicklung und Evaluation dynamischer Zertifikate. Springer Fachmedien Wiesbaden, Wiesbaden, S 121–135. https://doi.org/10.1007/978-3-658-19579-3_11

Lins S, Thiebes S, Schneider S, Sunyaev A (2015) What is really going on at your cloud service provider? In: Proceddings of the 48th Hawaii international conference on system science

Lins S, Grochol P, Schneider S, Sunyaev A (2016a) Dynamic certification of cloud services: trust, but verify! IEEE Secur Priv 14(2):67–71. https://doi.org/10.1109/MSP.2016.26

Lins S, Teigeler H, Sunyaev A (2016b) Towards a bright future: enhancing diffusion of continuous cloud service auditing by third parties. In: Proceedings of 24th European conference on information systems

Lins S, Hofmann JM, Sunyaev A (2018a) Marktpotenziale von dynamischen Zertifizierungen. In: Krcmar H, Eckert C, Roßnagel A, Sunyaev A, Wiesche M (Hrsg) Management sicherer Cloud-Services: Entwicklung und Evaluation dynamischer Zertifikate. Springer Fachmedien Wiesbaden, Wiesbaden, S 325–331. https://doi.org/10.1007/978-3-658-19579-3_26

Lins S, Schneider S, Sunyaev A (2018b) Trust is good, control is better: creating secure clouds by continuous auditing. IEEE Trans Cloud Comput 6(3):890–903. https://doi. org/10.1109/tcc.2016.2522411

Lins S, Schneider S, Szefer J, Ibraheem S, Sunyaev A (2019) Designing monitoring systems for continuous certification of cloud services: deriving meta-requirements and design guidelines. Commun AIS 44(Art. 25). https://doi.org/10.17705/1CAIS.04425

National Institute of Standards and Technology (2011) Information Security Continuous Monitoring (ISCM) for Federal Information Systems and Organizations. http://csrc.nist. gov/publications/nistpubs/800-137/SP800-137-Final.pdf. Zugegriffen am 27.05.2015

Ngo C, Demchenko Y, Laat Cd (2012) Toward a dynamic trust establishment approach for multi-provider intercloud environment. In: Proceedings of the 4th IEEE international conference on cloud computing technology and science

Sackmann S, Kähmer M (2008) Expdt: Ein Policy-Basierter Ansatz Zur Automatisierung von Compliance. Wirtschaftsinformatik 50(5):366–374. https://doi.org/10.1007/ s11576-008-0078-1

Schneider S, Lansing J, Gao F, Sunyaev A (2014) A taxonomic perspective on certification schemes: development of a taxonomy for cloud service certification criteria. In: Proceedings of the 47th Hawaii international conference on system sciences

Schneider S, Wollersheim J, Krcmar H, Sunyaev A (2018) How do requirements evolve over time? A case study investigating the role of context and experiences in the evolution of enterprise software requirements. J Inf Technol 33(2):151–170. https://doi.org/10.1057/ s41265-016-0001-y

Schumann M, Hess T, Hagenhoff S (2014) Grundfragen der Medienwirtschaft, 5. Aufl. https://doi.org/10.1007/978-3-642-37864-5

Stephanow P, Banse C (2017) Evaluating the performance of continuous test-based cloud service certification. In: Proceedings of the 17th IEEE/ACM international symposium on cluster, cloud and grid computing

Stephanow P, Banse C (2018a) Ansatz der dynamischen Zertifizierung. In: Krcmar H, Eckert C, Roßnagel A, Sunyaev A, Wiesche M (Hrsg) Management Sicherer Cloud-Services: Entwicklung Und Evaluation Dynamischer Zertifikate. Springer Fachmedien Wiesbaden, Wiesbaden, S 113–120. https://doi.org/10.1007/978-3-658-19579-3_10

Stephanow P, Banse C (2018b) Beispielhaftes Testszenario: Geolokation. In: Krcmar H, Eckert C, Roßnagel A, Sunyaev A, Wiesche M (Hrsg) Management sicherer Cloud-Services: Entwicklung und Evaluation Dynamischer Zertifikate. Springer Fachmedien Wiesbaden, Wiesbaden, S 239–248. https://doi.org/10.1007/978-3-658-19579-3_19

Stephanow P, Banse C (2018c) Testbasierte Messmethoden. In: Krcmar H, Eckert C, Roßnagel A, Sunyaev A, Wiesche M (Hrsg) Management sicherer Cloud-Services: Entwicklung und Evaluation dynamischer Zertifikate. Springer Fachmedien Wiesbaden, Wiesbaden, S 223–232. https://doi.org/10.1007/978-3-658-19579-3_17

Stephanow P, Fallenbeck N (2015) Towards continuous certification of infrastructure-as-a-service using low-level metrics. In: Proceedings of the 12th IEEE international conference on advanced and trusted computing

Stephanow P, Srivastava G, Schütte J (2016) Test-based cloud service certification of opportunistic providers. In: Proceedings of the 2016 IEEE 9th international conference on cloud computing

Tan W, Fan Y, Ghoneim A, Hossain MA, Dustdar S (2016) From the service-oriented architecture to the web API economy. IEEE Internet Comput 20(4):64–68. https://doi.org/10.1109/MIC.2016.74

TCDP (2016) TCDP-Konzept Der modularen Zertifizierung von Cloud-Diensten

Tiwana A, Konsynski B, Bush AA (2010) Research commentary – platform evolution: co-evolution of platform architecture, governance, and environmental dynamics. Inf Syst Res 21(4):675–687. https://doi.org/10.1287/isre.1100.0323

Venters W, Whitley EA (2012) A critical review of cloud computing: researching desires and realities. J Inf Technol 27(3):179–197. https://doi.org/10.1057/jit.2012.17

Wei Y, Blake MB (2010) Service-oriented computing and cloud computing: challenges and opportunities. IEEE Internet Comput 14(6):72–75. https://doi.org/10.1109/MIC.2010.147

Weinhardt C, Anandasivam A, Blau B, Borissov N, Meinl T, Michalk W, Stößer J (2009) Cloud computing – a classification, business models, and research directions. Bus Inf Syst Eng 1(5):391–399. https://doi.org/10.1007/s12599-009-0071-2

Wen L, Wang J, Aalst WM, Huang B, Sun J (2009) A novel approach for process mining based on event types. J Intell Inf Syst 32(2):163–190. https://doi.org/10.1007/s10844-007-0052-1

Zhang P, Muccini H, Li B (2010) A classification and comparison of model checking software architecture techniques. J Syst Softw 83(5):723–744. https://doi.org/10.1016/j.jss.2009.11.709

Anforderungen und Rahmenbedingungen von kontinuierlichen Zertifizierungen

6

Zusammenfassung

Dieses Kapitel beschreibt Anforderungen und Handlungsempfehlungen zur Durchführung von kontinuierlichen Zertifizierungsverfahren aus einer rechtlichen, technischen und organisatorischen Perspektive. Zudem werden mögliche Grenzen und Risiken einer kontinuierlichen Zertifizierung diskutiert.

6.1 Anforderungen und Handlungsempfehlungen zur Durchführung von kontinuierlichen Zertifizierungen

Dieses Unterkapitel beleuchtet zentrale Anforderungen, welche durch die verschiedenen Akteure zur Durchführung einer kontinuierlichen Zertifizierung eingehalten werden sollten. Es verfolgt das Ziel, den unterschiedlichen am Zertifizierungsverfahren Beteiligten Umsetzungshinweise und Handlungsempfehlungen zu präsentieren, um ihnen in der Praxis die Ein- und Durchführung der kontinuierlichen Zertifizierung zu erleichtern. Die Anforderungen und Handlungsempfehlungen sind grundsätzlich in die Gruppen: (1) rechtliche, (2) technische, (3) organisatorische und (4) inhaltliche Anforderungen untergliedert. Die Anforderungen weisen große gegenseitige Abhängigkeiten auf, sodass bspw. ein hohes Maß an Integrität als rechtliche Anforderung dazu führt, dass unter anderem eine geeignete Transportverschlüsselung eingesetzt werden sollte.

6.1.1 Rechtliche Anforderungen

Bei der Durchführung einer kontinuierlichen Zertifizierung müssen eine Vielzahl von rechtlichen Anforderungen eingehalten werden. Allen voran Anforderungen in Bezug auf die Wahrung des Datenschutzes und der Informationssicherheit. Hofmann (2018b) und Hofmann et al. (2018a) haben bereits eine detaillierte Analyse zur rechtsverträglichen Technikgestaltung der kontinuierlichen Zertifizierung durchgeführt. Als Ergebnis nennen sie unteranderem 38 rechtliche Kriterien die sich auf Überwachungs- und Auditierungsdienste, den Zertifizierungsprozess und die Dynamik beziehen. Im Folgenden wird eine Auswahl dieser Kriterien exemplarisch dargelegt.

Sicherstellung der Transparenz
Bei der Durchführung einer kontinuierlichen Zertifizierung muss sichergestellt sein, dass ausreichend Informationen über das Verfahren dem Cloud-Service-Anbieter aber vor allem auch den Cloud-Service-Kunden bereitgestellt werden, sodass das Zertifizierungsverfahren für alle Beteiligten nachvollziehbar und kontrollierbar ist (Hofmann 2018b). Ohne ein transparentes Verfahren könnten Cloud-Service-Kunden den Mehrwert einer kontinuierlichen Zertifizierung nicht erfassen. Da der Umfang der kontinuierlichen Zertifizierung begrenzt ist, muss zur Schaffung von Transparenz der Prüfinhalt sowie die Intervalle der Prüfung nachvollziehbar dargelegt werden. Darüber hinaus sollte auch dargestellt werden, wie die zertifizierungsrelevanten Daten erhoben und verarbeitet wurden. Folgende Fragen sollten bspw. beantwortet werden:

• Wo und durch wen wurden die Daten erhoben?
• Wann wurden die Daten erhoben?
• Warum wurden die Daten erhoben?
• Wie wurden die Daten aggregiert?
• Wie wurde sichergestellt, dass die Daten valide und integer sind?

Sicherstellung der Verfügbarkeit
Die Verfügbarkeit von betriebenen Überwachungs- und Auditierungsdiensten muss sichergestellt werden, damit die kontinuierlichen Zertifizierungsprozesse ordnungsgemäß ausgeführt werden können (Hofmann 2018b). Ein kontinuierlicher Zertifizierungsdienst, der selbst nicht oder nur teilweise verfügbar ist, kann seinen Zweck nicht erfüllen. Insbesondere bei einer hochfrequenten Durchführung von Prüfprozessen kann eine eingeschränkte Verfügbarkeit dazu führen, dass eine Zertifizierungsstelle die Nicht-Erfüllung von Zertifizierungskriterien aufgrund mangelnder

Daten annimmt. Zur Sicherstellung der Verfügbarkeit gehört die Sicherstellung eines zeitnahen und zuverlässigen Zugangs zu Informationen und die Nutzung von Informationen (National Institute of Standards and Technology 2002). Um einen kontinuierlichen Zertifizierungsprozess zu stören können Angreifer beispielweise offene Schnittstellen mit (Distributed-)Denial-of-Service-Angriffe attackieren. Daher müssen geeignete Gegenmaßnahmen für potenzielle Attacken ergriffen werden, wie zum Beispiel die Einrichtung eines robusten Zugriffsmanagementsystems, die Begrenzung der Anzahl von fehlgeschlagenen Anmeldeversuchen und die Einführung einer Zeitverzögerung zwischen aufeinanderfolgenden Anmeldeversuchen.

Sicherstellung der Integrität
Bei der Erhebung, Verarbeitung und Speicherung von zertifizierungsrelevanten Daten muss eine hohe Datenintegrität sichergestellt werden (Hofmann 2018b). Integrität bezieht sich sowohl auf Daten als auch auf Systeme. Sie umfasst deren Unversehrtheit, Vollständigkeit und Korrektheit. Daten sollen nicht verändert, beschädigt, zerstört oder vernichtet werden. Systemintegrität bezieht sich auf die auf den Berechtigten beschränkte Nutzungsmöglichkeit der Systemfunktionen. Integrität ist besonders wichtig für das kontinuierliche Zertifizierungsverfahren und im besonderen Maße sicherzustellen, damit das Ziel der Vertrauensförderung möglichst erreicht wird. Es sollten daher neben robusten Zugriffsmanagementsystemen auch geeignete Protokollierungsverfahren implementiert werden, welche den Zugriff auf Daten erfassen und die Protokolle unveränderbar abspeichern.

Sicherstellung der Vertraulichkeit
Zur Sicherstellung der Vertraulichkeit dürfen nur Befugte Zugriff auf die Daten und Zugang zu den Systemen haben (Hofmann 2018b). Vermieden werden muss insbesondere das Ausspähen von Daten. Vertraulichkeit bezieht sich auf alle Daten im ruhenden Zustand, während der Verarbeitung oder auf dem Transport. Das europäische und nationale Datenschutzrecht muss bei der Datenerhebung und -verarbeitung (bspw. Speichern, Verändern, Übermitteln, Sperren und Löschen) stets eingehalten werden, soweit die Zertifizierungsstelle die Daten mit einer bestimmten natürlichen Person (etwa einem Mitarbeiter des Cloud-Service-Anbieters) in Verbindung bringen kann. Gesetzliche und eventuelle vertragliche Regelungen des Geheimnisschutzes sind zu beachten. Für eine kontinuierliche Zertifizierung ist es ratsam, unterschiedliche Datenkategorien (beispielsweise personenbezogene Daten, sensitive Sicherheitsdaten, Finanzdaten) im Vorfeld zu klassifizieren, um die Übertragung dieser Daten zu verhindern oder die erforderlichen datenschutzrechtlichen Maßnahmen zur Absicherung ergreifen zu können. Dazu zählen insbesondere Pseudonymisierungsverfahren bevor Daten an Zertifizierungsstellen übermittelt werden.

Sicherstellung der Datenvermeidung und Datensparsamkeit
Bei der kontinuierlichen Zertifizierung sollten die Prinzipien der Datenvermeidung und Datensparsamkeit als wichtiges Ziel verfolgt werden (Hofmann 2018b). Ein Überwachungs- und Auditierungsdienst sollte so gestaltet werden, dass möglichst keine personenbezogenen Daten erhoben und verarbeitet werden. Während Datensparsamkeit und Datenvermeidung sich aus rechtlicher Sicht auf personenbezogene Daten beziehen, sollten aus technischer Sicht auch im Allgemeinen Daten sparsam erhoben werden, um die benötigten Speicherkapazitäten möglichst gering halten zu können. Geeignete Löschintervalle für gespeicherte Daten sind gemäß rechtlichen Anforderungen und im Sinne der Datenauswertungsintervalle festzulegen.

6.1.2 Technische Anforderungen

Automatisierung von Prüf- und Entscheidungsprozessen
Die Durchführung einer kontinuierlichen Zertifizierung erfordert ein hohes Maß an Prozessautomatisierung. Überwachungs- und Auditierungssysteme sollten möglichst interventionsfrei von manuellen Prozessen, Bestätigungen und Quittierungen agieren können, um Fehler, Manipulationen und Missverständnisse zu vermeiden. Derzeitige Zertifizierungsprozesse basieren jedoch meist auf manuellen Auditierungsmethoden, wie zum Beispiel der Durchführung von Interviews und manuellen Sicherheitstests sowie auf der Analyse von Service- und Architekturdokumentationen. Eine Automatisierung dieser Operationen erfordert eine starke Formalisierung, die zurzeit nicht für jeden Prozess erreichbar ist (Lins et al. 2018b). Weiterhin zeigt die Forschung, dass eine derartige Automatisierung von Prozessen eher inkrementell als disruptiv ist, weil Cloud-Service-Auditoren versuchen werden zunächst bestehende Prozesse zu automatisieren anstatt Technologie-gestützte Audit-Prozesse neu zu entwickeln (Alles et al. 2008a, b). Der Einsatz von Entscheidungsunterstützungssystemen kann zur Automatisierung von Entscheidungsprozessen in Bezug auf die Vergabe eines Zertifikates geeignet sein (Hunton und Rose 2010). Trotz einer automatisierten, kontinuierlichen Überprüfung sollten weiterhin menschliche Auditoren manuell bestimmte Zertifizierungskriterien prüfen, weil bei automatisierten Bewertungssystemen einige Schwächen unerkannt bleiben könnten (Lins et al. 2018a).

Realisierung verschiedener Datenerhebungs- und Analysemethoden zur Abdeckung von Zertifizierungskriterien
Bei der automatisierten Datenerhebung stehen Cloud-Service-Auditoren einem hohen Individualismus und einer hohen Komplexität der jeweiligen zu auditierenden Cloud-Services gegenüber, die sich aus Kundenspezifika, Altsystemen oder

eingesetzten Sub-Anbieter-Services ergeben. So können beispielsweise Protokolle in unterschiedlichen Formaten vorliegen, welche die automatische Analyse derer erschwert. Um der Vielfalt der Cloud-Services gerecht zu werden, müssen daher Zertifizierungsstellen oder entsprechende Überwachungs- und Auditierungsdienste am Markt möglichst verschiedene Arten der Datenerhebung und -analyse bereitstellen. Im Allgemeinen sollte darauf geachtet werden, dass angewendete Prüfverfahren minimal invasiv sind, um mögliche Sicherheits- und Datenschutzrisiken zu reduzieren (Hofmann et al. 2018b).

Anpassbarkeit von technischen Systemen und Funktionen
Aufgrund des dynamischen Cloud-Service-Umfelds, rechtlicher, tatsächlicher und technologischer Änderungen oder neuer Marktanforderungen müssen sich eingesetzte Überwachungs- und Auditierungsdienste leicht erweitern und anpassen können. Hierzu zählt unter anderem die Veränderung von Konfigurationen (bspw. Prüfintervalle, Schwellenwerte, Messparameter), Verwaltung von Monitoring-Diensten (bspw. Hinzufügen neuer Monitoring- oder Analysetools) und das Einbinden weiterer Cloud-Services in den Überwachungsumfang. Daher sollten Architekturmuster gewählt werden, welche eine lose Kopplung zwischen einzelnen Systemen und Funktionen ermöglichen. Denkbar wäre, dass Überwachungs- und Auditierungsdienste als Service-Orientierte-Architektur aufgebaut sind, und Überprüfungsprozesse als einzelne Webservices implementiert werden. Änderungen an einzelnen Webservices können dann unabhängig von anderen Webservices durchgeführt werden. Zum Management und zur Vernetzung der Webservices können Online-Plattformen oder Web-Service-Register entstehen.

Einrichtung und Betrieb von technischen Sicherheitsmaßnahmen
Überwachungs- und Auditierungssysteme sowie entsprechende Datensilos stellen ein potenziell hohes Angriffsziel aufgrund der Verarbeitung sensibler Daten und der zentralen Informationsspeicherung dar. Daher müssen entsprechende Sicherheitsmaßnahmen implementiert und eingehalten werden, um für die Vertrauenswürdigkeit, Integrität und Verfügbarkeit dieser Daten zu sorgen und ein hohes Sicherheitsniveau zu erreichen (Hofmann et al. 2018b). Jede Kommunikation außerhalb eines gesicherten Netzwerkes muss mit geeigneten Verfahren verschlüsselt werden. Auch kann eine Pseudonymisierung der Daten vor deren Übermittlung an die Zertifizierungsstelle nötig sein. Hierbei muss sichergestellt werden, dass die Wahrscheinlichkeit, dass die Zertifizierungsstelle die Pseudonymisierung rückgängig machen kann, so gering ist, dass sie praktisch ausscheidet. Robuste Zugriffsmanagementsysteme müssen implementiert und gepflegt werden (bspw. darunter das Löschen von inaktiven Benutzern und die Kontrolle der Aktualität von Berechtigungen).

Verwendung von Parallelsystemen zur Reduktion der Belastung
Zur Entlastung des Produktivsystems des Cloud-Services sollten die Datenerhebungen, -verarbeitungen und -übermittlungen von einem Cloud-Service-Anbieter soweit wie möglich auf internen Parallelsystemen durchgeführt werden.

Datensicherung und -archivierung
Erhobene und ausgewertete Daten sollten archiviert werden, um statistische und empirische Tests und Analysen über längere Zeit zu ermöglichen. Daher sollten Daten in einem erweiterbaren Datenbankmanagementsystem gespeichert werden. Entsprechende Datenbackup-Mechanismen und Richtlinien sollten ebenfalls etabliert und eingereicht werden.

6.1.3 Organisatorische Anforderungen

Initiale Überprüfung der Fähigkeit zur kontinuierlichen Zertifizierung
Es sollte eine Vorab-Überprüfung von Cloud-Services stattfinden, bei der spezifisch für den jeweiligen Anwendungsfall festgelegt wird, welche Systeme und Schnittstellen vorhanden sind, oder welche weiteren Monitoring- und Auditierungssysteme oder Prozesse benötigt werden. Ziel der Überprüfung sollte sein, feststellen zu können, ob ein Cloud-Service fähig ist an einer kontinuierlichen Zertifizierung teilzunehmen. Dabei sollten auch Überlegungen hinsichtlich der Wirtschaftlichkeit und Machbarkeit einer kontinuierlichen Zertifizierung für den jeweiligen Cloud-Service durchgeführt werden. Die Vorab-Prüfung kann bspw. durch eine Zertifizierungsstelle, der Überwachungsstelle oder einer Drittenpartei durchgeführt werden.

Festlegung von Rollen und Verantwortlichkeiten
Bei der Durchführung von einer kontinuierlichen Zertifizierung müssen auf Seiten des Cloud-Service-Anbieters und der Zertifizierungsstelle die jeweiligen organisatorischen und technischen Rollen definiert und die damit verbundenen Zuständigkeiten klar voneinander getrennt werden (Hofmann et al. 2018b). Es muss verhindert werden, dass eine auf einer unpräzisen Zuständigkeitsverteilung basierende Unsicherheit zu Sicherheitsrisiken führt. Dazu sollte ein vollständiges und widerspruchsfreies Rechtekonzept festgelegt werden, insbesondere wie Berechtigungen erzeugt, aufbewahrt, vernichtet und zurückgewonnen werden. Es sollten zudem Prozesse eingerichtet werden, welche die Verteilung der Rollen und Zuständigkeiten regelmäßig auf ihre Erforderlichkeit hin überprüfen. Auf Seiten des Cloud-Service-Anbieters kann eine gesonderte Abteilung eingerichtet werden, welche die Verantwortung für die Durchführung der kontinuierlichen Zertifizierung trägt und die Kontaktstelle für die Zertifizierungsstelle bildet.

Etablierung eines Change-Management-Prozesses für die Zertifizierung
Ein neuer oder bestehender Change-Management-Prozess des Cloud-Service-Anbieters sollte die kontinuierliche Zertifizierung miteinbeziehen, sodass Änderungen am Cloud-Service der Zertifizierungsstelle gemeldet werden und bei Bedarf eingerichtete Überwachungs- und Auditierungsdienste entsprechend angepasst werden.

Durchführung eines Sicherheitsmanagements
Der Cloud-Service-Anbieter muss auf die kontinuierliche Zertifizierung zugeschnittene Sicherheitsrichtlinien und ein detailliertes Sicherheitskonzept beschreiben, die den gesamten Lebenszyklus der für die Zertifizierung verarbeiteten Daten berücksichtigt (Hofmann et al. 2018b). Zudem muss er regelmäßig die Wirksamkeit und Aktualität der ergriffenen Sicherheitsmaßnahmen überprüfen und diese gegebenenfalls erweitern.

6.1.4 Inhaltliche Anforderungen bezogen auf den Kriterienkatalog

Aktualität der Zertifizierungskriterien und Prüfmechanismen
Eine kontinuierliche Zertifizierung setzt eine Aktualität der Prüfanforderungen und damit eine kontinuierliche Anpassung der Zertifizierungskriterien an die rechtlichen und tatsächlichen Umstände voraus. Aufgrund tatsächlicher, rechtlicher, technologischer oder organisatorischer Änderungen und Neuerung oder neuer Marktanforderungen muss der Zertifizierungskriterienkatalog anpassbar sein. Daneben können sich Veränderungen im Stand der Technik auf rechtliche Fragen auswirken. Sollten neue Bedrohungsszenarien am Markt identifiziert werden, sollten diese in den Prüfumfang einer kontinuierlichen Zertifizierung mit aufgenommen werden. Vergangene Bedrohungen, wie beispielsweise der Heartbleed Bug, haben gezeigt, wie anfällig Hard- und Softwaresysteme sind.

Festlegung eines Pflichtbestandteils
Abhängig vom Zertifizierungsziel (bspw. ‚Capacity Management zertifiziert‘, ‚Performance zertifiziert‘, ‚Security zertifiziert‘) müssen gewisse Zertifizierungskriterien Pflichtbestandteile jeder kontinuierlichen Zertifizierung sein, damit eine Vergleichbarkeit und Nachvollziehbarkeit gegeben ist.

Vorgabe von Richtlinien zur Durchführung von kontinuierlichen Zertifizierungsprozessen
Um eine ordnungsgemäße Durchführung einer kontinuierlichen Zertifizierung sicherzustellen, sollten Richtlinien vorgegeben und durch eine Überwachungs-/Akkreditierungsstelle überwacht werden. Richtlinien geben hierbei Mindestanforderungen

und Grenzen vor, die sowohl von einem Cloud-Service-Anbieter als auch von Zertifizierungs- und Prüfstellen eingehalten werden müssen. Hierzu zählen bspw. Richtlinien zur Festlegung von geeigneten Prüfintervallen. Die beteiligten Akteure stellen durch organisatorische Prozesse und die Zuweisung von jeweiligen Verantwortlichkeiten sicher, dass alle Richtlinien eingehalten werden. Ein internes Kontrollsystem sollte etabliert werden, welches die fortlaufende Einhaltung prüft und sicherstellt.

6.2   Grenzen einer kontinuierlichen Zertifizierung

Während eine kontinuierliche Zertifizierung ein großes Potenzial birgt und Vertrauen in ausgestellte Zertifikate schafft, ist die Durchführung von kontinuierlichen Zertifizierungsprozessen aufgrund verschiedener Grenzen eingeschränkt.

Wirtschaftliche Grenzen

Bei der Entwicklung und Einführung von kontinuierlichen Zertifizierungen ist es entscheidend, eine wirtschaftliche Machbarkeit sicherzustellen. Eine kontinuierliche Zertifizierung kann nur dann eine Marktakzeptanz finden, wenn der geschaffene Mehrwert den anfallenden Kosten gerecht wird. Daher ist bei der Bestimmung des Umfangs und der Entwicklung von Prüfverfahren zu beachten, dass sowohl für Cloud-Service-Anbieter als auch für Zertifizierungs- und Prüfstellen eine wirtschaftliche Tragfähigkeit sichergestellt ist. Dies hat zur Folge, dass möglicherweise eine Vielzahl von Zertifizierungskriterien theoretisch und technisch automatisiert prüfbar sind, der Aufwand für diese Prüfung jedoch nicht den gewonnenen Mehrwert rechtfertigt und somit als unwirtschaftlich erscheint.

Bei einer wirtschaftlichen Bewertung sollten auch mögliche Kosteneinsparungen durch eine kontinuierliche Zertifizierung miteinbezogen werden. Auf Seiten des Cloud-Service-Anbieters können die Aufwände und Kosten für regelmäßige Zertifizierungstätigkeiten aufgrund eines hohen Grades an Automatisierung reduziert werden. Auch können Cloud-Service-Anbieter durch geschickte Datenerhebungs- und Übermittlungstechniken nicht nur die Konformität zu Zertifizierungskriterien einer Zertifizierung, sondern vielmehr zu einer Vielzahl von Zertifizierungen gleichzeitig aufgrund der inhaltlichen Überschneidungen der verschiedenen Kriterienkataloge nachweisen. Auch können durch transparente und vertrauensvolle kontinuierliche Zertifizierungen die Kosten für individuelle Kundenauditierungen bei einem Cloud-Service-Anbieter reduziert werden. Auf Seiten der Zertifizierungsstelle können Aufwands- und Kosteneinsparungen bei der Erhebung von zertifizierungsrelevanten Informationen aufgrund der Automatisierung der Prüfprozesse realisiert werden. Zudem können bei der Bereitstellung oder Nutzung von Überwa-

chungs- und Auditierungsdiensten Skaleneffekte erzeugt werden, wenn eine stetig
wachsende Anzahl an Cloud-Service-Anbietern gleichzeitig zertifiziert wird.

Grenzen der Abdeckung einer kontinuierlichen Zertifizierung
Zwar wird eine Vielzahl von Zertifizierungskriterien automatisiert überprüfbar
sein, dennoch bleibt es zum aktuellen Forschungsstand offen, wie viele Kriterien
einer Zertifizierung tatsächlich im Rahmen einer kontinuierlichen Überprüfung
kontrolliert werden können. Insbesondere hemmt die aktuelle Beschreibung von
Zertifizierungskriterien die Zuordnung zu technischen Prüfmethoden. Da Zertifizierungskriterien möglichst viele unterschiedliche Cloud-Dienstmodelle adressieren und langfristig gültig sein sollen, wird die Formulierung der Anforderungen
abstrakt und technikfern gehalten (Stephanow und Fallenbeck 2015; Schneider
et al. 2014). Allerdings können bestehende Zertifizierungskriterien aufgrund ihrer
abstrakten und allgemeingültigen Formulierung keine eindeutige Beziehung zu
technischen Implementierungen eines Cloud-Services herstellen. So fordern bspw.
einige Zertifizierungen, dass Cloud-Services eine hohe Verfügbarkeit aufweisen
müssen. Der Begriff der Verfügbarkeit ist technisch jedoch vielfältig auslegbar. So
kann unter anderem die Erreichbarkeit des Cloud-Services oder die Möglichkeit
zur Ausführung von Befehlen in einem Cloud-Service unterschieden und durch
verschieden Prüfmechanismen kontinuierlich überprüft werden (Hofmann 2018a;
Doll et al. 2018). Ohne die Möglichkeit eine klare Zuordnung von technischen
Maßnahmen zu Anforderungen durchführen zu können bleibt es daher ungeklärt,
welche technischen Prüfmechanismen geeignet sind, um definierte Zertifizierungskriterien fortlaufend nachzuweisen. Dieses Problem wird in der Forschung auch
als „Semantic Gap" bezeichnet, und konnte bislang nicht adressiert werden. Um
die automatisierte Überprüfung bestehender Anforderungen zu ermöglichen und
den Semantic Gap zu schließen muss zukünftig eine Annäherung von beiden Seiten erfolgen: Technisch gesehen können zukünftig sogenannte Conformity Assessment Programs definiert werden, die automatisierte, wiederholbare Prüfungen von
Anforderungen spezifizieren, die Cloud-Services erfüllen sollen. Rechtlich muss
die Zuordnung dieser Programme zu Anforderungen durch einen Konsens von Do-
mänenexperten erfolgen sowie gepflegt werden. Dies gewinnt insbesondere durch
die geltende EU-DSGVO besondere Bedeutung, da zum aktuellen Stand viele Unsicherheiten am Markt in Bezug auf die technische Umsetzung und den Nachweis
von Anforderungen herrschen.

Grenzen aufgrund komplexer Strukturen
Die vorherrschenden Dynamiken und komplexen Cloud-Service-Strukturen stellen
hohe Anforderungen an eine kontinuierliche Zertifizierung. Die kontinuierliche

Einbindung neuer Cloud-Services in den Überwachungskontext, Abhängigkeiten von Software- und Hardwareherstellern sowie stetige Veränderungen und Rekombinationen von Cloud-Services erfordern eine große Anpassbarkeit und Erweiterbarkeit der Systeme und Prozesse zur Durchführung von kontinuierlichen Zertifizierungen.

Herausforderungen aufgrund heterogener Cloud-Systeme
Ferner ist im Hinblick auf technische Grenzen einer kontinuierlichen Zertifizierung die hohe Heterogenität und Individualität der Cloud-Service-Systeme und -Architekturen eine Herausforderung für automatisierte Prüfverfahren. Zu entwickelnde Methoden und Verfahren müssen daher eine hohe Plattformunabhängigkeit, Flexibilität und Anpassbarkeit aufweisen, damit sie von möglichst vielen Cloud-Service-Anbietern genutzt oder implementiert werden können. Ein gewisser Grad an Standardisierung und technischer Abstraktion kann zu einer höheren Marktabdeckung und zu einer Vergleichbarkeit der Zertifizierungsergebnisse führen.

Grenzen bei der Einbeziehung von Sub-Anbietern
Darüber hinaus ist ein kontinuierlicher Zertifizierungsprozess in seiner Reichweite eingeschränkt, da nicht der gesamte Wertschöpfungsprozess eines Cloud-Services überwacht und analysiert werden kann, sondern nur ausgewählte Teilbereiche und -Systeme. In Hinblick auf die Abdeckung des Wertschöpfungsnetzwerks ist ebenfalls offen, inwieweit eine Zertifizierungsstelle fortlaufend sicherstellen kann, dass Anforderungen von Sub-Anbietern eingehalten werden, da diese Verantwortung dem Cloud-Service-Anbieter obliegt.

Abgrenzung der Verantwortlichkeiten
Durch die Verschiebung von Rollen sowie dem Auftreten neuer Akteure am Markt im Rahmen einer kontinuierlichen Zertifizierung müssen Verantwortlichkeiten weiterhin klar definiert und abgegrenzt werden. So können Zertifizierungsstellen zwar am Markt befindliche Überwachungs- und Auditierungsdienste im Rahmen von Auswahl- und Ermittlungstätigkeiten nutzen, jedoch sollte die Bewertung und Entscheidung über die Vergabe eines Zertifikats alleinig in der Verantwortung der Zertifizierungsstelle verbleiben. Die Unparteilichkeit darf auch durch eine kontinuierliche Zertifizierung nicht gefährdet werden. Dies bedeutet auch, dass ein Cloud-Service-Anbieter sich nicht völlig auf die Überprüfungen einer Zertifizierungsstelle verlassen darf, um beispielsweise ihr internes Service-Monitoring dadurch zu ersetzen. Vielmehr sollte ein Cloud-Service-Anbieter die Erkenntnisse und das Feedback des unabhängigen Dritten zur fortlaufenden Verbesserung der Servicequalität nutzen.

Einschränkungen bei der Durchführung von test-basierten Prüfverfahren
Der Einsatz von test-basierten Prüfverfahren im Rahmen einer kontinuierlichen Zertifizierung kann aufgrund einer Vielzahl von Faktoren nur eingeschränkt möglich oder
vollkommen ungeeignet sein. Test-basierte Methoden sind invasiv, da sie den Zugriff
auf die Cloud-Service-Komponenten erfordern (Stephanow und Banse 2017). Technische Einschränkungen und Barrieren können die Erfassung notwendiger Informationen durch die Zertifizierungsstellen in test-basierten Verfahren erschweren, da die
Integration zusätzlicher Auditsysteme und der Zugriff auf Softwareschnittstellen umfangreiche Modifikationen an Cloud-Systemen erfordern, deren Implementierung sehr
teuer sein kann (Lins et al. 2018a). Noch wichtiger ist, dass die meisten Cloud-Service-Anbieter nicht bereit oder sogar gegen die Integration von test-basierten Techniken der Zertifizierungsstellen in ihre Systeme sind. Auch erfordert eine effiziente,
test-basierte Datenerfassung umfangreiches Wissen über organisatorische Prozesse,
Strukturen und Cloud-Service-Architekturen. Allerdings ist das Wissen der Zertifizierungsstellen über spezifische Cloud-Infrastrukturen und -Prozesse aufgrund ihrer Unabhängigkeit vom Cloud-Service-Anbieter begrenzt (Lins et al. 2018a). Schließlich
erfordert die Durchführung eines test-basierten Prüfverfahrens die Konfiguration und
Anpassung der angewandten Testtechniken an die individuelle Cloud-Infrastruktur und
die jeweiligen heterogenen Datenformate. Bei hochdynamischen Cloud-Service-Infrastrukturen müssen die Zertifizierungsstellen daher die angewandten test-basierten Methoden fortlaufend anpassen, was letztlich zu hohen Betriebskosten führt und die praktische Anwendung des test-basierten Zertifizierungsverfahren einschränkt.

Weitergabe von zertifizierungsrelevanten Daten
Es sollte beachtet werden, dass die Erhebung und Weitergabe von zertifizierungsrelevanten Daten aufgrund von Unternehmenspolitiken oder gesetzlichen Anforderungen eingeschränkt sein kann. Im Allgemeinen sollte die Informationshoheit
beim Cloud-Service-Anbieter verbleiben, sodass kein Gefühl des Kontrollverlustes
eintreten kann. Auch ist es wichtig, dass bei der Datenübermittlung keine Daten
eines Cloud-Service-Kunden übermittelt werden oder andere Datenschutzvereinbarungen mit Cloud-Service-Kunden verletzt werden.

Mögliche Auswirkungen auf das Cloud-System
Ähnlich zur Beurteilung der Wirtschaftlichkeit von automatisierten Überprüfungen
ist eine Beurteilung hinsichtlich möglicher technischer Auswirkungen auf das
Cloud-Service-System durchzuführen. Hierbei ist es entscheidend, dass die technische Last auf Cloud-Service-Systemen gering ist, damit der Betrieb nicht gestört
wird. Daher sollten Prüfintervalle entsprechend eingegrenzt und eine fortlaufende
Abstimmung mit dem Cloud-Service-Anbieter durchgeführt werden.

Organisatorische Restrukturierungen

Um einem möglichst hohen Grad der Automatisierung der Systeme zu erreichen, sollte eine umfassende Reduzierung von manuellen Interaktionen durch einen Prüfer im Rahmen von Prüfprozessen erreicht werden. Dies erfordert eine entsprechende Restrukturierung bestehender organisatorischer Prozesse. Verwandte Forschung zeigt, dass eine komplette Neugestaltung von Prozessen in der Praxis unwahrscheinlich ist, und daher meist bestehende Prozesse an die neuen Anforderungen angepasst werden (Alles et al. 2006).

Vergleichbarkeit von Prüfergebnissen

Die Vergleichbarkeit von Prüfergebnissen muss auch im Rahmen von kontinuierlichen Zertifizierungsverfahren sichergestellt werden. Eine Ausrichtung der Prüfverfahren an die Systeme eines Cloud-Services wird unerlässlich bleiben, um die Komplexität und Individualität der einzelnen Cloud-Services handhabbar zu machen. Dennoch sollten Prüfverfahren und eingesetzte Messtechniken und Metriken sorgfältig konfiguriert werden, sodass eine (annähernd) gleiche Prüftiefe mit gleichbleibender Aussagekraft übergreifend für verschiedene Cloud-Service erreicht werden kann. Auch bei der Verwendung von Entscheidungsunterstützungssystemen auf Seiten der Zertifizierungsstelle muss sichergestellt sein, dass angewandte Entscheidungsregeln und Algorithmen bei gleichem Sachverhalt zur gleichen Entscheidung für oder gegen eine Zertifikatsvergabe kommen.

6.3   Risiken einer kontinuierlichen Zertifizierung

Negativer Einfluss auf die Cloud-Service-Leistung

Eine kontinuierliche Prüfung birgt das Risiko, einen negativen Einfluss auf die Leistung des Cloud-Services zu haben. Insbesondere eine hohe Frequenz von Datenerhebungen, -aggregationen und -übertragungen könnten das Live-System des Cloud-Services beeinträchtigen. Zur Minimierung des Risikos kann eine Separierung der Monitoring- und Aggregations-/ Übermittlungsinfrastruktur vorgenommen werden. So könnten Protokolle und Log-Dateien auf ein separates System ausgelagert, dort parallel analysiert und aggregiert, und im Anschluss an die Zertifizierungsstelle übersendet werden. Eine asynchrone Verarbeitung erscheint ebenfalls als Möglichkeit zur Reduzierung der Monitoring-Lasten auf Live-Systemen. Prüfintervalle müssen entsprechend der Wirtschaftlichkeit und Ressourcenaufwände angepasst werden.

Risiko von Beeinträchtigungen des Cloud-Systems

Neben der zusätzlichen Last auf den Cloud-Service-Systemen birgt eine kontinuierliche Überprüfung weitere Risiken hinsichtlich der Systembeeinträchtigungen. So können beispielsweise automatisierte Penetrationstests, Sicherheitsüberprüfungen, oder ein externes Monitoring zu Abstürzen von (Teil-)Systemen führen. Auch können fehlerhafte Monitoring-Systeme das überwachte System negativ beeinflussen oder stören. Daher sollte individuell mit einem Cloud-Service-Anbieter abgestimmt werden, wann (potenziell schadhafte) Überprüfungen durchgeführt werden können. Ferner kann eine Störung bei der Übertragung von Daten oder bei externen Überprüfungen auftreten. Hierbei ist festzulegen, wie auf mögliche negative Auswirkungen dieser Störungen reagiert werden kann. Auch die Antwort auf die Frage der Haftung bei Beeinträchtigungen oder Störungen ist zu definieren.

Kontrollverlust für Cloud-Service-Anbieter

Durch die Teilnahme an einer kontinuierlichen Zertifizierung begeben sich Cloud-Service-Anbieter in eine verstärkte Abhängigkeit zu Software- und Hardwareherstellern. Sie haben keine Kontrolle über mögliche Weiterentwicklungen von genutzter Soft- und Hardware, welche wiederrum eine Einhaltung der Zertifikatskriterien gefährden könnten. Werden zum Beispiel Schwachstellen in der von Dritten genutzten Software bekannt, könnte die Vergabe des Zertifikats gefährdet werden, obwohl der Cloud-Service-Anbieter keine eigene Schwachstelle erzeugt hat.

Innovationsbremse

Eine kontinuierliche Zertifizierung könnte die Innovationsfähigkeit eines Cloud-Service-Anbieters einschränken, da eine Vielzahl von (starren) Mechanismen, Methoden und Prozessen implementiert werden muss. Zum aktuellen Forschungszeitpunkt bleibt es offen, ob eine kontinuierliche Zertifizierung den Anforderungen eines Unternehmens gerecht werden kann, dynamisch auf Wettbewerbssituationen reagieren zu können.

Hohe Anforderungen an Speicherkapazitäten

Durch ein kontinuierliches Monitoring und Auditing wird eine Vielzahl von Daten generiert, die über die Zertifizierungsdauer eine beachtliche Datengröße einnehmen können. Sowohl Cloud-Service-Anbieter wie auch Zertifizierungsstellen müssen daher große Datenmengen verdichten (bspw. über die Bildung von Indikatoren), während sie gleichzeitig die Historie der Daten aufrechterhalten und entsprechende Backupsysteme betreiben müssen. Es sollte daher spezifiziert werden, wie lange und in welchem Umfang Monitoring- und Auditierungsdaten gespeichert werden müssen.

Risiko der Manipulation von Monitoring-Daten

Die Bereitstellung von zertifizierungsrelevanten Daten durch den Cloud-Service-Anbieter, insbesondere im Falle von monitoring-basierten Verfahren, hat einen entscheidenden Nachteil: das Risiko der Datenmanipulation. Cloud-Service-Anbieter könnten bereitgestellte Daten modifizieren, um die Einhaltung einer kontinuierlichen Zertifizierung zu garantieren. Um abzusichern, dass eine kontinuierliche Zertifizierung vertrauenswürdig und zuverlässig ist, müssen deshalb Cloud-Service-Anbieter daran gehindert werden, zertifizierungsrelevante Daten manipulieren oder beschönigen zu können.

Dazu müssen Cloud-Service-Anbieter sichere Logging-Mechanismen einsetzen, die einen hohen Grad an Integrität und Vertraulichkeit erreichen. So können Cloud-Service-Anbieter auf Ergebnisse aus dem Forschungsgebiet der Cloud-Forensik zurückgreifen. Die Cloud-Forensik beschäftigt sich mit der Anwendung wissenschaftlicher Prinzipien und technologischer Praktiken, um vergangene Cloud-Computing-Vorfälle mittels Identifizierung, Sammlung, Aufbereitung, Untersuchung, Interpretation und Dokumentation von digitalen Beweisen zu rekonstruieren (National Institute of Standards and Technology 2014). Cloud-Forensik-Forscher haben verschiedene Prozeduren für den Umgang mit den Herausforderungen der Cloud-Forensik (zum Beispiel bösartige Manipulation von Protokolldateien durch Cloud-Service-Anbieter) vorgeschlagen, die letztlich Dritte in die Lage versetzen relevante Daten zu erfassen und zu analysieren (Pichan et al. 2015). Cloud-Service-Anbieter können beispielsweise geeignete Protokolladapter implementieren, um Protokolleinträge von verschiedenen Aufzeichnungsquellen (zum Beispiel dem Hypervisor) zu extrahieren und zu einem zentralen Protokollverwaltungssystem zu transferieren (Kunz et al. 2013). Dieses zentrale Protokollverwaltungssystem wandelt Protokolleinträge in einen sicheren, verschlüsselten und einheitlichen Protokolltyp um. Ähnlich können auch Trusted Platform Modules (zum Beispiel ein Hardware- oder virtuelles Modul (Pichan et al. 2015)) implementiert werden, welche sichere Protokollierungs- und Verschlüsselungsfunktionen anbieten. Zudem werden verschiedene Schemata (zum Beispiel homomorphe Verschlüsselung) vorgeschlagen, um die Vertraulichkeit der Protokolldaten zu gewährleisten (Rajalakshmi et al. 2014; Zawoad et al. 2015).

Interviewte Cloud-Service-Kunden, -Anbieter und -Auditoren schätzten die Wahrscheinlichkeit einer Datenmanipulation als gering ein, da eine ständige Modifikation mit hohen Kosten verbunden ist (Lins et al. 2018a). Schließlich könnten Cloud-Service-Kunden auch die manipulierten Daten aufdecken, wenn sie den Cloud-Service nutzen (zum Beispiel verfälschte Verfügbarkeitsrate). Daher empfehlen sowohl Cloud-Service-Kunden wie auch -Anbieter, dass Cloud-Service-Auditoren lediglich randomisierte Stichproben zu definierten Intervallen durchführen sollten, um Datenmanipulation vorzubeugen oder verfälschte Daten zu entdecken.

Risiken für die Vertraulichkeit von Daten
Die Sicherung von Vertraulichkeit bezieht sich unter anderem auf die Sicherstellung, dass nur autorisierte Befugte Zugriff auf Daten haben (National Institute of Standards and Technology 2002). Wenn Daten zu Cloud-Service-Auditoren übertragen oder den Cloud-Service-Kunden präsentiert werden, muss der Datenschutz gewahrt werden, um die Preisgabe von sensiblen oder sicherheitsrelevanten Informationen zu verhindern. Daher müssen sensible Daten, die im Rahmen von einer kontinuierlichen Zertifizierung verarbeitet werden, anonymisiert, pseudonymisiert oder gefiltert werden. Insbesondere soll hierbei zwischen Systemdaten und Daten von Cloud-Service-Kunden unterschieden werden. Die Preisgabe von (sensiblen) Kundendaten könnte nicht nur bestehende Service-Level-Agreements verletzen und somit letztlich zu einer finanziellen Entschädigung führen. Vielmehr würde das Vertrauen in den Cloud-Service-Anbieter und in die kontinuierliche Zertifizierung geschwächt werden. Darüber hinaus verlangt der Austausch von relevanten Daten über Schnittstellen, robuste und sichere Zugriffskontrollsysteme und Verschlüsselungsmechanismen für die Datenübertragung. Schließlich birgt die Verarbeitung sensibler Cloud-Service-Daten das Risiko böswilliger Auditoren, welche zertifizierungsrelevanten Daten missbrauchen könnten (Lins et al. 2016). Daher sollten Cloud-Service-Auditoren belegen, dass Daten innerhalb ihres Unternehmens vertraulich behandelt werden.

Wenn Cloud-Service-Auditoren die Daten erhalten, können sie diese entweder direkt bewerten und löschen oder die Daten zur Weiterverarbeitung speichern. In beiden Fällen bildet ein Cloud-Service-Auditor ein höchst wertvolles Ziel für Angreifer, da sie Daten von verschiedenen und meist großen Cloud-Service-Anbietern erhalten. Daher muss sichergestellt werden, dass sichere Löschmechanismen verwendet werden, wenn Daten direkt ausgewertet und gelöscht werden, nachdem die Bewertungsverfahren abgeschlossen sind. Andernfalls sollten gespeicherte Daten verschlüsselt werden, um die Vertraulichkeit von Daten zu gewährleisten.

Risiken für die Integrität von Daten
Die Sicherung der Integrität bezieht sich unter anderem auf den Schutz der Daten gegen unbefugte Modifikation oder Zerstörung (National Institute of Standards and Technology 2002; Lins und Sunyaev 2018). Im Rahmen einer kontinuierlichen Zertifizierung müssen bei der Sicherung von Integrität und somit der Verhinderung unbefugter Modifikationen sowohl externe als auch interne Täter berücksichtigt werden. Angreifer könnten sich Schnittstellen und Dashboards als Angriffsziel setzen, um bereitgestellte und aufbereitete Daten zu modifizieren. Eine Datenmodifizierung könnte die Bewertung der Einhaltung von Kriterien durch den Cloud-Service-Auditor beeinträchtigen und zu einer Nicht-Einhaltung der Zertifizierung

führen. Genauso könnten Angreifer Daten verfälschen, die dem Cloud-Service-Kunden dargestellt werden, um ein schlechtes Dienstleistungsverhalten darzustellen. Letztlich können diese Angriffsszenarios zu einem Reputationsverlust oder zur Kündigung von Verträgen führen. Infolgedessen müssen Cloud-Service-Anbieter und -Auditoren eine hohe Integrität von Daten erreichen und entsprechende Sicherheitsmechanismen etablieren.

Risiken für die Verfügbarkeit von Daten
Das Sicherstellen der Verfügbarkeit bezieht sich unter anderem darauf, einen zeitgerechten und zuverlässigen Zugriff auf und Umgang mit Daten zu gewährleisten (National Institute of Standards and Technology 2002; Lins und Sunyaev 2018). Im Rahmen einer kontinuierlichen Zertifizierung muss insbesondere die Verfügbarkeit von Cloud-Systemen und der bereitgestellten Schnittstellen gesichert sein. Die Ausführung kontinuierlicher Monitoring- und Auditierungsprozesse (zum Beispiel fortlaufende Datenerfassung-, Analyse- und Aggregationsoperationen) können eine wesentliche Leistungsbeeinträchtigung von Cloud-Services bewirken. Ebenso können Fehler in diesen Operationen zu Störungen im Betrieb des Cloud-Service führen. Daher könnten fortlaufende Prüfprozesse die Verfügbarkeit der Cloud-Services bedrohen. Zweitens müssen Cloud-Service-Anbieter, wenn zertifizierungsrelevante Daten über definierte Schnittstellen bereitgestellt werden, deren Verfügbarkeit sicherstellen. Angreifer könnten auf Schnittstellen abzielen, indem sie beispielsweise Distributed Denial of Service Attacks durchführen, um den Prozess der kontinuierlichen Zertifizierung zu stören. Im schlimmsten Fall könnte dies zur Nicht-Einhaltung von Zertifizierungskriterien führen, weil Cloud-Service-Auditoren entsprechend Auditinformationen fehlen.

Risiko eines unzureichenden Sicherheits-Managements
Vorangegangene Abschnitte haben Sicherheitsherausforderungen unterstrichen, die angegangen werden müssen, um eine kontinuierliche Zertifizierung zu ermöglichen. Um diesen Herausforderungen gerecht zu werden, sollten Cloud-Service-Anbieter Sicherheitsmanagementprozesse einrichten beziehungsweise bestehende an die Herausforderungen einer kontinuierlichen Zertifizierung anpassen. Dabei ist es wichtig, dass Administratoren neben der Implementierung von technischen Sicherheitsmechanismen auch entsprechende Verantwortlichkeiten zur Wartung und Auswertung dieser übernehmen. Zum Beispiel könnte ein Intrusion-Detection-System eingeführt werden, um Schnittstellen zu beobachten. Des Weiteren müssen Administratoren Benutzer, Rollen und Privilegien von Benutzeroberflächen verwalten (zum Beispiel Löschen von inaktiven Benutzern).

Literatur

Alles M, Brennan G, Kogan A, Vasarhelyi MA (2006) Continuous monitoring of business process controls: a pilot implementation of a continuous auditing system at siemens. Int J Account Inf Syst 7(2):137–161. https://doi.org/10.1016/j.accinf.2005.10.004

Alles MG, Kogan A, Vasarhelyi MA (2008a) Audit automation for implementing continuous auditing: principles and problems. http://raw.rutgers.edu/MiklosVasarhelyi/Resume%20 Articles/RESEARCH%20%26%20WORKING%20PAPERS/audit%20automation.pdf. Zugegriffen am 22.06.2017

Alles MG, Kogan A, Vasarhelyi MA (2008b) Putting continuous auditing theory into practice: lessons from two pilot implementations. J Inf Syst 22(2):195–214. https://doi.org/10.2308/jis.2008.22.2.195

Doll B, Kühn R, de Meer H (2018) Beispielhafte Testszenarien: Verfügbarkeit und Kontrollfähigkeit. In: Krcmar H, Eckert C, Roßnagel A, Sunyaev A, Wiesche M (Hrsg) Management sicherer Cloud-Services: Entwicklung und Evaluation dynamischer Zertifikate. Springer Fachmedien Wiesbaden, Wiesbaden, S 249–260. https://doi.org/10.1007/978-3-658-19579-3_20

Hofmann JM (2018a) Bedeutungswandel der „Verfügbarkeit" aus rechtlicher Perspektive. In: Krcmar H, Eckert C, Roßnagel A, Sunyaev A, Wiesche M (Hrsg) Management sicherer Cloud-Services: Entwicklung und Evaluation dynamischer Zertifikate. Springer Fachmedien Wiesbaden, Wiesbaden, S 261–269. https://doi.org/10.1007/978-3-658-19579-3_21

Hofmann JM (2018b) Teil 1 Der Rechtsverträglichen Technikgestaltung der dynamischen Zertifizierung – Rechtliche Kriterien. In: Krcmar H, Eckert C, Roßnagel A, Sunyaev A, Wiesche M (Hrsg) Management sicherer Cloud-Services: Entwicklung und Evaluation dynamischer Zertifikate. Springer Fachmedien Wiesbaden, Wiesbaden, S 177–202. https://doi.org/10.1007/978-3-658-19579-3_15

Hofmann JM, Laatzen B, Lins S, Sunyaev A (2018a) Teil 2 Der rechtsverträglichen Technikgestaltung der dynamischen Zertifizierung – technische Gestaltungsvorschläge. In: Krcmar H, Eckert C, Roßnagel A, Sunyaev A, Wiesche M (Hrsg) Management sicherer Cloud-Services: Entwicklung und Evaluation dynamischer Zertifikate. Springer Fachmedien Wiesbaden, Wiesbaden, S 279–299. https://doi.org/10.1007/978-3-658-19579-3_23

Hofmann JM, Lins S, Lang M, Banse C, Doll B, Kühn R, Laatzen B, de Meer H, Neubauer C, Roßnagel A, Stephanow P, Sunyaev A, Weiss A, Wiesche M, Krcmar H (2018b) Handlungsempfehlungen. In: Krcmar H, Eckert C, Roßnagel A, Sunyaev A, Wiesche M (Hrsg) Management sicherer Cloud-Services: Entwicklung und Evaluation dynamischer Zertifikate. Springer Fachmedien Wiesbaden, Wiesbaden, S 379–390. https://doi.org/10.1007/978-3-658-19579-3_30

Hunton JE, Rose JM (2010) 21st century auditing. Account Horiz 24(2):297–312. https://doi.org/10.2308/acch.2010.24.2.297

Kunz T, Niehues P, Waldmann U (2013) Technische Unterstützung von Audits bei Cloud-Betreibern. Datenschutz Datensich 37(8):521–525. https://doi.org/10.1007/s11623-013-0211-1

Lins S, Sunyaev A (2018) Einsatz von Monitoring-Basierten Messmethoden zur dynamischen Zertifizierung von Cloud-Services. In: Krcmar H, Eckert C, Roßnagel A, Sunyaev
A, Wiesche M (Hrsg) Management sicherer Cloud-Services: Entwicklung und Evaluation dynamischer Zertifikate. Springer Fachmedien Wiesbaden, Wiesbaden, S 203–222.
https://doi.org/10.1007/978-3-658-19579-3_16

Lins S, Grochol P, Schneider S, Sunyaev A (2016) Dynamic certification of cloud services: trust, but verify! IEEE Security and Privacy 14(2):67–71. https://doi.org/10.1109/
MSP.2016.26

Lins S, Schneider S, Sunyaev A (2018a) Trust is good, control is better: creating secure
clouds by continuous auditing. IEEE Transactions on Cloud Computing 6(3):890–903.
https://doi.org/10.1109/tcc.2016.2522411

Lins S, Schneider S, Szefer J, Ibraheem S, Sunyaev A (2018b) Designing monitoring systems for continuous certification of cloud services: deriving meta-requirements and design guidelines. Communications of the AIS (im Druck)

National Institute of Standards and Technology (2002) Federal information security management act of 2002. http://csrc.nist.gov/drivers/documents/FISMA-final.pdf. Zugegriffen
am 22.06.2017

National Institute of Standards and Technology (2014) NIST cloud computing forensic
science challenges. https://csrc.nist.gov/csrc/media/publications/nistir/8006/draft/docu-
ments/draft_nistir_8006.pdf. Zugegriffen am 29.11.2018

Pichan A, Lazarescu M, Soh ST (2015) Cloud forensics. Digit Investig 13(C):38–57. https://
doi.org/10.1016/j.diin.2015.03.002

Rajalakshmi JR, Rathinraj M, Braveen M (2014) Anonymizing log management process for
secure logging in the cloud. In: Proceedings of the international conference on circuit,
power and computing technologies

Schneider S, Lansing J, Gao F, Sunyaev A (2014) A taxonomic perspective on certification
schemes: development of a taxonomy for cloud service certification criteria. In: Proceedings of the 47th Hawaii international conference on system sciences

Stephanow P, Banse C (2017) Evaluating the performance of continuous test-based cloud
service certification. In: Proceedings of the 17th IEEE/ACM international symposium on
cluster, cloud and grid computing

Stephanow P, Fallenbeck N (2015) Towards continuous certification of infrastructure-as-a-
service using low-level metrics. In: Proceedings of the 12th IEEE international conference on advanced and trusted computing

Zawoad S, Hasan R, Skjellum A (2015) Ocf: an open cloud forensics model for reliable
digital forensics. In: Proceedings of the IEEE 8th international conference on cloud
computing

Messverfahren zur Durchführung von kontinuierlichen Zertifizierungen

Zusammenfassung

Zur Durchführung einer kontinuierlichen Zertifizierung ist eine fortlaufende Überprüfung von ausgewählten Zertifizierungskriterien notwendig, um die Glaubwürdigkeit einer Zertifizierung zu erhöhen. In diesem Kapitel werden sowohl Methodiken und Metriken exemplarisch vorgestellt, welche ein Cloud-Service-Anbieter implementieren kann, um benötige zertifizierungsrelevante Daten zur Verfügung stellen zu können (zur Förderung von monitoring-basierten Messverfahren), als auch Methodiken und Techniken, welche es Cloud-Service-Auditoren ermöglichen eigenständig Daten zu erheben und zu analysieren (zur Förderung von test-basierten Messverfahren). Ein automatisierter Abgleich von Ergebnissen aus Messverfahren mit Zertifizierungskriterien setzt zudem das Etablieren von Regeln voraus, die definieren, wie Verstöße gehandhabt werden. Aus diesem Grund wird abschließend in diesem Kapitel ein Regelwerk zur Identifizierung von Verstößen und Initiierung von Maßnahmen vorgestellt.

7.1 Messverfahren zur Durchführung einer kontinuierlichen Zertifizierung

Zur Durchführung der kontinuierlichen Zertifizierung ist eine fortlaufende Überprüfung von ausgewählten Zertifizierungskriterien notwendig, um die Glaubwürdigkeit einer Zertifizierung zu erhöhen (Lins et al. 2015, 2016, 2018a). In der

Literatur und Praxis haben sich bereits eine Vielzahl von Methodiken und Techniken etabliert, welche es ermöglichen, einen Cloud-Service kontinuierlich zu überwachen. Bei der Durchführung einer kontinuierlichen Zertifizierung wird eine Kombination von verschiedenen Messmethoden benötigt, um notwendige Informationen zur Beurteilung der Zertifikatseinhaltung erheben und aufbereiten zu können.

Aktuelle Forschung schlägt im Wesentlichen die Unterscheidung in monitoring- und test-basierte Messverfahren vor (Stephanow und Banse 2018; Lins und Sunyaev 2018b; Lins et al. 2018a). Monitoring-basierte Verfahren übersenden zertifizierungsrelevante Monitoring-Daten an Cloud-Service-Auditoren, die zur Betriebszeit eines Cloud-Services erzeugt werden. Hinsichtlich der Quelle dieser Monitoring-Daten kann zwischen zwei Herangehensweisen unterschieden werden (Stephanow und Banse 2018): Zum einen wird im Rahmen aktueller Forschung die Entwicklung spezialisierter, zusätzlicher Monitoring-Dienste vorgeschlagen, welche Daten eines Cloud-Services erheben und analysieren, die nicht zum Betrieb des Cloud-Services selbst benötigt werden (siehe bspw. Krotsiani et al. (2013); Schiffman et al. (2013); Wang et al. (2012a)). Zum anderen kann auch auf Monitoring-Daten existierender Monitoringsysteme zurückgegriffen werden, deren primäres Ziel die Aufrechterhaltung sowie operative Diagnose des Betriebes der Cloud-Infrastruktur ist (bspw. Nagios, Zabbix und Ganglia) (Lins et al. 2018b; Lins und Sunyaev 2018a). Im Gegensatz dazu interagieren test-basierte Verfahren aktiv mit dem Cloud-Service und vergleichen die Rückgabewerte, die ein Cloud-Service im Rahmen eines Tests liefert, mit den erwarteten Werten, um Abweichung feststellen zu können (Stephanow und Banse 2018).

In diesem Kapitel werden sowohl Methodiken und Techniken exemplarisch vorgestellt, welche ein Cloud-Service-Anbieter implementieren kann, um benötige zertifizierungsrelevante Daten zur Verfügung stellen zu können (zur Förderung von monitoring-basierte Messverfahren), als auch Methodiken und Techniken, welche es Cloud-Service-Auditoren ermöglichen eigenständig Daten zu erheben und zu analysieren (zur Förderung von test-basierten Messverfahren).

7.1.1   Verfahren zum Monitoring von Cloud-Services

Werkzeuge und Architekturen für das Cloud-Monitoring
Für einen Cloud-Service-Anbieter ist der Betrieb und die Wartung einer Cloud-Infrastruktur aufgrund der inhärenten Cloud-Computing-Eigenschaften anspruchsvoller als in einem klassischen Rechenzentrum (Doelitzscher et al. 2013). Ein Cloud-Service-Anbieter muss nachweisen, dass er in der Lage ist, mit einer Vielzahl von Anforderungen umzugehen, dazu zählen unter anderem die sichere Isolierung

und angemessene Trennung von gemeinsam genutzten Computer- und Speicher-
ressourcen, die Messung der Verfügbarkeit sowie Einhaltung von Gesetzen und
Kundenanforderungen. Daher verfügen die meisten Cloud-Services bereits über
vielfältige Überwachungswerkzeuge, -mechanismen und -architekturen.

In der Literatur werden verschiedene Arten von Überwachungsmechanismen
und -Werkzeuge vorgestellt, um Laufzeitinformationen von Cloud-Komponenten
auf verschiedenen Architekturschichten zu erheben (Shao und Wang 2011; Shao
et al. 2010). So können Infrastruktur- und Plattform-Schichten eines Cloud-
Services in Echtzeit überwacht werden, indem native Bibliotheken und plattform-
übergreifende Schnittstellen zur Datenerhebung verwendet werden. Auch können
Datenfilter und Interceptors zwischen Cloud-Komponenten eingefügt werden, um
den Datenaustausch zwischen diesen überwachen zu können. Spezifische Sonden
können manuell in eine Cloud-Komponente eingebettet werden, welche einen speziellen Überwachungscode ausführen, um notwendige Informationen zu erheben.
Schließlich können http-Detektoren die Leistung von Cloud-Anwendungen überwachen, indem sie Anfragen von Endbenutzern simulieren.

Für jede Schicht gibt es eine breite Palette kommerzieller (z. B. „Amazon Cloud-
Watch") und Open-Source Cloud-Monitoring-Software und -Tools (z. B. Nagios).
In der Literatur werden zudem eine Reihe von Cloud-Monitoring-Architekturen
(siehe bspw. Katsaros et al. (2011); Povedano-Molina et al. (2013); Montes et al.
(2013)) und Monitoring-Architekturen für virtualisierte Umgebungen (siehe bspw.
Clayman et al. (2011); Xiang et al. (2010)) beschrieben und evaluiert. Zum Beispiel
entwickelten Aguado und Calero (2014) ein Monitoring-PaaS für Cloud-Service-Anbieter und -Kunden basierend auf Nagios zur Überwachung von Cloud-Infrastrukturen. Durch den Einsatz dieses Monitoring-PaaS erhalten Cloud-Service-Anbieter einen vollständigen Überblick über ihre Infrastruktur, während
Cloud-Service-Kunden ihre bereitgestellten Cloud-Ressourcen eigenständig überwachen können. Die Architektur wurde in einem intensiven Test erfolgreich validiert, und es wurde empirisch nachgewiesen, dass die vorgeschlagene Monito-
ring-Architektur nur einen vernachlässigbaren Leistung-Overhead aufwies und gut
skalierbar ist.

Protokollierung und Auswertung von Protokollen
Um ein zuverlässiges und umfassendes Monitoring zu gewährleisten, ist eine umfassende Protokollierung der aufgetretenen Ereignisse und der entsprechenden Informationen unerlässlich (Accorsi und Stocker 2008). Daher muss ein Cloud-
Service-Anbieter geeignete Protokollierungseinrichtungen und -mechanismen
implementieren. Diese müssen einen hohen Grad an Integrität und Vertraulichkeit
aufweisen, um nachweisen zu können, dass Protokolldaten korrekt (Einträge

wurden nicht geändert), vollständig (Einträge wurden nicht gelöscht) und kompakt sind (Einträge wurden nicht illegal in die Protokolldatei aufgenommen) (Accorsi 2007). Um diese Eigenschaften zu gewährleisten, können Protokolldaten mit Hilfe von kryptographischen Techniken, wie beispielsweise Hashing-Techniken, verschlüsselt werden.

Eine vorgeschlagene und allgemein akzeptierte Lösung zur Implementierung effizienter Protokollierungsstrukturen in Cloud-Umgebungen ist ein mehrschichtiges Protokollierungssystem, welches aus einer Systemschicht, Datenschicht und Workflowschicht bestehen kann (Ko et al. 2011). Zunächst erstellt die Systemschicht Protokolle, die Informationen über das Betriebssystem, mögliche (Datei-) Systemereignisse, den virtuellen und physischen Speicher und den Netzwerkverkehr enthalten. Die Datenschicht erzeugt Protokolle über das Datenspeichersystem eines Cloud-Services, welche einerseits die Herkunft der Daten aufzeichnen, und andererseits die Konsistenz der gespeicherten Daten dokumentieren. Schließlich beschäftigt sich die Workflowschicht damit, die Ausführung von organisatorischen Prozessen wie Patch-Management-Prozesse zu protokollieren.

Sind entsprechende Protokolle zuverlässig generiert und vertraulich gespeichert worden, können sie mit Hilfe von verschiedenen Werkzeugen und Analyseverfahren ausgewertet werden. So wurden beispielsweise Techniken zur Überprüfung der Einhaltung von Datenschutzbestimmungen entwickelt (Accorsi 2007; Accorsi und Stocker 2008). Dazu werden maschinenlesbare Richtlinien festgelegt und das Protokoll in eine Baumstruktur umgewandelt. Durch das sukzessive Entfernen von Baumknoten, wenn diese mit den Richtlinien übereinstimmen, entsteht ein Baum der gefundene Richtlinienverletzungen enthält. Ähnlich kann durch heuristische Protokollinspektionstechniken überprüft werden, ob verschiedene Anwendungen tatsächlich auf einer Cloud-Infrastruktur ausgeführt werden, darunter Malware-Schutz, Antivirensoftware oder verbotene Anwendungen (Jiang et al. 2008). Bei der Auswertung von Protokollen können auch Data-Mining-Techniken eingesetzt werden, um bspw. Systemanomalien zu erkennen (Fu et al. 2009).

Monitoring von virtuellen Maschinen
Eine Cloud-Infrastruktur baut auf einer mandantenfähigen und virtualisierten Umgebung auf, sodass geeignete Überwachungsmethoden implementiert werden müssen, um die Sicherheit von virtuellen Maschinen (VM) und virtualisierten Anwendungen zu gewährleisten. Dabei sollte die Überwachung von einzelnen VM und virtualisierten Anwendungen sowie die Überwachung von Interaktionen zwischen Anwendungen, VM und virtuellen Umgebungen unterschieden werden.

Durch ein VM-Monitoring können beispielsweise (dynamische) Angriffe auf einzelne virtualisierte Anwendungen oder VM erkannt werden (Liu et al. 2010; Wang et al. 2012b). Bei der Überwachung von VM können In-VM-Monitoring-

und Out-of-VM-Monitoring-Techniken angewendet werden (Sharif et al. 2009). Wenn sich ein Überwachungsdienst in derselben VM-Umgebung befindet, spricht man von In-VM-Monitoring. Die Out-of-VM-Monitoring-Technik wird verwendet, wenn ein Überwachungsdienst in einer separaten VM platziert und isoliert wird. Im Allgemeinen bietet die In-VM-Monitoring-Technik eine höhere Leistung, während die Out-of-VM-Technik eine höhere Sicherheit ermöglicht.

Um auch das sichere und fehlerfreie Zusammenspiel von Anwendungsinstanzen, die auf unterschiedlichen VM in verschiedenen virtualisierten Cloud-Umgebungen betrieben werden, validieren zu können, wird in der Literatur ein 3-Schichtenmodell vorgeschlagen (Gonzalez et al. 2011). Jede Anwendungsinstanz wird von einer lokalen Anwendungsüberwachungskomponente überwacht, um zu prüfen, ob die Instanz gegen festgelegte Überwachungsregeln verstößt, und um bösartiges Verhalten oder Implementierungsfehler einzelner Anwendungen zu erkennen. Um Interaktionsprobleme zwischen verschiedenen virtualisierten Umgebungen zu überwachen, werden Intra-Plattform-Überwachungskomponenten jeder VM zugeordnet und mit anderen Anwendungsüberwachungskomponenten derselben virtualisierten Umgebung verbunden. Durch die Verbindung können Sicherheitsrisiken festgestellt werden, welche durch das Zusammenspiel verschiedener Anwendungen oder VM entstehen können. Schließlich analysieren globale Anwendungsüberwachungskomponenten Daten von verschiedenen VM, die auf dieselbe Anwendung verweisen. Dadurch wird eine globale Sicht auf das Anwendungsverhalten in verschiedenen virtualisierten Umgebungen geschaffen.

Erkennung von Eindringlingen, Anomalien und böswilligen Verhalten
Intrusion-Detection-Systeme sind seit Anfang der 80er-Jahre ein Forschungsgebiet der Sicherheitsüberwachung (Hasan und Stiller 2005). Bereits in den 90iger-Jahren wurden erste automatisierte und Echtzeit-Intrusion-Detection-Techniken und -Systeme diskutiert, einschließlich der Verwendung von neuronalen Netzwerken, Expertensystemen und modellbasiertem Denken zur Aufdeckung von Eindringlingen, Anomalien und böswilligem Verhalten (Lunt 1993). Solche Techniken überwachen und analysieren das Verhalten und die Aktionen von Benutzern, vergleichen sie mit gängigen Normen und vergangenem Verhalten, und überprüfen sie auf verdächtige Ereignisse (z. B. Zugriffe zur späten Stunde). Heutzutage gibt es eine wachsende Fülle an Methodiken, darunter auch Process-Mining-Techniken, welche verwendet werden, um Überwachungsprotokolle zu analysieren, Angriffe zu erkennen und böswilliges Verhalten zu verhindern (van der Aalst und de Medeiros 2005).

Traditionelle Techniken zur Erkennung und Prävention von Eindringlingen müssen im Kontext von Cloud-Services angepasst werden, da durch eine große Anzahl von Cloud-Service-Kunden die Menge der Aufzeichnungen von Ereignissen und die Komplexität der Überwachungsprotokolle erheblich erhöht wird. Auch wird die

Erkennung von bösartigem Verhalten durch virtualisierte und verteilte Cloud-Architekturen schwieriger. Im Cloud-Kontext werden daher netzwerk- und hostbasierte Intrusion-Detection-Systeme vorgestellt, die in virtuellen Netzwerken, auf VM oder Hostsysteme installiert werden, um Angriffe und Anomalien durch Überwachung des Dateisystems, von Systemaufrufen oder des Netzwerkverkehrs zu identifizieren (Modi et al. 2013). Auch wurden hypervisor-basierte Intrusion-Detection-Systeme entwickelt, welche die Kommunikation zwischen VM, zwischen dem Hypervisor und VM sowie innerhalb des virtuellen Netzwerks überwachen können.

Cloud-Services sind nicht nur den Risiken externer Angriffe ausgesetzt, sondern auch der Gefahr von bösartigen Verhalten durch dessen Mitarbeitern (Ghulam et al. 2008). Hierzu kann ein separater Überwachungsdienst implementiert werden, welcher das Mitarbeiterverhalten mit (Zugriffs-)Richtlinien vergleicht, und einen Alarm auslöst, wenn ein Insider beabsichtigt eine böswillige Handlung auszuführen, sodass potenzielle Bedrohungen schon im Vorfeld vermieden werden können. Aufgrund von Datenschutzbedenken müssen Unternehmen jedoch entscheiden, ob sie jede Aktivität oder nur einen definierten Satz von Aktivitäten (z. B. kritische Administratoraktivitäten) überwachen wollen.

Wenn Angriffe und Anomalien automatisch und kontinuierlich erkannt werden, kann es zu einer Informationsüberlastung kommen, die zu eingeschränkten Entscheidungs- und Handlungsspielräumen führt (Perols und Murthy 2012). Aus diesem Grund sollten Anomalien nicht nur automatisch erkannt und aggregiert, sondern auch automatisch ausgewertet und entsprechende Maßnahmen initiiert werden (Zhao et al. 2012).

Überwachung von Service-Level-Agreements und Compliance-Anforderungen

Die Einhaltung von Service-Level-Agreements (SLA), welche mit einem Cloud-Service-Kunden geschlossen werden, muss kontinuierlich überwacht werden. Um die Einhaltung von SLA zu bewerten und zu validieren, müssen messbare Anforderungen (sogenannte Service-Level-Objectives) festgelegt und in eine formale, maschinen-verständliche Darstellung umgewandelt werden. Hierzu zählen Anforderungen wie die erwartete Verfügbarkeit, der Durchsatz oder die Reaktionszeit des Cloud-Services (Goel et al. 2011; Lamparter et al. 2007). Zur Umwandlung können unter anderem ontologiebasierte Darstellungen (Lamparter et al. 2007), domänenspezifische Sprachen (Emeakaroha et al. 2012), WS-Agreements (Romano et al. 2011) oder eine Kombination aus XML, Formeln und Logiken verwendet werden (Goel et al. 2011). Nach der formalen Spezifikation können automatisierte Überwachungsdienste in die Cloud-Infrastruktur eingebettet werden, welche notwendige Informationen zur Beurteilung der Einhaltung von Anforderungen (dynamisch) erheben (Goel et al. 2011; Lamparter et al. 2007; Comuzzi und Spanoudakis 2010).

Zudem müssen Cloud-Service-Anbieter sicherstellen, dass die Ausführung ihrer Geschäftsprozesse einer Vielzahl von Compliance-Anforderungen entspricht, darunter Gesetze und Vorschriften (z. B. Sarbanes Ox-ley Act, Basel II), Normen (z. B. ISO/IEC 27000-Serie), Handelsverträgen (z. B. Geheimhaltungsvereinbarungen) oder Unternehmensrichtlinien. Unter Compliance versteht man in diesem Zusammenhang den Nachweis, dass Geschäftsprozessabläufe und Datenzugriffe dieser Vielzahl von Anforderungen entsprechen. Ähnlich wie bei SLA müssen Gesetze, Vorschriften und Standards, die in Textform beschrieben werden, für einen Unternehmensbereich interpretiert und in maschinen-lesbare Compliance-Richtlinien umgewandelt werden (Sackmann und Kähmer 2008; Giblin et al. 2006). Die Einhaltung solcher Richtlinien kann dann durch Überwachungstechnologien beobachtet werden, beispielsweise durch den Einsatz von Event-Monitoring-Technologien, welche eine Überwachung verteilter und heterogener IT-Systeme ermöglichen. Auch kann die Konfiguration von Cloud-Services bzw. VM automatisiert auf Einhaltung von Compliance-Richtlinien überprüft werden (Chieu et al. 2012). Dabei kann unter anderem festgestellt werden, ob eine Antivirensoftware mit der neuesten Signaturdatei eingesetzt wird und alle notwendigen Sicherheitspatches angewendet wurden. Selbst die Einhaltung der Anforderungen durch einen Geschäftsprozess kann mit Hilfe eines Überwachungstools, das auf der Business-Provenance-Technologie basiert, verfolgt werden (Doganata und Curbera 2009).

Im Cloud Computing ist die Sicherstellung der Einhaltung der Datenschutzrichtlinien von entscheidender Bedeutung, um die unbeabsichtigte oder illegale Offenlegung oder das böswilligen Verarbeiten von sensiblen Daten zu verhindern. Aus diesem Grund wurden eine Vielzahl von Überwachungsmechanismen entwickelt, welche auf die Besonderheiten des Cloud-Computings eingehen, wie bspw. ein umfangreiches Zugriffsüberwachungssystem, welches die Zugriffe und die Verwendung von Daten protokolliert und auffälliges Verhalten meldet (Chen und Hoang 2011). Zudem kann der Datenfluss eingeschränkt werden, welches insbesondere im Fall von Multi-Clouds oder verteilten Rechenzentren erforderlich ist, um ein gleiches Datenschutzniveau sicherstellen zu können (Massonet et al. 2011).

7.1.2 Verfahren zur Auditierung von Cloud-Services

Computergestützte Audittechnologien und -Werkzeuge
Seit den 1980er-Jahren haben Prüfstellen und Forscher verschiedene computergestützte Audittechnologien und -Werkzeuge entwickelt, welche von Auditoren im Rahmen ihrer Auditverfahren verwendet werden, um notwendige Daten aus den Informationssystemen automatisiert zu verarbeiten (Singleton und Flesher 2003). Bei der Überprüfung von Cloud-Services verwenden Auditoren überwiegend

Notebooks und isolierte Serverräume mit einer Vielzahl unterschiedlicher Software und virtualisierter Betriebssysteme, um verschiedene Arten von Sicherheitsanalysen durchzuführen (Lins et al. 2018a). Insbesondere führen sie hierbei Penetrations- und Schwachstellenanalysen durch, um eingesetzte Sicherheitsmechanismen zu validieren und Systemschwachstellen zu identifizieren. Um effiziente Penetrationstests zu ermöglichen, gibt es eine breite Palette von Unternehmens- und Open-Source-Werkzeugen. Diese Werkzeuge bieten eine Vielzahl von (teil-)automatisierten Funktionen (z. B. Analyse und Test auf SQL-Injektion) und können abhängig vom jeweiligen Kontext konfiguriert werden. Sie wurden in der Regel zuerst von Hackern entwickelt und dann von verschiedenen Unternehmen verkauft oder vertrieben. Nmap Security Scanner ist beispielsweise ein plattform-unabhängiges Tool mit dem Netzwerkschnittstellen gescannt, betriebene Dienste identifiziert und Informationen über identifizierte Dienste (z. B. Name und Version) gesammelt werden können. Diese Informationen können verwendet werden, um bekannte Sicherheitsschwachstellen zu testen. Durch den Versuch, verbotenes Verhalten oder Angriffe auf Schwachstellen auszuführen, können Cloud-Service-Auditoren überprüfen, ob ein solches Verhalten verhindert, erkannt und kompensiert wird. In der Regel werden Penetrations- und Schwachstellentests an Produktions-, Live- oder Staging-Systemen nach Rücksprache mit den Cloud-Service-Anbietern sorgfältig durchgeführt. Die Durchführung umfangreicher Penetrationstests auf kontinuierlicher Basis (z. B. wöchentlich) kann in Cloud-Umgebungen nur eingeschränkt möglich sein, da die Auswirkungen der Tests auch die Cloud-Service-Kunden betreffen können (z. B. vorübergehende Leistungsverluste oder Betriebsstörungen).

Architekturen und Verfahren zur Erhebung und Analyse von Daten
Der am häufigsten genannte Mechanismus zur Sammlung von auditrelevanten Daten ist ein integriertes Auditmodul (engl. Embedded Audit Modul; EAM). EAM sind meist Programme, Funktionen oder andere Codeblöcke, welche in die zu überwachenden Informationssysteme eingebettet sind und alle prüfungsrelevanten Daten in Echtzeit erheben (Alles et al. 2006; Chou et al. 2007). Einer der wichtigsten Vorteile von EAM besteht darin, dass sie automatisch als Auslöser fungieren und den Cloud-Service-Auditor informieren, wenn verdächtige Ereignisse auftreten, wodurch die Notwendigkeit von hochfrequenten Abfragen entfällt. In letzter Zeit haben Unternehmen damit begonnen, Konzepte der künstlichen Intelligenz mit EAM zu kombinieren, um ihre Fähigkeiten zu erweitern und die Anzahl der notwendigen Module zu reduzieren (Hunton und Rose 2010). Auf der anderen Seite sind EAM anfälliger für Manipulationen, insbesondere durch Mitarbeiter des Cloud-Service-Anbieters, welche über die notwendigen Zugangsrechte verfügen, um in das EAM einzugreifen (Alles et al. 2006). Im Cloud-Computing-Kontext

können EAM beispielsweise zur Überwachung der Zuverlässigkeit eines Cloud-Services verwendet werden (Ardagna et al. 2012). Weitere denkbare Szenarien für den Einsatz wären beispielsweise das Protokollieren von globalen Anwendungsaufrufen und -Verhalten oder die Benachrichtigung des Cloud-Service-Auditors beim Auftreten von unvorhergesehenen Ereignissen während des Betriebs des Cloud-Services (Lins et al. 2018c). Aufgrund der verteilten Cloud-Infrastruktur und die Nutzung von verschiedenen Rechenzentren an unterschiedlichen Standorten gestaltet sich die weitreichende Anwendung von EAM in Cloud-Kontexten jedoch schwierig (Lins et al. 2018a, c).

Neben EAM können Cloud-Service-Auditoren auch Interceptors zur Datenerhebung nutzen. Ein Interceptor kann als Wrapper um Informationssysteme eingesetzt oder zwischen IT-Komponenten eingebettet werden (Lin et al. 2010; Fang et al. 2006). Sie können Daten, welche in und aus Systemen fließen, überwachen und dadurch Cloud-Service-Auditoren unterstützen. Interceptors können individuell konfiguriert werden, sodass entsprechende Zertifizierungsanforderungen überprüft werden können (Žmuda et al. 2010). Im Gegensatz zu EAM arbeiten Interceptors in der Regel unabhängig vom Informationssystem. Sie können daher in jeder Phase des Software-Lebenszyklus implementiert werden, und erfordern keine detaillierten Kenntnisse über das zu überwachende Informationssystem. Interceptors können in einer Anwendung, der Middleware und dem Betriebssystem oder auf der Netzwerkschicht installiert werden, um alle Nachrichten zu erfassen, die in oder aus dem Informationssystem fließen (Lin et al. 2010). Derzeit stellen CORBA und SOAP portable Interceptors zur Verfügung, und verschiedene Anbieter bieten eine Vielzahl von Tools zur Implementierung von Interceptors an, darunter bspw. „Windows Hook" für die Anwendungsschicht, „Apache Axis Handler" für die Middleware-Schicht, „Microsoft Spy++" für die Betriebssystemebene und der „Microsoft Network Monitor" für die Netzwerkschicht. Im Kontext von Cloud-Computing werden derzeit Interceptor-Tools (z. B. „Burp Suite" oder „OWASP") eingesetzt, um Datenströme zwischen Cloud-Servern und ihrem Webbrowser abzufangen. Durch das Abfangen von Client-Anfragen und Server-Antworten identifizieren und testen Cloud-Service-Auditoren vor allem Sicherheitsschwachstellen (Lins et al. 2018a). Eine Analyse des gesamten Datenverkehrs ist jedoch aufgrund von Leistungsverlusten, Datenschutzbedenken und gesetzlichen Anforderungen (z. B. Angst vor der Überwachung von Mitarbeitern) praktisch nicht möglich.

Zur automatisierten und kontinuierlichen Auditierung und Messung von Cloud-Services scheint sich insbesondere der Einsatz einer agenten-basierten Architektur zu eignen (Lins et al. 2018a, c). Bei dieser Architektur werden digitale Agenten zur Datenerhebung und Auswertung genutzt. Digitale Agenten (auch mobile oder intelligente Agenten genannt), sind Softwareobjekte, welche definierte Ziele erreichen, indem sie verschiedene Aktionen autonom und automatisch durchführen und sich ihrer dynamischen Umgebung individuell anpassen (Chou et al. 2007; Du und Roohani 2007). Sie zeichnen sich durch eine gewisse künstliche Intelligenz und Mobilität aus, das heißt die Fähigkeit zur Bewegung von und zu verschiedenen Plattformen (Chou et al. 2007). Darüber hinaus können sie während der Laufzeit hinzugefügt, entfernt, re-konfiguriert und aktualisiert werden, ohne dabei den Prozess der Überwachung zu stören (Doelitzscher et al. 2012). Zu ihren Aufgaben zählen unter anderem die Durchführung von Untersuchungen, Dokumentationen, Validierungen sowie die Ausführung von analytischen Prozeduren.

Eine agenten-basierte Architektur besteht in der Regel aus mehreren Komponenten: Planungsmodulen, Agenten-Datenbanken und -Verteiler, und Wissensdatenbanken (Wu et al. 2008; Ye et al. 2012). Typischerweise sind Planungsmodule für die Erstellung eines Auditplans verantwortlich, welcher Ziele, Aufgaben, Kennzahlen und Regeln für bestimmte digitale Agenten enthalten kann. In der Agenten-Datenbank wird der Quellcode für jede Art von digitalen Agenten hinterlegt. Der Agenten-Verteiler entsendet die digitalen Agenten mit verschiedenen Funktionen gemäß dem Auditplan auf Informationssysteme. In der Regel werden Aufgaben von einem Team von digitalen Agenten durchgeführt, die hierarchisch strukturiert sind (Doelitzscher et al. 2012; Ye et al. 2012). So besteht beispielsweise jedes Team aus einem Captain-Agent, M Mediator-Agenten und N Operator-Agenten (mit 0<M<N). Der Captain-Agent und der Mediator-Agent sind hauptsächlich für die Koordination und Aggregation verantwortlich. Die Operator-Agenten werden hingegen in verschiedene Informationssysteme entsandt, um die notwendigen Daten zu erheben. Schließlich werden erhobene Informationen in einer Wissensdatenbank gespeichert, um weitere Analysen und die Erstellung des Auditberichts zu ermöglichen. Zur Implementierung und Entwicklung von agenten-basierten Architekturen kann beispielsweise das Java Agent Development Framework (JADE) verwendet werden.

Die Mobilität, Anpassungsfähigkeit und flexiblen Aufgabenbereiche von digitalen Agenten ermöglichen es ihnen, eine Vielzahl von Zertifizierungskriterien dynamisch und vollautomatisch zu überprüfen (Lins et al. 2018a, c). Dabei können sie einerseits im Speziellen testen, ob Sicherheitsvorkehrungen getroffen und eingehalten werden oder ob bestimmte Mechanismen oder Anwendungen kontinuierlich im Einsatz sind. Auch können sie gesonderte Aufgaben durchführen, wie beispielsweise das Überwachen von Leistungsparametern. Man sollte jedoch beachten, dass je nach Aufgabenanforderung der Programmierungs- und Wartungsaufwand von digitalen Agenten hoch sein kann.

Eine weitere Komponente stellt das Audit Data Mart dar (Lins et al. 2018a, c). Audit Data Marts sind kleinere, meist vom Auditierungsobjekt unabhängige

Datenlager, welche regelmäßig mit Daten aus dem laufenden Betrieb versorgt werden (David und Steinbart 1999; Wei et al. 2014). Auf diesen Daten können Auditierungsanalysen und -Evaluierungen kontinuierlich und gegebenenfalls automatisiert durchgeführt werden. Insofern Daten, beispielsweise in speziellen Datenbanken, hinterlegt sind und ausgelesen werden können, können Audit Data Marts somit als Informationsquelle für die automatisierte und kontinuierliche Auditierung genutzt werden. Hierbei muss jedoch sichergestellt werden, dass die Daten, welche zur Kriterienüberprüfung in Audit Data Marts gespeichert werden, vorhanden und von außen zugreifbar sind. Um daher eine effiziente Nutzung von Audit Data Marts zu ermöglichen, sind Datenerstellungs- und Protokollierungsmethoden mit den Audit Data Marts abzustimmen, beispielsweise hinsichtlich der Datenformate.

Schließlich wird in der Literatur empfohlen, Entscheidungsunterstützungssysteme (EUS) zur Unterstützung von kontinuierlichen Auditierungsprozessen zu implementieren (Hunton und Rose 2010). Generell sollen EUS die Entscheidungsqualität verbessern, Entscheidungsprozesse beschleunigen und deren Aufwand verringern. Zur Unterstützung einer kontinuierlichen Prüfung können EUS verschiedene Data-Mining-Techniken beinhalten, die regelmäßig durchgeführt werden und Muster sowie Unregelmäßigkeiten in großen Datensätzen entdecken. Sollten Unregelmäßigkeiten festgestellt werden, kann ein EUS effizient und automatisch entschieden, ob Maßnahmen zu ergreifen sind oder ein Cloud-Service-Auditor alarmiert werden muss. Zukünftige EUS können sich sogar zu intelligenten und adaptiven Auditsystemen entwickeln, die große Datenmengen aus der Umgebung sammeln, Auditpläne auf der Grundlage von Datenanalysen und Umweltereignissen automatisch anpassen, und neue Tests für unerwartete Ereignisse generieren (Hunton und Rose 2010). Im Kontext von kontinuierlichen Zertifizierungen können EUS verwendet werden, um Cloud-Service-Auditoren zu unterstützen und ihren Arbeitsaufwand zu reduzieren, indem Informationen zusammengefasst und Entscheidungen automatisch durchgeführt werden. Neben der Erfassung von Informationen aus dem Cloud-System müssen Cloud-Service-Auditoren das externe Umfeld beobachten, darunter bspw. das Auftreten von Sicherheitsbedrohungen oder Schwachstellen. Externe Informationen können in einem EUS erhoben und ausgewertet werden, um Wiederholungsprüfungen oder Warnungen auszulösen. Schwachstellen-Datenbanken, wie die Datenbanken „Common Vulnerability and Exposures" und „Common Configuration Enumeration", können genutzt werden, um unbekannte Schwachstellen und System-Schwachstellenkonfigurationen aufzudecken, die Systemabstürze und Fehlfunktionen verursachen könnten. Diese Datenbanken bieten Informationen über Schwachstellen in offenen Datenformaten wie XML. Zusätzlich wurde ein Schwachstellen-Scoring-System entwickelt, das eine Risikohöhe von Null bis Zehn pro eingegebener Schwachstelle ermittelt.

Überprüfung der Datenintegrität

Da Cloud-Service-Kunden ihre Daten nicht mehr lokal besitzen, ist die korrekte Speicherung und Wartung ihrer Daten von entscheidender Bedeutung. Gerade im Kontext von Cloud-Services kann die Datenintegrität durch böswillige Insider, Datenverlust aufgrund von Managementfehlern, technischen oder byzantinischen Ausfällen und durch externe Angreifer besonders gefährdet sein (Nithiavathy 2013). Allerdings ist Sicherstellung der Datenintegrität in Cloud-Umgebungen aufgrund von mandantenfähigen Architekturen und verteilten Systemen eine anspruchsvolle Aufgabe (Subashini und Kavitha 2011). Aus diesem Grund beschäftigt sich ein breites Forschungsfeld mit der Frage, wie die Datenintegrität in Cloud-Services gewährleistet und überprüft werden kann.

Eine Vielzahl von Methoden ermöglicht es Dritten, die Integrität von Daten eines Cloud-Service-Kunden zu überprüfen und zu validieren (Lins et al. 2018a, c). Insbesondere Hashing-Techniken wurden als geeignete Methoden zur Überwachung der Integrität großer Datenmengen identifiziert. Diese Methoden ermöglichen es Cloud-Service-Auditoren gleichzeitig die Integrität der Daten mehrerer Benutzer zu überprüfen, was in mandantenfähigen Cloud-Umgebungen mit vielen Benutzern wichtig ist (Yang und Jia 2013; Zhu et al. 2013). Darüber hinaus ist die gleichzeitige Überwachung von mehreren und hybriden Clouds mit mehreren Eigentümern möglich (He et al. 2013). Auditoren sind auch in der Lage, anomales Verhalten von Datenoperationen zu erkennen (Zhu et al. 2013). Darüber hinaus unterstützen einige Methoden auch die Validierung von kleineren Datenänderungen (Liu et al. 2013; Wang et al. 2009) und geteilten Datensätzen (Wang et al. 2013). Bei der Durchführung von Prüfungen auf Datenintegrität in Cloud-Umgebungen müssen die Datensicherheit und der Datenschutz beispielsweise durch den Einsatz von Kryptografie- (Yang und Jia 2013), Authentifizierungs- (Nithiavathy 2013) oder Autorisierungstechniken (Zhu et al. 2013) gewährleistet werden. Darüber hinaus können Cloud-Service-Auditoren durch regelmäßige Stichprobenaudits oder die Verlagerung von Rechenoperationen auf den Cloud-Server die Kommunikations- und Rechenkosten reduzieren, was zu einer höheren Effizienz von Prüfprozessen führt (Zhu et al. 2013; Kwon et al. 2014; Yang und Jia 2013).

Daneben kann es nötig sein, dass die Integrität vom Dateisystem als Ganzes und die Integrität von durchgeführten Backups überprüft wird. Daher wurde ein File System Integrity Tool for Virtual Machines entwickelt, welches auf der Ebene der virtuellen Maschinen integriert wird (Kim et al. 2010). Dort überwacht es sowohl Zugriffe auf Systemdateien, als auch die Abbildung virtueller Speicherbereiche auf physischen Speicher. Um sicherzustellen, dass Backups in Falle einer Wiederherstellung verwendet werden können, wurde auch ein effizientes Datenschemata entworfen, das eine Rekonstruktion von Dateifragmenten ermöglicht (Chen und Lee 2014).

Automatische Analyse von Prozess- und Systemmodellen
Mehrere Zertifizierungskriterien erfordern, dass Cloud-Service-Auditoren Geschäftsprozesse und Systemarchitekturen analysieren, um Sicherheitsschwachstellen oder Compliance-Probleme zu identifizieren. Process-Mining-Techniken und teilautomatisierte Modellbewertungsalgorithmen können zur Unterstützung dieser Aufgaben eingesetzt werden.

Process-Mining beschreibt eine Technik zur systematischen Analyse von Daten, die von Informationssystemen erfasst werden (Jans et al. 2013). Process-Mining ermöglicht Cloud-Service-Auditoren Einblicke in die Durchführung von Prozessen zu erlangen, indem eine große Menge an Daten analysiert wird, welche routinemäßig gesammelt und in Ereignisprotokollen gespeichert werden. Der Umfang und die Leistungsfähigkeit von Process-Mining hängen davon ab, wie umfassend das Ereignisprotokoll Daten über alle für den zu analysierenden Prozess relevanten Aktivitäten enthält. Bei der Analyse von Ereignisprotokollen können drei grundlegende Process-Mining-Techniken angewendet werden: die Prozesstechnik, die organisatorische Technik und die Falltechnik. Die Prozesstechnik kann verwendet werden, um den tatsächlich protokollierten Prozess mit einem entworfenen Prozessmodell zu vergleichen und Kontrollfehler und -schwächen zu identifizieren. Solche Prozesserkennungs- und Konformitätsprüfungen werden durch die Untersuchung von Protokollzeitstempeln durchgeführt, um systematisch eine Kette von Aktivitäten durch den Prozess von dem Beginn bis zum Ende zu erstellen und diese mit definierten Prozessmodellen zu vergleichen. Organisatorische Techniken ermöglichen es dem Cloud-Service-Auditor zu erkennen, wie der Prozess tatsächlich durchgeführt wurde, und überprüfen die Trennung der Aufgabenkontrollen. Die Falltechniken konzentrieren sich auf eine einzelne Prozessinstanz, die ihren Verlauf und die Beziehungen von Benutzern zurückverfolgt, welche in dem Prozess involviert waren. Diese Process-Mining-Techniken können zur Ableitung von Prozessmodellen oder zur Bewertung von Prozessabläufen im Rahmen von kontinuierlichen Prüfungen eingesetzt werden.

Zur Verifizierung von Geschäftsprozessen können auch Workflow-Modelle entworfen und analysiert werden (Accorsi 2011). Ein Workflow ist ein diskreter und fallbezogener Geschäftsprozess, d. h. er hat einen definierten Start- und Endpunkt und behandelt eine bestimmte Ausführung eines Geschäftsprozesses. Ein Workflow besteht aus einem Kontrollfluss, welcher die Reihenfolge der Aktivitäten beschreibt, und einem Informationsfluss, welcher die Daten und Ressourcen beschreibt die zwischen diesen Aktivitäten ausgetauscht werden. Für die weitere Analyse können Workflow-Modelle in Petri-Netze umgewandelt werden. Ein Petri-Netz ist ein abstraktes, formales Modell eines Informationsflusses, das zur Modellierung von Ereignissystemen verwendet werden kann und durch Grafiken veranschaulicht wird (Peterson 1977). Der Transformationsprozess von Workflow-modellen zu Petri-Netzen kann automatisiert werden, wenn Geschäftsprozesse in einem maschinenlesbaren Format beschrieben sind (bspw. in der WS-Business Process Execution Language oder Business Process Model and Notation) (Accorsi 2011). Petri-Netze können auch aus Ereignisprotokollen generiert werden, falls der Start- und die Endzeit relevanter Ereignisse protokolliert wurden (Wen et al. 2009). Nach dieser Transformation können die Arbeitsabläufe hinsichtlich der Risiken des Informationsflusses und der Einhaltung der Compliance analysiert werden (Accorsi 2011). Neben dem Workflow-Petri-Netz muss hierzu ein Petri-Netz mit Compliance-Regeln definiert werden. Eine Compliance-Regel beschreibt, welche Aktivitäten an welchen Objekten von welchen Rollen zu welchem Zeitpunkt durchgeführt werden dürfen. Die Compliance-Petri-Netze werden automatisch analysiert und mit dem Workflow-Petri-Netz verglichen, um mögliche Regelverletzungen zu markieren.

Ähnlich wie bei der Analyse von Prozessen zur Fehlererkennung können auch Webservice-Designs überprüft werden, um Designprobleme frühzeitig zu identifizieren und zu beheben (Sheng et al. 2014). Da serviceorientierte Architekturen und Webservices wichtige Basistechnologien für Cloud-Services darstellen, könnte daher auch das Design von Cloud-Services analysiert werden. Zur Analyse des Designs kann das Webservice-Verhalten in zwei Arten unterteilt werden: Betriebsverhalten und Kontrollverhalten. Das Betriebsverhalten veranschaulicht die Geschäftslogik, die durch das Funktionieren eines Webservice dargestellt wird. Das Kontrollverhalten fungiert als Kontrolleur über das operative Verhalten und steuert den Fortschritt der Ausführung. Um dieses Verhalten zu modellieren, werden Zustandsdiagramme und Petri-Netze empfohlen (Sheng et al. 2014). Die Wechselwirkungen zwischen Kontroll- und Betriebsverhalten werden als Nachrichtenaustausch modelliert (d. h. Sequenzen von Nachrichten, die zwischen Kontroll- und Betriebsverhalten ausgetauscht werden). Durch die Analyse von diesen Nachrichten und die Überprüfung von Spezifikationen für das Serviceverhalten ist es möglich, das Servicedesign zu überprüfen.

Allerdings gestaltet sich in Vergleich von Prozess- und Designspezifikationen mit der tatsächlichen Prozessdurchführung und Ausgestaltung des Cloud-Services in der Praxis aufgrund des schnelllebigen Cloud-Umfelds als schwierig (Lins et al. 2018a). Initial definierte Spezifikationen können schnell veraltet sein, wodurch ein Vergleich nicht mehr möglich ist (Lins et al. 2016).

7.2 Metriken zur Messung von Cloud-Service-Eigenschaften

Nach der Festlegung von geeigneten Messverfahren müssen Metriken definiert werden, welche es ermöglichen Kennzahlen und Messgrößen zu entsprechenden Cloud-Service-Eigenschaften zu berechnen. Metriken sind eine quantifizierbare Messung von Produkten, Prozessen oder Eigenschaften, die direkt beobachtbar, berechenbar oder vorhersagbar sind (Futrell et al. 2002). Fehlende, nicht geeignete oder nicht an den Auditprozess angepasste Metriken führen zu ungenauen und unzulässigen Ergebnissen und somit auch zu einer geringeren Glaubwürdigkeit und Anerkennung der kontinuierlichen Zertifizierung. In zahlreicher wissenschaftlicher Literatur befasst man sich schon mit verschiedenen Metriken, die für die Messung und Auditierung unterschiedlicher Kennzahlen von Cloud-Services verwendbar sind. Im Folgenden werden exemplarische Metriken zur Messung von Cloud-Service-Kennzahlen sowie Metriken zur Bestimmung des Sicherheitsniveaus vorgestellt.

7.2.1 Metriken zur Messung von Cloud-Service-Kennzahlen

Bei einem Cloud-Service können verschiedenste Kennzahlen gemessen werden, darunter das Antwortzeitverhalten, die Skalierbarkeit und Kapazität sowie die Verfügbarkeit. Tab. 7.1 fasst die im Folgenden vorgestellten Metriken zusammen.

Antwortzeit
Wie schnell ein Cloud-Service bereitgestellt wird, kann eine wichtigste Fragestellung während der Auswahl eines Cloud-Services sein (Garg et al. 2011; Guérout et al. 2014). Je geringer die Antwortzeit eines Cloud-Services ist, desto besser kann seine Leistung bewertet werden (Saravanan und Kantham 2013). Folgende Metriken können zur Berechnung der Antwortzeit herangezogen werden.

/AZ-01/ Antwortzeit
Die Antwortzeit in Millisekunden (MS) kann durch die Summe der Reaktionszeit einer Dienstanfrage (R_{anf}) und die Reaktionszeit einer Dienstantwort (R_{ant}) ermittelt werden (Emeakaroha et al. 2010).

$$Antwortzeit = R_{anf} + R_{ant}$$

$$= \frac{Paketgröße}{Verfügbare\ Bandbreite\ für\ Anfrage} + \frac{Paketgröße}{Verfügbare\ Bandbreite\ für\ Antwort}$$

Tab. 7.1 Übersicht über Metriken zur Messung von Cloud-Service-Eigenschaften

Metrik	Beschreibung
Antwortzeit	Wie schnell ist ein Cloud-Service bereitzustellen?
Effizienz	Wie viel Ressourcenkapazität wird für eine bestimmte Leistung gebraucht?
Kapazität	Wie viele Ressourcen können in Spitzenverbrauchszeiten bereitgestellt werden?
Skalierbarkeit und Elastizität	Inwiefern ist ein Cloud-Service fähig, die Kapazität zu erhöhen um die gleiche Leistung zu halten, während die Arbeitslast steigt?
Verfügbarkeit	In welcher Zeit kann auf einen Cloud-Service zugegriffen werden?
Zuverlässigkeit	Wie fehlerfrei kann ein Cloud-Service genutzt werden? Wie viele versprochene Leistungen können tatsächlich an den Nutzer geliefert werden?

Die Antwortzeit kann auch durch die Summe von Sendezeit der Anfrage und Antwort, und Verarbeitungszeit der Anfrage dargestellt werden (Guérout et al. 2014). T_{net} ist durch $T_{net} = l + B(n)$ zu berechnen, hier steht l für eine Konstante (z. B. *AZ-03 Latenz*) und $B(n)$ steht für die benötigte Zeit um n Bytes zu senden.

$$Antwortzeit = 2 \times T_{net}^{req}(n) + T_{ex}^{req}$$

/AZ-02/ Durchschnittliche Antwortzeit

Zudem kann gemessen werden, wie lange ein Nutzer durchschnittlich warten muss, damit sein Cloud-Service für die Nutzung zur Verfügung gestellt werden kann (Saravanan und Kantham 2013). T_i gibt die Zeitspanne von der Anfrage eines Dienstes bis hin zu seiner endgültigen Verfügbarkeit an, und n steht für die Anzahl der gesamten angefragten Dienste.

$$Durchschnittliche\ Antwortzeit = \sum_i \frac{T_i}{n}$$

/AZ-03/ Latenz

Latenz gibt die Zeit an, die nötig ist, um eine Nutzeranfrage zu bearbeiten (Guérout et al. 2014). Sie ist abhängig von der Leistung und den Netzwerkbedingungen. Die Latenz einer Anfrage innerhalb eines Cloud-Netzwerks sollte in der Regel nicht größer als 1 MS und im Cloud-Speicher kleiner als 1 MS sein (Ficco et al. 2015). Die Latenz für eine Anfrage an einen Cloud-Service soll kleiner als 5 MS sein.

$$Latenz = Zeit\ des\ Inputs\ eines\ Diensts - Zeit\ des\ Outputs\ eines\ Diensts$$

/AZ-04/ Fehlerrate bei Antwortzeit

Diese Metrik gibt im Prozentsatz an, wie oft die tatsächliche Antwortzeit die versprochene Antwortzeit überschritten hat (Garg et al. 2011, 2013). Hier steht n' für die Anzahl, in der die Antwortzeit überschritten wurde, und n für die Gesamtanzahl an Anfragen.

$$Fehlerrate\, bei\, Antwortzeit = \frac{n'}{n} * 100$$

Effizienz

Wie in vielen Produkten und Diensten ist die Effizienz auch eine wichtige Kennzahl von Cloud-Services (Garg et al. 2013). Diese Metrik misst den Umfang der angeforderten Ressourcen im Vergleich zu dem Umfang der dafür konsumierten Leistungen (Becker et al. 2015).

/EF-01/ Durchlaufleistung

Die Durchlaufleistung eines Cloud-Services ist ein ausschlaggebender Indikator für die Effizienz (Garg et al. 2013). Sie kann durch die Anzahl an Aufgaben bestimmt werden, die innerhalb einer Zeiteinheit vom Cloud-Service bearbeitet worden sind (Baranwal und Vidyarthi 2014). Zur Berechnung der Durchlaufleistung steht n für die Gesamtanzahl von Aufgaben, T für die Durchführungszeit der Aufgaben und T_0 für den speziellen Zeitbedarf eines Cloud-Rechenzentrums, z. B. die Kommunikationsverzögerung oder die Verzögerung bei einer Infrastrukturinitiierung.

$$Durchlaufleistung = \frac{n}{T + T_0}$$

/EF-02/ Effizienz

Die allgemeine Effizienz kann ähnlich wie die Durchlaufleistung errechnet werden (Baranwal und Vidyarthi 2014; Garg et al. 2013). Jedoch steht hier im Zähler statt der Gesamtanzahl von Aufgaben die Durchführungszeit T. Ein geringer T_0, also der Overhead, der durch unterschiedliche Faktoren auftritt, weist auf einen hoch effizienten Dienst hin.

$$Effizienz = \frac{T}{T + T_0}$$

/EF-03/ Effizienz bei Ressourcenbereitstellung

Oft verändern sich Ressourcenbedarf und -gebrauch bei der Ressourcenbereitstellung (Becker et al. 2015). Daher ist es sinnvoll kontinuierlich beide Werte zu messen und zu vergleichen (Sanders et al. 2015).

$$Effizienz\ bei\ Ressourcenbereitstellung = \frac{geplante\ minimale\ Kosten}{tatsächliche\ Kosten}$$

/EF-04/ CPU-Geschwindigkeit

Die Leistung eines Dienstes kann durch die Geschwindigkeit der Zentraleinheit (CPU) bestimmt werden (Qu und Buyya 2014). Hier wird die maximale Anzahl an Anweisungen betrachtet, die von einem Einzelkern ausgeführt werden kann.

$$CPU-Geschwindigkeit = \frac{maximale\ Anzahl\ von\ Anweisungen}{Zeit}$$

/EF-05/ Rechenbeschleunigung

Die Leistung eines Cloud-Service kann auch durch seine Fähigkeit zur Rechenbeschleunigung bewertet werden (Barish 2002). Hier steht T_{neu} für die Ausführungszeit eines Dienstes nach CPU-Beschleunigung und T_{alt} vor CPU-Beschleunigung.

$$Rechenbeschleunigung = \frac{T_{alt}}{T_{neu}}$$

/EF-06/ Energieverbrauch

Der Energieverbrauch ist ein wichtiger Indikator für die ökonomische Nachhaltigkeit eines Cloud-Services (Singh und Chana 2015b). Hier steht S_{max} für Stromverbrauch bei der Spitzenlast (100 % Auslastung), S_{min} für Stromverbrauch im aktiven Modus (≤ 1 % Auslastung) und U_a für Auslastung (Vidyashree und Kumar 2015).

$$Energieverbrauch = \left(S_{max} - S_{min} \right) * U_a + S_{min}$$

/EF-07/ Energieeffizienz

Wie effizient Energie für einen Cloud-Service genutzt wird, kann durch die Inverse des Anteils der Gesamtanlagenleistung, die allein für die IT-Ausrüstung wie z. B. Server, Netzwerk und Speicher aufgebracht wird, bestimmt werden (Vidyashree und Kumar 2015).

$$Energieeffizienz = \frac{Gesamter\ Energieverbrauch}{Energieverbrauch\ für\ IT}$$

/EF-08/ Testzeit

Die Testzeit misst, wie viel Zeit ein Cloud-Service-Anbieter braucht, um sein System zu testen (Singh und Chana 2015a). Diese umfasst die Zeit um die Testumgebung vorzubereiten und die Zeit für den eigentlichen Test.

Testzeit = Zeit um Testumgebung vorzubereiten + Zeit für eigentlichen Test

Kapazität
Die Kapazität eines Dienstes stellt die maximale Anzahl von Ressourcen dar, die ein Cloud-Service in Spitzenverbrauchszeiten bereitstellen kann (Vidyashree und Kumar 2015).

/KA-01/ CPU-Kapazität
Die CPU-Kapazität kann durch Multiplikation der CPU-Anzahl und CPU-Frequenz berechnet werden (Vidyashree und Kumar 2015).

$$CPU\ ^-Kapazität = Anzahl\ der\ CPU * Frequenz\ der\ CPU$$

/KA-02/ Arbeits- und Datenspeicherkapazität
Die Kapazität des Arbeits- und Datenspeichers wird durch die verfügbaren Giga-, Terra-, Peta-, oder Exabyte angegeben (Vidyashree und Kumar 2015).

/KA-03/ Netzwerkbandbreite
Die Netzwerkkapazität kann durch die Bandbreite dargestellt werden (Vidyashree und Kumar 2015). Je nach Volumengröße können die Daten in Bits, Megabyte oder Gigabyte gemessen werden (Singh und Chana 2014).

$$Netzwerkbandbreite = \frac{im\ Netzwerk\ übertragenes\ Datenvolumen}{Sekunde}$$

/KA-04/ Rechenkapazität
Die Rechenkapazität eines Dienstes kann durch die tatsächliche Nutzungszeit gegenüber der erwarteten Nutzungszeit berechnet werden (Singh und Chana 2014).

$$Rechenkapazität = \frac{tatsächliche\ Nutzungszeit\ der\ Ressourcen}{erwartete\ Nutzungszeit\ der\ Ressourcen}$$

Skalierbarkeit und Elastizität
Die Skalierbarkeit stellt die Fähigkeit eines Cloud-Services dar, die Rechnerkapazitäten zu erhöhen um die gleiche Leistung zu halten, während der Arbeitslast steigt (Abdeladim et al. 2014). Daher ist Skalierbarkeit eine Voraussetzung für Elastizität, da sie diese um ein automatisches Ressourcenmanagement erweitert und sowohl automatisches „Scale Up" als auch automatisches „Scale Down" (Kapazität erhöhen und vermindern) beinhaltet (Alhamad et al. 2010).

/SE-01/ Skalierbarkeit

Diese Metrik misst die Fähigkeit eines Cloud-Services, sich an eine steigende Arbeitsbelastung anzupassen (Abdeladim et al. 2014). Hier steht K für die Anzahl der Anfragen in einem bestimmten Zeitintervall. Diese Metrik gibt jedoch nicht den Stetigkeitsgrad einer Leistung an.

$$Skalierbarkeit = \frac{\sum_{i=1}^{K} \frac{Anzahl\ an\ bereitgestellten\ Ressourcen}{Anzahl\ an\ angeforderten\ Ressourcen}}{K}$$

/SE-02/ Skalierungszeit

Die Skalierbarkeit kann auch durch die Zeit definiert werden, die für die Skalierung bestimmter Kapazität gebraucht wird (Alhamad et al. 2010). Je weniger Zeit ein Cloud-Service dafür benötigt, desto bessere Skalierbarkeit kann er anbieten.

/SE-03/ Elastizität

Die Elastizität kann mit unterschiedlichen Verfahren bestimmt werden. Im Folgenden werden nur drei bekannte Rechnungsmöglichkeiten beschrieben. Bei der ersten Formel werden die kumulierte Zeit T und die durchschnittliche Summe von über- oder unterversorgte Ressourcen R während einer Über- oder Unterversorgungsperiode betrachtet (Herbst et al. 2013).

$$Elastizität = \frac{1}{\bar{T} * \bar{R}}$$

Bei der zweiten Formel steht die für die Skalierung benötigte Zeit im Fokus (Saravanan und Kantham 2013).

$$Elastizität = \frac{durchschnittliche\ Zeit\ um\ Kapazität\ zu\ verändern}{maximale\ Kapazität}$$

Bei der dritten Rechnungsmöglichkeit wird das Verhältnis von der Anstrengung mittels

$$A = \frac{\left(Bandbreite_{vor} - Bandbreite_{nach}\right)}{Bandbreite_{vor}} * Zeit\ für\ Bereitstellung$$ und der Belastung mittels

$$B = \frac{angeforderte\ Kapazität}{bereitgestellte\ Kapazität}$$ berechnet (Shawky und Ahmed 2012).

$$Elastizität = \frac{Anstregung\ des\ Cloud-Services}{Belastung\ des\ Cloud-Services}$$

/SE-04/ Durchschnittliche Über-und Unterversorgung

Die durchschnittliche Über-und Unterversorgung gibt an, wie oft die angefragten Ressourcen über oder unter den bereitgestellten Ressourcen liegen (Abdeladim et al. 2014). Hier steht i für die Anzahl der Anfragen, bei denen Überversorgung (oder Unterversorgung) auftritt, und n für die die Anzahl der Anfragen während dieser Zeitperiode.

$$Durchschnittliche\ \ddot{U}berversorgung\ oder\ Unterversorgung = 1 - \frac{i}{n}$$

/SE-05/ Elastizitätszeit

Die Elastizitätszeit eines Cloud-Services misst, wie schnell die Kapazität erfolgreich skaliert werden kann (Suleiman et al. 2012). Dabei sollen den Zeitbedarf sowohl für die Ressourcenbereitstellung, als auch für das Booten und Herunterfahren (bzw. Neustarten) aller beeinflussten Computerressourcen, bspw. Server und Speicher, berücksichtigt werden.

$$Elastizit\ddot{a}tszeit = Zeit\ f\ddot{u}r\ Bereitstellung + Booten + Herunterfahren$$

/SE-06/ Elastizitätsgrenze

Die Elastizitätsgrenze eines Cloud-Services gibt die maximal oder minimal hinzufügbare Kapazität bei Skalierung an (Suleiman et al. 2012). Je größer die Anzahl von hinzufügbaren Ressourcen ist, desto elastischer ist ein Cloud-Service.

$$Elastizit\ddot{a}tsgrenze = maximale\ oder\ minimal\ hinzuf\ddot{u}gbare\ Kapazit\ddot{a}t$$

Verfügbarkeit

Die Verfügbarkeit gibt im Prozentsatz an, wie wahrscheinlich es ist, dass ein Cloud-Service-Kunde auf einen Cloud-Service zugreifen kann (Garg et al. 2011). Wann ein Cloud-Service als verfügbar bezeichnet werden kann, sollten Cloud-Service-Anbieter und -Kunde vertraglich genau vereinbaren. Siehe für eine detaillierte Analyse und Prüfung der Verfügbarkeit eines Cloud-Services im Rahmen einer kontinuierlichen Zertifizierung auch Doll et al. (2018) und Hofmann (2018).

/VE-01/ Verfügbarkeit

Folgende Metrik misst, wie viel Prozent der Zeit ein Cloud-Service verfügbar ist (Garg et al. 2011).

$$Verf\ddot{u}gbarkeit = \frac{gesamte\ Servicezeit - gesamte\ nicht\ verf\ddot{u}gbare\ Zeit}{gesamte\ Servicezeit}$$

Die Verfügbarkeit kann auch durch die durchschnittliche Zeit bis zu einem Fehlschlag und die durchschnittliche Zeit zwischen Fehlschlägen (MTBF) berechnet werden (Singh und Chana 2015a).

$$Verfügbarkeit = \frac{durchschnittliche\ Zeit\ bis\ zu\ einem\ Fehlschlag}{durchschnittliche\ Zeit\ zwischen\ Fehlschlägen}$$

/VE-02/ Betriebsfähigkeit

Die Verfügbarkeit kann auch durch die Betriebsfähigkeit ermittelt werden (Singh und Chana 2015a). Hier stehen die Betriebszeit und die Ausfallzeit eines Cloud-Services im Fokus. Die kumulierte Betriebsfähigkeit soll normalerweise nicht kleiner als 99 % sein.

$$Betriebsfähigkeit = \frac{Betriebszeit}{Betriebszeit + Ausfallzeit}$$

/VE-03/ Paketverlust-Frequenz

Diese Metrik misst, wie oft ein System bzw. ein Dienst in einem definierten Zeitfenster ausfällt (Li et al. 2012). Je niedriger diese Frequenz, desto besser die Verfügbarkeit.

$$Paketverlust\ -Frequenz = \frac{ausgefallener\ Zeitfenster}{gesamter\ Zeitfenster}$$

Zuverlässigkeit

Die Zuverlässigkeit ermittelt, wie ein Cloud-Service in einer bestimmten Zeit und unter bestimmten Bedingungen fehlerfrei genutzt werden kann (Garg et al. 2011).

/ZU-01/ Durchschnittliche Zeit zwischen Fehlschlägen

Die bereits in der Metrik *VE-01* erwähnte Variable durchschnittliche Zeit zwischen Fehlschlägen (MTBF) ist auch ein wichtiger Indikator für die Zuverlässigkeit. Für diese Messung sind zwei Metriken bekannt. Bei der ersten Formel wird MTBF durch die Relation der gesamten Betriebszeit und der Anzahl an Fehlschlägen dargestellt (Baranwal und Vidyarthi 2014).

$$MTBF = \frac{gesamte\ Betriebszeit}{Anzahl\ an\ Fehlschlägen}$$

Bei der zweiten Formel wird die MTBF als die Summe von der durchschnittlichen Zeit bis zum Fehlschlag und bis zur Fehlerbehebung definiert (Singh und Chana 2015a).

$$MTBF = mittlere\ Zeit\ bis\ zum\ Fehler + mittlere\ Zeit\ bis\ zur\ Behebung$$

/ZU-02/ Fehlerrate

Auch durch die Fehlerrate kann ermittelt werden, wie zuverlässig ein Cloud-Service ist. Sie wird durch die Inverse der durchschnittlichen Zeit bis zum Fehlschlag dargestellt (Guérout et al. 2014).

$$Fehlerrate = \frac{1}{durchschnittliche\ Zeit\ bis\ zum\ Fehlschlag}$$

Die Fehlerrate kann auch als die durchschnittliche Anzahl an Fehlern innerhalb einer Stunde definiert werden (Qu und Buyya 2014).

$$Fehlerrate = \frac{durchschnittliche\ Anzahl\ an\ Fehler}{Stunde}$$

/ZU-03/ Genauigkeit

Die Genauigkeit eines Cloud-Services kann wie folgt berechnet werden (Singh und Chana 2015a). Hier steht *CS* für den Cloud-Service. Dabei werden die vom Cloud-Service-Kunden erwartete bzw. vom Cloud-Service-Anbieter versprochene Leistung und die tatsächlich eingehaltene Leistung betrachtet.

$$Genauigkeit = \frac{\left(erwartete\ CS - \left|erwartete\ CS - eingehaltete\ CS\right|\right)}{erwartete\ CS}$$

/ZU-04/ Genauigkeitsfrequenz

Die Genauigkeitsfrequenz eines Cloud-Services stellt die Häufigkeit an Fehlschlägen dar, zu denen der Cloud-Service-Anbieter seine versprochene Leistung nicht eingehalten hat (Garg et al. 2011). Hier steht *n* für die Anzahl der bisherigen Nutzer. Die Variable *fi* definiert, wie oft ein Cloud-Service-Anbieter die versprochenen Werte einem Nutzer i über die Zeit T nicht eingehalten hat.

$$Genauigkeitsfrequenz = \sum_i \frac{f_i}{n}$$

/ZU-05/ Stabilität

Durch die Messung der Stabilität kann die Veränderlichkeit der Leistung ermittelt werden (Garg et al. 2013). Die Stabilität misst z. B. die Abweichung von der vereinbarten spezifizierten Leistung hinsichtlich der Rechenressourcen. Hier steht *T* für die Betriebszeit, *n* für die Gesamtanzahl an Nutzer und *α* für eine Rechen-, Netzwerk- oder Speichereinheit der Ressourcen. Somit steht $\alpha_{durchschn,i}$ für die durchschnittliche Leistung, die der Nutzer *i* erhält. Und $\alpha_{vereinb,i}$ steht für die vertraglich vereinbarten Werte.

$$Stabilität = \sum \frac{\alpha_{durchschn,i} - \alpha_{vereinb,i}}{T * n}$$

7.2.2   Metriken zur Bestimmung des Sicherheitsniveaus

Während eine Vielzahl von Cloud-Service-Eigenschaften durch Metriken messbar gemacht werden kann, stellt sich insbesondere die Messung eines Sicherheitsniveaus als schwierig heraus. Gerade die qualitative Natur von Sicherheitsattributen verkompliziert die quantitative Messung eines Sicherheitsniveaus. Nichtsdestotrotz wurden in der Vergangenheit verschiedene Frameworks und Messmodelle entwickelt, welche verschiedene Sicherheitsmetriken und –Attribute quantifizierbar machen können (siehe bspw. NIST SP800-55 rev1 (National Institute of Standards and Technology 2008)). Dabei müssen Sicherheitsmetriken nicht immer numerische Werte zurückliefern, sondern können auch mit „ja" und „nein" beantwortet werden (Garg et al. 2013). Im Folgenden werden exemplarische Sicherheitsmetriken vorgestellt, die im Rahmen einer kontinuierlichen Zertifizierung überprüft werden können (siehe Tab. 7.2 für eine Übersicht).

Schwachstellen und Angriffe
Der Fokus liegt hier auf dem aktiven Erkennen der Sicherheitslücken und Schwachstelle, dem Entfernen bösartiger Malware sowie Maßnahme gegen und Schutz vor Sicherheitsangriffen (Subashini und Kavitha 2011).

/AT-01/ Schwachstellen-Scan-Frequenz
   Das aktive „Scannen" der Schwachstelle kann die Gefahr eines erfolgreichen Cloud-Angriffs mindern (Zhengwei et al. 2013). Daher ist es wichtig zu wissen, wie oft ein solches Scannen durchgeführt wird.

Tab. 7.2 Übersicht über Metriken zur Bestimmung des Sicherheitsniveaus

Metrik	Beschreibung
Schwachstellen und Angriffe	Durch diese Metriken soll festgestellt werden, wie viele Schwachstellen und Angriffe identifiziert und mitigiert wurden.
Vertraulichkeit und Integrität	Verschiedene Metriken können herangezogen werden, um sich den Grad an Vertraulichkeit und Integrität zu nähern.
Datensicherung	Metriken zur Datensicherung befassen sich mit der Wiederherstellbarkeit von Datenbackups.
IT-Sicherheits- management	Es können Kennzahlen zur Durchführung eines IT-Sicherheitsmanagement erhoben werden.

/AT-02/ Anzahl an identifizierten und mitigierten Schwachstellen

Es kann die Anzahl von identifizierten Schwachstellen sowie ein Prozentsatz über Schwachstellen, die innerhalb organisatorisch definierter Zeiträume nach der Entdeckung mitigiert wurden, gemessen werden (National Institute of Standards and Technology 2008).

/AT-03/ Schwachstelle-Korrekturrate

Die Korrekturrate eines Cloud-Services impliziert den Grad der rechtzeitig behobenen Sicherheitsanfälligkeiten eines Cloud-Services (European Commission 2014). Mit Hilfe dieser Kennzahl soll die Prozentanzahl der bekannten Schwachstellen, die bereits behoben wurden, in Relation zu den gesamten entdeckten Schwachstellen ermittelt werden.

$$Schwachstelle\text{-}Korrekturrate = \frac{Anzahl\ der\ behebten\ Schwachstellen\ in\ T}{Anzahl\ der\ gemeldeten\ Schwachstellen\ in\ T}$$

/AT-04/ Anzahl an Sicherheitsvorfällen

Die Anzahl an Sicherheitsvorfällen mit einer (potenziellen) Auswirkung auf den Cloud-Service sowie die Anzahl der Störungen kann ebenfalls protokolliert werden (I. G. Institute 2007). Auch kann analog zur Schwachstellen-Korrekturrate der Prozentsatz von gelösten Sicherheitsvorfällen innerhalb eines akzeptablen Zeitrahmens gemessen werden. Verschiedene Kategorien von Sicherheitsvorfällen können dabei unterschiedenen werden, wie bspw. physische Vorfälle (bspw. am Rechenzentrum), Denial of Service Angriffe, bösartiger Code, unsachgemäße Verwendung und Vorfälle mit personenbezogenen Daten.

/AT-05/ Reaktionszeit auf Angriffe

Als ein Indikator für die Datensicherheit kann die „Zeit bis zum Angriff" ins Verhältnis zur „Zeit bis zum Schutz" gesetzt werden (Bayuk und Mostashari 2013). Die Zeit bis zum Angriff ist durch die durchschnittliche Lebensdauer von bösartigen Aktivitäten zu bestimmen. Die Zeit bis zum Schutz ist definiert als das durchschnittliche Intervall zwischen der ersten Kenntnis der Bedrohung und die erfolgreiche Beseitigung dieser Bedrohung.

$$Reaktionszeit = \frac{Zeit\ bis\ zu\ einem\ erfolgreichen\ Angriff}{Zeit\ bis\ zum\ Schutz}$$

/AT-06/ Zeit zur Behandlung von Angriffen

Zudem kann die durchschnittliche Dauer zur Behebung von Sicherheitsvorfällen gemessen werden (I. G. Institute 2007). Diese kann auch in Abhängigkeit vom jeweiligen Schweregrad des Vorfalls gesetzt werden.

Mean time to incident recovery

$$= \frac{\sum (\textit{Datum der Behebung} - \textit{Datum des Auftretens})}{\textit{Anzahl an Vorfällen}}$$

/AT-07/ Viren per bösartigem Code

Diese Metrik stellt die Wirksamkeit der automatischen Antiviren-Kontrollen dar (Agrawal und Khan 2013). Dabei wird die Anzahl der Viren durch die Anzahl des identifizierten bösartigem Codes durch das Antiviren-Programm untersucht.

$$\textit{Viren per bösartigem Code} = \frac{\textit{Anzahl der Viren}}{\textit{Anzahl des identifizierten bösartigem Code}}$$

Vertraulichkeit und Integrität

Bei Vertraulichkeit handelt sich um autorisierte Zugangsbeschränkungen und Weitergabe von in der Cloud gespeicherten Daten (Radack 2004). Die Integrität umfasst unter anderem die Vollständigkeit und Richtigkeit von Daten (Min et al. 2007).

/VI-01/ Art der Authentifizierung

Es kann überprüft werden, welche Art von Authentifizierungsmechanismen eingesetzt wird, um die Authentifizierung sicher zu stellen (Mather et al. 2009). Beispiele hierfür sind die Kombination des Benutzernamens und Passwortes oder die Verwendung einer Zwei-Faktor-Authentifizierung. Für Zugriffe von Befugten über das Internet ist eine starke Authentifizierung erforderlich, welche meist zwei Elemente der Kategorie Wissen, Besitz oder Inhärenz verwendet. Die Elemente müssen voneinander unabhängig sein, sodass die Überwindung eines Elements die Zuverlässigkeit des anderen nicht beeinflusst und so konzipiert sein, dass die Vertraulichkeit der Authentifizierungsdaten gewährleistet ist. Administrative Zugriffe und Tätigkeiten auf kritischen Systemen sollten durch einen starken Authentisierungsmechanismus geschützt werden.

/VI-02/ Art der eingesetzten Verschlüsselungstechniken

Der Einsatz vom Verschlüsselungsverfahren ist wichtig für die Vertraulichkeit (Sadeghi et al. 2010). Für eine asymmetrische Verschlüsselung werden öffentliche bzw. unterschiedliche Schlüssel für Ver- und Entschlüsselung verwendet. Oft werden Algorithmen wie Rivest, Shamir und Adleman (RSA) eingesetzt. Die asymmetrische Verschlüsselung bietet mehr Funktionalität an und ist besonders für Multi-Mandanten-Umgebungen geeignet (Kamara und Lauter 2010), da neue Daten von mehreren Nutzern hinzugefügt werden können, ohne einen gemeinsamen Schlüssel nutzen zu müssen (Sadeghi et al. 2010). Dies gewährleistet eine bessere

Nachweisbarkeit und Robustheit, führt jedoch auch zur komplexeren Schlüsselverwaltung (Puttaswamy et al. 2011). Für eine symmetrische Verschlüsselung wird ein gemeinsamer Schlüssel für Ver- und Entschlüsselung gebraucht (Sadeghi et al. 2010). Oft wird eine Kombination dieser Verschlüsselung mit einem Nachrichtenauthentifizierungscode wie z. B. Keyed-Hash Message Authentication Code (HMAC) eingesetzt. Dieses Verfahren bietet mehr Effizienz und ist besonders für große Datenvolumen geeignet (Kamara und Lauter 2010). Jedoch führt ein Shared Key auch zu einer niedrigen Vertraulichkeit (Mather et al. 2009), weil bspw. die Zeit zum Brechen eines Schlüssels kürzer ist im Vergleich zu einer asymmetrischen Verschlüsselung. Die Stärke des Schlüssels bei einer Verschlüsselung ist ein wichtiger Indikator für die Vertraulichkeit eines Cloud-Services (Shaikh und Sasikumar 2015). Auch die Länge eines Schlüssels kann entscheidend sein. Beim Advanced Encryption Standard wird eine Schlüssellänge von mindestens 128 Bits verlangt um 128-Bits-Datenblöcken zu verschlüsseln. Beim asymmetrischen kryptographischen Verfahren wie z. B. RSA kann die Schlüssellänge 1024 Bytes betragen (Sadeghi et al. 2010).

/VI-03/ Anzahl unbefugter Zugriffe

Als eine weitere Kennzahl für die Vertraulichkeit kann auch der Prozentsatz von unbefugten Zugriffen im Verhältnis zu der Gesamtanzahl an zugriffen dienen (Saravanan und Kantham 2013).

$$Verhältnis\ von\ unbefugten\ Zugriffen =$$
$$\frac{Gesamtanzahl\ an\ Zugriffen - Anzahl\ unbefugter\ Zugriffe}{Gesamtanzahl\ an\ Zugriffen}$$

/VI-04/ Abwehrwahrscheinlichkeit

Die Abwehrwahrscheinlichkeit gibt an, wie sehr der Cloud-Service-Anbieter seine Kundendaten vor unsachgemäßer Veränderung schützt (Mouratidis et al. 2013). Hier steht die Variable „Bedrohung" für die Eintrittswahrscheinlichkeit eines Angriffs in einer bestimmten Zeitspanne und die Variable „Sicherheit" für die Wahrscheinlichkeit, dass dieses Angriff abstoßen wird (Singh und Chana 2015a).

$$Abwehrwahrscheinlichkeit = \sum \left[\left(1 - Bedrohung\right) * \left(1 - Sicherheit\right) \right]$$

/VI-05/ Datenintegrität

Die Integrität kann auch über Genauigkeit ermittelt werden (Saravanan und Kantham 2013). Dabei soll überprüft werden, ob die Ressourcen vor und nach einer Änderung noch die gleiche Genauigkeit haben. Je höher die Ausgabe dieser Metrik liefert, eine desto bessere Integrität hat ein Dienst.

$$Integrit\ddot{a}t = \frac{Prozentsatz\ der\ Genauigkeit\ nach\ \ddot{A}nderung}{Prozentsatz\ der\ Genauigkeit\ vor\ \ddot{A}nderung}$$

/VI-06/ Datenhaltbarkeit

Die Datenhaltbarkeit ist ein wichtiger Indikator für die Datenintegrität. Dabei wird geprüft, wie wahrscheinlich Daten vollständig gespeichert werden können (Li und Cao 2015).

$$Datenhaltbarkeit = \frac{monatliche\ intakte\ Daten}{monatliche\ intakte\ Daten + monatliche\ verlorene\ Daten}$$

/VI-07/ Protokollierung und Dokumentation

Um die Rechenschaftspflicht und Nichtabstreitbarkeit zu messen, soll geprüft werden, ob es manipulationssichere Protokolle aller Aktionen eines Systems gibt und diese auch fortlaufend mit Ereignisdaten befüllt werden (Xiao und Xiao 2013).

Datensicherung

Der Fokus bei Metriken zur Datensicherung liegt besonders auf der Messung der Backup-Häufigkeit und Erfolgsrate bei Datenwiederherstellung (Zhengwei et al. 2013).

/DG-01/ Backup-Frequenz

Das tägliche, halbtägliche oder stündliche Backup von Ressourcen ist essenziell für die Datensicherung und Wiederherstellung in der Cloud (Zhengwei et al. 2013). Die Frequenz der Durchführung einer Datensicherung kann daher eine wichtige Kennzahl sein.

/DG-02/ Backup-Aufbewahrungszeit

Das Backup von Daten soll über eine vereinbarte Zeit gesichert werden, bspw. 30 Tage oder ein Jahr, damit eine Datenwiederherstellung nach bestimmter Zeit noch möglich ist (European Commission 2014). Eine lange Aufbewahrungszeit führt zu einem hohen Speicherbedarf und somit hohen Aufwendungen für einen Cloud-Service-Anbieter. Eine erhöhte Aufbewahrungszeit kann daher als Qualitätskriterium für ein Cloud-Service herangezogen werden.

/DG-03/ Backup-Isolation

Cloud-Services können auch bezüglich ihres Sicherungsortes in verschiedene Stufen bewertet werden (De Chaves et al. 2010). Besitzt ein Cloud-Service-Anbieter einen dedizierten Backup-Server zur Archivierung bzw. Datensicherung, ist die Sicherheit der Backupdaten und die Wiederherstellbarkeit erhöht. Setzt ein Cloud-Service-Anbieter zusätzlich noch replizierte Server für ein Backup ein, so kann dies ebenfalls die Wiederherstellbarkeit erhöhen.

/DG-04/ Erfolgsrate bei Wiederherstellung

Bei der Wiederherstellung von Sicherungskopien ist der Prozentsatz der Daten die erfolgreich vom einem Backup wiederhergestellt werden kann entscheidend (European Commission 2014). Je höher die Erfolgsrate ist, desto besser kann die Datensicherung eines Cloud-Services bewertet werden.

IT-Sicherheitsmanagement

/SM-01/ Eingesetztes Sicherheitsbudget

Die tatsächliche Geschäftskosten für den Betrieb eines Sicherheitsprogramms gibt Aufschluss über die Zeit und Ressourcen, denen Sicherheitsfunktionen zugeordnet sind (Chapin und Akridge 2005).

/SM-02/ Informationssicherheitsschulung

Es sollte die Prozentanzahl der Mitarbeiter, die Informationssicherheitsschulung erhalten haben, durch Schulungsaufzeichnungen protokolliert werden (National Institute of Standards and Technology 2008). Auch die Effektivität von Informationssicherheitsschulung kann überprüft werden. Um das Sicherheitsbewusstsein der Mitarbeiter zu überprüfen, kann bspw. ein kurzer Test durchgeführt werden, welcher die Qualität und den Nutzen einer Schulung überprüft und das allgemeine Sicherheitsbewusstsein der Mitarbeiter aufzeigen soll.

/SM-03/ Bearbeitung von IT-Security-Tickets

Die Tickets (Help Desk), welche in Zusammenhang mit Informationssicherheits-Problemen stehen (z. B. Passwortrücksetzung, Virenbefall, etc.) können in Relation zu den gesamten Tickets gestellt werden, um einen Prozentwert über die Bearbeitung von IT-Security-Tickets zu erhalten.

/SM-04/ Rate zur Installation von Patches

Als weitere Kennzahl kann die Zeitverzögerung zwischen der Veröffentlichung von Sicherheitspatches und dem Zeitpunkt, zu dem die Patches auf den betroffenen Systemen installiert sind, gemessen werden (I. G. Institute 2007).

/SM-05/ Durchschnittliche Zeit zur Durchführung von Patches

Ähnlich kann die durchschnittliche Zeit, welche benötigt wird um einen Änderungsauftrag abzuschließen, berechnet werden (CIS 2009).

$$Mean\ time\ to\ patch$$
$$= \frac{\sum \left(Datum\ der\ Installation - Datum\ der\ Patchveröffentlichung \right)}{Anzahl\ der\ installierten\ Patches}$$

7.3   Regelwerk zur Identifizierung von Verstößen und Initiierung von Maßnahmen

Ein automatisierter Abgleich von Ergebnissen aus Messverfahren mit Zertifizierungskriterien setzt das Etablieren von Regeln voraus, die definieren, wie Verstöße gehandhabt werden. Darüber hinaus muss festgelegt werden, welche Maßnahmen bei einer identifizierten Abweichung durchgeführt werden. Je nach eingesetztem Messverfahren und der Kritikalität eines Verstoßes bieten sich unterschiedliche Maßnahmen an: von einer reinen Benachrichtigung des Cloud-Service-Anbieters oder -Kunden bis hin zum Entzug des Zertifikats.

7.3.1   Feststellung der Nicht-Erfüllung von Zertifizierungskriterien

Im Allgemeinen ist der Cloud-Service-Anbieter durch die Zertifizierungsvereinbarung verpflichtet, die Zertifizierungsstelle unverzüglich detailliert zu informieren, wenn ihm bekannt wird, dass die Voraussetzungen für die Erteilung des Zertifikats nicht vorlagen oder nicht mehr vorliegen. Wenn die Zertifizierungsstelle aufgrund der kontinuierlichen Überwachungstätigkeiten, durch Mitteilungen des Cloud-Service-Anbieters oder eines Dritten, oder aufgrund sonstiger Umstände Grund zur Annahme hat, dass die Voraussetzungen für die Zertifikatserteilung nicht vorlagen oder nicht mehr vorliegen, ergreift sie unverzüglich die erforderlichen Maßnahmen, um das Vorliegen der Voraussetzungen festzustellen.

Die Nicht-Erfüllung von Zertifizierungskriterien im Rahmen von einer kontinuierlichen Überprüfung kann verschiedene Ursachen haben. Zum einen können die fortlaufend durchgeführten Messverfahren einen Mangel feststellen. Hierbei muss unterschieden werden, ob der Mangel einmalig oder mehrmalig aufgetreten ist. Abhängig von der eingesetzten Messmethode können auch sogenannte False Positives auftreten, bei denen ein Zustand fälschlicherweise als Fehler erkannt wurde (Lins et al. 2016, 2018a). Die Messmethoden sollten daher so konfiguriert werden, dass sie nach einmaliger Feststellung eines Verstoßes ein höheres Prüfintervall für einen definierten Zeitrahmen anwenden (Stephanow et al. 2016).

Zum anderen kann die Durchführung von Überwachungen durch verschiedene Umstände und Ereignisse verzögert oder verhindert werden, sodass die Konformität zu einem Zertifizierungskriterium nicht nachgeprüft werden kann. Dies kann technische Gründe, bspw. durch den Ausfall einer Überwachungskomponente oder der Überwachungsinfrastruktur, oder organisatorische Gründe haben, da sich bspw. ein Informationsbereitstellungsprozess verzögert. Auch können äußere Faktoren auf die Durchführung einwirken, wie bspw. ein Angriff oder eine Störung des Datennetzes.

Zudem kann ein Verstoß vorliegen, wenn berechtigter Verdacht besteht oder sich herausstellt, dass der Zertifikatsinhaber die Prüf- oder Zertifizierungsstelle getäuscht oder zu täuschen versucht hat. So kann durch eine stichprobenartige Überprüfung durch einen Cloud-Service-Auditor die Manipulation von Daten festgestellt werden. Es gilt dann zu prüfen, ob es sich tatsächlich um eine beabsichtigte Manipulation durch den Cloud-Service-Anbieter handelt, oder die Abweichung der Daten durch Angriffe oder Systemfehler begründet ist.

Neben der Feststellung der Nicht-Erfüllung von Zertifizierungskriterien im Rahmen von Überwachungstätigkeiten können weitere Gründe die Zertifizierungsstelle veranlassen, die Vergabe eines Zertifikats erneut zu prüfen. Ein Zertifikatsinhaber kann freiwillig um eine Aussetzung bitten, wenn er bspw. eigenständig Mängel an seinem Cloud-Service feststellt, die es zunächst zu beheben gilt. Dieser Fall wird jedoch in der Praxis nur sehr unwahrscheinlich auftreten. Weiterhin kann es zur Durchführung von Maßnahmen kommen, wenn der Zertifikatsinhaber seine Informationspflicht (bspw. das Mitteilen von Änderungen mit wesentlichem Einfluss auf die Funktionalität) verletzt. Auch können sich Anforderungen oder Kriterien des Zertifikats im Laufe der Zeit ändern, sodass eine Nachprüfung oder andere Maßnahmen erforderlich sind.

7.3.2 Bewertung

Wird ein (mehrmaliger) Verstoß eines Zertifizierungskriteriums festgestellt, so gilt es im nächsten Schritt den Verstoß zu Bewerten. Dabei können verschiedene Faktoren berücksichtigt werden, wie das Risiko für die Nicht-Erfüllung, die Ursachen, die Wahrscheinlichkeit des Eintritts sowie die Konsequenzen in Falle eines Eintritts.

Ursachen für einen Verstoß können technische oder organisatorische Fehler, einschließlich Bedienfehler des Cloud-Service-Anbieters oder fahrlässiger Handlungen Dritter (bspw. eingebundener Subprovider) sein. Bekannte oder neue Angriffsszenarien sowie möglicher Missbrauch können auch als Ursache für einen Verstoß identifiziert werden.

In Bezug auf die Wahrscheinlichkeit des Verstoßes kann zwischen naheliegenden, seltenen und außergewöhnlichen, aber nicht als theoretisch auszuschließenden Ereignissen unterschieden werden. Zu erwartend, naheliegend sind Ereignisse, die nicht vorkommen sollen, nach der Lebenserfahrung aber trotz hinreichender Vorsicht nicht ausgeschlossen werden können und „immer wieder einmal" vorkommen, wie etwa Unfälle im Straßenverkehr oder dem technischen Defekt von Hardware. Selten sind Ereignisse, die nicht vorkommen sollen und nach der Lebenserfahrung bei hinreichender Vorsicht „praktisch nie" vorkommen, aber gleichwohl in einigen Fällen zu beobachten sind, wie etwa ein Jahrhunderthochwasser oder gezielte, umfangreiche Angriffe auf den Cloud-Service oder ein plötzlich erhöhtes Zugriffsvolumen.

Außergewöhnlich, aber nicht als theoretisch auszuschließen sind Ereignisse, die nicht vorkommen sollen und nach der Lebenserfahrung nicht auftreten, aber gleichwohl in extrem seltenen Einzelfällen zu beobachten sind, wie etwa „Black Swan"-Ereignisse oder ein unkontrollierbarer Blitzeinschlag ins Rechenzentrum.

Bei der Ermittlung oder Feststellung von möglichen Konsequenzen des Verstoßes muss unter anderem die Reichweite, die Art und Höhe des möglichen Schadens der Konsequenzen betrachtet werden. Bei der Reichweite sollte festgestellt werden, welche Bestandteile des Cloud-Services betroffen sind und wie kritisch diese Bestandteile zur Leistungserbringung sind. Dies können beispielsweise ganze Rechenzentren, einzelne Server, organisatorische Prozesse oder Mitarbeiter sein. Bei der Art und Höhe des Schadens können abhängig vom Verstoß verschiedene Dimensionen betrachtet werden, wie den Schaden für den Betrieb vom Cloud-Service (bspw. Ausfall des Services oder Leistungseinbußen), Schäden für die Cloud-Service-Kunden (bspw. Verlust von Daten), oder finanzieller Schaden für den Cloud-Service-Anbieter. Wichtig ist auch, dass überprüft werden kann, ob mögliche Konsequenzen eines Verstoßes durch andere vorhandene Sicherheitsmaßnahmen kompensiert werden können. So kann bspw. der Ausfall einer Sicherheitskomponente durch redundante Systeme ausgeglichen werden.

7.3.3 Initiierung von Maßnahmen

Eine Zertifizierungsstelle kann abhängig von der Bewertung eine Vielzahl von Maßnahmen ergreifen. Wichtig hierbei ist, dass die Zertifizierungsstelle dem Cloud-Service-Anbieter deutlich zu beschreiben hat, unter welchen Aspekten Zweifel an der Einhaltung der Zertifizierungsvoraussetzungen bestehen. Im ersten Schritt kann eine Zertifizierungsstelle insbesondere feststellen, dass eine Zwischenprüfung zur Aufrechterhaltung des Zertifikats erforderlich ist. Die Zertifizierungsstelle setzt dem Cloud-Service-Anbieter zur Durchführung der Zwischenprüfung eine angemessene Frist. Die Frist kann auf Antrag des Cloud-Service-Anbieters verlängert werden. Die Zwischenprüfung kann abhängig vom vorliegenden Verstoß stichprobenartig oder vollumfänglich für einzelne Kriterien oder den gesamten Zertifizierungskatalog durchgeführt werden. Werden Auswahl- und Ermittlungstätigkeiten für eine Zwischenprüfung notwendig, können diese durch eine ausgegliederte Prüfstelle durchgeführt werden; notwendige Bewertungs- und Entscheidungstätigkeiten müssen jedoch von der Zertifizierungsstelle durchgeführt werden. Bei einer großen Abweichung zu den Zertifizierungskriterien kann die Zertifizierungsstelle dem Cloud-Service-Anbieter eine Änderungszertifizierung empfehlen, bei dem der Cloud-Service erneut geprüft wird und ggf. einen geringeren Umfang hat (bspw. eine geringere Schutzklasse). Die Zertifizierungsstelle kann die Weiterführung der Zertifizierung unter Bedingungen, die von der Zertifizierungsstelle festgelegt werden (z. B. verstärkte Überwachung), erlauben insofern die Verletzung von Zertifizierungskriterien die Sicherheitsanforderungen nicht gefährdet und sofortige Abstellmaßnahmen durch den Cloud-Service-Anbieter vorgenommen werden.

Die Zertifizierungsstelle trifft aufgrund ihrer Feststellungen, ggf. auf der Grundlage des Zwischenprüfungsberichts, die zur Einhaltung der Zertifizierungskriterien erforderlichen Maßnahmen. Insbesondere kann die Zertifizierungsstelle das Zertifikat einschränken, für einen festgelegten Zeitraum vorbehaltlich der Abstellmaßnahmen durch den Cloud-Service-Anbieter aussetzen, oder vollständig widerrufen. Die Zertifizierungsstelle gibt dem Cloud-Service-Anbieter vor ihrer Entscheidung Gelegenheit zur Stellungnahme. Die Entscheidung über die Festlegung von Maßnahmen ist zu begründen und dem Cloud-Service-Anbieter in Textform zuzustellen.

Einschränkung des Zertifikats

Das Zertifikat kann mit Einschränkungen erteilt oder anstelle eines Widerrufs oder einer Aussetzung der Gültigkeit eingeschränkt werden, wenn zwar die Zertifizierungskriterien für das beantragte Zertifikat nicht erfüllt sind, aber die Anforderungen eines Zertifikats mit geringeren Umfang erfüllt sind. So unterscheidet bspw. das Zertifikat ‚Trusted-Cloud Datenschutzprofil‘ drei Schutzklassen, welche unterschiedliche Anforderungen an einen Cloud-Service stellen. Erfüllt ein Cloud-Service nicht mehr die Anforderungen für die höchste Schutzklasse, jedoch für eine geringere Schutzklasse, kann das Zertifikat im Sinne einer Einschränkung für eine geringere Schutzklasse erteilt werden. Abhängig von der Ausgestaltung des Zertifikats können ähnliche Einschränkungen möglich sein, wie bspw. die Einschränkung einer Zertifizierung für ein Rechenzentrum, falls ein Cloud-Service-Anbieter mehrere Rechenzentren besitzt, oder die Einschränkung einer Zertifizierung für einen Teil des Cloud-Services, wenn dieser aus verschiedenen Diensten zusammengesetzt ist.

Wenn ein Zertifikat eingeschränkt ist, muss die Zertifizierungsstelle Maßnahmen ergreifen und alle erforderlichen Änderungen an formalen Zertifizierungsdokumenten, öffentlichen Informationen, Genehmigungen zur Nutzung von Zeichen, usw. vornehmen, um sicherzustellen, dass der eingeschränkte Geltungsbereich der Zertifizierung dem Cloud-Service-Anbieter klar mitgeteilt wird und eindeutig in der Zertifizierungsdokumentation sowie in öffentlichen Informationen beschrieben ist. Hierzu zählen insb. die Änderung des Prüfzeichens sowie die Änderung des Verzeichnisses von zertifizierten Cloud-Services. Der Cloud-Service-Anbieter hat zudem seine Kunden zu informieren. Es kann erforderlich sein, dass weitere Dritte über eine Einschränkung informiert werden, wie bspw. Sub-Anbieter vom Cloud-Service-Anbieter oder Aufsichtsbehörden in Falle einer Datenschutzzertifizierung.

Der Cloud-Service-Anbieter kann jederzeit die Einschränkung des Zertifikats beantragen. Dem Antrag ist zu entsprechen, soweit dem nicht schwerwiegende Gründe entgegenstehen. Die Einschränkung des Zertifikats wird mit einer angemessenen Frist nach Zustellung der Entscheidung über die Einschränkung wirksam. Wurde eine Nachbesserung durchgeführt, kann der Cloud-Service-Anbieter jederzeit die Erweiterung der Zertifizierung beantragen, um so die Einschränkung rückgängig zu machen. Der Cloud-Service-Anbieter muss dann im Rahmen einer Änderungszertifizierung nachweisen, dass er die Anforderungen (wieder) erfüllt.

Aussetzung des Zertifikats

Die Zertifizierungsstelle kann das Zertifikat für die Dauer eines Feststellungsverfahrens oder einer Zwischenprüfung aussetzen. Eine Aussetzung bezeichnet ein vorübergehendes Außerkraftsetzen der Konformitätsaussage für den gesamten festgelegten Geltungsbereich der Bestätigung oder für Teile davon. Eine Aussetzung wird in der Regel sofort wirksam. Generell gilt, zwischen dem Widerruf und der Aussetzung eines Zertifikates zu unterscheiden. Bei der Aussetzung eines Zertifikates besteht – im Gegensatz zum Widerruf – ein berechtigtes Vertrauen, dass die Erfüllung der Kriterien in einem definierten Zeitraum wieder sichergestellt werden kann. Die Gründe für eine Aussetzung können daher den eines Entzuges entsprechen. Jedoch wird angenommen, dass der Zertifikatsinhaber befähigt ist, die Einhaltung der Kriterien wiederherzustellen.

Wenn die Zertifizierung (auf Wunsch des Cloud-Service-Anbieters) ausgesetzt wird, muss die Zertifizierungsstelle Maßnahmen ergreifen, um alle erforderlichen Veränderungen an formellen Zertifizierungsdokumenten, öffentlichen Informationen, Genehmigungen zur Nutzung von Zeichen, usw. vornehmen, um sicherzustellen, dass sie keinen Hinweis darauf geben, dass der Cloud-Service weiterhin zertifiziert ist. Hierzu zählen insb. der Entzug des Prüfzeichens sowie die Entfernung des Cloud-Services aus dem Verzeichnis von zertifizierten Diensten. Der Cloud-Service-Anbieter hat zudem seine Kunden zu informieren. Es kann erforderlich sein, dass weitere Dritte über eine Aussetzung informiert werden, wie bspw. Sub-Anbieter vom Cloud-Service-Anbieter oder Aufsichtsbehörden in Falle einer Datenschutzzertifizierung.

Wenn die Zertifizierung nach der Aussetzung wieder in Kraft gesetzt wird, muss die Zertifizierungsstelle alle Änderungen an formalen Zertifizierungsdokumenten, öffentlichen Informationen, Genehmigungen zur Nutzung von Zeichen, usw. vornehmen, um sicherzustellen, dass alle entsprechenden Hinweise, dass ein Cloud-Service weiterhin zertifiziert ist, vorhanden sind.

Eine Aussetzung des Zertifikates kann meist verlängert werden, wenn der Zertifikatsinhaber die Bemühung der Wiederherstellung glaubwürdig und nachweisbar aufzeigen kann. Sind nach Ablauf der Nachbesserungsfrist die festgestellten Mängel nicht instandgesetzt, kann das Zertifikat entzogen werden. Der Cloud-Service-

Anbieter kann jederzeit die Aussetzung des Zertifikats eigenständig beantragen. Dem Antrag ist zu entsprechen, soweit dem nicht schwerwiegende Gründe entgegenstehen.

Widerruf des Zertifikats

Der Widerruf bezeichnet das Zurückziehen der Zertifizierung. Das Zertifikat ist zu widerrufen, wenn die Zertifizierungsstelle feststellt, dass die Voraussetzungen für die Erteilung des Zertifikats nicht vorlagen oder nicht mehr vorliegen, oder wenn eine Zwischenprüfung nicht oder nicht innerhalb der festgelegten Frist durchgeführt wird. Zudem kann der Cloud-Service-Anbieter jederzeit den Widerruf des Zertifikats beantragen. Führt ein Zertifikatsinhaber mit dem Zertifikat oder dem Prüfbericht irreführende oder anderweitig unzulässige Werbung, oder verwendet er das Zertifikat auf eine andere missbräuchliche Art und Weise, so kann dies auch zu einem Entzug des Zertifikates führen.

Bevor ein Zertifikatsentzug ausgesprochen wird, sollte der Zertifikatsinhaber die Möglichkeit erhalten, zu den kritischen Punkten eine Stellungnahme abzugeben. Der Beschluss über den Entzug des Zertifikats wird dem Zertifikatsinhaber schriftlich mitgeteilt und das Zertifikat sowie alle damit verbundenen Produkte eingezogen. Der Widerruf wird in angemessener Frist nach Zustellung der Entscheidung über den Widerruf wirksam.

Wenn die Zertifizierung (auf Wunsch des Cloud-Service-Anbieters) widerrufen wird, muss die Zertifizierungsstelle Maßnahmen ergreifen, um alle erforderlichen Veränderungen an formellen Zertifizierungsdokumenten, öffentlichen Informationen, Genehmigungen zur Nutzung von Zeichen, usw. vornehmen, um sicherzustellen, dass sie keinen Hinweis darauf geben, dass der Cloud-Service weiterhin zertifiziert ist. Hierzu zählen insb. der Entzug des Prüfzeichens sowie die Entfernung des Cloud-Services aus dem Verzeichnis von zertifizierten Diensten. Der Cloud-Service-Anbieter hat zudem seine Kunden zu informieren. Es kann erforderlich sein, dass weitere Dritte über einen Widerruf informiert werden, wie bspw. Sub-Anbieter vom Cloud-Service-Anbieter oder Aufsichtsbehörden in Falle einer Datenschutzzertifizierung.

Literatur

van der Aalst WMP, de Medeiros AKA (2005) Process mining and security: detecting anomalous process executions and checking process conformance. Electron Notes Theor Comput Sci 121:3–21. https://doi.org/10.1016/j.entcs.2004.10.013
Abdeladim A, Baina S, Baina K (2014) Elasticity and scalability centric quality model for the cloud. In: Proceedings of the 2014 third IEEE International colloquium in information science and technology
Accorsi R (2007) Automated privacy audits to complement the notion of control for identity management. In: Proceedings of the first IFIP WG11.6 working conference on policies and research in identity management

Accorsi R (2011) Anwenden struktureller Nicht-Interferenz zur Sicherheitsanalyse von Workflow-Modellen. In: Proceedings of the GI-Jahrestagung

Accorsi R, Stocker T (2008) Automated privacy audits based on pruning of log data. In: Proceedings of the 12th enterprise distributed object computing conference workshops

Agrawal A, Khan RA (2013) Software security metric development framework. Am J Softw Eng Appl 2(6):150–155. https://doi.org/10.11648/j.ajsea.20130206.14

Aguado JG, Calero JMA (2014) Monpaas: an adaptive monitoring platform as a service for cloud computing infrastructures and services. IEEE Trans Serv Comput 8(1):65–78. https://doi.org/10.1109/tsc.2014.2302810

Alhamad M, Dillon T, Chang E (2010) Conceptual SLA framework for cloud computing. In: Proceedings of the 2010 4th IEEE international conference on digital ecosystems and technologies

Alles M, Brennan G, Kogan A, Vasarhelyi MA (2006) Continuous monitoring of business process controls: a pilot implementation of a continuous auditing system at siemens. Int J Account Inf Syst 7(2):137–161. https://doi.org/10.1016/j.accinf.2005.10.004

Ardagna CA, Damiani E, Jhawar R, Piuri V (2012) A model-based approach to reliability certification of services. http://piurilabs.di.unimi.it/Papers/cee_2012.pdf. Zugegriffen am 29.11.2018

Baranwal G, Vidyarthi D (2014) A framework for selection of best cloud service provider using ranked voting method. In: Proceedings of the 2014 IEEE international advance computing conference

Barish G (2002) Building scalable and high-performance java web applications using J2EE technology. Addison-Wesley Professional, Boston

Bayuk J, Mostashari A (2013) Measuring systems security. Syst Eng 16(1):1–14. https://doi.org/10.1002/sys.21211

Becker M, Lehrig S, Becker S (2015) Systematically deriving quality metrics for cloud computing systems. In: Proceedings of the 6th ACM/SPEC international conference on performance engineering

Chapin DA, Akridge S (2005) How can security be measured. Inf Syst Control J 2(1):43–47

Chen L, Hoang DB (2011) Novel data protection model in healthcare cloud. In: Proceedings of the 13th international conference on high performance computing and communications

Chen HCH, Lee PPC (2014) Enabling data integrity protection in regenerating-coding-based cloud storage. IEEE Trans Parallel Distrib Syst 25(2):407–416. https://doi.org/10.1109/tpds.2013.164

Chieu TC, Singh M, Tang C, Viswanathan M, Gupta A (2012) Automation system for validation of configuration and security compliance in managed cloud services. In: Proceedings of the ninth International conference on e-Business engineering

Chou CL-y, Du T, Lai VS (2007) Continuous auditing with a multi-agent system. Decis Support Syst 42(4):2274–2292. https://doi.org/10.1016/j.dss.2006.08.002

CIS (2009) The CIS security metrics V1.0.0. http://www.itsecure.hu/library/image/CIS_Security_Metrics-Quick_Start_Guide_v1.0.0.pdf. Zugegriffen am 29.11.2018

Clayman S, Clegg R, Mamatas L, Pavlou G, Galis A (2011) Monitoring, aggregation and filtering for efficient management of virtual networks. In: Proceedings of the 7th international conference on network and service management

Comuzzi M, Spanoudakis G (2010) Dynamic set-up of monitoring infrastructures for service based systems. In: Proceedings of the 2010 ACM symposium on applied computing

David JS, Steinbart PJ (1999) Drowning in data. Strategic Financ 81(6):30–36

De Chaves SA, Westphall CB, Lamin FR (2010) SLA perspective in security management for cloud computing. In: Proceedings of the 2010 sixth international conference on networking and services

Doelitzscher F, Reich C, Knahl M, Passfall A, Clarke N (2012) An agent based business aware incident detection system for cloud environments. J Cloud Comput 1(9):1–19. https://doi.org/10.1186/2192-113X-1-9

Doelitzscher F, Reich C, Knahl M, Clarke N (2013) Understanding cloud audits. In: Pearson S, Yee G (Hrsg) Privacy and security for cloud computing. Springer London, S 125–163

Doganata Y, Curbera F (2009) Effect of Using Automated Auditing Tools on Detecting Compliance Failures in Unmanaged Processes. In: Dayal U, Eder J, Koehler J, Reijers H (Hrsg) Business process management. Lecture notes in computer science. Springer, Berlin/Heidelberg, S 310–326. https://doi.org/10.1007/978-3-642-03848-8_21

Doll B, Kühn R, de Meer H (2018) Beispielhafte Testszenarien: Verfügbarkeit Und Kontrollfähigkeit. In: Krcmar H, Eckert C, Roßnagel A, Sunyaev A, Wiesche M (Hrsg) Management sicherer Cloud-Services: Entwicklung und Evaluation dynamischer Zertifikate. Springer Fachmedien Wiesbaden, Wiesbaden, S 249–260. https://doi.org/10.1007/978-3-658-19579-3_20

Du H, Roohani S (2007) Meeting challenges and expectations of continuous auditing in the context of independent audits of financial statements. Int J Audit 11(2):133–146. https://doi.org/10.1111/j.1099-1123.2007.00359.x

Emeakaroha VC, Brandic I, Maurer M, Dustdar S (2010) Low level metrics to high level SLAs – LoM2HiS framework: bridging the gap between monitored metrics and SLA parameters in cloud environments. In: Proceedings of the 2010 international conference on high performance computing and simulation

Emeakaroha VC, Netto MAS, Calheiros RN, Brandic I, Buyya R, De Rose CAF (2012) Towards autonomic detection of SLA violations in cloud infrastructures. Futur Gener Comput Syst 28(7):1017–1029. https://doi.org/10.1016/j.future.2011.08.018

European Commission (2014) Cloud service level agreement standardisation guidelines. http://ec.europa.eu/information_society/newsroom/cf/dae/document.cfm?action=display&doc_id=6138. Zugegriffen am 26.03.2016

Fang C-L, Liang D, Lin F, Lin C-C, Chu WC-C (2006) A portable interceptor mechanism on SOAP for continuous audit. In: Proceedings of the 2006 13th Asia Pacific software engineering conference

Ficco M, Rak M, Venticinque S, Tasquier L, Aversano G (2015) Cloud Evaluation: Benchmarking and Monitoring. In: Bruneo D, Distefano S (Hrsg) Quantitative assessments of distributed systems. Performability engineering series. Wiley, Hoboken, S 175–199. https://doi.org/10.1002/9781119131151.ch7

Fu Q, Lou J-G, Wang Y, Li J (2009) Execution anomaly detection in distributed systems through unstructured log analysis. In: Proceedings of the ninth IEEE international conference on data mining

Futrell RT, Shafer DF, Shafer L (2002) Quality software project management. Software quality institute series. Prentice Hall PTR, Upper Saddle River

Garg SK, Versteeg S, Buyya R (2011) Smicloud: a framework for comparing and ranking cloud services. In: Proceedings of the 2011 Fourth IEEE international conference on utility and cloud computing

Garg SK, Versteeg S, Buyya R (2013) A framework for ranking of cloud computing services. Futur Gener Comput Syst 29(4):1012–1023. https://doi.org/10.1016/j.future.2012.06.006

Ghulam A, Shaikh NA, Shaikh ZA (2008) Towards an automated multiagent system to monitor user activities against insider Threat. In: Proceedings of the international symposium on biometrics and security technologies

Giblin CJ, Mueller S, Pfitzmann B (2006) From regulatory policies to event monitoring rules: towards model-driven compliance automation. http://citeseerx.ist.psu.edu/viewdoc/download?doi=10.1.1.473.42&rep=rep1&type=pdf. Zugegriffen am 29.11.2018

Goel N, Kumar NVN, Shyamasundar RK (2011) SLA monitor: a system for dynamic monitoring of adaptive web services. In: Proceedings of the ninth IEEE European conference on web services

Gonzalez J, Munoz A, Mana A (2011) Multi-layer monitoring for cloud computing. In: Proceedings of the IEEE 13th international symposium on high-assurance systems engineering

Guérout T, Medjiah S, Da Costa G, Monteil T (2014) Quality of service modeling for green scheduling in clouds. Sustain Comput Inform Syst 4(4):225–240. https://doi.org/10.1016/j.suscom.2014.08.006

Hasan, Stiller B (2005) A generic model and architecture for automated auditing. In: Proceedings of the 16th IFIP/IEEE Ambient networks international conference on distributed systems: operations and management

He K, Huang C, Wang J, Zhou H, Chen X, Lu Y, Zhang L, Wang B (2013) An efficient public batch auditing protocol for data security in multi-cloud storage. In: Proceedings of the 2013 8th ChinaGrid annual conference

Herbst NR, Kounev S, Reussner R (2013) Elasticity in cloud computing: what it is, and what it is not. In: Proceedings of the 10th international conference on autonomic computing

Hofmann JM (2018) Bedeutungswandel Der „Verfügbarkeit" Aus Rechtlicher Perspektive. In: Krcmar H, Eckert C, Roßnagel A, Sunyaev A, Wiesche M (Hrsg) Management sicherer Cloud-Services: Entwicklung und Evaluation dynamischer Zertifikate. Springer Fachmedien Wiesbaden, Wiesbaden, S 261–269. https://doi.org/10.1007/978-3-658-19579-3_21

Hunton JE, Rose JM (2010) 21st century auditing. Account Horiz 24(2):297–312. https://doi.org/10.2308/acch.2010.24.2.297

I. G. Institute (2007) Cobit 4.1

Jans M, Alles M, Vasarhelyi M (2013) The case for process mining in auditing. Methodol AIS Res 14(1):1–20. https://doi.org/10.1016/j.accinf.2012.06.015

Jiang ZM, Hassan AE, Hamann G, Flora P (2008) An automated approach for abstracting execution logs to execution events. J Softw Evol Process 20(4):249–267. https://doi.org/10.1002/smr.374

Kamara S, Lauter K (2010) Cryptographic cloud storage. In: Sion R, Curtmola R, Dietrich S et al (Hrsg) Financial cryptography and data security. Springer, Berlin/Heidelberg, S 136–149. https://doi.org/10.1007/978-3-642-14992-4_13

Katsaros G, Kübert R, Gallizo G (2011) Building a service-oriented monitoring framework with rest and nagios. In: Proceedings of the IEEE international conference on services computing

Kim J, Kim I, Eom YI (2010) NOPFIT: file system integrity tool for virtual machine using multi-byte NOP injection. In: Proceedings of the international conference on computational science and its applications

Ko RKL, Jagadpramana P, Mowbray M, Pearson S, Kirchberg M, Liang Q, Lee B (2011) Trustcloud: a framework for accountability and trust in cloud computing. In: Proceedings of the 2011 IEEE world congress on services

Krotsiani M, Spanoudakis G, Mahbub K (2013) Incremental certification of cloud services. In: Proceedings of the 7th international conference on emerging security information, systems and technologies

Kwon O, Koo D, Shin Y, Yoon H (2014) A secure and efficient audit mechanism for dynamic shared data in cloud storage. Sci World J 2014:1–11. https://doi.org/10.1155/2014/820391

Lamparter S, Luckner S, Mutschler S (2007) Formal specification of web service contracts for automated contracting and monitoring. In: Proceedings of the 40th annual Hawaii international conference on system sciences

Li W, Cao F (2015) Trusted cloud service certification and evaluation. In: Proceedings of the international conference on trustworthy computing and services

Li Z, Brien LO, Zhang H, Cai R (2012) On a catalogue of metrics for evaluating commercial cloud services. In: Proceedings of the 2012 ACM/IEEE 13th international conference on grid computing

Lin C-C, Lin F, Liang D (2010) An Analysis of using state of the art technologies to implement real-time continuous assurance. In: Proceedings of the 2010 6th world congress on services

Lins S, Sunyaev A (2018a) Einsatz Von Monitoring-Basierten Messmethoden Zur Dynamischen Zertifizierung Von Cloud-Services. In: Krcmar H, Eckert C, Roßnagel A, Sunyaev A, Wiesche M (Hrsg) Management sicherer Cloud-Services: Entwicklung und Evaluation dynamischer Zertifikate. Springer Fachmedien Wiesbaden, Wiesbaden, S 203–222. https://doi.org/10.1007/978-3-658-19579-3_16

Lins S, Sunyaev A (2018b) Konzeptionelle Architektur Von Dynamischen Zertifizierungen. In: Krcmar H, Eckert C, Roßnagel A, Sunyaev A, Wiesche M (Hrsg) Management sicherer Cloud-Services: Entwicklung und Evaluation dynamischer Zertifikate. Springer Fachmedien Wiesbaden, Wiesbaden, S 121–135. https://doi.org/10.1007/978-3-658-19579-3_11

Lins S, Thiebes S, Schneider S, Sunyaev A (2015) What is really going on at your cloud service provider? In: Proceddings of the 48th Hawaii international conference on system science

Lins S, Grochol P, Schneider S, Sunyaev A (2016) Dynamic certification of Cloud Services: Trust, but Verify! IEEE Secur Priv 14(2):67–71. https://doi.org/10.1109/MSP.2016.26

Lins S, Schneider S, Sunyaev A (2018a) Trust is good, control is better: creating secure clouds by continuous auditing. IEEE Trans Cloud Comput 6(3):890–903. https://doi.org/10.1109/tcc.2016.2522411

Lins S, Schneider S, Szefer J, Ibraheem S, Sunyaev A (2018b) Designing monitoring systems for continuous certification of cloud services: deriving meta-requirements and design guidelines. Commun AIS (im Druck)

Lins S, Thiebes S, Sunyaev A (2018c) Status Quo: Eine Vergleichende Analyse Von Methodiken Und Techniken Zur Kontinuierlichen Überprüfung Von Cloud-Services. In: Krcmar H, Eckert C, Roßnagel A, Sunyaev A, Wiesche M (Hrsg) Management sicherer Cloud-Services: Entwicklung und Evaluation dynamischer Zertifikate. Springer Fachmedien Wiesbaden, Wiesbaden, S 159–176. https://doi.org/10.1007/978-3-658-19579-3_14

Liu Q, Weng C, Li M, Luo Y (2010) An in-VM measuring framework for increasing virtual machine security in clouds. IEEE Secur Priv 8(6):56–62. https://doi.org/10.1109/MSP.2010.143

Liu C, Chen J, Yang L, Zhang X, Yang C, Ranjan R, Ramamohanarao K (2013) Authorized public auditing of dynamic big data storage on cloud with efficient verifiable fine-grained updates. IEEE Trans Parallel Distrib Syst 25(9):2234–2244. https://doi.org/10.1109/TPDS.2013.191

Lunt TF (1993) A survey of intrusion detection techniques. Comput Secur 12(4):405–418. https://doi.org/10.1016/0167-4048(93)90029-5

Massonet P, Naqvi S, Ponsard C, Latanicki J, Rochwerger B, Villari M (2011) A monitoring and audit logging architecture for data location compliance in federated cloud infrastructures. In: Proceedings of the IEEE international symposium on parallel and distributed processing workshops and Phd Forum

Mather T, Kumaraswamy S, Latif S (2009) Cloud security and privacy: an enterprise perspective on risks and compliance. O'Reilly, Sebastopol

Min X, Haixun W, Jian Y, Xiaofeng M (2007) Integrity auditing of outsourced data. In: Proceedings of the 33rd international conference on very large data bases

Modi C, Patel D, Borisaniya B, Patel H, Patel A, Rajarajan M (2013) A survey of intrusion detection techniques in cloud. J Netw Comput Appl 36(1):42–57. https://doi.org/10.1016/j.jnca.2012.05.003

Montes J, Sánchez A, Memishi B, Pérez MS, Antoniu G (2013) Gmone: a complete approach to cloud monitoring. Futur Gener Comput Syst 29(8):2026–2040. https://doi.org/10.1016/j.future.2013.02.011

Mouratidis H, Islam S, Kalloniatis C, Gritzalis S (2013) A framework to support selection of cloud providers based on security and privacy requirements. J Syst Softw 86(9):2276–2293. https://doi.org/10.1016/j.jss.2013.03.011

National Institute of Standards and Technology (2008) Performance measurement guide for information security. https://csrc.nist.gov/publications/detail/sp/800-55/rev-1/final. Zugegriffen am 29.11.2018

Nithiavathy R (2013) Data integrity and data dynamics with secure storage service in cloud. In: Proceedings of the 2013 international conference on pattern recognition, informatics and mobile engineering

Perols JL, Murthy US (2012) Information fusion in continuous assurance. J Inf Syst 26(2):35–52. https://doi.org/10.2308/isys-50216

Peterson JL (1977) Petri nets. ACM Comput Surv 9(3):223–252. https://doi.org/10.1145/356698.356702

Povedano-Molina J, Lopez-Vega JM, Lopez-Soler JM, Corradi A, Foschini L (2013) Dargos: a highly adaptable and scalable monitoring architecture for multi-tenant clouds. Futur Gener Comput Syst 29(8):2041–2056. https://doi.org/10.1016/j.future.2013.04.022

Puttaswamy KPN, Kruegel C, Zhao, Ben Y (2011) Silverline: toward data confidentiality in storage-intensive cloud applications. In: Proceedings of the 2nd ACM symposium on cloud computing

Qu C, Buyya R (2014) A cloud trust evaluation system using hierarchical fuzzy inference system for service selection. In: Proceedings of the 2014 IEEE 28th international conference on advanced information networking and applications

Radack S (2004) Standards for security categorization of federal information and information systems. http://csrc.nist.gov/publications/fips/fips199/FIPS-PUB-199-final.pdf. Zugegriffen am 29.11.2018

Romano L, Mari Dd, Jerzak Z, Fetzer C (2011) A novel approach to QoS monitoring in the cloud. In: Proceedings of the first international conference on data compression, communications and processing

Sackmann S, Kähmer M (2008) Expdt: Ein Policy-Basierter Ansatz zur Automatisierung von Compliance. Wirtschaftsinformatik 50(5):366–374. https://doi.org/10.1007/s11576-008-0078-1

Sadeghi A-R, Schneider T, Winandy M (2010) Token-based cloud computing. In: Acquisti A, Smith SW, Sadeghi A-R (Hrsg) Trust and trustworthy computing. Springer, Berlin/Heidelberg, S 417–429. https://doi.org/10.1007/978-3-642-13869-0_30

Sanders R, Brataas G, Cecowski M, Haslum K, Ivanšek S, Polutnik J, Viken B (2015) Cloudstore–towards scalability benchmarking in cloud computing. Procedia Comput Sci 68:78–88. https://doi.org/10.1016/j.procs.2015.09.225

Saravanan MKK, Kantham ML (2013) An enhanced Qos architecture based framework for ranking of cloud services. Int J Eng Trends Technol 4(4):1022–1031

Schiffman J, Sun Y, Vijayakumar H, Jaeger T (2013) Cloud verifier: verifiable auditing service for IaaS clouds. In: Proceedings of the 2013 IEEE ninth world congress on services

Shaikh R, Sasikumar M (2015) Trust model for measuring security strength of cloud computing service. Procedia Comput Sci 45(1):380–389. https://doi.org/10.1016/j.procs.2015.03.165

Shao J, Wang Q (2011) A performance guarantee approach for cloud applications based on monitoring. In: Proceedings of the 2011 IEEE 35th annual computer software and applications conference workshops

Shao J, Wei H, Wang Q, Mei H (2010) A runtime model based monitoring approach for cloud. In: Proceedings of the IEEE 3rd international conference on cloud computing

Sharif MI, Lee W, Cui W, Lanzi A (2009) Secure in-VM monitoring using hardware virtualization. In: Proceedings of the 16th ACM conference on computer and communications security

Shawky D, Ahmed A (2012) Defining a measure of cloud computing elasticity. In: Proceedings of the 2012 1st international conference on systems and computer science

Sheng QZ, Maamar Z, Yao L, Szabo C, Bourne S (2014) Behavior modeling and automated verification of web services. Inf Sci 258:416–433. https://doi.org/10.1016/j.ins.2012.09.016

Singh S, Chana I (2014) Metrics based workload analysis technique for IaaS cloud. In: Proceedings of the international conference on next generation computing and communication technologies

Singh S, Chana I (2015a) Q-aware: quality of service based cloud resource provisioning. Comput Electr Eng 47(1):138–160. https://doi.org/10.1016/j.compeleceng.2015.02.003

Singh S, Chana I (2015b) Qrsf: QoS-aware resource scheduling framework in cloud computing. J Supercomput 71(1):241–292

Singleton T, Flesher DL (2003) A 25-year retrospective on the IIAs SAC projects. Manag Audit J 18(1):39–53. https://doi.org/10.1108/02686900310454237

Stephanow P, Banse C (2018) Ansatz Der Dynamischen Zertifizierung. In: Krcmar H, Eckert C, Roßnagel A, Sunyaev A, Wiesche M (Hrsg) Management sicherer Cloud-Services: Entwicklung und Evaluation dynamischer Zertifikate. Springer Fachmedien Wiesbaden, Wiesbaden, S 113–120. https://doi.org/10.1007/978-3-658-19579-3_10

Stephanow P, Srivastava G, Schütte J (2016) Test-based cloud service certification of opportunistic providers. In: Proceedings of the 2016 IEEE 9th international conference on cloud computing

Subashini S, Kavitha V (2011) A survey on security issues in service delivery models of cloud computing. J Netw Comput Appl 34(1):1–11. https://doi.org/10.1016/j.jnca.2010.07.006

Suleiman B, Sakr S, Jeffery R, Liu A (2012) On understanding the economics and elasticity challenges of deploying business applications on public cloud infrastrucuture. J Internet Serv Appl 3(2):173–193. https://doi.org/10.1007/s13174-011-0050-y

Vidyashree C, Kumar VC (2015) An effective approach to find a best cloud service provider using ranked voting method. http://docplayer.net/8338766-An-effective-approach-to-find-a-best-cloud-service-provider-using-ranked-voting-method.html. Zugegriffen am 29.11.2018

Wang C, Wang Q, Ren K, Lou W (2009) Ensuring data storage security in cloud computing. In: Proceedings of the 2009 17th international workshop on quality of service

Wang B, Li B, Li H (2012a) Knox: privacy-preserving auditing for shared data with large groups in the cloud. In: Proceedings of the international conference on applied cryptography and network security

Wang Y, Mao Y, Luo Y (2012b) An in-out-VM measurement architecture against dynamic attacks in clouds. In: Proceedings of the IEEE 14th international conference on communication technology

Wang B, Li H, Li M (2013) Privacy-preserving public auditing for shared cloud data supporting group dynamics. In: Proceedings of the 2013 IEEE international conference on communications

Wei L, Zhu H, Cao Z, Dong X, Jia W, Chen Y, Vasilakos AV (2014) Security and privacy for storage and computation in cloud computing. Inf Sci 258:371–386. https://doi.org/10.1016/j.ins.2013.04.028

Wen L, Wang J, Aalst WM, Huang B, Sun J (2009) A novel approach for process mining based on event types. J Intell Inf Syst 32(2):163–190. https://doi.org/10.1007/s10844-007-0052-1

Wu C-H, Shao YE, Ho B-Y, Chang T-Y (2008) On an agent-based architecture for collaborative continuous auditing. In: Proceedings of the 12th international conference on computer supported cooperative work in design

Xiang G, Jin H, Zou D, Zhang X, Wen S, Zhao F (2010) Vmdriver: a driver-based monitoring mechanism for virtualization. In: Proceedings of the 29th IEEE symposium on reliable distributed systems

Xiao Z, Xiao Y (2013) Security and privacy in cloud computing. IEEE Commun Surv Tutorials 15(2):843–859. https://doi.org/10.1109/SURV.2012.060912.00182

Yang K, Jia X (2013) An efficient and secure dynamic auditing protocol for data storage in cloud computing. IEEE Trans Parallel Distrib Syst 24(9):1717–1726. https://doi.org/10.1109/TPDS.2012.278

Ye H, Yang J, Gan Y (2012) Research on continuous auditing based on multi-agent and web services. In: Proceedings of the 2012 international conference on management of e-commerce and e-government

Zhao Y, Zhou F, Fan X (2012) A real-time visualization framework for IDS alerts. In: Proceedings of the 5th international symposium on Visual Information Communication and Interaction. VINCI '12

Zhengwei J, Ran D, Zhigang L, Xihong W, Baoxu L (2013) A meta-synthesis approach for cloud service provider selection based on SecSLA. In: Proceedings of the 2013 International conference on computational and information sciences

Zhu Y, Ahn G-J, Hu H, Yau SS, An HG, Hu C-J (2013) dynamic audit services for outsourced storages in clouds. IEEE Trans Serv Comput 6(2):227–238. https://doi.org/10.1109/TSC.2011.51

Żmuda D, Psiuk M, Zieliński K (2010) Dynamic monitoring framework for the SOA execution environment. Procedia Comput Sci 1(1):125–133. https://doi.org/10.1016/j.procs.2010.04.015

Monitoring-basiertes Zertifizierungsverfahren

8

Zusammenfassung

Die Durchführung von monitoring-basierten Zertifizierungsverfahren birgt einige Vorteile, jedoch gilt es einige Herausforderungen bei der Umsetzung zu überwinden. Aus diesem Grund werden in diesem Kapitel Anforderungen an Monitoring-Systeme und Richtlinien zum Design von Monitoring-Systemen zur kontinuierlichen Zertifizierung vorgestellt. Abschließend wird die Machbarkeit durch die Entwicklung eines Prototypens evaluiert.

8.1 Monitoring-basierte Messverfahren zur Durchführung einer kontinuierlichen Zertifizierung

Eine kontinuierliche Zertifizierung erfordert die regelmäßige Erhebung und Bewertung von umfangreichen Datensätzen durch einen Cloud-Service-Auditor. Der Zugriff auf zertifizierungsrelevante Daten und damit auch die Datenerhebungsfähigkeiten von Cloud-Service-Auditoren können jedoch aus technischen, organisatorischen und rechtlichen Gründen eingeschränkt sein (siehe Kap. 6). Um diese Einschränkungen zu bewältigen, müssen viele zertifizierungsrelevanten Daten vom Cloud-Service-Anbieter selbst erhoben und anschließend für die Cloud-Service-Auditoren zugänglich gemacht werden. Die Durchführung eines kontinuierlichen Monitorings durch einen Cloud-Service-Anbieter bildet daher eine Voraussetzung für die Bereitstellung von zertifizierungsrelevanten Daten und ist notwendig,

© Springer-Verlag GmbH Deutschland, ein Teil von Springer Nature 2019
S. Lins et al., *Cloud-Service-Zertifizierung*,
https://doi.org/10.1007/978-3-662-58857-4_8

189

um eine effiziente, kontinuierliche Zertifizierung durchführen zu können. Im Rahmen einer kontinuierlichen Zertifizierung wird dieses Vorgehen als *monitoring-basiertes Zertifizierungsverfahren* bezeichnet.

Dieses Kapitel geht der Frage nach, wie die bei einem Cloud-Service-Anbieter vorhandenen internen Monitoring-Systeme genutzt werden können, um eine kontinuierliche und automatisierte Überprüfung durch einen Cloud-Service-Auditor zu ermöglichen, damit dieser Aussagen über die Einhaltung von Zertifizierungskriterien treffen kann. Dazu wird vorgeschlagen, ein Cloud-Service-Zertifizierungs-Monitoring-System (CSZ-Monitoring-System) einzusetzen, welches Monitoring-Daten von vorhandenen Monitoring-Systemen des Cloud-Services erhebt und integriert, und im Anschluss für die Übertragung an einen Cloud-Service-Auditor vorbereitet. Dieses Kapitel fasst die wichtigsten Erkenntnisse aus Lins et al. (2018b) zusammen.

Kontinuierliches Monitoring

Um vielfältige Cloud-Risiken zu vermeiden, überwachen Cloud-Service-Anbieter ihre Service-Infrastrukturen bereits fortlaufend durch den Einsatz von einer Vielzahl von Monitoring-Systemen (Lins und Sunyaev 2018a). Als kontinuierliches Monitoring bezeichnet man einen fortlaufenden Prozess, der dazu dient, ein System und seine Anwendungen zu überwachen und zu analysieren, und die Ergebnisse dieser Vorgänge zu protokollieren (Mell et al. 2012). Um ein kontinuierliches Monitoring zu erreichen, muss der Cloud-Service-Anbieter seine Infrastruktur mit Monitoring-Systemen ausstatten (Aceto et al. 2013). Ein Cloud-Monitoring-System ist ein selbstregulierendes und typischerweise Multi-threaded-System, das verschiedene Überwachungsfunktionen unterstützen kann (Anand 2012). Monitoring-Systeme generieren Metriken über die Cloud-Infrastruktur, welche Administratoren dabei unterstützen, die Hard- und Software zu verwalten. Es versetzt Cloud-Service-Anbieter unter anderem in die Lage, Fehler und Probleme zu identifizieren, die Zuverlässigkeit des Cloud-Services sicherzustellen, Service-Level-Agreements besser zu definieren sowie Preismodelle flexibler zu gestalten und Kosten genauer abzurechnen.

Es existieren verschiedene Konzepte, wie Monitoring-Systeme in die Cloud-Infrastruktur implementiert werden können. Der klassische Fall ist eine Client-Server-Infrastruktur, siehe hierzu Abb. 8.1 (Fatema et al. 2014; Lins und Sunyaev 2018a). Auf der untersten Ebene werden Monitoring-Agenten von einem Monitoring-Server auf zu überwachenden Ressourcen bereitgestellt (agent-based approach). Agenten sind Softwareobjekte, die individuelle Ziele durch eine autonome Durchführung von Aktionen und Reaktionen auf Ereignisse in einem dynamischen Umfeld erreichen (Chou et al. 2007). Diese Agenten können auf

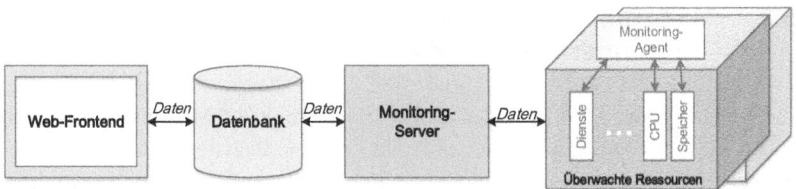

Abb. 8.1 Traditionelle Monitoring-Systemarchitekturen (in Anlehnung an Fatema et al. (2014))

verschiedenen Ebenen, zum Beispiel auf der physischen Infrastruktur, Netzwerk, Hardware, Betriebssysteme, Middleware, Applikations- und User Levels eingesetzt werden (Aceto et al. 2013), um metrische Werte zu messen und sie an einen Monitoring-Server zurückzusenden (Fatema et al. 2014). Ein Monitoring-System kann nach diesem Schichtenmodell auf jeder dieser Ebenen Daten mittels eines Monitoring-Agenten erheben. Eine durchdachte Platzierung von Agenten ist wichtig, um möglichst alle Vorkommnisse überwachen zu können. Im Gegensatz dazu, bei Monitoring ohne den Einsatz von Agenten (agentless approach), werden Metriken unter Verwendung einer zugänglichen Schnittstelle, die von der zu überwachenden Ressource angeboten wird, oder durch Analysieren von Netzwerkpaketen zwischen Ressourcen gemessen. Ein Monitoring-Server analysiert generierte Metriken und speichert die Ergebnisse in einer Datenbank. Auf der höchsten Monitoring-Schicht zeigt ein Web-Frontend gespeicherte Daten an oder bietet Administratoren die Möglichkeit, unter anderem Graphen oder Service-Level-Agreement-Reports zu erstellen.

Es gibt bereits eine breite Auswahl an kommerziellen (zum Beispiel „Amazon CloudWatch") und Open-Source Cloud-Monitoring-Systemen und -Tools (zum Beispiel Nagios, Zabbix und Icinga). Bestehende Monitoring-Systeme sind jedoch nur für interne Überwachungszwecke konzipiert und die dadurch erhobenen Informationen werden nur In-House gelagert und durch Systemadministratoren überprüft. Aus diesem Grund muss ein neues Monitoring-System zur Durchführung des monitoring-basierten Zertifizierungsverfahrens entwickelt und in die Cloud-Infrastruktur eingebettet werden. Dieses Monitoring-System erhebt zertifizierungsrelevante Monitoring-Daten aus bestehenden Monitoring-Systemen (zum Beispiel Daten aus Nagios), integriert und aggregiert erhobene Daten, und übersendet zertifizierungsrelevanten Daten einem Cloud-Service-Auditor zur Überprüfung. Dieses System wird im Folgenden als Cloud-Service-Zertifizierungs-Monitoring-System (CSZ-Monitoring-System) bezeichnet.

8.2 Anforderungen an Monitoring-Systeme für die kontinuierliche Zertifizierung

Zur Ableitung von Anforderungen an das Design von CSZ-Monitoring-Systemen haben wir fünf Fokusgruppeninterviews mit Zertifizierungsstellen, Cloud-Service-Anbieter und -Beratern sowie zehn Einzelinterviews mit Cloud-Kunden durchgeführt. Weiterführende Informationen zur Methodik können unter Lins et al. (2018b) eingesehen werden. Im Folgenden werden wesentliche Anforderungen vorgestellt und sind dabei nach der traditionellen Monitoring-Systemarchitektur gruppiert: Ressourcen-Schicht, Monitoring-Server, Datenbank und Interface (siehe Abb. 8.1). Zudem werden nicht-funktionale Anforderungen dargestellt, welche als Empfehlungen für das Design des CSZ-Monitoring-Systems über die verschiedenen Ebenen hinweg dienen. Dabei werden einige Zitate aus den Interviews mit Cloud-Experten angeführt, um den Sachverhalt zu verdeutlichen.

8.2.1 Ressourcen-Schicht: Erhebung von Monitoring-Daten

Erfassung relevanter Daten für Cloud-Service-Zertifizierungen
Bei der Durchführung einer kontinuierlichen Zertifizierung benötigen Zertifizierungsstellen verschiedene Datensätze, um die Einhaltung der Zertifizierungskriterien zu bewerten. Vor dem Entwurf eines CSZ-Monitoring-Systems für die kontinuierliche Zertifizierung müssen ein Cloud-Service-Anbieter und eine Zertifizierungsstelle eine Reihe von Zertifizierungskriterien festlegen, die ständig überprüft werden, da Cloud-Service-Anbieter nicht in der Lage sind für jedes Kriterium geeignete Daten bereitzustellen. *„Es gibt keine festen Regeln, welches Kriterium überwacht werden kann. Verfügbarkeit zum Beispiel. Die Verfügbarkeit kann automatisch beurteilt werden" [Cloud-Service-Anbieter].*

Das am häufigsten geforderte Kriterium in unseren Interviews ist die Sicherstellung der Service-Verfügbarkeit; daher sollte ein Monitoring-System Daten über die Verfügbarkeit von Cloud-Services erheben, die Systemredundanz aufrechterhalten und Mechanismen zur Wiederherstellung von Daten nutzen. *„Wenn ich meine Daten in die Cloud auslagere, muss ich sicher sein, dass ich jederzeit auf meine Daten zugreifen kann. Die Verfügbarkeit von Diensten spielt eine große Rolle, denn mit der Verfügbarkeit stelle ich sicher, dass mein Unternehmen funktionsfähig ist" [Cloud-Service-Kunde].* Das zweitwichtigste Kriterium ist die Sicherstellung, dass die Daten an Orten verarbeitet und gespeichert werden, die den gesetzlichen Anforderungen entsprechen. *„Für uns ist es wichtig, dass Daten, die wir in die Cloud auslagern, in [Land X] bleiben. Mit unseren*

Cloud-Service-Anbietern haben wir spezielle Vereinbarungen getroffen, um sicherzustellen, dass sie aus Kostengründen kein neues Rechenzentrum in [Land Y] einrichten. Ich stelle mir vor, dass eine kontinuierliche Zertifizierung bestätigt, dass diese Bedingungen immer noch erfüllt sind" [Cloud-Service-Kunde]. Schließlich werden von Cloud-Experten Penetrationstests gefordert, um sicherzustellen, dass mögliche Schwachstellen im System frühzeitig erkannt werden. *„Um sicher zu gehen, dass man nicht von außen angegriffen werden kann. Das ist das Wichtigste für Anbieter"* [Cloud-Service-Kunde]. Weitere Zertifizierungskriterien, die überprüft werden können, sind die Validierung des Zugangsmanagements, die Überprüfung der bereitgestellten Servicefunktionalitäten, die Bewertung von Exit-Management-Prozessen sowie der Nachweis der Einhaltung von Service-Level-Agreements.

Datenerfassung durch Nutzung vorhandener Überwachungstechnologien
Um den Datenbedarf einer Zertifizierungsstelle zu decken, müssen die meisten zertifizierungsrelevanten Daten vom Cloud-Service-Anbieter erhoben und anschließend zugänglich gemacht werden, da externen Zertifizierungsstellen ein umfassender Zugriff auf die Systeme eines Anbieters fehlt. *„Die Überwachung erfolgt unter der Kontrolle des Cloud-Service-Anbieters. In Bezug auf die Datenbereitstellung und das, was gesammelt und aggregiert wird, steht alles unter der Hoheit des Anbieters"* [Zertifizierungsstelle]. Zur Vermeidung von vielfältigen Cloud-Risiken überwachen Cloud-Service-Anbieter bereits kontinuierlich ihre Service-Infrastrukturen und statten ihre Rechenzentren mit ausgefeilten Überwachungstechnologien aus, die bösartiges Verhalten und Ausfälle schnell erkennen können. *„Es heißt [Monitoring Tool X]. Mit diesem Tool können Sie Anwendungsinteraktionen simulieren, z. B. einen Bestellvorgang im Online-Portal"* [Cloud-Service-Anbieter]. *„Ja, wir prüfen, an welchem Standort die virtuellen Maschinen unserer Kunden derzeit laufen"* [Cloud-Service-Anbieter]. Die Nutzung vorhandener Überwachungstechnologien zur Datenerhebung kann den Zertifizierungsstellen detaillierte Erkenntnisse über den Servicebetrieb liefern, die über das hinausgehen, was Zertifizierungsstellen eigenständig messen können. Existierende und erforderliche Datensätze müssen aufeinander abgestimmt werden, was unter Umständen zu einer Erweiterung der bestehenden Überwachungstechnologien oder zur Implementierung zusätzlicher Datenerfassungsmechanismen führen kann.

Gewährleistung der Vertraulichkeit der Daten bei der Datenerfassung
Bei der Erhebung zertifizierungsrelevanter Daten sollten Cloud-Service-Anbieter sorgfältig die von den Zertifizierungsstellen geforderten Überwachungsdaten ermitteln und prüfen, ob die Erfassung dieser Daten im Widerspruch zu Datenschutz-, Rechts- oder Unternehmensvorschriften steht. *„Wir müssen oft prüfen, ob*

Protokolldateien und Überwachungsdateien mit den Datenschutzbestimmungen übereinstimmen. [...] Wir haben oft Probleme, wenn wir argumentieren, warum wir all diese Daten benötigen" [Cloud-Service-Anbieter]. Cloud-Experten betonen insbesondere, dass die Erfassung von Daten über Benutzeraktionen eingeschränkt werden sollte, um eine Mitarbeiterüberwachung zu verhindern. Darüber hinaus sollten Überwachungssysteme im Rahmen von kontinuierlichen Zertifizierungen keine Kundendaten erfassen und analysieren, da die Offenlegung sensibler Kundendaten gegen Service-Level-Agreements und Datenschutzanforderungen verstoßen kann, die eine finanzielle Entschädigung erfordern können. *„Für mich ist es selbstverständlich, dass keine Kundendaten überprüft werden, sondern Cloud-Service-Funktionen, um zu beweisen, dass der Service läuft und wie erwartet funktioniert"* [Cloud-Service-Kunde].

8.2.2 Monitoring-Server: Verarbeitung von Daten

Datenaggregation durchführen
Typischerweise sammeln Überwachungstechnologien Daten für jede Cloud-Ressource einzeln (z. B. Informationen über die Verfügbarkeit für jeden Server). Zertifizierungsstellen sind jedoch an konsolidierten Informationen über das allgemeine Cloud-Service-Verhalten interessiert. *„[Monitoring Technology X] erzeugt 20.000, 30.000 Nachrichten pro Tag. Diese Meldungen müssen interpretiert, aggregiert, gewichtet und anschließend bewertet werden"* [Zertifizierungsstelle]. Daher sollte ein CSZ-Monitoring-System Überwachungsdaten aus einzelnen Ressourcen aggregieren, um aussagekräftige und signifikante Statusindikatoren für die jeweiligen Cloud-Services zu erstellen. Da Cloud-Services aus Hunderten von miteinander verbundenen Systemen bestehen, die zum Betrieb des Dienstes interagieren, reduziert die Datenaggregation die Komplexität, den Umfang und die Tiefe einer Servicebewertung und erzeugt Indikatoren, die Zertifizierungsstellen zur Durchführung effizienter Bewertungen verwenden können. *„Eine Serviceanfrage geht über den Login-Service, den Identifizierungs-Service, über den Web-Service und den Anwendungsserver bis hin zur Datenbank und erzeugt eine Fülle von Informationen"*[Cloud-Service-Anbieter].

Datenschutz sicherstellen
Wenn Cloud-Service-Anbieter Daten an eine Zertifizierungsstelle übermitteln, müssen sie den Datenschutz der Überwachungsdaten gewährleisten, um den Verlust vertraulicher Informationen (z. B. personenbezogener Daten) zu verhindern. *„Welche Daten werden anonymisiert? Das kommt darauf an. Wir analysieren personenbezogene Daten, die mit zertifizierungsrelevanten Daten verbunden sind. Doch welcher*

Mitarbeiter an welchem Ticket gearbeitet hat, wird verschleiert" *[Zertifizierungs-stelle].* Ebenso muss ein CSZ-Monitoring-System sicherheitsrelevante Informationen verschleiern, die bspw. Schwachstellen im Cloud-Service aufdecken können. *„Ich habe kein Interesse daran, Schwachstellen im Service zu kommunizieren, die während des Zertifizierungsprozesses aufgedeckt wurden. Böswillige Angreifer könnten diese Informationen missbrauchen und meine Daten gefährden"* *[Cloud-Service-Anbieter].* Cloud-Experten äußern auch Bedenken hinsichtlich des blinden Vertrauens in die Zertifizierungsstelle und die Absichten ihrer Mitarbeiter. *„Ich habe einige Probleme mit der Datenübertragung, weil ich nicht überprüfen kann, ob die Zertifizierungsstelle vertrauenswürdige Personen beschäftigt"* *[Cloud-Service-Berater].*

Datenfilterung durchführen
Neben der Notwendigkeit der Datenaggregation zeigten die Interviews, dass ein CSZ-Monitoring-System aus mehreren Gründen Daten filtern muss, bevor die Daten an eine Zertifizierungsstelle übermittelt werden. Zertifizierungsstellen haben unterschiedliche Zertifizierungs- und Auditierungsumfänge und benötigen unterschiedliche Informationsmengen. *„Nehmen wir an, dass Zertifizierungskriterien beispielsweise von zwei verschiedenen Auditoren überprüft werden. Sagen wir mal ein Kriterium für die Zugangskontrolle. Als IT-Service-Management-Auditor muss ich ein einfaches Audit zur Zugangskontrolle durchführen. Während jemand, zum Beispiel in Deutschland, eine Wirtschaftsprüfungsgesellschaft, die Zutrittskontrollen überprüft, muss noch weiter gehen[…] und tiefer. Wenn ich die Auditoren nicht vorher bestimmt habe, kann es sein, dass ich zu wenige Informationen oder zu viele bereitstelle"* *[Zertifizierungsstelle].* Während eine unzureichende Menge an zertifizierungsrelevanten Informationen die Fähigkeit einer Zertifizierungsstelle zur Bewertung der Einhaltung der Zertifizierung beeinträchtigen kann, kann eine übermäßige Menge an Informationen Risiken für Cloud-Service-Anbieter und Zertifizierungsstellen mit sich bringen. *„Ich kann mir bestimmte Informationen und mehrere Kennzahlen vorstellen, die Sie nicht analysieren wollen, weil Sie dann Haftungsrisiken ausgesetzt sind"* *[Zertifizierungsstelle].* *„Deine Kunden werden dich verrückt nennen, wenn du den Auditoren die Mittel zur Verfügung stellst, alles zu inspizieren"* *[Zertifizierungsstelle].*

8.2.3   Datenbank: Speicherung und Verwaltung von Daten

Durchführung einer Datenarchivierung
Zertifizierungsstellen sind daran interessiert, aktuelle Daten mit historischen Daten zu vergleichen, um vorangegangene Kriterienabweichungen zu identifizieren, die Rückverfolgbarkeit des Zertifizierungsprozesses zu erhöhen oder Trendanalysen

durchzuführen. *„Was sagt Ihnen eine Zertifizierung? Im Durchschnitt waren 90 %
aller Tests im vergangenen Jahr erfolgreich. Und dann müssen Sie die Überwachungsdaten für das ganze Jahr speichern. Andernfalls kann ich keine Beweise
vorlegen [...]. Als Kunde interessiere ich mich dafür, wie der Cloud-Service im
vergangenen Jahr jeden Tag aussah"* [Cloud-Service-Anbieter]. *„Warum sollten
Cloud-Dienstanbieter historische Überwachungsdaten sichern? Um Trendanalysen durchzuführen oder Probleme zu identifizieren"* [Cloud-Service-Berater]. Daher sollte ein CSZ-Monitoring-System erhobene und verarbeitete Überwachungsdaten für bestimmte Zeiträume archivieren. Die Archivierung von Daten kann
Cloud-Service-Anbieter dazu zwingen, im Laufe der Zeit eine große Datenmenge
zu speichern. *„Zugriffsprotokolle, Änderungsprotokolle und Änderungen in Ma-
nagementsystemen für 10 Jahre rückwirkend. Inzwischen haben wir eine bemer-
kenswerte Menge an Daten gespeichert. Das sollte man nicht unterschätzen!"*
[Cloud-Service-Anbieter].

Sicherstellung der Datenintegrität
Trotz der Vorteile der monitoring-basierten Verfahren hat die Bereitstellung zertifizierungsrelevanter Daten durch einen Cloud-Service-Anbieter einen Nachteil: das Risiko
einer geringen Datenintegrität durch gezielte Datenmanipulation. Die Anbieter können die bereitgestellten Daten ändern oder beschönigen, um die Einhaltung der Zertifizierungskriterien zu gewährleisten. *„Wenn ich Softwareentwickler bin und mir be-
wusst ist, dass die Zertifizierung von den Ergebnissen abhängt, die meine Software
generiert, sind Dienstleister oder Softwarehersteller natürlich versucht, die Daten zu
manipulieren. Gemäß dem Motto: in der Übertragung steht alles ist in Ordnung"*
[Cloud-Service-Anbieter]. *„Ich habe mit so vielen Protokolldateien gearbeitet. Jeder
kann diese leicht manipulieren. Falls ich Daten übermittle, überprüfe ich vorher die
Logfiles und prüfe, ob die Daten den Zertifizierungskriterien auch entsprechen"*
[Cloud-Service-Anbieter]. Daher ist es eine wichtige Voraussetzung, dass zertifizierungsrelevante Daten vor der Manipulation geschützt werden, um sicherzustellen,
dass eine kontinuierliche Zertifizierung vertrauenswürdig und zuverlässig ist.

8.2.4   Interface: Bereitstellung von Daten

Bereitstellung von zertifizierungsrelevanten Daten
Neben der Datenerfassung müssen Cloud-Service-Anbieter die Bereitstellung von
zertifizierungsrelevanten Informationen verwalten, um einen kontinuierlichen Datenaustausch mit den Zertifizierungsstellen zu gewährleisten. Cloud-Service-Anbieter müssen eine interne Stelle einrichten, welche die Erfassung, Verarbeitung,

Bereitstellung und Übermittlung von zertifizierungsrelevanten Informationen verwaltet und überwacht. Ein CSZ-Monitoring-System sollte entsprechende Funktionen bereitstellen, die einen kontinuierlichen Datenaustausch mit den Zertifizierungsstellen ermöglichen.

Gewährleistung der Datensicherheit beim Datenaustausch
Cloud-Service-Anbieter stehen vor neuen Sicherheits- und Datenschutzproblemen, wenn sie Überwachungsdaten an externe Zertifizierungsstellen weitergeben. Die meisten dieser Probleme sind auf den Zweck der bestehenden Überwachungstechnologien zurückzuführen: Sie werden nur für organisatorische Überwachungszwecke eingesetzt. Die Interaktion mit Zertifizierungsstellen geht somit über den Verwendungszweck herkömmlicher Überwachungssysteme hinaus. *„Dass ich dem Auditor verschiedene Daten zur Verfügung stellen muss, ist für mich ein Risiko. Es könnte ein entsprechendes Datenleck darstellen"* *[Cloud-Service-Anbieter]*. Angreifer können daran interessiert sein, Datenübertragungen gezielt zu attackieren, um ausgetauschte Daten abzurufen oder zu ändern. Die Änderung von Daten kann sich dann auf die Bewertung der Einhaltung von Kriterien durch die Zertifizierungsstelle auswirken, was im schlimmsten Falle zu einer Nichteinhaltung der Zertifizierung führen kann.

8.2.5   Nicht-funktionale Anforderungen

Erreichung eines hohen Maßes an Automatisierung
Um effizient und kostengünstig zu sein, erfordert die kontinuierliche Zertifizierung einen hohen Grad an Standardisierung und Automatisierung. *„Vollständige Automatisierung. Denn was nicht automatisiert ist, wird nicht richtig gemacht"* *[Cloud-Service-Anbieter]*. *„Es sollte automatisiert werden, da manuelle Arbeit Zeit in Anspruch nimmt und zu Ausfällen führen kann"* *[Cloud-Service-Kunde]*. Daher sollten Datenerfassungs-, Analyse- und Aggregationsmechanismen automatisch ausgeführt werden können. Dennoch äußerten Cloud-Service-Experten Bedenken hinsichtlich einer vollständigen Automatisierung der Überwachungsvorgänge für einzelne Zertifizierungskriterien. *„Automatisierung, es kommt auf das Zertifizierungskriterium an. Was Sie beispielsweise automatisch überprüfen können, ist die Verfügbarkeit. Man muss unterscheiden, was automatisierbar ist und was nicht. Es gibt definitiv Dinge, die man nicht automatisieren kann"* *[Cloud-Service-Anbieter]*.

Ein hoher Automatisierungsgrad ermöglicht neben der Reduzierung von Kosten und Fehlern auch On-Demand-Audits, welche die Vertrauenswürdigkeit und

Transparenz der Zertifizierungsprozesse erhöhen können. *„Okay, ich drücke diesen Knopf, und dann sehe ich die Ergebnisse. Das schafft Vertrauen bei unseren Kunden" [Cloud-Service-Anbieter]*. *„Ich bin sofort in der Lage den Kunden, internen Abteilungen oder wem auch immer zu kommunizieren: Alles ist in Ordnung oder es gibt einige Probleme hier und da" [Cloud-Service-Anbieter]*. On-Demand-Audits sind erforderlich, wenn Zertifizierungsstellen die Einhaltung von Zertifizierungskriterien erneut überprüfen müssen oder wenn sie aufgrund größerer Änderungen im Cloud-Service eine separate Validierung einleiten wollen. *„Ich stelle mir eine höhere Flexibilität vor; ich ändere die Cloud-Infrastruktur und initiiere je nach Änderung einen zusätzlichen Check" [Cloud-Service-Kunde]*.

Erreichung eines hohen Maßes an Anpassungsfähigkeit
Während die kontinuierlichen Zertifizierungsprozesse an eine sich ständig verändernde Umgebung angepasst werden müssen, sollte ein CSZ-Monitoring-System ein hohes Maß an Anpassungsfähigkeit erreichen. Eine Anpassungsfähigkeit ermöglicht ein System sich an neue Bedingungen oder Veränderungen aufgrund einer neuen Nutzung oder eines neuen Zwecks anzupassen. Auftretende Umweltbedrohungen oder Änderungen der rechtlichen und regulatorischen Rahmenbedingungen können die Zertifizierungsstellen veranlassen, ihren Prüfumfang anzupassen, indem sie beispielsweise neue Zertifizierungskriterien hinzufügen. In diesen Fällen sollte ein CSZ-Monitoring-System leicht erweitert werden können, um die Überwachung dieser neuen Kriterien zu ermöglichen. *„Neue Parameter können dynamisch eingebunden und dann in den kontinuierlichen Überwachungsbetrieb integriert werden" [Cloud-Service-Anbieter]*. Architektonische Änderungen an Cloud-Services, bspw. das Hinzufügen von Hardwarekomponenten oder neuen Servicefunktionalitäten, können dazu führen, dass Anbieter ihre Überwachungsprozesse anpassen, was zu Anpassungen des CSZ-Monitoring-Systems führt. *„Ich meine, [das CSZ-Monitoring-System] ist ein lebendiges Objekt. Im Einklang mit technologischen oder anderen Veränderungen muss es angepasst und gepflegt werden." [Cloud-Service-Berater]*. Die Sicherstellung eines hohen Maßes an Anpassungsfähigkeit bildet zudem die Grundlage für ein zeitgemäßes Überwachungssystem, das sich neuen Herausforderungen stellen kann. *„Es ist mir wichtig, dass wir die aktuelle Situation, die gültigen Sicherheitsstufen und die Anforderungen einhalten" [Cloud-Service-Anbieter]*.

Rückverfolgbarkeit der Vorgänge ermöglichen
Die befragten Cloud-Experten betonten, dass sich Cloud-Service-Kunden auch darüber informieren möchten, wie und wann zertifizierungsrelevante Daten erfasst und analysiert werden. *„Ich wünsche mir, dass man einen Einblick in den Zertifizierungsprozess erhält" [Cloud-Service-Kunde]*. *„Basierend auf meinen Erfah-*

rungen mit Kunden gibt es zwei oder drei Parteien. Die erste Partei will mitmachen und mitreden. Die anderen wollen allein gelassen werden gemäß dem Slogan: Du solltest dafür sorgen, dass alles in Ordnung ist, und ich brauche nichts Anderes zu wissen. Zwischen diesen Parteien gibt es endlose Zwischenstufen" [Cloud-Service-Berater]. Die Sicherstellung der Rückverfolgbarkeit ist besonders wichtig, wenn Cloud-Service-Kunden nachweisen müssen, dass ihre ausgelagerten IT-Ressourcen sicher sind. *„Letztendlich benötige ich auch Beweise für aufkommende Fragen, z. B. wenn ich von einer Wirtschaftsprüfungsgesellschaft geprüft werde"* [Cloud-Service-Kunde]. Bei einem hohen Grad an Rückverfolgbarkeit können CSZ-Monitoring-Systeme die Verständlichkeit und Vertrauenswürdigkeit von Zertifizierungsprozessen erhöhen. *„Das Vertrauen wird dann gestärkt. Ich muss nicht nur darauf vertrauen, dass tatsächlich etwas im Gange ist. Stattdessen kann ich es selbst überprüfen oder zumindest die Ergebnisse sehen"* [Cloud-Service-Kunde].

8.3   Richtlinien zum Design von Monitoring-Systemen für die kontinuierliche Zertifizierung

Zur Erfüllung der Anforderungen und zur Entwicklung eines CSZ-Monitoring-Systems werden im Folgenden Design-Richtlinien vorgestellt. Abb. 8.2 zeigt das vorläufige Design einer CSZ-Monitoring-Systemarchitektur, welche abgeleitete Richtlinien einbettet.

8.3.1   Nutzung vorhandener Überwachungstechnologien zur Erfassung zertifizierungsrelevanter Daten

Ein CSZ-Monitoring-System kann bestehende Überwachungstechnologien nutzen, um zertifizierungsrelevante Daten zu sammeln, einschließlich (1) IT-Infrastruktur-Überwachungssysteme, (2) spezielle Überwachungswerkzeuge und (3) Überwachungs-Plugins. Bestehende Überwachungstechnologien ermöglichen Zertifizierungsstellen detaillierte Einblicke in die Leistung, Sicherheit und Zuverlässigkeit von Cloud-Systemen. Tab. 8.1 fasst die von Forschern entwickelten (und getesteten) Überwachungstechnologien zusammen, die die Erhebung von Daten für beispielhafte Zertifizierungskriterien unterstützen.

IT-Infrastruktur-Überwachungssysteme und Monitoring-Werkzeuge weisen einzigartige Eigenschaften auf, die ihre Eignung zur Durchführung von monitoringbasierten Verfahren erhöhen. Erstens, die meisten Überwachungstechnologien betten Funktionen ein, um erhobene Daten in ASCII-kodierte Textdateien, HTML- oder

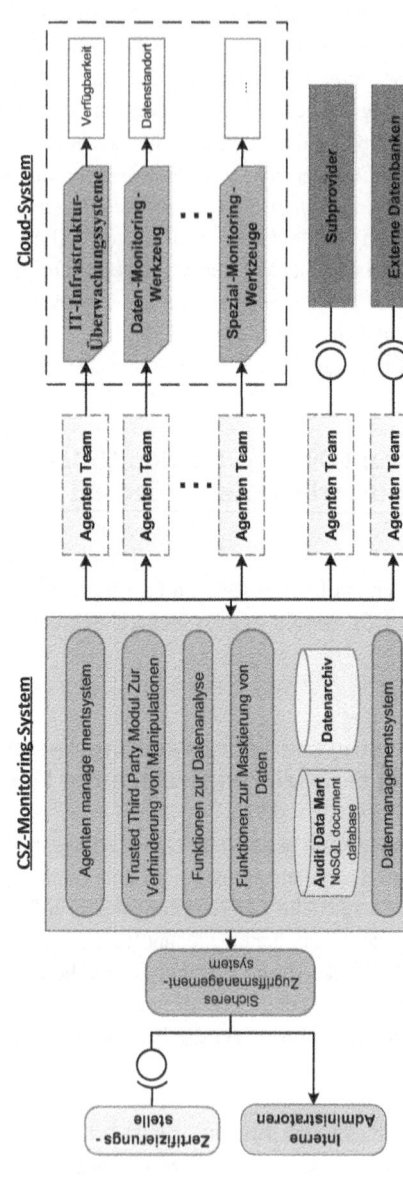

Abb. 8.2 Design für ein CSZ-Monitoring-System

Tab. 8.1 Beispielhafte Zertifizierungskriterien, die durch die Nutzung vorhandener Überwachungstechnologien überwacht werden können

Zertifizierungskriterien	Beispielhafte Überwachungstechnologien	Quelle
Verfügbarkeit	Adaptive verteilte Überwachungsarchitekturen, die die Verfügbarkeit von Ressourcen, Servern und Diensten automatisch überwachen.	Calero und Aguado (2015), Xiang et al. (2010)
Ort der Datenverarbeitung	Überwachungsarchitektur zur Überprüfung der Einhaltung der Datenstandorte in (verteilten) Cloud-Infrastrukturen.	Massonet et al. (2011)
Penetration Testing	Sicherheitstestmethoden für Webanwendungen, um Schwachstellen innerhalb der Anwendung zu identifizieren und zu testen.	Chang und Ramachandran (2016), LaBarge und McGuire (2012)
Zugriffsmanagement	Überwachung von Infrastrukturen, die das Verhalten der Benutzer auf Anomalien überwachen, um Missbrauch zu erkennen, sowie Techniken, um die Einhaltung der Datenschutzrichtlinien zu überprüfen.	Doelitzscher et al. (2012), Leeuw et al. (2008)
Ausführung von Prozessen	Anwendung von Process-Mining, um Einblicke in die Prozessabläufe zu gewinnen, indem Sie Workflow-Modelle und eine große Menge an Daten analysieren, die routinemäßig gesammelt und in Ereignisprotokollen gespeichert werden.	Accorsi et al. (2011)
Datenverlust	Durchführung automatischer Überprüfungen der Backup-Integrität, um die Wiederherstellung beschädigter Dateien sicherzustellen.	Chen und Lee (2014)
Datenintegrität	Gleichzeitige Überwachung der Datenintegrität bei Hybrid-Clouds mit mehreren Eigentümern.	Yang und Jia (2013), Zhu et al. (2013)

CSV-Logdateien zu exportieren, oder stelle eine API für die Erhebung von Dateien bereit, welche eine Nachbearbeitung durch eine externe Software ermöglichen. Zweitens weisen sie einen hohen Automatisierungsgrad auf, indem sie automatisierte Agentenplaner, ereignisgesteuerte Muster und automatisierte (Ressourcen-) Erkennungsfunktionen verwenden und die Ausführung externer Automatisierungsskripte ermöglichen. Schließlich ist ein herausragendes Merkmal der Überwachungstechnologien eine erweiterbare Architektur, die eine einfache Integration mit Überwachungs-Plugins von Drittanbietern ermöglicht.

Nutzung von IT-Infrastruktur-Überwachungssystemen

IT-Infrastruktur-Überwachungssysteme bilden einen unverzichtbaren Kern für Überwachungsaufgaben beim Betrieb einer Cloud-Service-Infrastruktur. Es gibt eine breite Palette von kommerziellen (z. B. Amazon CloudWatch) und Open-Source Cloud Monitoring Systemen (z. B. Nagios, Zabbix und Icinga) (Aceto et al. 2013; Fatema et al. 2014). Auch Forscher schlagen zum kontinuierlichen Monitoring allgemeine Cloud-Monitoring-Architekturen (Katsaros et al. 2011; Povedano-Molina et al. 2013) und Monitoring-Architekturen für virtualisierte Umgebungen vor und bewerten diese (Clayman et al. 2011; Shao et al. 2010). Siehe Syed et al. (2017) für einen aktuellen Überblick über Systeme und verwandte Forschung. IT-Infrastruktur-Überwachungssysteme sind in der Lage, ein umfangreiches Spektrum an Daten zu sammeln, da sie Anwendungen, Dienste, Betriebssysteme, Systemmetriken und Netzwerkinfrastrukturen überwachen und wichtige Leistungsindikatoren für Plattformen und Anwendungen bereitstellen (Aceto et al. 2013). Nagios bietet beispielsweise Funktionen zum aktiven Erheben relevanter Überwachungsdaten (d. h. Nagios führt ein Plugin auf einem Host oder Dienst aus, um Informationen abzufragen) oder zum passiven Erheben (d. h. externe Anwendungen übermitteln Informationen an Nagios), die dann unter anderem zur Analyse der Verfügbarkeit von Infrastrukturkomponenten und zur Kapazitätsplanung verwendet werden.

Nutzung von Überwachungswerkzeugen

Neben Infrastrukturüberwachungssystemen betreiben Cloud-Service-Anbieter Überwachungswerkzeuge für spezielle Zwecke. Diese Überwachungswerkzeuge bieten verschiedene Überwachungsfunktionen, darunter Netzwerk-Scanner (z. B. Nmap; Angry IP Scanner), Netzwerk-Paketanalyse (z. B. Wireshark; Bro Network Security Monitor), Schwachstellen-Scanner (z. B. Lynis; Qualys), Penetrationstests (z. B. OWASP Zed Attack Proxy), Datenbanküberwachung (z. B. DBAmon) und Prozess- oder Workflow-Management (z. B. Widen Collective; Nintex) sowie spezielles Cloud-Monitoring (z. B. Hyperic HQ). Auch verwandte Forschung im Bereich des kontinuierlichen Monitorings stellt spezifische Werkzeuge und Techniken vor, um unter anderem Angriffe zu erkennen (Modi et al. 2013) und Service-Level-Agreements zu überwachen (Comuzzi und Spanoudakis 2010; Emeakaroha et al. 2012). Während Infrastruktur-Überwachungssysteme derzeit nur über begrenzte Möglichkeiten zur Datenanalyse verfügen, weisen Überwachungswerkzeuge typischerweise umfangreiche Datenanalysefunktionen für bestimmte Zwecke auf. So wertet beispielsweise das IT-Monitoring-System Zabbix Überwachungsdaten aus, indem es kontinuierlich benutzerdefinierte Schwellenwerte überprüft und nur logische Definitionen von Problemzuständen auswertet, während das Monitoring-Werkzeug Qualys (kontinuierlich) komplexe interne Netzwerke scannt, um umfassende Informationen zu erheben und diese im Detail analysiert werden, um unter anderem Sicherheits- und Compliance-Probleme zu erkennen. Die Nutzung von Monitoring-Werkzeugen für kontinuierliche Zertifizierungsverfahren kann Zertifizierungsstellen daher detaillierte Einblicke in den Cloud-Service- und Prozessbetrieb geben, welche die Möglichkeiten von Infrastruktur-Überwachungssystemen übertreffen.

Nutzung von Überwachungs-Plugins
Angesichts der erweiterbaren Architektur von Überwachungstechnologien, die eine einfache Integration mit Überwachungs-Plugins von Drittanbietern ermöglicht, haben sich große Communities gebildet, welche die Erweiterung der Funktionalitäten von Überwachungstechnologien kontinuierlich unterstützen. Monitoring-Plugins können genutzt werden, um bestehende Einschränkungen oder Grenzen von Monitoring-Technologien zu überwinden. Typischerweise können Plugins in einer Vielzahl von Programmiersprachen geschrieben werden (zum Beispiel Perl, bash-Skript, Java, PHP oder Python). Plugin-Quellcodes sind meistens über Sharing-Plattformen verfügbar und fallen unter die Rubrik Open-Source-Lizenz, sodass Programmierer Plugins an ein bestimmtes Überwachungsszenario anpassen oder es ändern können. So enthält die Nagios-Exchange-Plattform beispielsweise mehr als 5700 Einträge mit verschiedenen Add-ons und Erweiterungen, die es Administratoren ermöglichen Kernfunktionen zu erweitern, alternative Benutzeroberflächen zu nutzen und neue Komponenten für das Überwachungssystem Nagios zu integrieren. Die meisten Monitoring-Technologien sind so ausgelegt, dass sie mit einer breiten Palette von Plugins von verschiedenen Plattformen kompatibel sind (bspw. sind Icinga 2, Zabbix und Opsview mit den meisten verfügbaren Plugins für Nagios kompatibel). Daher können Überwachungs-Plugins genutzt werden, um die Fähigkeiten von Überwachungstechnologien einfach zu erweitern.

Der folgende Abschnitt stellt eine kurze Bewertung der verfügbaren Plugins auf der Nagios Exchange Platform dar, um zu prüfen, ob Plugins im Rahmen einer kontinuierlichen Zertifizierung genutzt werden können. Diese Nagios-Plugins ermöglichen es insbesondere Administratoren die Kernfunktionalitäten zu erweitern, alternative Benutzeroberflächen zu nutzen und neue Komponenten (zum Beispiel Monitoring-Agenten) zu integrieren. Tab. 8.2 veranschaulicht beispielhaft Plugins von der Nagios-Exchange-Plattform, die im Zusammenhang einer kontinuierlichen Zertifizierung nützlich sein könnten.

Eine kontinuierliche Zertifizierung erfordert die Erhebung spezifischer zertifizierungsrelevanter Daten, daher kann ein Vielzahl an Plugins aus der Nagios Exchange Plattform ausgewählt und installiert werden, um benötigte Informationen

Tab. 8.2 Übersicht über Plugins der Nagios-Exchange-Platform, welche im Rahmen einer kontinuierlichen Zertifizierung zum Einsatz kommen könnten

Kategorie	Beschreibung	Beispielhaftes Monitoring-Plugin
Cloud	Spezifische Nagios-Plugins zur Überwachung der Cloud-Infrastruktur.	Nagios prüft Skripte zur Überwachung des Cloud-Stacks.
Network and Systems Management	Nagios-Plugins zur Überwachung von Netzwerken und Management-Systemen.	Überprüfe den Status und die Bandbreite von Cisco-Geräte-Schnittstellen.
Security	Nagios-Plugins zur Überwachung von Sicherheitssoftware.	Überprüfe Infrastruktur auf Heartbleed Vulnerability.
System Metrics	Nagios-Plugins zur Überwachung verschiedener Systemmetriken (beispielsweise CPU-Auslastung oder Speicherplatz).	Überprüfe die CPU-Statistiken.
Monitoring Agents	Diverse Monitoring-Agenten, welche fremde Ressourcen und Systeme überwachen können.	Ein plattformunabhängiger Monitoring-Agent welcher auf Windows, Linux/Unix, und Mac OS/X Systemen betrieben werden kann.
Active Checks	Erweiterungen zur Durchführung gesonderter Abfragen.	Überprüfung der Ping-Dauer.
APIs	Weitere Schnittstellen für Nagios.	Versende den Status von Host-Maschinen und -Diensten im JSON-Format.
Frontends	Weitere grafische Benutzeroberflächen oder -Elemente für Nagios.	Ermögliche Dritte den Zugriff auf das Dashboard.

zu erheben. Weitere Datenerhebungsfunktionen können beispielsweise durch die Verwendung des Plugins *„Nagios Remote Plugin Executor (NRPE)"* zur Überwachung von Ressourcen und Metriken (zum Beispiel Datenträgerverwendung oder CPU-Last) realisiert werden. Abb. 8.3 stellt das Plugin schematisch dar. Daten zwischen dem Monitoring-Server und dem Plugin sind mit einer SSL-Verbindung gesichert. Plugins auf dem Remote-Host können dann zertifizierungsrelevante Informationen über eine Ressource erheben. Diese Informationen können dann vom CSZ-Monitoring-System ausgewertet und verarbeitet, und dem Cloud-Service-Auditor zur Verfügung gestellt werden.

Als weiteres Beispiel für die Verwendung von Plugins im Rahmen einer kontinuierlichen Zertifizierung kann die Bereitstellung grafischer Benutzeroberflächen

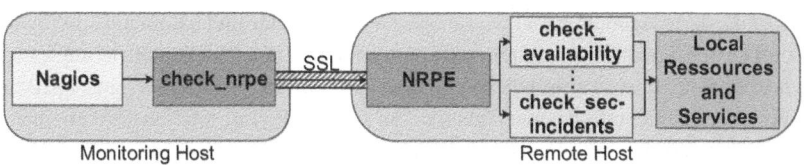

Abb. 8.3 Verwendung eins Nagios Remote Plugin Executors (angelehnt an Nagios Enterprises (2016))

durch Plugins wie „*Nagex*" herangezogen werden. Das Nagex-Plugin bietet ein Nagios-Web-Dashboard, das es internen und externen Stakeholdern ermöglicht, Infrastrukturstatusinformationen anzusehen, ohne ihnen Zugriff auf interne Schnittstellen zu gewähren. Plugins, die Web-Frontend-Fähigkeiten erweitern, können verwendet werden, um Cloud-Service-Auditoren mit zertifizierungsrelevanten Informationen zu versorgen.

8.3.2   Anwenden eines agenten-basierten Architekturmodells

Um zertifizierungsrelevante Daten über verschiedene Überwachungstechnologien und externe Schnittstellen hinweg erheben zu können, kann ein CSZ-Monitoring-System eine agenten-basierte Architektur verwenden.

Anwendung eines agenten-basierten Architekturmodells
In Forschung und Praxis wurden bereits mehrere Architekturmuster und -mechanismen entwickelt, um eine agenten-basierte Architektur zu erreichen, wie beispielsweise das JADE-Framework (Bellifemine et al. 2001). Unter dieser Architektur initiiert ein CSZ-Monitoring-System digitale Agenten und sendet sie an verschiedene Überwachungstechnologien, um bestimmte zertifizierungsrelevante Daten zu erheben. Digitale Agenten (auch mobile oder intelligente Agenten genannt), sind Softwareobjekte, welche definierte Ziele erreichen, indem sie verschiedene Aktionen autonom und automatisch durchführen und sich ihrer dynamischen Umgebung individuell anpassen (Chou et al. 2007; Du und Roohani 2007). Sie zeichnen sich durch eine gewisse künstliche Intelligenz und Mobilität, das heißt die Fähigkeit zur Bewegung von und zu verschiedenen Plattformen, aus (Chou et al. 2007). Eine flexible und anpassungsfähige agenten-basierte Architektur (z. B. ein Agent kann bei Bedarf plattformunabhängig eingesetzt werden) erleichtert die Datenerfassung in einer verteilten und heterogenen Überwachungstechnologielandschaft (Wu et al. 2008). Ein CSZ-Monitoring-System kann auf

automatisierte Agentenplaner, ereignisgesteuerte Muster und automatisierte (Ressourcen-)Erkennungsfunktionen aufbauen, um einen hohen Automatisierungsgrad zu erreichen. Ebenso ermöglicht eine agenten-basierte Architektur eine flexible und schnelle Integration neuer Agenten, um zusätzliche Informationen zu erheben, da sie lose mit Überwachungstechnologien gekoppelt sind und auch während der Laufzeit hinzugefügt, entfernt oder neu konfiguriert werden können (Doelitzscher et al. 2012).

Ausstattung der digitalen Agenten mit Sicherheitsrichtlinien
Ein CSZ-Monitoring-System muss die Vertraulichkeit der Daten bei der Erfassung gewährleisten. Die Gewährleistung der Vertraulichkeit bezieht sich auf die Beschränkung des Zugangs und der Offenlegung von Informationen, einschließlich der Mittel zum Schutz der Privatsphäre und von sensiblen Informationen (National Institute of Standards and Technology 2002). Um sicherzustellen, dass die entsandten digitalen Agenten die Datenschutzbestimmungen oder Kundenanforderungen einhalten, können sie Sicherheitsrichtlinien erhalten. Durch Sicherheitsrichtlinien erhält jeder Agent einen Regelsatz (seine „Intelligenz"), welcher die Datenerfassungsmöglichkeiten und die durchführbaren Aktionen eines Agenten einschränken (Doelitzscher et al. 2012). So können Agenten beispielsweise mit einer Jess-Regelmaschine und einer Wissensdatenbank ausgestattet werden, die erhobene Überwachungsdaten enthält (Bellifemine et al. 2001). Das Verhalten des Agenten kann dann als eine Reihe von Aktionsregeln (d. h. in Form von Jess-Produktionsregeln) dargestellt werden. Dazu gehören Regeln, welche die Erhebung von neuen Daten in die Wissensdatenbank beschreiben, und Regeln, die zur Ausführung von Sonderaktionen führen. Self-Learning-Algorithmen können ferner eingesetzt werden, um die Intelligenz eines Agenten weiter zu verbessern (Doelitzscher et al. 2012).

Durchführung einer service-orientierten Aggregation durch die Verwendung von Agententeams
Ein CSZ-Monitoring-System muss Überwachungsdaten aus einzelnen Ressourcen aggregieren, um relevante Statusindikatoren des jeweiligen Cloud-Services zu erstellen. Typischerweise werden Aggregationsaufgaben von einem hierarchisch strukturierten Agententeam durchgeführt (Doelitzscher et al. 2012; Ye et al. 2012). So besteht beispielsweise jedes Agententeam aus einem Captain-Agenten, M Mediator-Agenten und N Operator-Agenten (mit 0<M<N). Captain- und Mediator-Agenten sind hauptsächlich für die Koordination und Aggregation verantwortlich und die Operator-Agenten werden zu verschiedenen Überwachungstechnologien geschickt, um die notwendigen Daten zu erheben. Durch die Anordnung von Agenten in einer logisch verbundenen hierarchischen Struktur können erhobene Daten

vorverarbeitet werden, und dadurch die Netzwerkbelastung verringert werden (Doelitzscher et al. 2012). Darüber hinaus erhöht diese Struktur die Skalierbarkeit des CSZ-Monitoring-Systems.

Bei der Aggregation von Daten betonen Cloud-Experten, dass die Datenaggregation aus einer Service-Perspektive erfolgen sollte: Daten sollten über Rechenressourcen aggregiert werden, um aussagekräftige Indikatoren zu erstellen, die für einen bestimmten Cloud-Service relevant sind, wie z. B. einen Verfügbarkeitsindikator für den gesamten Service. *„Wir müssen Verfügbarkeits- oder Leistungsindikatoren oder sonstige Indikatoren festlegen. Die Zertifizierungsstelle muss angeben, welche Merkmale und Attribute der Service erfüllen muss. Dann muss ich als Dienstleister prüfen, ob ich diese überwachen kann"* [Cloud-Service-Anbieter]. Daher muss ein Agententeam die erhobenen Daten über Überwachungssysteme, -Plugins und -Werkzeuge sowie Cloud-Rechenzentren aggregieren, um aussagekräftige Servicekennzahlen zu erstellen. Ebenso können Agententeams Daten in einer zeitlichen Dimension aggregieren, um Daten zu konsolidieren, die beispielsweise jede Minute oder Stunde erhoben werden, und dadurch die Komplexität und Menge der Informationen zu reduzieren, welche Zertifizierungsstellen analysieren müssen.

Bei der Gestaltung der Aggregationsfunktionalitäten von Agententeams können Forscher und Praktiker auf Forschungsergebnissen aufbauen, die sich mit der (automatisierten) Überwachung von Service-Level-Agreements und darin enthaltenen Parametern befassen (siehe bspw. Emeakaroha et al. (2010)). Im Rahmen von kontinuierlichen Zertifizierungen zeigen Stephanow und Fallenbeck (2015) Beispiele dafür, wie Low-Level-Metriken (bspw. die Anzahl der Anmeldungen und die Anzahl der beendenden Anwendungsinstanzen) verwendet werden können, um komplexe Metriken zur Validierung von Zertifizierungskriterien zu erzeugen. Dazu zählen bspw. komplexere Metriken für die Skalierbarkeit und Verfügbarkeit von Diensten und einer Metrik, die anomales Verhalten beschreibt (Stephanow und Fallenbeck 2015). Zudem kann ein CSZ-Monitoring-System auch komplexe Ereignisbearbeitungsmaschinen einbetten (Cugola und Margara 2012), bei denen komplexe Metriken durch Abfragen von Agenten dargestellt und auf Ereignisströme (d. h. Werte von Low-Level-Monitoring-Daten) angewendet werden können (Stephanow und Fallenbeck 2015).

Speichern von Metainformationen über Agentenoperationen
Cloud-Service-Anbieter müssen Metainformationen über den Betrieb des CSZ-Monitoring-Systems protokollieren, speichern und übertragen, da Zertifizierungsstellen und Kunden eine Rückverfolgbarkeit der Überwachungsergebnisse verlangen. *„Es sollte deutlich werden, welche Kontrollen durchgeführt wurden und*

wann diese Kontrollen durchgeführt wurden" *[Cloud-Service-Kunde]*. Diese Metainformationen sollten Daten darüber enthalten, (1) was überwacht wurde, (2) wie es überwacht wurde, (3) wann es überwacht wurde, (4) wer die Überwachung durchgeführt hat und (5) die Überwachungsergebnisse sollten dokumentiert werden. Folglich sollte ein CSZ-Monitoring-System Informationen über den Agentenbetrieb speichern. So sammelt beispielsweise ein Agent (1) Angriffsinformationen (2), indem er sich auf ein Intrusion-Detection-System verlässt, das (3) eingehende Datenpakete in Echtzeit analysiert, (4) vom Cloud-Service-Anbieter betrieben wird und (5) bestimmte Beweise enthält. Um Informationen über die Ausführung von Überwachungen zu erheben, können digitale Agenten auch auf interne Datenbanken der entsprechenden Überwachungstechnologie zurückgreifen, da die meisten Überwachungstechnologien Informationen über ihre eigene Leistung und Arbeitsweise protokollieren. Zabbix stellt beispielsweise eine Funktion für interne Überprüfungen zur Verfügung, die es ermöglicht, die Interna von Zabbix zu überwachen, darunter bspw. die Ausführungsintervalle (bspw. jede Sekunde) und Ziele (bspw. einen bestimmten Server) einzelner Überwachungsprozesse von Zabbix.

8.3.3 Flexible Datenspeicher einbinden und Daten sicher verwalten

Die erhobenen Daten müssen gespeichert und archiviert werden, um sie später verarbeiten und an die Zertifizierungsstellen weiterleiten zu können. Darüber hinaus müssen CSZ-Monitoring-Systeme eine hohe Integrität der gespeicherten Daten gewährleisten.

Verwendung von flexiblen Datenspeichertechnologien zur Speicherung und Archivierung von Daten
Zertifizierungsrelevante Daten können von (Captain-)Agenten in Datenbanken gespeichert werden, wie bspw. in Audit Data Marts (Rezaee et al. 2002). Audit Data Marts sind kleine, meist systemunabhängige Datenlager, in denen relevante Daten automatisch gespeichert werden, um Echtzeit-Datenzugriffe und automatisierte Datenanalysen zu ermöglichen. Sie können die Form von Protokolldateien, Tabellen oder Data Warehouses annehmen. Traditionelle Überwachungssysteme besitzen typischerweise Datenbanken, welche auf starren Datenschemata basieren und nicht darauf ausgelegt sind, die Herausforderungen der Skalierbarkeit und Flexibilität moderner Anwendungen zu bewältigen. Ein CSZ-Monitoring-System sollte jedoch flexible Datenspeichertechnologien beinhalten, um Datenschemata leicht anpassen und zusätzliche Daten oder Ergebnisse neuer Datenanalyseverfahren speichern zu

können. In letzter Zeit haben NoSQL-Datenbanktechnologien an Relevanz gewonnen, weil sie eine größere Flexibilität und Skalierbarkeit besitzen als herkömmliche SQL-Datenbanken (Madison et al. 2015). Bei NoSQL-Datenbanktechnologien gibt es verschiedene Varianten, wobei jede Datenbank auf spezifische Funktionen zugeschnitten ist, darunter Schlüsselwertspeicher, Dokumentdatenbanken, Großspaltenspeicher und Diagrammdatenbanken (Madison et al. 2015; Meijer und Bierman 2011; Moniruzzaman und Hossain 2013). NoSQL-Dokumentdatenbanken scheinen für CSZ-Monitoring-Systeme geeignet zu sein, da sie für die Verwaltung und Speicherung kodierter Dokumente wie XML- oder JSON-Dateien konzipiert sind, die typischerweise von bestehenden Überwachungstechnologien erzeugt werden (Moniruzzaman und Hossain 2013).

Zusätzlich zur Speicherung von Daten muss ein CSZ-Monitoring-System die erhobenen und verarbeiteten Überwachungsdaten für bestimmte Zeiträume archivieren, um die Zugänglichkeit historischer Daten zu gewährleisten. Für die Datenanalyse kann ein Vergleich der aktuellen Daten mit historischen Daten den Agenten helfen, Ausnahmen und Warnmuster zu erlernen, und Agenten entsprechend zu konfigurieren (z. B. regelbasierte Konfigurationen basierend auf Abweichungen von historischen Daten). Um die Speicherlast der archivierten Daten zu reduzieren, müssen Aufbewahrungsfristen festgelegt werden (z. B. basierend auf den Bedürfnissen einer Zertifizierungsstelle, den Bedürfnissen der Kunden oder den gesetzlichen Anforderungen). Dann muss ein CSZ-Monitoring-System geeignete Mechanismen zur sicheren und automatischen Löschung veralteter Daten implementieren (siehe Kissel et al. (2014) für Richtlinien zur Löschung von Daten).

Implementierung von Mechanismen zum Schutz der Daten vor Manipulation
CSZ-Monitoring-Systeme müssen Mechanismen implementieren, welche die Datenintegrität gewährleisten, da das monitoring-basierte Zertifizierungsverfahren das Risiko einer Datenmanipulation durch den Anbieter birgt. Die Sicherstellung der Integrität bezieht sich auf den Schutz der Daten gegen Veränderung oder Zerstörung (National Institutes of Standards and Technology 2002). Cloud-Experten betonen, dass ein Überwachungssystem nur Daten von Live-Systemen erheben sollte; Daten von Test- oder Backup-Systemen sollten nicht erhoben werden. *„Kontinuierliche Überwachung von Live-Systemen. Wir sind nur an Live-Systemen interessiert, nicht an Testsystemen" [Cloud-Service-Berater]. „Nichts Anderes ist sinnvoll" [Zertifizierungsstelle].* Zum Schutz vor Manipulation empfehlen die befragten Cloud-Experten die Integration eines Trusted-Third-Party-Moduls (z. B. Hardware oder virtuelles Modul), das sichere Protokollverschlüsselungsfunktionen bereitstellt, um interne Protokollmanipulationen zu verhindern. *„Sie müssen ein zertifiziertes oder signiertes Modul implementieren, um Manipulationen zu verhindern" [Cloud-Service-Anbieter].*

„Man könnte ein externes oder unabhängiges Maschinen- oder Hardware-Sicher-heitsmodul, so etwas in der Art, implementieren, das kryptographische Techniken ver-wendet, um zu zeigen, dass die Daten korrekt sind" *[Zertifizierungsstelle]*. Bei einem Trusted-Third-Party-Modul verwaltet und speichert ein vertrauenswürdiger Drittan-bieter die notwendigen Verschlüsselungs- und Metadaten (z. B. Verschlüsselungs-codes, Zertifikate und Authentifizierungsdaten), um Manipulationen an Protokolldat-eien durch den Cloud-Service-Anbieter zu verhindern (Kunz et al. 2013).

Um Manipulationen zu verhindern, müssen Cloud-Service-Anbieter sichere Logging-Mechanismen einsetzen, die einen hohen Grad an Integrität und Vertrau-lichkeit erreichen (Lins und Sunyaev 2018b). Dazu können Cloud-Service-Anbieter auf Ergebnisse aus dem Forschungsgebiet der Cloud-Forensik zurückgreifen. Die Cloud-Forensik beschäftigt sich mit der Anwendung wissenschaftlicher Prinzipien und technologischer Praktiken, um vergangene Cloud-Computing-Vorfälle mittels Identifizierung, Sammlung, Aufbereitung, Untersuchung, Interpretation und Doku-mentation von digitalen Beweisen zu rekonstruieren (National Institute of Stan-dards and Technology 2014). Cloud-Forensik-Forscher haben verschiedene Proze-duren für den Umgang mit den Herausforderungen der Cloud-Forensik (zum Beispiel bösartige Manipulation von Protokolldateien durch Cloud-Service-Anbieter) vorgeschlagen, die letztlich Dritte in die Lage versetzen relevante Daten zu erfassen und zu analysieren (Pichan et al. 2015). Cloud-Service-Anbieter kön-nen beispielsweise geeignete Protokolladapter implementieren, um Protokollein-träge von verschiedenen Aufzeichnungsquellen (zum Beispiel dem Hypervisor) zu extrahieren und zu einem zentralen Protokollverwaltungssystem zu transferieren (Kunz et al. 2013). Dieses zentrale Protokollverwaltungssystem wandelt Protokoll-einträge in einen sicheren, verschlüsselten und einheitlichen Protokolltyp um. Zu-dem werden verschiedene Schemata (zum Beispiel homomorphe Verschlüsselung) vorgeschlagen, um die Vertraulichkeit der Protokolldaten zu gewährleisten (Raja-lakshmi et al. 2014; Zawoad et al. 2015). Auch kann eine Überwachungskette (engl. chain of custody) für Daten erstellt werden, welche eine Roadmap über die Erhebung und Verarbeitung von Daten darstellt, und für die Präsentation als Be-weismittel vor Gericht aufbewahrt werden kann (Lin et al. 2012). Folglich kann ein CSZ-Monitoring-System verschiedene Abhilfemaßnahmen vorweisen, um Mani-pulationen bei der Durchführung von monitoring-basierten Verfahren zu verhin-dern.

Interviewte Cloud-Service-Kunden, -Anbieter und -Auditoren schätzten die Wahrscheinlichkeit einer Datenmanipulation jedoch als gering ein, da eine stän-dige Modifikation mit hohen Kosten verbunden ist (Lins et al. 2018a; Lins und Sunyaev 2018b). Schließlich könnten Cloud-Service-Kunden auch die manipulier-ten Daten aufdecken, wenn sie den Cloud-Service nutzen (zum Beispiel verfälschte

Verfügbarkeitsrate). Daher empfehlen sowohl Cloud-Service-Kunden wie auch -Anbieter, dass Cloud-Service-Auditoren lediglich randomisierte Stichproben zu definierten Intervallen durchführen sollten, um Datenmanipulation vorzubeugen oder verfälschte Daten zu entdecken.

8.3.4   Sicherer Datenaustausch

Bevor Cloud-Service-Anbieter Daten an eine Zertifizierungsstelle übertragen, müssen sie die erhobenen Überwachungsdaten anonymisieren und filtern, um deren Zugriff einzuschränken und die Aufdeckung sensibler Informationen zu verhindern. Anschließend können zertifizierungsrelevante Daten entweder aktiv übertragen oder über eine von der Zertifizierungsstelle bereitgestellte Schnittstelle bereitgestellt werden. Unabhängig von der Übertragungsmodalität empfehlen die Zertifizierungsstellen die Bereitstellung von Metadaten mit Informationen bspw. über die eingesetzten Cloud-Service-Technologien und die Häufigkeit der Datenerfassung. Diese Metadaten verbessern das Verständnis der Zertifizierungsstellen und die Rückverfolgbarkeit der durchgeführten Überwachungsmaßnahmen, die zur Bewertung der Einhaltung der Zertifizierungskriterien erforderlich sind.

Anonymisierung, Pseudonymisierung oder Verfremdung von Daten
Das Konzept des Data Masking bspw. in Form der Anonymisierung und Pseudonymisierung wird in der Praxis bereits umfassend eingesetzt, um die Informationssicherheit zu erhöhen und Daten zu schützen, die mit Dritten geteilt werden sollen (Baranchikov et al. 2016; Domingo-Ferrer und Mateo-Sanz 2002; Ravikumar et al. 2011). Das Data Masking ist der Prozess der Verschleierung bestimmter Datenelemente innerhalb von Datenspeichern. Es stellt sicher, dass sensible Daten durch realistische Daten, aber nicht durch echte Daten ersetzt werden. Ziel des Data Masking ist es, die Verfügbarkeit sensibler Informationen außerhalb der autorisierten Umgebung zu verhindern.

Mehrere Data-Masking-Techniken können von Cloud-Service-Anbietern bei der Datenerfassung eingesetzt werden, einschließlich Ersetzen (Ersetzen vorhandener Daten durch Zufallswerte) und Löschung (Löschen sensibler Daten und Ersetzen eines Datenfeldes durch NULL-Werte) (Li und Motiwalla 2009; Sarada et al.). Darüber hinaus kann ein CSZ-Monitoring-System Verschlüsselungstechniken anwenden. Diese eignen sich besonders im Kontext von einer kontinuierlichen Zertifizierung, da eine Verschlüsselung die Möglichkeit bietet, Daten an Ort und Stelle zu belassen und für Personen mit einem entsprechenden Schlüssel (bspw. Mitarbeiter des Cloud-Service-Anbieters) sichtbar zu machen, während sie für Personen ohne

Schlüssel (bspw. Mitarbeiter der Zertifizierungsstelle) effektiv nutzlos bleiben. Daher kann ein CSZ-Monitoring-System Datenfragmente verschlüsseln, die nicht von Dritten gelesen werden sollten.

Data-Masking-Techniken können bspw. bei der Übertragung von Ergebnissen eines Penetrationstests angewendet werden. Die befragten Cloud-Experten halten es für kritisch, umfassende Ergebnisse eines Penetrationstests zu übermitteln, da identifizierte Systemschwachstellen für Angriffe missbraucht werden können (bspw. unter der Annahme, dass böswillige Mitarbeiter bei der Zertifizierungsstelle beschäftigt sind). Für Zertifizierungsstellen sind die Ergebnisse von Penetrationstests jedoch wichtige Indikatoren, um die Einhaltung der Zertifizierung zu bewerten und sichere Cloud-Services zu bestätigen. In diesem Beispiel muss ein CSZ-Monitoring-System die detaillierten Ergebnisse von Penetrationstests maskieren und nur abstrakte, aber zertifizierungsrelevante Informationen für Zertifizierungsstellen bereitstellen, wie beispielsweise die Bekanntgabe von zwei kleineren Sicherheitsrisiken und eines größeren Sicherheitsrisikos ohne weitere Informationen.

Implementierung einer attribut-basierten Zugriffskontrolle und Definition von Zugriffsrichtlinien
Zertifizierungsstellen benötigen unterschiedliche Informationsmengen, da sie unterschiedliche Ziele verfolgen. Daher sollte ein CSZ-Monitoring-System eine Funktion bereitstellen, um den Zugriff auf erhobene und gespeicherte Daten entsprechend den Bedürfnissen einer Zertifizierungsstelle vor der Datenübertragung zu filtern oder zu beschränken.

Ein CSZ-Monitoring-System kann eine attribut-basierte Zugriffskontrolle implementieren, um Daten entsprechend den Bedürfnissen und Privilegien einer Zertifizierungsstelle zu filtern. Attribut-basierte Zugriffskontrollen sind aufgrund ihrer Flexibilität ein beliebter Ansatz für die Zugriffskontrolle in modernen, verteilte Systemen (Hu et al. 2015). Datenzugriffs- oder Übertragungsanforderungen werden basierend auf den festgelegten Attributen von den Benutzern, den angeforderten Daten, und optionalen Umgebungsbedingungen gewährt oder abgelehnt. Bei der Einrichtung eines CSZ-Monitoring-Systems muss ein Cloud-Service-Anbieter daher entsprechende Zugriffsrichtlinien definieren. Die Richtlinien müssen die Zugriffsregeln für zulässige Nutzer (bspw. Mitarbeiter einer Zertifizierungsstelle), Operationen (bspw. Überwachungsdaten anzeigen) und Umgebungsbedingungen (bspw. für eine spezifische Zertifizierung) in Bezug auf ein Objekt (bspw. eine Überwachungsdatei) festlegen. Je nach Datenbedarf einer Zertifizierungsstelle, wie z. B. den Kriterien, die kontinuierlich überprüft werden, können Richtlinien abgeleitet werden. Ebenso sollten CSZ-Monitoring-Systeme und entsprechende

Zugangsrichtlinien den individuellen Auditschwerpunkt der jeweiligen Zertifizie-rungsstelle berücksichtigen: *„Die Daten sollten auf eine bestimmte Perspektive beschränkt sein, wie z. B. einer Betriebs- oder Compliance-Management- oder Audit-Management-Perspektive"* *[Zertifizierungsstelle]*.

Verschlüsselte Datenübertragung

Praktiker schlagen vor, dass Cloud-Service-Anbieter gefilterte und maskierte Da-ten aktiv übertragen können. *„Die Passwortsicherheit ist gewährleistet. Jede Wo-che erstellen wir einen Bericht aus einem Passwort-Manager-Tool und senden ihn an den Auditor"* *[Cloud-Service-Anbieter]*. *„Jeden Tag bekomme ich einen Bericht über den Prozessbetrieb; gibt es Abweichungen oder Probleme mit Prozessen? Ich kann diesen Bericht einem Auditor zur Verfügung stellen"* *[Cloud-Service-Anbieter]*. So kann beispielsweise ein Cloud-Service-Anbieter bei der Validierung der Einhaltung des Zertifizierungskriteriums *„ein Cloud-Service-Anbieter sollte regelmäßig Überprüfungen der Firewall-Regeln durchführen"* einen Kurzbericht mit verschiedenen Daten übermitteln, darunter das Datum, die Version der Firewall-Richtlinie, die Anzahl der verletzten Firewall-Regeln, die eingeleitete Operationen und abgeschlossene Änderungen. Um die Übertragungseffizienz zu erhöhen, sollte ein CSZ-Monitoring-System Funktionen zur automatischen Generierung von Er-gebnisberichten bereitstellen und diese Berichte zu definierten Zeitpunkten auto-matisch übertragen. Bei der Übertragung von Daten an Zertifizierungsstellen müs-sen Cloud-Service-Anbieter sicherstellen, dass die Daten nicht offengelegt werden, bspw. durch einen Man-in-the-Middle-Angriff. In diesem Szenario leitet ein An-greifer heimlich die Daten zwischen der Zertifizierungsstelle und dem Anbieter weiter und ändert diese möglicherweise. Daher muss ein CSZ-Monitoring-System die Daten verschlüsseln, bevor es die Daten an die Zertifizierungsstellen sendet.

Implementierung von sicheren Datenschnittstellen

Ein CSZ-Monitoring-System kann zudem passive Schnittstellen implementieren, die es Zertifizierungsstellen ermöglichen, auf Daten zuzugreifen. *„Ein [CSZ-Monitoring-System] bietet eine API, da kann ich dann auf Metriken zugreifen, die bereitgestellt und autorisiert werden. Das wäre schön"* *[Zertifizierungsstelle]*. Ver-schiedene Arten von Datenschnittstellen können implementiert werden, wie bspw. eine standardisierte Datenaustauschschnittstelle, die XML-formatierte Protokoll-dateien bereitstellt (d. h. einen direkten Datenzugriff oder Datenexport ermöglicht). Darüber hinaus kann eine grafische Benutzeroberfläche bereitgestellt werden, bspw. ein einfaches Web-Frontend, welches zertifizierungsrelevante Daten präsentiert. Be-stehende Überwachungssysteme bieten bereits eine grafische Benutzeroberfläche, um Überwachungsdaten zu überprüfen, Überwachungskonfigurationen anzupassen

(z. B. Überwachungshäufigkeit), Grafiken und Diagramme aufzurufen und zusätzliche administrative Aktionen durchzuführen. Die meisten Benutzeroberflächen sind jedoch nur für Administratoren konzipiert, während einige Überwachungssysteme, wie bspw. „CA Unified Infrastructure Management", Funktionen zur Verfügung stellen, um Benutzeroberflächen mit internen und externen Stakeholdern mit feingranularer Kontrolle zu teilen, was es Zertifizierungsstellen ermöglicht, erhobene und analysierte Daten zu überprüfen.

Die Bereitstellung relevanter Informationen über Schnittstellen zu Zertifizierungsstellen erfordert von Cloud-Service-Anbietern die Implementierung robuster und sicherer Zugriffskontrollsysteme. Ebenso müssen die Anbieter die Verfügbarkeit von CSZ-Monitoring-Systemen und bereitgestellten Schnittstellen sicherstellen. *„Das ist anfällig für Fehler. Stichwort: Schnittstelle ist kurzzeitig nicht mehr verfügbar und ich habe keine Daten mehr" [Cloud-Service-Anbieter].* Um die Verfügbarkeit und den Zertifizierungsprozess zu stören, könnten Angreifer Schnittstellen attackieren, bspw. durch verteilte Denial-of-Service-Angriffe. Daher müssen geeignete Gegenmaßnahmen für potenzielle Angriffe ergriffen werden, wie z. B. die Begrenzung der Anzahl fehlgeschlagener Anmeldeversuche oder die Einführung von Zeitverzögerungen zwischen aufeinanderfolgenden Versuchen.

8.4   Prototypische Entwicklung eines Monitoring-Systems für die kontinuierliche Zertifizierung

Zur Validierung der vorgestellten Lösungskonzepte wurde ein Prototyp eines CSZ-Monitoring-Systems bei einem mittelständigen Cloud-Service-Anbieter namens *CloudX* (anonymisiert) entwickelt. Im Folgenden werden wesentliche Informationen über den Prototypen und den Test zur Evaluierung des Prototypens zusammengefasst.

8.4.1   Komponenten des Prototypens

In Abb. 8.4 werden die wesentlichen Komponenten des prototypischen CSZ-Monitoring-Systems dargestellt. Zusätzlich wird durch die Abbildung gezeigt, welche Komponenten miteinander kommunizieren.

CloudX betreibt eine Vielzahl von Monitoring-Technologien zur Überwachung ihres Cloud-Services. Ein wichtiges Monitoring-Werkzeug bildet dabei *„Wazuh"*. Wazuh ist ein kostenloses, Open-Source Host-basiertes Intrusion-Detection-System. Es führt unter anderem Protokollanalysen, Integritätsprüfungen, Windows-Registry-Überwachung, Rootkit-Erkennung und zeitbasierte Warnungen durch, um Angriffe

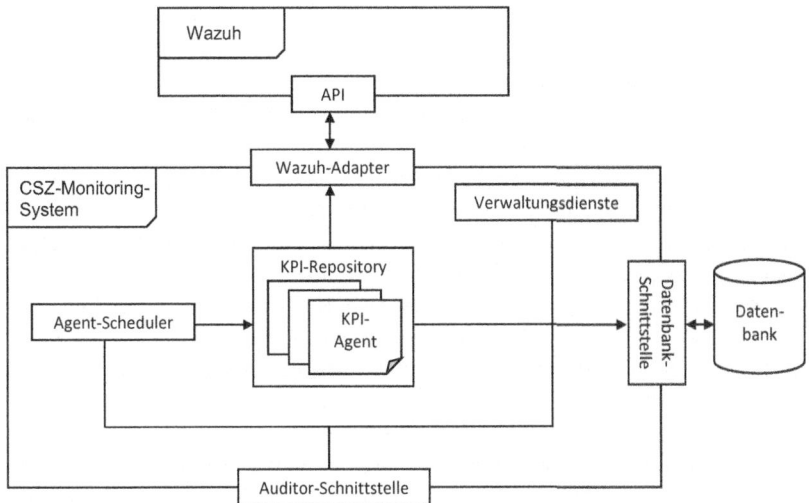

Abb. 8.4 Komponentenübersicht über das prototypische CSZ-Monitoring-System

auf das System oder Anomalien zu erkennen. Zum Erheben der Monitoring-Daten wird auf jedem zu überwachenden Cloud-Server ein Wazuh-Agent implementiert. Diese Agenten liefern die erhobenen Monitoring-Daten an den Wazuh-Manager, welcher alle Daten analysiert, verwaltet und sie über eine API zur Verfügung stellt. Für die prototypische Evaluierung wurde Wazuh als exemplarisches Monitoring-Werkzeug ausgewählt, welches als Datenlieferant dienen soll.

Zur Einbindung von Wazuh und weiterer Monitoring-Technologie wird ein jeweiliger Adapter entwickelt. Der Wazuh-Adapter erstellt einen Kommunikationskanal zur Wazuh-API, um dort Daten abrufen und Prozesse in Wazuh starten zu können. Eine wesentliche Komponente des Prototyps bildet das KPI-Repository. Hier werden geeignete Key-Performance-Indikatoren (KPI) gespeichert, welche als eigenständige digitale Agenten realisiert sind und Daten aus einer Monitoring-Technologie über einen Adapter erheben, analysieren und entsprechende Ergebnisse an das CSZ-Monitoring-System zurückliefern. Aufgrund der Einfachheit des Prototypens wurde auf eine Teamstruktur der Agenten verzichtet.

Die gespeicherten Ergebnisse der digitalen KPI-Agenten werden einer separaten Datenbank gespeichert, welche über eine Datenbankschnittstelle aufgerufen werden kann. Zur Steuerung der KPI-Agenten wird eine zentrale Steuereinheit (Agent-Scheduler) eingerichtet. Zudem werden einige Verwaltungsdienste betrieben, welche bspw. eine regelmäßige Datenlöschung durchführen und die Integrität der erhobenen Daten sicherstellen sollen.

8.4.2   Prozessablauf

Datenerhebung und -Aufbereitung

Das ausgewählte Monitoring-Werkzeug Wazuh überwacht mit unterschiedlichen Techniken verschiedene Bereiche des Cloud-Services, dazu gehören unter anderem Log-Daten-Analysen, Überprüfungen der Kommando-Eingaben, Rootkit Detection, und Anomalie und Malware Detection. Um die erhobenen Informationen für eine kontinuierliche Zertifizierung nutzen zu können, gilt es zunächst entsprechende KPI zu identifizieren, mit dessen Hilfe es möglich ist, einzuschätzen ob ein Zertifizierungskriterium erfüllt wird oder nicht. Bei der Anomalie- und Malware-Detection sowie der Rootkit-Detection geht es um die Erkennung unregelmäßigen Verhaltens des Systems. Dadurch soll Malware erkannt und ein entsprechender Alarm ausgelöst werden. Wazuh überprüft zur Anomalie-Detection laufende Prozesse, versteckte Ports, versteckte Dateien mit Systemaufrufen, versteckte Dateien in bestimmten Verzeichnissen und die Netzwerkschnittstellen auf Auffälligkeiten. Als eine mögliche KPI sollen hier zum einen die erkannten Anomalien und zum anderen die erkannten Rootkits erhoben und analysiert werden. Wazuh stellt über seine Schnittstellen zwar Ergebnisse der verschiedenen Tests und Überprüfungen zur Verfügung, jedoch entsprechen diese nicht den definierten KPI. Aus diesem Grund müssen die von Wazuh bereitgestellten Daten durch KPI-Agenten in die identifizierten Kennzahlen umgeformt werden. Dazu sind für die verschiedenen KPI individuelle Schritte und Vorgehensweisen nötig.

Eine Analyse der Datenstruktur, welche Wazuh zur Verfügung stellt macht deutlich, dass neben relevanten Daten zu Rootkit- und Malware-Detection auch Daten erstellt werden, welche für diese KPI keine Bedeutung haben. Dies können Informationen über die genauen Vorfälle, die Server sowie die Art der Ermittlung sein. Zur Ermittlung des KPI muss für jeden KPI ein individueller Algorithmus entwickelt werden. Anschließend werden Datensätze, die keine Relevanz für die KPI haben, herausgefiltert. Um die Sicherheit der einzelnen Server und Systeme nicht zu gefährden, sollen keine sicherheitskritischen Informationen über identifizierte Schwachstellen und Anomalien weitergegeben werden. Aus diesem Grund führt der KPI-Agent entsprechende Filter- und Aggregationsaufgaben durch, wodurch lediglich die gesamte Summe an Verstößen als Ausgabe des Agenten gespeichert wird. Der Agent-Scheduler startet die jeweiligen KPI-Agenten gemäß dem eingestellten Datenerhebungsintervall vollautomatisch, um fortlaufend Monitoring-Daten zu erheben und zu verarbeiten.

Datenspeicherung

Damit die Daten zu einem späteren Zeitpunkt, wenn bspw. der Cloud-Service-Auditor sie anfordert, bereitstehen, ist es nötig, die KPI abzuspeichern. Dazu muss eine Datenbank implementiert werden, mit der es möglich ist, die KPI eindeutig zuzuordnen. Teil eines KPI-Datensatzes muss unter anderem auch ein Zeitstempel der Speicherung sein. Erst durch diese Information kann festgestellt werden, wie lange die Ermittlung des KPI her ist. Zudem können mittels des Zeitpunktes des Tests weitere Informationen ermittelt werden. So können durch den Zeitpunkt des Tests bspw. über den Wazuh-Adapter auf weitere Informationen zugegriffen werden wie eine genaue Fehlermeldung.

Neben der kontinuierlichen Ermittlung und Speicherung neuer Daten müssen ältere Daten regelmäßig gelöscht werden. Hierzu muss ähnlich wie bei der Ermittlung der Daten ein Mechanismus implementiert werden, der automatisiert in festgelegten Intervallen ältere Daten identifiziert und diese löscht.

Datenbereitstellung

Durch einen Mechanismus zur Datenbereitstellung soll sichergestellt werden, dass die vom CSZ-Monitoring-System erhobenen und gespeicherten KPI gemäß den Anforderungen an den Cloud-Service-Auditor und ggf. an weitere Akteure weitergegeben werden können. Dazu wurde in diesem Prototyp eine Datenschnittstelle zur Verfügung gestellt. Über verschiedene Endpunkte können Cloud-Service-Auditoren oder andere Dritte nach einer Autorisierung Daten vom CSZ-Monitoring-System anfordern. Dazu werden die Datensätze der angeforderten KPI aus der Datenbank entnommen. Alle Anfragen werden im JSON-Format beantwortet, damit ein Cloud-Service-Auditor die Daten maschinenlesbar weiterverarbeiten kann. Zusätzlich soll es über die Schnittstelle möglich sein, dass weitere Tests angestoßen werden („audit on demand"). Dazu greift die Auditoren-Schnittstelle auf den Agent-Scheduler zu, und initiiert die Entsendung eines KPI-Agenten.

8.4.3   Evaluierung des Prototyps

Der Prototyp wurde in eine Testumgebung von CloudX installiert und gestartet. Nachdem alle Datenerhebungsintervalle und KPI-Agenten konfiguriert und gestartet wurden, konnte ein Datenabruf durch einen Cloud-Service-Auditor getestet werden. Abb. 8.5 zeigt eine exemplarische Ausgabe des CSZ-Monitoring-Systems, welche über die Auditoren-Schnittstelle generiert werden kann. Dabei werden die Ergebnisse der einzelnen KPI als Liste gespeichert in einem JSON-Objekt zurückgegeben. In der dargestellten Ausgabe wurden keinerlei Anomalien oder Fehler entdeckt. Ein Cloud-Service-Auditor kann diese Informationen auslesen um bspw. das Sicherheitsniveau eines Cloud-Services besser beurteilen zu können.

Mit Hilfe des entwickelten Prototyps ist es zudem möglich, für jeden KPI individuell einen Test anzustoßen. In Abb. 8.6 ist der interne Code zum Anstoßen der Tests aller KPI dargestellt. Die PUT-Anfrage wird intern an die KPI-Agenten und Wazuh weitergeleitet, sodass alle KPI-Daten aktualisiert werden.

curl -X GET --header 'Accept: application/json' 'https://local-svc.cloudx.net/services/auditing/v1/kpi'
{
    "status":"OK",
    "type":"KPI",
    "errors":[],
    "total":0,
    "data":[
        ["id":"386b8855-b7c2-4513-a0d1-599deee9db06","type":"LogDataCollection",
        "value":"true","date":"2017-08-29T09:34:01.767Z"],
        ["id":"12ff8703-dbae-4eae-884d-6f09990f953a","type":"FileIntegrity",
        "value":"true","date":"2017-08-29T09:34:01.793Z"],
        ["id":"02787a9c-245a-4ccd-9bce-3f1d2b6bdd07","type":"RootkitDetection",
        "value":"1","date":"2017-08-29T09:34:01.818Z"],
        ["id":"91d182e2-26dc-487b-8f0a-84e2420fe097","type":"SecurityPolicy",
        "value":"11","date":"2017-08-29T09:34:01.862Z"]
    ]
}

Abb. 8.5 Ausgabe des CSZ-Monitoring-Systems

curl -X PUT --header 'Accept: application/json' 'https://local-svc.cloudx.net/services/auditing/v1/kpi'
{
    "status":"OK",
    "type":"String",
    "errors":[],
    "total":0,
    "data":[
        "RootkitDetection: ["error":0,"data":"Restarting Syscheck/Rootcheck on all agents"]",
        "FileIntegrity: ["error":0,"data":"Restarting Syscheck/Rootcheck on all agents"]",
        "SecurityPolicy: ["error":0,"data":"Restarting Syscheck/Rootcheck on all agents"]",
        "LogDataCollection: null"
    ]
}

Abb. 8.6 Übersicht über den Befehl zum manuellen Start eines Tests

Abb. 8.7 zeigt Ausschnitte der Log-Ausgabe der verschiedenen Vorgänge zur Datenermittlung. Es ist zu erkennen, dass die verschiedenen Vorgänge in unterschiedlichen Intervallen durchgeführt werden. Des Weiteren wird ersichtlich, dass die verschiedenen Vorgänge auf unterschiedliche Funktionen von Wazuh zugreifen und zudem eine unterschiedliche Anzahl an Aufrufen Teil ihres Vorgangs ist. Zusätzlich zeigt die Abbildung, dass die Vorgänge parallel ausgeführt werden.

Der entwickelte Prototyp zeigt, dass durch den Einsatz eines CSZ-Monitoring-System ein monitoring-basiertes Verfahren ermöglicht werden kann, welches bestehende Daten von Monitoring-Technologien erhebt, analysiert und aggregiert, um anschließend einem Cloud-Service-Auditor zur Verfügung gestellt werden zu können.

INFO [2017-08-07 08:24:01,546][Worker-7] ScannerJob: ScannerJob RootkitDetection started.
DEBUG [2017-08-07 08:24:01,550][Worker-7] WazuhAdapter: Fetching new data from: agents
DEBUG [2017-08-07 08:24:01,618][Worker-7] WazuhAdapter: Fetching new data from: rootcheck
INFO [2017-08-07 08:24:01,700][Worker-7] ScannerJob: ScannerJob RootkitDetection finished.
INFO [2017-08-07 08:33:01,584][Worker-6] ScannerJob: Wazuh CleanerJob started.
INFO [2017-08-07 08:33:01,603][Worker-6] ScannerJob: Wazuh CleanerJob finished.
INFO [2017-08-07 08:34:01,546][Worker-8] ScannerJob: ScannerJob RootkitDetection started.
DEBUG [2017-08-07 08:34:01,548][Worker-8] WazuhAdapter: Fetching new data from: agents
INFO [2017-08-07 08:34:01,581][Worker-5] ScannerJob: ScannerJob FileIntegrity started.
DEBUG [2017-08-07 08:34:01,582][Worker-5] WazuhAdapter: Fetching new data from: status
INFO [2017-08-07 08:34:01,582][Worker-9] ScannerJob: ScannerJob SecurityPolicy started.
DEBUG [2017-08-07 08:34:01,587][Worker-9] WazuhAdapter: Fetching new data from: agents
INFO [2017-08-07 08:34:01,592][Worker-4] ScannerJob: ScannerJob LogDataCollection started.
DEBUG [2017-08-07 08:34:01,592][Worker-4] WazuhAdapter: Fetching new data from: status
DEBUG [2017-08-07 08:34:01,672][Worker-8] WazuhAdapter: Fetching new data from: rootcheck
INFO [2017-08-07 08:34:01,793][Worker-5] ScannerJob: ScannerJob FileIntegrity finished.
DEBUG [2017-08-07 08:34:01,810][Worker-9] WazuhAdapter: Fetching new data from: rootcheck
INFO [2017-08-07 08:34:01,829][Worker-4] ScannerJob: ScannerJob LogDataCollection finished.
INFO [2017-08-07 08:34:01,858][Worker-8] ScannerJob: ScannerJob RootkitDetection finished.
INFO [2017-08-07 08:34:01,900][Worker-9] ScannerJob: ScannerJob SecurityPolicy finished.

Abb. 8.7 Übersicht über Datenermittlungsvorgänge

Literatur

Accorsi R, Lowis L, Sato Y (2011) Automated certification for compliant cloud-based business processes. Bus Inf Syst Eng 3(3):145–154

Aceto G, Botta A, de Donato W, Pescapè A (2013) Cloud monitoring: a survey. Comput Netw 57(9):2093–2115. https://doi.org/10.1016/j.comnet.2013.04.001

Anand M (2012) Cloud monitor: monitoring applications in cloud. In: Proceedings of the IEEE international conference on cloud computing in emerging markets

Baranchikov AI, Gromov AY, Gurov VS, Grinchenko NN, Babaev SI (2016) The technique of dynamic data masking in information systems. In: Proceedings of the 5th mediterranean conference on embedded computing

Bellifemine F, Poggi A, Rimassa G (2001) Developing multi-agent systems with a FIPA-compliant agent framework. Softw Pract Exp 31(2):103–128. https://doi.org/10.1002/1097-024x(200102)31:2<103::Aid-spe358>3.0.Co;2-o

Calero JAM, Aguado JG (2015) MonPaaS: an adaptive monitoring platformas a service for cloud computing infrastructures and services. IEEE Trans Serv Comput 8(1):65–78

Chang V, Ramachandran M (2016) Towards achieving data security with the cloud computing adoption framework. IEEE Trans Serv Comput 9(1):138–151

Chen HCH, Lee PPC (2014) Enabling data integrity protection in regenerating-coding-based cloud storage: theory and implementation. IEEE Trans Parallel Distrib Syst 25(2):407–416

Chou CL-y, Du T, Lai VS (2007) Continuous auditing with a multi-agent system. Decis Support Syst 42(4):2274–2292. https://doi.org/10.1016/j.dss.2006.08.002

Clayman S, Clegg R, Mamatas L, Pavlou G, Galis A (2011) Monitoring, aggregation and filtering for efficient management of virtual networks. In: Proceedings of the 7th international conference on network and service management

Comuzzi M, Spanoudakis G (2010) Dynamic set-up of monitoring infrastructures for service based systems. In: Proceedings of the 2010 ACM symposium on applied computing

Cugola G, Margara A (2012) Processing flows of information. ACM Comput Surv 44(3):1–62. https://doi.org/10.1145/2187671.2187677

Doelitzscher F, Reich C, Knahl M, Passfall A, Clarke N (2012) An agent based business aware incident detection system for cloud environments. J Cloud Comput 1(9):1–19. https://doi.org/10.1186/2192-113X-1-9

Domingo-Ferrer J, Mateo-Sanz JM (2002) Practical data-oriented microaggregation for statistical disclosure control. IEEE Trans Knowl Data Eng 14(1):189–201. https://doi.org/10.1109/69.979982

Du H, Roohani S (2007) Meeting challenges and expectations of continuous auditing in the context of independent audits of financial statements. Int J Audit 11(2):133–146. https://doi.org/10.1111/j.1099-1123.2007.00359.x

Emeakaroha VC, Brandic I, Maurer M, Dustdar S (2010) Low level metrics to high level SLAs – LoM2HiS framework: bridging the gap between monitored metrics and SLA parameters in cloud environments. In: Proceedings of the 2010 international conference on high performance computing and simulation

Emeakaroha VC, Netto MAS, Calheiros RN, Brandic I, Buyya R, De Rose CAF (2012) Towards autonomic detection of SLA violations in cloud infrastructures. Futur Gener Comput Syst 28(7):1017–1029. https://doi.org/10.1016/j.future.2011.08.018

Fatema K, Emeakaroha VC, Healy PD, Morrison JP, Lynn T (2014) A survey of cloud monitoring tools: taxonomy, capabilities and objectives. J Parallel Distrib Comput 74(10):2918–2933. https://doi.org/10.1016/j.jpdc.2014.06.007

Hu V, Ferraiolo DF, Kuhn DR, Kacker RN, Lei Y (2015) Implementing and managing policy rules in attribute based access control. In: Proceedings of the 2015 IEEE international conference on information reuse and integration

Katsaros G, Kübert R, Gallizo G (2011) Building a service-oriented monitoring framework with rest and nagios. In: Proceedings of the IEEE international conference on services computing

Kissel R, Regenscheid A, Scholl M, Stine K (2014) Guidelines for media sanitization. National Institute of Standards and Technology. https://nvlpubs.nist.gov/nistpubs/specialpublications/nist.sp.800-88r1.pdf. Zugegriffen am 16.07.2018

Kunz T, Niehues P, Waldmann U (2013) Technische Unterstützung Von Audits Bei Cloud-Betreibern. Datenschutz und Datensicherheit 37(8):521–525. https://doi.org/10.1007/s11623-013-0211-1

LaBarge R, McGuire T (2012) Cloud penetration testing. Int J Cloud Comput Serv Archit 2(2):43–62

Leeuw E, Fischer-Hübner S, Tseng J, Borking J (Hrsg) (2008) Policies and research in identity management. Springer, Boston

Li X-B, Motiwalla L (2009) Protecting patient privacy with data masking. In: Proceedings of the workshop on information security and privacy

Lin C-H, Lee C-Y, Wu T-W (2012) A cloud-aided rsa signature scheme for sealing and storing the digital evidences in computer forensics. Int J Secur Appl 6(2):241–244

Lins S, Sunyaev A (2018a) Einsatz Von Monitoring-Basierten Messmethoden Zur Dynamischen Zertifizierung Von Cloud-Services. In: Krcmar H, Eckert C, Roßnagel A, Sunyaev A, Wiesche M (Hrsg) Management Sicherer Cloud-Services: Entwicklung Und Evaluation Dynamischer Zertifikate. Springer Fachmedien Wiesbaden, Wiesbaden, S 203–222. https://doi.org/10.1007/978-3-658-19579-3_16

Lins S, Sunyaev A (2018b) Konzeptionelle Architektur Von Dynamischen Zertifizierungen. In: Krcmar H, Eckert C, Roßnagel A, Sunyaev A, Wiesche M (Hrsg) Management Sicherer Cloud-Services: Entwicklung Und Evaluation Dynamischer Zertifikate. Springer Fachmedien Wiesbaden, Wiesbaden, S 121–135. https://doi.org/10.1007/978-3-658-19579-3_11

Lins S, Schneider S, Sunyaev A (2018a) Trust is good, control is better: creating secure clouds by continuous auditing. IEEE Trans Cloud Comput 6(3):890–903. https://doi.org/10.1109/tcc.2016.2522411

Lins S, Schneider S, Szefer J, Ibraheem S, Sunyaev A (2018b) Designing monitoring systems for continuous certification of cloud services: deriving meta-requirements and design guidelines. Communications of the AIS (im Druck)

Madison M, Barnhill M, Napier C, Godin J (2015) Nosql database technologies. J Int Technol Inf Manage 24(1):1–13

Massonet P, Naqvi S, Ponsard C, Latanicki J, Rochwerger B, Villari M (2011) A monitoring and audit logging architecture for data location compliance in federated cloud infrastructures. In: Proceedings of the IEEE international symposium on parallel and distributed processing workshops and PhD forum

Meijer E, Bierman G (2011) A co-relational model of data for large shared data banks. Commun ACM 54(4):49–58. https://doi.org/10.1145/1924421.1924436

Mell P, Waltermire D, Feldman L, Booth H, Ouyang A, Ragland Z, McBride T (2012) Caesars framework extension: an enterprise continuous monitoring technical reference architecture (second draft). Gaithersburg

Modi C, Patel D, Borisaniya B, Patel H, Patel A, Rajarajan M (2013) A survey of intrusion detection techniques in cloud. J Netw Comput Appl 36(1):42–57. https://doi.org/10.1016/j.jnca.2012.05.003

Moniruzzaman ABM, Hossain SA (2013) Nosql database: new era of databases for big data analytics – classification, characteristics and comparison. Int J Database Theory Appl 6(4):1–14

Nagios Enterprises (2016) NRPE – Nagios Remote Plugin Executor. https://exchange.nagios.org/directory/image/93. Zugegriffen am 03.02.2016

National Institute of Standards and Technology (2002) Federal Information Security Management Act of 2002. http://csrc.nist.gov/drivers/documents/FISMA-final.pdf. Zugegriffen am 22.06.2017

National Institute of Standards and Technology (2014) NIST cloud computing forensic science challenges. https://csrc.nist.gov/csrc/media/publications/nistir/8006/draft/documents/draft_nistir_8006.pdf. Zugegriffen am 29.11.2018

Pichan A, Lazarescu M, Soh ST (2015) Cloud forensics. Digit Investig 13(C):38–57. https://doi.org/10.1016/j.diin.2015.03.002

Povedano-Molina J, Lopez-Vega JM, Lopez-Soler JM, Corradi A, Foschini L (2013) Dargos: a hghly adaptable and scalable monitoring architecture for multi-tenant clouds. Futur Gener Comput Syst 29(8):2041–2056. https://doi.org/10.1016/j.future.2013.04.022

Rajalakshmi JR, Rathinraj M, Braveen M (2014) Anonymizing log management process for secure logging in the cloud. In: Proceedings of the international conference on circuit, power and computing technologies

Ravikumar GK, Rabi JB, Manjunath TN, Hegadi R, Archana RA (2011) Design of data masking architecture and analysis of data masking techniques for testing. Int J Eng Sci Technol 3(6):5150–5159

Rezaee Z, Sharbatoghlie A, Elam R, McMickle PL (2002) Continuous auditing: building automated auditing capability. Auditing 21(1):147–163

Sarada G, Abitha N, Manikandan G, Sairam N (2015) A few new approaches for data masking. In: Proceedings of the international conference on circuit, power and computing technologies

Shao J, Wei H, Wang Q, Mei H (2010) A runtime model based monitoring approach for cloud. In: Proceedings of the IEEE 3rd international conference on cloud computing

Stephanow P, Fallenbeck N (2015) Towards continuous certification of infrastructure-as-a-service using low-level metrics. In: Proceedings of the 12th IEEE international conference on advanced and trusted computing

Syed HJ, Gani A, Ahmad RW, Khan MK, Ahmed AIA (2017) Cloud monitoring: a review, taxonomy, and open research issues. J Netw Comput Appl 98:11–26. https://doi.org/10.1016/j.jnca.2017.08.021

Wu C-H, Shao YE, Ho B-Y, Chang T-Y (2008) On an agent-based architecture for collaborative continuous auditing. In: Proceedings of the 12th international conference on computer supported cooperative work in design

Xiang G, Jin H, Zou D, Zhang X, Wen S, Zhao F (2010) VMDriver: A driver-based monitoring mechanism for virtualization. In Proceedings of the 29th IEEE symposium on reliable distributed systems

Yang K, Jia X (2013) An efficient and secure dynamic auditing protocol for data storage in cloud computing. IEEE Trans Parallel Distrib Syst 24(9):1717–1726

Ye H, Yang J, Gan Y (2012) Research on continuous auditing based on multi-agent and web services. In: Proceedings of the 2012 international conference on management of e-Commerce and e-Government

Zawoad S, Hasan R, Skjellum A (2015) Ocf: an open cloud forensics model for reliable digital forensics. In: Proceedings of the IEEE 8th international conference on cloud computing

Zhu Y, Ahn G-J, Hu H, Yau SS, An HG, Hu C-J (2013) Dynamic audit services for outsourced storages in clouds. IEEE Trans Serv Comput 6(2):227–238

Marktpotenzial einer
kontinuierlichen Zertifizierung

9

Zusammenfassung

Dieses Kapitel betrachtet abschließend das Marktpotenzial einer kontinuierlichen Zertifizierung. Dabei wird die Akzeptanz einer kontinuierlichen Zertifizierung durch Cloud-Service-Anbieter und Zertifizierungsstellen untersucht sowie Gestaltungsempfehlungen zur Realisierung von Vorteilen und Potenzialen für Cloud-Service-Kunden abgegeben.

9.1 Akzeptanz einer kontinuierlichen Zertifizierung durch Cloud-Service-Anbieter und Zertifizierungsstellen

Cloud-Service-Anbieter wie auch Cloud-Service-Auditoren müssen hinreichend motiviert werden, um an einer kontinuierlichen Zertifizierung teilzunehmen und somit deren Verbreitung und Akzeptanz zu fördern (Lins et al. 2016b). Um sie zu motivieren, müssen die wahrgenommenen Vorteile den wahrgenommenen Aufwänden überwiegen. Ungeachtet der genannten Herausforderungen der vorangegangenen Kapitel birgt die kontinuierliche Zertifizierung große Vorteile und Potenziale für Cloud-Service-Anbieter und -Auditoren bzw. Zertifizierungsstellen (Lins et al. 2016a, 2018b). Um die Akzeptanz und Adoptionswahrscheinlichkeit einer kontinuierlichen Zertifizierung im Kontext von Cloud-Services zu untersuchen,

© Springer-Verlag GmbH Deutschland, ein Teil von Springer Nature 2019   223
S. Lins et al., *Cloud-Service-Zertifizierung*,
https://doi.org/10.1007/978-3-662-58857-4_9

baut dieses Kapitel auf die Diffusionstheorie (englisch Diffusion of Innovations Theory) (Rogers 1962) auf. Gegenstand dieser Theorie ist unter anderem die Beschreibung von Merkmalen einer Innovation (in diesem Falle Merkmale einer kontinuierlichen Zertifizierung) und deren Einfluss auf das Adoptionsverhalten von Stakeholdern.

In den vergangenen Jahrzenten wurde die Theorie weitestgehend im Rahmen der Erforschung von Informationstechnologien und Informationssystemen eingesetzt (Larsen et al. 2017; Wu und Wang 2005; Lins et al. 2018c). In der Diffusionstheorie wird die Annahme getroffen, dass ein potenzieller Nutzer einer Innovation (ein möglicher Adoptierender, im englischen ‚Adopter') seine Adoptionsentscheidung basierend auf Meinungen trifft, die über die Innovation vorherrschen (Rogers 2003). Ein zentrales Konzept der Theorie ist der Diffusionsprozess, in dem eine Innovation über bestimmte Kommunikationskanäle (beispielsweise Medien), im Laufe der Zeit, unter den Mitgliedern eines sozialen Systems (beispielsweise unter Mitarbeitern eines Unternehmens) kommuniziert wird. Eine Innovation ist eine Idee, ein Objekt oder eine Praxis, die von den Mitgliedern eines sozialen Systems als neu wahrgenommen wird.

Des Weiteren werden in der Diffusionstheorie die folgenden fünf Merkmale einer Innovation definiert, die maßgeblich die Adoptionsrate beeinflussen. (1) Relativer Vorteil: Das Ausmaß, in dem eine Innovation besser als die Praxis oder das Produkt, das es ersetzt, wahrgenommen wird. So kann der relative Vorteil durch die Adoption einer Innovation beispielsweise in einem höheren ökonomischen Ertrag, geringeren Ausgangskosten, mehr Komfort, sozialem Prestige, Zeitersparnis oder auch schnelleren Erfolgen liegen (Karnowski 2013). (2) Kompatibilität: Die Vereinbarkeit einer Innovation mit bestehenden Werten und Einstellungen des Adoptierenden, bereits eingeführten Ideen oder den Bedürfnissen des Adoptierenden wird als Kompatibilität bezeichnet (Karnowski 2013). (3) Komplexität: Je schwieriger es der Adoptierende empfindet, eine Innovation zu verstehen und zu nutzen, umso geringer ist die Wahrscheinlichkeit, dass er sie adoptieren wird. (4) Erprobbarkeit: Die Erprobbarkeit beschreibt das Ausmaß, ob und wie einfach die Innovation vor der eigentlichen Adoption getestet oder mit ihr experimentiert werden kann. (5) Beobachtbarkeit: Die Beobachtbarkeit beschreibt das Ausmaß, zu dem die Innovation greifbare und sichtbare Ergebnisse liefert. Neueste Forschungsergebnisse bestätigen, dass abhängig von dem Ausmaß dieser Innovationsmerkmale das Adoptionsverhalten von Stakeholdern in einer Vielzahl von Kontexten beeinflusst wird. Während eine hohe Komplexität einen negativen Einfluss auf die Adoptionsrate von Innovationen hat, besitzen die anderen vier Merkmale einen positiven Effekt (Hsu et al. 2007; Chen et al. 2002; Cheng et al. 2004; Agarwal und Prasad 1997; Swanson und Ramiller 1997).

Dieses Kapitel diskutiert im Folgenden die fünf Merkmale einer Innovation, um die Akzeptanz der kontinuierlichen Zertifizierung aus der Perspektive von Cloud-Service-Anbietern und -Auditoren zu evaluieren. Die Auswirkung der Merkmale auf die Adoptionsentscheidung wurde zudem empirisch mittels einer Online-Befragung getestet. Dabei wurden jeweils Cloud-Service-Anbieter und -Auditoren getrennt befragt. Insgesamt haben 139 Cloud-Service-Anbieter und 66 Cloud-Service-Auditoren an unserer Umfrage teilgenommen.

9.1.1 Relativer Vorteil

Wenn Organisationen den Innovationsentscheidungsprozess durchlaufen, versuchen sie Informationen über den relativen Vorteil einer Innovation zu erlangen (Rogers 2003). Der relative Vorteil bezieht sich auf die technische oder wirtschaftliche Überlegenheit der Innovation gegenüber den bestehenden Produkten. Zum Beispiel kann eine Innovation neue Lösungsmöglichkeiten für bestehende Probleme anbieten, oder einen geringeren Zeit- und Arbeitsaufwand erfordern. Damit eine kontinuierliche Zertifizierung weitestgehend angenommen werden kann, muss sie zum einen technologisch und wirtschaftlich realisierbar sein. Zum anderen müssen die Vorteile die einhergehenden Aufwände überwiegen oder mindestens aufwiegen. Die kontinuierliche Zertifizierung birgt einige Vorteile, die eine Akzeptanz durch Cloud-Service-Anbieter und -Auditoren begünstigen.

Durch die Teilnahme an einer kontinuierlichen Zertifizierung erhoffen sich Cloud-Service-Anbieter, neben einem reinen Marketingeffekt, insbesondere eine Erhöhung der Transparenz für ihre Cloud-Service-Kunden (Lins et al. 2018a, c). Darüber hinaus können Cloud-Service-Anbieter eine Vielzahl von weiteren Vorteilen durch die Adoption einer kontinuierlichen Zertifizierung realisieren. So kann sich ein Cloud-Service-Anbieter durch ein kontinuierliches Zertifikat als Differenzierungsmerkmal auf dem Markt möglicherweise besser behaupten und Wettbewerbsvorteile realisieren. Dies gilt nicht nur, aber vor allem im Vergleich zu internationalen Konkurrenten. Eine kontinuierliche Überwachung, ausgeführt von einem unabhängigen Dritten, dient auch als eine zusätzliche Bewertungsgrundlage für die Service-Qualität. So können Messergebnisse eines Überwachungs- oder Auditierungsdienstes in den täglichen operativen Dienst und in das Service- und Risiko-Management eines Cloud-Service-Anbieters einbezogen werden. Diese Art von unabhängigem Expertenfeedback kann vom Cloud-Service-Anbieter dann zur ständigen Weiterentwicklung und Verbesserung seiner Cloud-Services genutzt werden. So können Cloud-Service-Anbieter aufbauend auf dem Feedback potenzielle Mängel und (Sicherheits-)Vorfälle frühzeitig erkennen und durch zeitnahe

Gegenmaßnahmen diese beseitigen und somit nachgelagerte Kosten vermeiden. Schließlich können Verbesserungen und Weiterentwicklungen der Cloud-Infrastruktur, -Software oder -Prozesse (zum Beispiel aufgrund agiler Entwicklung) – nach der Erstzertifizierung – aufgrund der laufenden Bewertung früher berücksichtigt und im Zertifikatsbericht wiedergegeben werden. Somit stellen kontinuierliche Zertifikate den aktuellen Status Quo eines Cloud-Services besser dar.

Cloud-Service-Anbieter berichten zudem, dass sie gelegentlich mit Anfragen von Cloud-Service-Kunden nach individuellen Kundenaudits konfrontiert werden (Lins et al. 2016b, 2018b). Grund hierfür sind meist intransparente Cloud-Services oder Bedenken hinsichtlich der Sicherheit und Privatsphäre. Diese individuellen Kundenaudits sind mit einem hohen Aufwand verbunden und belasten einen Cloud-Service-Anbieter zusätzlich. Cloud-Service-Anbieter gehen davon aus, dass die Adoption einer kontinuierlichen Zertifizierung die Notwendigkeit von individuellen Kundenaudits verringern wird, da unverfälschte Zertifizierungsergebnisse den Cloud-Service-Kunden von einer unabhängigen Partei zur Verfügung gestellt werden können. Dies erhöht die Vertrauenswürdigkeit und führt zu zusätzlichen Kosteneinsparungen für Cloud-Service-Anbieter.

Insgesamt lassen die vielen Vorteile einer kontinuierlichen Zertifizierung daher vermuten, dass diese Cloud-Service-Anbieter dazu motivieren, an dem kontinuierlichen Zertifizierungsverfahren teilzunehmen. Die Ergebnisse unserer Umfrage bestätigen diese Vermutung und zeigen insbesondere, dass die wahrgenommenen Vorteile die Akzeptanz von Cloud-Service-Anbietern stark beeinflussen. Die befragten Anbieter sind sich einig, dass die Teilnahme an einer kontinuierlichen Zertifizierung viele Vorteile ermöglicht. Diese Erkenntnis unterstreicht die Bedeutung der innovativen Entwicklung der kontinuierlichen Zertifizierung und die Notwendigkeit, seine Verbreitung zu verstärken.

Auch Cloud-Service-Auditoren können eine Vielzahl an Vorteilen gegenüber bestehenden Zertifizierungsprozessen erlangen (Lins et al. 2016a, b, 2018a, b). Zum einen können sie durch den Einsatz von automatisierten Auditierungsprozessen die Effizienz ihrer Auditierungen verbessern sowie die Auditierungsdauer und -fehler reduzieren. Des Weiteren ist die Anwendung einer kontinuierlichen Zertifizierung kosteneffizienter, da sie es Cloud-Service-Auditoren ermöglicht größere Datenmengen zu testen und Daten sowohl schneller als auch effizienter im Vergleich zu manuellen Methoden zu untersuchen. Cloud-Service-Auditoren können ferner dem Kontrollverlust von Cloud-Service-Kunden in Cloud-Service-Umgebungen entgegenwirken, indem sie die Transparenz von Cloud-Services erhöhen.

In der Regel wird bei bisherigen Zertifizierungen die Einhaltung der Zertifizierungskriterien durch jährliche Stichproben überprüft. Daher können Zertifizierungsabweichungen oder -Verstöße teilweise erst sehr spät festgestellt werden. Im Gegensatz dazu ermöglicht eine kontinuierliche Zertifizierung den Cloud-Service-

Auditoren eine frühzeitige Erkennung von Problemen, sodass nicht erst dann reagiert wird, wenn ein Verstoß längst aufgetreten ist. Daher kann eine kontinuierliche Zertifizierung als proaktiv bezeichnet werden und ermöglicht somit das Einleiten von Korrekturmaßnahmen sobald ein Problem erkannt wird. Noch wichtiger ist, dass durch diese frühzeitige Erkennung von Problemen und die kontinuierliche Überprüfung der Zertifizierungskriterien, die Vertrauenswürdigkeit und die wahrgenommene Sicherheit durch die Zertifizierungen erhöht werden kann. Darüber hinaus steigt die Relevanz der Zertifizierungsinformation für Entscheidungsträger von Organisationen, da diese jederzeit aktuelle Informationen aus den Zertifizierungsergebnissen entnehmen können.

Während bei der traditionellen Zertifizierung die Geschäftsbeziehung ausschließlich zwischen Cloud-Service-Anbieter und -Auditor besteht, ergibt sich durch eine kontinuierliche Zertifizierung eine zusätzliche Beziehung zwischen Cloud-Service-Auditor und -Kunden, auf der sich für Ersteren ein neues Geschäftsmodell aufbauen lässt. Zum Beispiel können Cloud-Service-Auditoren für Cloud-Service-Kunden unter anderem „On-Demand"-Auditfunktionen (das Auslösen von erneuten Überprüfungen bei Bedarf), periodische Auditierungsberichte und Alert-Services (zum Beispiel bei großen Sicherheitsvorfällen oder Zertifizierungsverletzungen) zur Verfügung stellen. Für deren Nutzung können Cloud-Service-Auditoren wiederrum eine Gebühr vom Cloud-Service-Kunden erheben. Zudem verändert sich die Geschäftsbeziehung zwischen Cloud-Service-Anbieter und -Auditor durch die kontinuierliche Auditierung von einer punktuellen zu einer ständigen und intensiveren Zusammenarbeit, die für den Cloud-Service-Auditoren den Vorteil der besseren Auftragsauslastung mit sich bringt (Quinting et al. 2017). Das bedeutet, dass die kontinuierliche Auditierung von relativen Vorteil für Cloud-Service-Auditoren ist, da diese mit einer Steigerung der Arbeitseffizienz und der Arbeitsqualität verbunden ist, eine Ausweitung des Geschäftsmodells ermöglicht und vor allem eine geeignete Methode ist, um den Anforderungen der Cloud-Service-Anbieter und deren -Kunden gerecht zu werden.

Unsere Umfrage zeigt, dass der relative Vorteil auch einen signifikanten Einfluss auf die Akzeptanz der kontinuierlichen Zertifizierung von Cloud-Service-Auditoren hat. Dies bestätigt, dass auch Cloud-Service-Auditoren viele Vorteile in der kontinuierlichen Zertifizierung sehen.

9.1.2 Kompatibilität

Eine hohe Kompatibilität einer Innovation fördert die Verbreitung dieser, da bei einer kompatibleren Innovation das Maß an Unsicherheit für den potenziellen Adoptierenden geringer ist (Rogers 2003). Kompatibilität ist das Ausmaß, zu dem eine Innovation als im Einklang mit (1) den bestehenden soziokulturellen Werten und Normen, (2) zuvor eingeführten Innovationen und (3) Bedürfnissen von potenziellen Adoptierenden wahrgenommen wird.

Zertifizierungen und Gütesiegel stellen etablierte und anerkannte Verfahren zur Bewertung von Produkten und Dienstleistungen dar (Sturm et al. 2014; Khan und Malluhi 2010; Sunyaev und Schneider 2013). Die Bedeutung und die Anzahl von Zertifizierungen für Produkte und Dienstleistungen sind in den letzten Jahren stetig gestiegen. So ist beispielsweise im Jahr 2017 die Anzahl der nach ISO/IEC 27001 zertifizierten Unternehmen im Vergleich zu 2016 um 19 % gestiegen, dass bedeutet es sind weltweit bereits mehr als 39.000 Organisationen nach diesem Standard zertifiziert (International Organization for Standardization 2017). Des Weiteren hat die Europäische Union zur Erfüllung der Strategie *„Unleashing the Potential of Cloud Computing in Europe"* die Entwicklung und Verbreitung von Cloud-Service-Zertifizierungen als einer der wichtigsten Maßnahmen erklärt (European Commission 2012). Daher kann man abschließend sagen, dass (kontinuierliche) Zertifizierungen kompatibel zu bestehenden soziokulturellen Werten und Normen ist.

Ist eine Innovation ferner kompatibel zu vorangegangenen Innovationen, Ideen oder Produkten, so verringern sich Unsicherheiten seitens eines potenziellen Adoptierenden, da diese bereits Erfahrungen mit vergleichbaren Innovationen sammeln konnten (Rogers 2003). Die derzeitigen Zertifizierungen und Auditierungen beruhen überwiegend auf manuellen Prüfungen, wie zum Beispiel der Durchführung von Interviews und manuellen Sicherheitstests sowie der Analyse von Service- und Architekturdokumentationen (Lins et al. 2018c). Die Automatisierung dieser Prüfungen erhöht zwar die Auditierungseffizienz, indem beispielsweise größere Datenmengen getestet und die vorliegenden Daten schneller untersucht werden können (Woodroof und Searcy 2001). Allerdings unterscheiden sich automatisierte Prüfungen wesentlich von den bisher bestehenden Konzepten, was zu einer geringeren Kompatibilität führt. Des Weiteren deutet die bestehende Forschung darauf hin, dass ein Wechsel hin zur computergestützten Automatisierung von Auditierungsprozessen eher inkrementell als revolutionär sein wird, sodass Cloud-Service-Auditoren zunächst versuchen werden die bestehenden Prozesse zu automatisieren, anstatt innovative computergestützte Auditierungsprozesse zu entwickeln (Alles et al. 2006).

Ein weiterer Hinweis auf die Kompatibilität einer Innovation ist der Grad, zu dem sie den Bedürfnissen potenzieller Adoptierender gerecht wird (Rogers 2003). Wenn die Bedürfnisse der Adoptierenden von einer Innovation erfüllt werden, führt dies in der Regel zu einer schnelleren Adoption. In Interviews mit Cloud-Experten wurde ein hoher Bedarf hinsichtlich einer kontinuierlichen Zertifizierung ermittelt (Lins et al. 2016b, 2018b). Die Interviewpartner berichteten, dass für viele Cloud-Service-Kunden die Verwendung von Cloud-Services vergleichbar mit einer Black-Box ist, und somit die Kontrolle auf Seiten der Cloud-Service-Kunden verloren geht. Daher verlangen Cloud-Service-Kunden die Durchführung einer kontinuierlichen Zertifizierung, um dem Kontrollverlust entgegenzuwirken und die Einhaltung der relevanten Zertifizierungskriterien oder gesetzlichen Anforderungen sicherzustellen. Zusätzlich können durch transparente Cloud-Services seitens der Cloud-Service-Anbieter Wettbewerbsvorteile erzielt werden. Cloud-Service-Auditoren fordern eine kontinuierliche Zertifizierung, um den Nachteilen von den traditionellen Zertifizierungen entgegenzuwirken, die nur einen retrospektiven Blick auf die Erfüllung von definierten Zertifizierungskriterien zum Zeitpunkt ihrer Erteilung darstellen. Da eine kontinuierliche Zertifizierung den genannten Vorteilen und Bedürfnissen gerecht wird, kann sie als kompatibel angesehen werden.

Die Ergebnisse der Umfrage zeigen, dass die Kompatibilität einer kontinuierlichen Zertifizierung keinen Einfluss auf die Adoptionswahrscheinlichkeit von Cloud-Service-Anbietern oder -Auditoren hat. Cloud-Service-Auditoren gaben an, dass die kontinuierliche Zertifizierung nur im bedingten Maße zu ihren bestehenden Zertifizierungsverfahren und der technischen Infrastruktur kompatibel ist.

9.1.3 Komplexität

Die Komplexität beschreibt wie schwer es für den potenziellen Adoptierenden ist, die Innovation zu verstehen und zu nutzen (Rogers 2003). Die Einführung einer neuen Technologie fordert in der Regel die Implementierung von (teurer) Hard- und Software innerhalb der bestehenden IT-Infrastruktur. Außerdem könnte eine hohe Komplexität die Mitarbeiter abschrecken. Dies kommt vor allem zum Tragen, wenn durch die Adoption der Innovation von den Mitarbeitern verlangt wird, die bestehenden Geschäftspraktiken zu ändern oder neue Fähigkeiten zu erlernen (Beatty et al. 2001; Rogers 2003). Die Komplexität ist auch in der bestehenden Literatur ein wesentlicher Faktor, der die Adoption von neuen Technologien verhindern kann (Bradford und Florin 2003; Tornatzky und Klein 1982).

Da Cloud-Service-Anbieter und -Auditoren komplexe Überwachungs- und Auditierungssysteme implementieren müssen, ist die Adoption einer kontinuierlichen Zertifizierung sehr komplex. So müssen Cloud-Service-Anbieter beispielsweise umfangreiche (kontinuierliche) Überwachungssysteme implementieren, um sicherzustellen, dass alle zertifizierungsrelevanten Daten verfügbar und aktuell sind (Lins et al. 2018b). Cloud-Service-Auditoren müssen ebenso kontinuierliche Auditierungssysteme implementieren, die verschiedene Auditierungsmethoden zur (teil-)automatisierten und externen Auditierung umfassen. Beispielsweise sollten Penetrationstests, externe Schwachstellenscans und Überprüfungen der Service-Verfügbarkeit und Verschlüsselung durchgeführt werden. Darüber hinaus müssen

Cloud-Service-Auditoren Systeme zur Planung und zum Management der automatisierten Auditierung implementieren, um die Prozesse der kontinuierlichen Zertifizierung zu koordinieren, und eine einwandfreie und automatisierte Durchführung der Auditierungsfunktionen zu ermöglichen.

Neben der Einrichtung umfassender Überwachung- und Auditierungssysteme stehen den Cloud-Service-Anbietern und -Auditoren im Rahmen einer kontinuierlichen Zertifizierung neue Sicherheitsherausforderungen gegenüber, die wiederum die Komplexität der Nutzung dieser Innovation erhöhen. Das Sicherstellen von Vertraulichkeit (zum Beispiel die Vermeidung von Verlust sensibler oder sicherheitsrelevanter Informationen), Verfügbarkeit (zum Beispiel die Sicherstellung der Verfügbarkeit von Datenschnittstellen) und Integrität (zum Beispiel Schutz von Informationen gegen böswillige Änderungen durch Angreifer, Cloud-Service-Auditoren oder -Anbietern) ist von hoher Bedeutung bei der Entwicklung einer kontinuierlichen Zertifizierung. Insbesondere der Austausch zertifizierungsrelevanter Informationen durch die Nutzung von (Web-)Schnittstellen erfordert seitens der Cloud-Service-Anbieter und -Auditoren die Implementierung von sicheren Zugriffs- und Verschlüsselungsmechanismen, um Datenverluste oder -änderungen bei der Datenübertragung zu verhindern.

In unserer Umfrage konnte allerdings weder ein signifikanter Einfluss der (technischen oder organisatorischen) Komplexität identifiziert werden. Ein Grund dafür könnte sein, dass die kontinuierliche Zertifizierung bisher nur in Prototypen und Forschungsprojekten getestet wurde. Den Cloud-Service-Anbietern und -Auditoren mangelt es möglicherweise an fundiertem Wissen über die Komplexität und welche Kosten durch die Einführung einer kontinuierlichen Zertifizierung entstehen könnten. Eine genaue Beschreibung der potenziellen Kosten (z. B. Kosten für Überwachungs- und Auditsoftware) aufgrund der hohen Komplexität könnte den Informationsmangel verringern und damit den Einfluss der Komplexität auf die Adoptionsabsicht erhöhen. Darüber hinaus berichteten die Cloud-Service-Anbieter, dass sie über eine hohe technische Kompetenz und dass ihre bestehende technische Infrastruktur mit der kontinuierlichen Zertifizierung kompatibel sein wird. Folglich könnten sie sich angesichts der Anforderungen an die Teilnahme selbstbewusst fühlen und keine Angst vor den Herausforderungen haben.

9.1.4   Erprobbarkeit

Die Erprobbarkeit beschreibt wie gut eine Innovation vor der Adoption getestet oder mit ihr experimentiert werden kann (Rogers 2003). Innovationen, die bereits im Voraus getestet werden können, werden deutlich schneller adoptiert. Cloud-Service-Anbieter und -Auditoren müssen hohe Investitionen und Anpassungen tätigen, um an einer kontinuierlichen Zertifizierung erstmals teilzunehmen.

Somit und da kontinuierliche Zertifizierungen eine hohe Komplexität aufweisen, verfügen sie nur über ein geringes Maß an Erprobbarkeit. Um dem entgegenzuwirken können Cloud-Service-Auditoren beispielsweise Online-Demos anbieten, die eine kostenlose Testversion einer (fiktiven) kontinuierlichen Zertifizierung simulieren. Ebenfalls könnten Cloud-Service-Auditoren auch Mock-Ups von Benutzeroberflächen oder Erfahrungsberichte von teilnehmenden Cloud-Service-Anbietern anbieten, um zumindest eine einfache Art der Erprobbarkeit zu ermöglichen, und somit die zukünftige Adoption deutlich verbessern. Da eine mangelnde Erprobbarkeit vorliegt (Lins et al. 2016b, 2018c; Quinting et al. 2017; Teigeler et al. 2018), wurde diese nicht weiter im Rahmen der Studie untersucht.

9.1.5 Beobachtbarkeit

Im Gegensatz zur Erprobbarkeit erzielt die Durchführung einer kontinuierlichen Zertifizierung ein hohes Maß an Beobachtbarkeit. Beobachtbarkeit ist das Ausmaß, zu dem eine Innovation greifbare und sichtbare Ergebnisse liefert (Rogers 2003). Bei einigen Innovationen sind die Ergebnisse leicht zu beobachten und können den Mitgliedern eines sozialen Systems mitgeteilt werden, während andere Innovationen schwer zu beschreiben sind. Bei der Durchführung einer kontinuierlichen Zertifizierung legen befragte Cloud-Experten großen Wert darauf, Cloud-Service-Kunden über die Ergebnisse zu informieren, und somit ein hohes Maß an Beobachtbarkeit zu schaffen (Lins et al. 2016b, 2018c). Eine umfangreiche Ergebnisdarstellung einer kontinuierlichen Zertifizierung kann Cloud-Service-Kunden den Kontrollverlust nehmen und die angebotenen Cloud-Services transparenter darstellen. Es ist daher von entscheidender Bedeutung die Zertifizierungsinformationen kontinuierlich zu veröffentlichen und somit die laufende Einhaltung der Zertifizierungskriterien nachzuweisen. Darüber hinaus empfehlen Cloud-Experten umfassende Informationen über die Cloud-Service-Performance zu präsentieren, um möglichen Cloud-Service-Kunden-, Rechts- und Regulierungsanforderungen gerecht zu werden. Die Beobachtbarkeit einer kontinuierlichen Zertifizierung ist besonders dadurch gekennzeichnet, dass die Cloud-Service-Kunden eine höhere Transparenz des Cloud-Service erfahren, da die bereitgestellten Informationen über das hinausgehen, was diese eigenständig analysieren können oder vom Cloud-Service-Anbieter ohnehin bereitgestellt wird.

Unsere Studie konnte zeigen, dass die Beobachtbarkeit einer kontinuierlichen Zertifizierung auch ein sehr wichtiger Treiber der Akzeptanz von Cloud-Service-Anbietern und -Auditoren ist. Eine hohe Beobachtungsfähigkeit zeigt, dass Cloud-Service-Anbieter und -Auditoren die gewonnenen Vorteile auch transparent am Markt kommunizieren können.

9.2   Gestaltungsempfehlungen zur Realisierung von Vorteilen und Potenzialen für Cloud-Service-Kunden

Nach der Diffusionstheorie können Anreize auch andere Stakeholder betreffen, welche wiederum eine Organisation überzeugt die Innovation zu adoptieren (Rogers 2003). Vor allem, wenn eine zunehmende Anzahl von Cloud-Service-Kunden vertrauenswürdige (zertifizierte) Cloud-Services verlangen, werden sich Cloud-Service-Anbieter immer mehr für eine kontinuierliche Zertifizierung aussprechen. Im Allgemeinen können auch Cloud-Service-Kunden von der kontinuierlichen Zertifizierung profitieren. Im Folgenden wird daher auch der Nutzen für Cloud-Service-Kunden auf Basis von Ergebnissen mit Cloud-Service-Kunden diskutiert.

9.2.1   Vorteile für Cloud-Service-Kunden durch eine kontinuierliche Zertifizierung

Eine kontinuierliche Zertifizierung wirkt dem wahrgenommenen Kontrollverlust entgegen

Cloud-Services sind typischerweise durch einen Kontrollverlust für Cloud-Service-Kunden gekennzeichnet, da Cloud-Service-Kunden die Kontrolle über ihre Daten und Prozesse dem Cloud-Service-Anbieter überlassen (Marston et al. 2011; European Network and Security Agency 2012; Lang et al. 2016). Insbesondere bei der Speicherung von Daten in der Cloud fürchten Cloud-Service-Kunden, dass Daten beschädigt werden oder verloren gehen (Schneider und Sunyaev 2016; Lang et al. 2016). Eine kontinuierliche Zertifizierung schafft für (potenzielle) Cloud-Service-Kunden Transparenz über die verwendeten Cloud-Services und erhöht die wahrgenommene Sicherheit (Lins et al. 2016a, 2018b; Lang et al. 2017). Dieses ist dadurch begründet, dass bei einer kontinuierlichen Zertifizierung durch fortlaufende Monitoring- und Auditierungsmethoden eine permanente Überprüfung der Zertifizierungskriterien erfolgen kann, was wiederum eine fortlaufende Aktualisierung des Zertifizierungsstatus eines Cloud-Services ermöglicht. Durch eine erhöhte Transparenz kann somit dem Kontrollverlust von Cloud-Service-Kunden entgegengewirkt werden. *„Aber die wahrgenommene Kontrolle, wenn ich reingucken kann: ok, er ist noch zertifiziert, er hat seine Zertifizierung erneuert, dann habe ich gefühlt eine bessere Kontrolle, ganz klar" [Cloud-Service-Kunde].* Ferner wird nicht nur mehr Transparenz über den Cloud-Service sondern auch über den Zertifizierungsprozess und den Inhalt der Zertifizierung geschaffen.

Erhöhung des Vertrauens

Viele Cloud-Service-Kunden sehen das Vorhandensein einer Zertifizierung als eine Grundvoraussetzung, um mit einem Cloud-Service-Anbieter zu kooperieren und bezeichnen diese als Eingangshürde. *„Ohne Zertifikate kommt man nicht durch"* *[Cloud-Service-Kunde]*. Durch eine kontinuierliche Zertifizierung und der resultierenden Transparenz kann das Vertrauen eines Cloud-Service-Kunden in einen Cloud-Service-Anbieter verstärkt bzw. zunächst überhaupt aufgebaut werden. Zudem kann das Vertrauen in die Gültigkeit der Zertifizierung durch die Regelmäßigkeit einer kontinuierlichen Überprüfung erhöht werden. *„Je kürzer das Intervall ist, also je kontinuierlicher zertifiziert wird, desto höher ist das Vertrauen in die Gültigkeit der Zertifizierung"* *[Cloud-Service-Kunde]*.

Erhöhung der wahrgenommenen Qualität

Neben der Schaffung von Vertrauen kann durch eine erhöhte Transparenz auch die wahrgenommene Qualität des Cloud-Services aus Kundensicht erhöht werden. Insbesondere in Hinblick auf die wahrgenommene Datensicherheit eines Cloud-Services erhoffen sich Cloud-Service-Kunden durch eine kontinuierliche Zertifizierung eine erhöhte Transparenz und eine daraus resultierende erhöhte wahrgenommene Datensicherheit. *„Das kann man mit einer Zertifizierung wunderbar [...] Jetzt aus meiner Rolle, ein Konzern, bin ich grundsätzlich ein Sourcing-Fan, weil die können gerade diese Dinge wie Datensicherheit und Risiko-Management an manchen Stellen sogar besser als wir selbst"* *[Cloud-Service-Anbieter]*.

Schaffung von Rechtssicherheit

Aus rechtlicher Betrachtung bedeutet die Einführung eines rechtskonformen kontinuierlichen Zertifizierungssystems für den Cloud-Service-Kunden Erleichterungen hinsichtlich der ihn als verantwortliche Stelle treffenden Überwachungspflichten (Lins et al. 2018a). Im Rahmen der Auftragsdatenverarbeitung hat der Cloud-Service-Kunde vor der Datenverarbeitung und sodann regelmäßig die Einhaltung der technischen und organisatorischen Maßnahmen seitens des Cloud-Service-Anbieters zu überwachen. Die tatsächlichen Schwierigkeiten diese Pflichten zu erfüllen, die unter der Datenschutz-Grundverordnung mit empfindlichen Bußgeldern bewehrt sind, sind gerade Motivation für die Entwicklung eines kontinuierlichen Zertifizierungssystems, mit dem der Cloud-Service-Anbieter gegenüber dem Cloud-Service-Kunden nachweisen kann, dass er sich datenschutzkonform verhält. Diesen Nachweis kann dann der Cloud-Service-Kunde zur eigenen Entlastung gegenüber der Aufsichtsbehörde oder anderen Stellen führen.

9.2.2 Gestaltungsempfehlungen zur Realisierung der Vorteile für Cloud-Service-Kunden

Um die genannten Vorteile für Cloud-Service-Kunden auch tatsächlich realisieren zu können, müssen einige Kundenanforderungen bei dem Design eines kontinuierlichen Zertifizierungsverfahrens berücksichtigt werden. Im Folgenden werden daher exemplarische Gestaltungsempfehlungen abgeleitet.

Sicherheit und Zuverlässigkeit der Monitoring- und Auditierungsmethoden sowie der involvierten IT-Systeme
Entsprechend der Aussagen der Cloud-Service-Kunden sollen die eingesetzten IT-Systeme zur Realisierung einer kontinuierlichen Zertifizierung ein hohes Sicherheitsniveau aufweisen und gängige Sicherheitsnormen berücksichtigen (z. B. die IT-Grundschutz-Standards des BSI). Darüber hinaus darf die Vertraulichkeit und Integrität der Kundendaten durch die eingesetzten Monitoring- und Auditierungsmethoden nicht gefährdet oder gar verletzt werden. Es sollte gewährleistet sein, dass weder der Cloud-Service-Anbieter, die Zertifizierungsstelle, der Betreiber von Überwachungs- oder Auditierungsdiensten oder ein sonstiger Dritter einen unrechtmäßigen Zugriff auf Kundendaten im Zuge des Zertifizierungsverfahrens erhält. Zudem sollen die Monitoring- und Auditierungsmethoden eine hohe Zuverlässigkeit besitzen und dementsprechend eine geringe Fehlerquote im Zuge der Überwachung bzw. der Auditierung aufweisen. Daher fordern Cloud-Service-Kunden den Einsatz von Best-Practice-Sicherheitsmaßnahmen, Verschlüsselungsmechanismen, festgelegten Rollenkonzepte mit definierten Zugriffsrechten und aus dem Datenschutz abgeleitete Architekturen. In diesem Zusammenhang wird auch ein Datenschutz-Ansprechpartner für Cloud-Service-Kunden gewünscht. Informationen über die Standorte der Datenhaltung und die Verteilung der Verantwortlichkeiten im Rahmen von einer kontinuierlichen Zertifizierung werden ebenfalls gewünscht.

Zeitpunkt und Häufigkeit der Zertifizierung
In der Literatur werden wiederholt die zentralen Eigenschaften der flexiblen Gültigkeitsdauer der dynamisch entstehenden Zertifikate sowie die flexiblen Wiederholungsintervalle des kontinuierlichen Zertifizierungsprozesses genannt. Dies liegt in der Gestaltung der Auslöser der Zertifizierung begründet, da diese eben nicht nach fixen Zeitplänen, wie bei der traditionellen Prüfung etwa alle ein bis zwei Jahre, durchgeführt wird, sondern je nach Bedarf flexibel, auch ganztägig, angestoßen werden kann. Allerdings scheint es aus Cloud-Service-Kundensicht unter manchen Voraussetzungen notwendig zu sein, die Zertifizierung manuell anstoßen zu können – was als ‚On-Demand-Auditing' bezeichnet wird. Cloud-Service-Kunden

gaben den ausdrücklichen Wunsch an, in einem bestimmten Moment die Überprü-
fungsmechanismen erneut durchzuführen (‚check-before-buy'), besonders dann,
wenn Änderungen am Cloud-Service auftreten. Ziel der Überprüfung sollte ein
Nachweis sein, dass alle definierten Kontrollen, Parameter oder Soll-Werte eingehalten werden. Auf Anfrage eine bedarfsgerechte Zertifizierung durchführen zu
können, ist unter der Voraussetzung einer automatisierten Prüfung, die mit wenig
Aufwand für den Cloud-Service-Anbieter einhergeht, in jedem Fall relevant. Dadurch kann ein Cloud-Service-Kunde für das eigene Unternehmen beurteilen, ob
ein Cloud-Service-Anbieter mit seinem Angebot in Frage kommt.

Allerdings betonen die Cloud-Service-Kunden auch, dass sich der entstehende
Aufwand für eine kontinuierliche Zertifizierung für den Cloud-Service-Anbieter in
einem wirtschaftlich tragbaren Rahmen bewegen muss. Zudem sollen keine Mehr-
kosten für den Cloud-Service-Kunden durch die kontinuierliche Zertifizierung entstehen. Schließlich sollte eine kontinuierliche Zertifizierung auch für kleinere Anbieter im Cloud-Service-Markt wirtschaftlich realisierbar sein. Die Höhe der
entstehenden Kosten sollte keinen Wettbewerbsnachteil für finanziell schwächere
Cloud-Service-Anbieter mit sich bringen.

**Bereitstellung von Informationen über den kontinuierlichen Zertifizierungs-
prozess**

Zur Schaffung von Transparenz und zur Erreichung der Vorteile einer kontinuierlichen Zertifizierung ist die Bereitstellung von Informationen essenziell. Vor allem
soll das Ergebnis der Kriterienüberprüfung in Form einer Einhaltung bzw. Verletzung der Zertifizierungskriterien, die Aufführung aller durchgeführten Prüfungen,
das Prüfdatum sowie Angaben zum Prüfer bzw. der Zertifizierungsstelle kommuniziert werden. Des Weiteren sollen Informationen zum Zertifizierungsverfahren
bereitgestellt werden, darunter Informationen zum Kriterienkatalog und den bein-
halteten Zertifizierungskriterien, den Prüfintervallen und dem Ablauf des Zertifizierungsverfahrens. Zudem sollen Veränderungen des Zertifizierungsverfahrens
oder des Kriterienkatalogs dem Cloud-Service-Kunden mitgeteilt werden. Grundlegende Informationen mit Bezug zum Cloud-Service, wie technische Veränderungen in der Cloud-Service-Infrastruktur oder die Einbeziehung von Sub-Anbietern in die Service-Bereitstellung können dem Cloud-Service-Kunden übermittelt
werden.

Bei der Darstellungsform und dem Detaillierungsgrad der möglichen Informati-
onsinhalte können unterschiedliche Ausprägungen realisiert werden. Eine mögliche
Darstellungsform ist die Aufbereitung der Informationen als Prüfbericht. Dieser
Prüfbericht sollte zum einen im PDF-Dateiformat und zum anderen in einem maschi-
nenlesbaren Format, wie z. B. XML, bereitgestellt werden. Durch die zusätzliche
Bereitstellung der Informationsinhalte in einem maschinenlesbaren Format soll eine

Weiterverarbeitung der Informationen durch den Cloud-Service-Kunden ermöglicht werden. Auf der ersten Seite des Prüfberichts sollte eine zusammenfassende Darstellung der Prüfergebnisse bzw. des aktuellen Zertifizierungsstatus eines Cloud-Services für das Management des Cloud-Service-Kunden ersichtlich sein. Zusätzlich zu dem zusammenfassenden Prüfbericht für das Management soll dem Cloud-Service-Kunden ein ausführlicher Prüfbericht zu identifizierten Verletzungen der Zertifizierungskriterien mit hohem Detaillierungsgrad zugänglich gemacht werden.

Der Prüfbericht und weitere Informationen können dem Cloud-Service-Kunden über ein Webportal, welches von der Zertifizierungsstelle betrieben wird, bereitgestellt werden. Zudem könnte über das Webportal eine Registrierung der Cloud-Service-Kunden für eine E-Mail-Benachrichtigung abgewickelt werden. Nach der Registrierung können Prüfberichte mit Informationen zu durchgeführten Kriterienüberprüfungen via E-Mail an den Cloud-Service-Kunden übermittelt werden. Zum anderen soll der E-Mail-Dienst dazu genutzt werden, Benachrichtigungen an den Cloud-Service-Kunden zu übermitteln, welche beispielsweise über mögliche Verletzungen von Zertifizierungskriterien informieren. Prüfberichte sollten mindestens monatlich, vierteljährlich, halbjährlich oder jährlich an den Cloud-Service-Kunden übermittelt werden und über Ergebnisse erfolgter Kriterienüberprüfungen im jeweiligen Zeitabschnitt informieren. Darüber hinaus sollte die Identifikation eines Verstoßes gegen Zertifizierungskriterien sowie der Entzug oder die Aussetzung des Zertifikates sowie die Veränderungen des Zertifizierungsverfahrens, wie z. B. der Aufnahme neuer Zertifizierungskriterien in den Kriterienkatalog, zu einer sofortigen Benachrichtigung führen. *„Wenn Verstöße festgestellt wurden, müssen diese auch öffentlich und schonungslos aufgeführt werden. So hat man den Druck erzeugt, dass der Anbieter alles dafür tun wird, damit die Verstöße nicht mehr auftreten"* *[Cloud-Service-Kunde]*. Schließlich soll das Zertifikat eines Cloud-Services weiterhin in komprimierter Darstellungsform auf der öffentlichen Webseite des Cloud-Service-Anbieters bzw. des Cloud-Services veranschaulicht werden. Als komprimierte Darstellungsform für das Zertifikat empfiehlt sich ein Prüfsiegel, welches typischerweise die Einhaltung der Zertifizierungskriterien an (potenzielle) Cloud-Service-Kunden signalisiert. Zur Darstellung des aktuellen Zertifizierungsstatus können Metaphern wie eine Ampel verwendet werden.

Bei der Bereitstellung von Informationen muss jedoch darauf geachtet werden, dass keine sensiblen oder sicherheitskritischen Informationen der Öffentlichkeit zur Verfügung gestellt werden. So soll eine Veröffentlichung von Prüfergebnissen, welche akute Schwachstellen eines Cloud-Services offenbaren, nicht zusätzlich die Cloud-Service-Sicherheit kompromittieren: *„Ich habe ja kein Interesse daran, dass ein festgestelltes Sicherheitsloch des Providers publik gemacht wird. Das würde ja zu einem Angriff einladen und letztendlich auch meine Daten betreffen"* *[Cloud-Service-Kunde]*.

Literatur

Agarwal R, Prasad J (1997) The role of innovation characteristics and perceived voluntari-
ness in the acceptance of information technologies. Decis Sci 28(3):557–582. https://doi.
org/10.1111/j.1540-5915.1997.tb01322.x

Alles M, Brennan G, Kogan A, Vasarhelyi MA (2006) Continuous monitoring of business
process controls: a pilot implementation of a continuous auditing system at siemens. Int J
Account Inf Syst 7(2):137–161. https://doi.org/10.1016/j.accinf.2005.10.004

Beatty RC, Shim JP, Jones MC (2001) Factors influencing corporate web site adoption:
a time-based assessment. Inf Manag 38(6):337–354. https://doi.org/10.1016/S0378-
7206(00)00064-1

Bradford M, Florin J (2003) Examining the role of innovation diffusion factors on the implementation success of enterprise resource planning systems. Int J Account Inf Syst
4(3):205–225. https://doi.org/10.1016/S1467-0895(03)00026-5

Chen L-d, Gillenson ML, Sherrell DL (2002) Enticing online consumers: an extended
technology acceptance perspective. Inf Manag 39(8):705–719. https://doi.org/10.1016/
S0378-7206(01)00127-6

Cheng JMS, Kao LLY, Lin JY-C (2004) An investigation of the diffusion of online games
in Taiwan: an application of Roger's diffusion of innovation theory. J Am Acad Bus
5(1/2):439–445

European Commission (2012) Unleashing the potential of cloud computing in Europe.
http://eur-lex.europa.eu/LexUriServ/LexUriServ.do?uri=COM:2012:0529:FIN:EN:PDF.
Zugegriffen am 01.07.2017

European Network and Security Agency (2012) Cloud computing – benefits, risks and recommendations for information security. https://resilience.enisa.europa.eu/cloud-se-
curity-and-resilience/publications/cloud-computing-benefits-risks-and-recommendati-
ons-for-information-security. Zugegriffen am 22.06.2016

Hsu C-L, Lu H-P, Hsu H-H (2007) Adoption of the mobile internet: an empirical study of
Multimedia Message Service (MMS). Spec Issue on Telecommun Appl 35(6):715–726.
https://doi.org/10.1016/j.omega.2006.03.005

International Organization for Standardization (2017) The ISO survey of management system standard certifications 2017. https://www.iso.org/the-iso-survey.html. Zugegriffen
am 29.11.2018

Karnowski V (2013) Diffusionstheorie. In: Schweiger W, Fahr A (Hrsg) Handbuch Medien-
wirkungsforschung. Springer Fachmedien Wiesbaden, Wiesbaden, S 513–528

Khan KM, Malluhi Q (2010) Establishing trust in cloud computing. IT Prof 12(5):20–27.
https://doi.org/10.1109/MITP.2010.128

Lang M, Wiesche M, Krcmar H (2016) What are the most important criteria for cloud service
provider selection? A delphi study. In: Proceedings of the 24th European conference on
information systems

Lang M, Wiesche M, Krcmar H (2017) Conceptualization of relational assurance mechanisms – a literature review on relational assurance mechanisms, their antecedents and
effects. In: Proceedings der 13. Internationalen Tagung Wirtschaftsinformatik

Larsen KR, Allen G, Vance A, Eargle D (2017) Theories used in IS research Wiki: diffusion
of innovations theory. is.theorizeit.org. Zugegriffen am 01.07.2017

Lins S, Grochol P, Schneider S, Sunyaev A (2016a) Dynamic certification of cloud services:
trust, but verify! IEEE Secur Priv 14(2):67–71. https://doi.org/10.1109/MSP.2016.26

Lins S, Teigeler H, Sunyaev A (2016b) Towards a bright future: enhancing diffusion of continuous cloud service auditing by third parties. In: Proceedings of 24th European conference on information systems

Lins S, Hofmann JM, Sunyaev A (2018a) Marktpotenziale Von Dynamischen Zertifizierungen. In: Krcmar H, Eckert C, Roßnagel A, Sunyaev A, Wiesche M (Hrsg) Management Sicherer Cloud-Services: Entwicklung Und Evaluation Dynamischer Zertifikate. Springer Fachmedien Wiesbaden, Wiesbaden, S 325–331. https://doi.org/10.1007/978-3-658-19579-3_26

Lins S, Schneider S, Sunyaev A (2018b) Trust is good, control is better: creating secure clouds by continuous auditing. IEEE Trans Cloud Comput 6(3):890–903. https://doi.org/10.1109/tcc.2016.2522411

Lins S, Teigeler H, Sunyaev A (2018c) Akzeptanz Von Dynamischen Zertifizierungen: Eine Multiperspektivische Untersuchung. In: Krcmar H, Eckert C, Roßnagel A, Sunyaev A, Wiesche M (Hrsg) Management Sicherer Cloud-Services: Entwicklung Und Evaluation Dynamischer Zertifikate. Springer Fachmedien Wiesbaden, Wiesbaden, S 363–378. https://doi.org/10.1007/978-3-658-19579-3_29

Marston S, Li Z, Bandyopadhyay S, Zhang J, Ghalsasi A (2011) Cloud computing – the business perspective. Decis Support Syst 51(1):176–189. https://doi.org/10.1016/j.dss.2010.12.006

Quinting A, Lins S, Szefer J, Sunyaev A Advancing the adoption of a new generation of certifications–a theoretical model to explain the adoption of continuous cloud service certification by certification authorities. In: Proceedings of Wirtschaftsinformatik (WI 2017).

Rogers EM (1962) Diffusion of innovations, 1. Aufl. Free Press, New York

Rogers EM (2003) Diffusion of innovations, 5. Aufl. Free Press, New York

Schneider S, Sunyaev A (2016) Determinant factors of cloud-sourcing decisions: reflecting on the IT outsourcing literature in the era of cloud computing. J Inf Technol 31(1):1–32. https://doi.org/10.1057/jit.2014.25

Sturm B, Lansing J, Sunyaev A (2014) Moving in the right direction?: mapping literature on cloud service certifications' outcomes with practitioners' perceptions. In: Proceedings of the 22nd European conference on information systems

Sunyaev A, Schneider S (2013) Cloud services certification. Commun ACM (CACM) 56(2):33–36. https://doi.org/10.1145/2408776.2408789

Swanson EB, Ramiller NC (1997) The organizing vision in information systems innovation. Organ Sci 8(5):458–474. https://doi.org/10.1287/orsc.8.5.458

Teigeler H, Lins S, Sunyaev A (2018) Drivers Vs. Inhibitors – what clinches continuous service certification adoption by cloud service providers? In: Proceedings of the 51st Hawaii international conference on system sciences

Tornatzky LG, Klein KJ (1982) Innovation characteristics and innovation adoption-implementation: a meta-analysis of findings. IEEE Trans Eng Manag 29(1):28–45. https://doi.org/10.1109/TEM.1982.6447463

Woodroof J, Searcy D (2001) Continuous audit implications of internet technology: triggering agents over the web in the domain of debt covenant compliance. In: Proceedings of the 34th annual Hawaii international conference on system sciences

Wu J-H, Wang S-C (2005) What drives mobile commerce?: an empirical evaluation of the revised technology acceptance model. Inf Manag 42(5):719–729. https://doi.org/10.1016/j.im.2004.07.001

Fazit & Ausblick

10

Zusammenfassung

Dieses Kapitel beschreibt das Fazit dieses Buches und gibt einen Ausblick in die weitere Forschung zum Thema Cloud-Service-Zertifizierung.

Eine standardisierte Zertifizierung von Cloud-Services zielt darauf ab, Vertrauen zu etablieren und die Akzeptanz von Cloud-Computing zu erhöhen. Sowohl kleine, mittlere und große Cloud-Service-Anbieter als auch Cloud-Service-Kunden können von Cloud-Service-Zertifizierungen gleichermaßen profitieren. Kleinere und regionale Cloud-Service-Anbieter können durch praxisorientierte und marktrelevante Zertifizierungen für ihre Cloud-Services im Markt hervorstechen und einen größeren Kundenstamm gewinnen. Weiterhin können mittelgroße Cloud-Service-Anbieter gesetzeskonforme, kundenspezifische Anforderungen implementieren, wozu große Service-Anbieter aufgrund ihrer hoch standardisierten Lösungen nicht immer in der Lage sind. Durch die Bekanntmachung von hochwertigen Eigenschaften, wie bspw. die Transparenz ihrer Services, Rechtssicherheit, zuverlässige Service-Levels und eine hohe Sicherheit ihrer Rechenzentren, können große Anbieter andere Cloud-Service-Anbieter überzeugen ihre Services zu nutzen, anstelle ihre eigenen Services innerbetrieblich aufrechtzuerhalten. Durch den Entwurf von vertrauenswürdigen Cloud-Service-Zertifizierungen können Cloud-Service-Kunden Risiken und Vorteile für individuelle Cloud-Services identifizieren und bei ihrer Adoptionsentscheidung berücksichtigen.

© Springer-Verlag GmbH Deutschland, ein Teil von Springer Nature 2019   239
S. Lins et al., *Cloud-Service-Zertifizierung*,
https://doi.org/10.1007/978-3-662-58857-4_10

Mit dem in diesem Buch vorgestellten Rahmenwerk zur Zertifizierung von
Cloud-Services wurde ein erster Schritt zur Schaffung einer generischen Struktur
für Cloud-Service-Zertifizierungskriterien geschaffen. Das vorgestellte Rahmen-
werk zur Zertifizierung von Cloud-Services richtet sich an (potenzielle) Kunden
von Cloud-Services, Anbieter von Cloud-Services sowie Anbieter von Cloud-
Service-Zertifizierungen. Das Rahmenwerk dient (potenziellen) Cloud-Service-
Kunden als Kriterienkatalog und Entscheidungshilfe um Cloud-Angebote zu bewerten, vergleichen und auszuwählen. Es dient Cloud-Service-Anbietern als
Kriterienkatalog zum Self-Assessment und zur Verbesserung eigener Services.
Und es dient Cloud-Service-Zertifizierungsanbietern als Kriterienkatalog und Rahmenwerk zum Assessment und zur Verbesserung des eigenen Kriterienkatalogs
und Zertifizierungsrahmenwerks.

Ferner wurden in diesem Buch wichtige Grundlagen zur kontinuierlichen Zertifizierung vorgestellt. So wurden grundlegende Konzepte, Rahmenbedingungen
und Richtlinien für den Umfang einer kontinuierlichen Zertifizierung abgeleitet.
Darüber hinaus wurden Messverfahren, Metriken und Richtlinien zur Beurteilung
von Verstößen vorgestellt. Ein Schwerpunkt legt dieses Buch auf monitoring-
basierte Zertifizierungsverfahren, welche auch prototypisch umgesetzt und in Test-
umgebungen bei Feld- und Transferpartnern getestet wurden. Im Rahmen unserer
Forschung wurde die praktische Anwendbarkeit einer kontinuierlichen Zertifizierung durch die Anwendung qualitativer Forschungsmethoden und Methodiken aus
dem Design Science Research sowie die Einbindung einer Vielzahl an Cloud-
Experten sichergestellt. Dadurch konnte ein hohes Maß an Anwendbarkeit und
Akzeptanz am Markt erreicht werden.

Dieses Buch zeigt den Bedarf und den Mehrwert für Cloud-Service-Kunden
von kontinuierlichen Zertifizierungen auf. Durch die Einführung in eine kontinuierlichen Zertifizierung werden Vorteile für Cloud-Service-Anbieter aufgezeigt,
Maßnahmen zur Teilnahme an einer kontinuierlichen Zertifizierung vorgestellt und
Lösungsansätze zur Bewältigung möglicher Herausforderungen bei einer Teilnahme diskutiert. Durch die umfassende Einführung und Diskussion von kontinuierlichen Zertifizierungsverfahren wird Zertifizierungsstellen zudem aufgezeigt,
wie sie zukünftig ihre Prozesse zur Überprüfung automatisieren können, um eine
neue Generation von transparenten und fortlaufend gültigen Zertifizierungen anbieten zu können.

Ungeachtet der vielen Herausforderungen bei der Einführung einer kontinuierlichen Zertifizierung birgt diese große Vorteile und Potenziale für Cloud-Service-
Anbieter, -Kunden und -Auditoren bzw. Zertifizierungsstellen (Lins et al. 2016,
2018). Die durchgeführten Interviews mit Cloud-Experten und Akzeptanzstudien
konnten nachweisen, dass sowohl Cloud-Service-Anbieter und -Kunden als auch

-Auditoren großes Interesse an einer kontinuierlichen Zertifizierung haben, und ein großes Potenzial in ihr sehen. Besonders wichtig waren für alle Parteien die Vorteile der Transparenz über einen Cloud-Service, Erhöhung der Glaubwürdigkeit der Zertifizierungen und eine fortlaufende Überprüfung durch einen unabhängigen Dritten.

Während marktführende Cloud-Anbieter und Zertifizierungs- und Prüfstellen das notwendige Knowhow, die personellen und finanziellen Ressourcen haben, um eine Automatisierung von Prüfprozessen mit ausgewählten Partnern umzusetzen, mangelt es gerade kleinen und mittelständigen Unternehmen an den notwendigen Ressourcen und Fachwissen hierfür. Dadurch stehen kleine und mittelständige Unternehmen vor großen Herausforderungen bei der Umsetzung der kontinuierlichen Zertifizierung, obwohl diese von einer Automatisierung der Prüfprozesse am meisten profitieren könnten. Es sind daher innovative Lösungsansätze für KMU von Nöten, um das gesamte Potenzial einer kontinuierlichen Zertifizierung ausschöpfen zu können.

Zur Vernetzung der unterschiedlichen Fachexpertisen, welche zur Durchführung von automatisierten, kontinuierlichen Prüfungen im Rahmen einer kontinuierlichen Zertifizierung benötigt werden, bietet sich insbesondere ein plattformbasierter Ansatz an. Durch die Entwicklung einer Plattform kann ein Ökosystem geschaffen werden, indem sich unterschiedliche Interessensgruppen vernetzten und verschiedene Dienste anbieten und nutzen können, die mit der kontinuierlichen Zertifizierung der Cloud-Service-Sicherheit im Zusammenhang stehen. So können Synergien genutzt und vertrauenswürdige Angebote für die gesamte Wertschöpfungskette entwickelt werden. Cloud-Service-Anbieter können sich mit der Plattform vernetzen, um fortlaufend Informationen über ihre angebotenen Dienste bereitzustellen. Prüfer und Software-Entwickler verschiedenster Domänen können als Anbieter für kontinuierliche Messverfahren in der Plattform auftreten, und entweder die zur Verfügung gestellten Informationen nutzen oder eigene Datenerhebungen beim Cloud-Service-Anbieter durchführen (externe Auditierung), um Mehrwertdienste anbieten zu können. Die erhobenen und analysierten Informationen über einen Cloud-Service können wiederrum von Drittparteien wie Zertifizierungs- und Prüfstellen genutzt werden, um die Konformität zur geltenden Anforderungen (bspw. der EU-Datenschutzgrundverordnung) zu überprüfen.

Um dies zu ermöglichen ist es jedoch entscheidend, eine robuste und sichere Plattform anzubieten und zugleich die Qualität und Rechtssicherheit der Plattform und bereitgestellten Verfahren sicherzustellen. Zukünftige Forschung sollte eine Plattform zur Vernetzung von Akteuren und deren Dienstleistungen konzipieren, um eine fortlaufende Überprüfung von Anforderungen zu realisieren. Hierbei sollte unter anderem festgestellt werden, welche grundlegende Funktion die

Plattform zur Verfügung stellen muss und wie Daten, welche zur kontinuierlichen Prüfung benötigt werden, bereitgestellt und sicher gespeichert werden können. Ein zentraler Akteur auf der Plattform stellen Anbieter für kontinuierliche Überprüfungen dar. Diese nutzen die Daten, welche durch einen Cloud-Anbieter auf der Plattform zur Verfügung gestellt werden, oder erheben eigenständig weitere Informationen, um innovative Analyse- und Prüfmechanismen als Mehrwertdienste auf der Plattform zur Verfügung stellen. Diese Mehrwertdienste können wiederrum von Cloud-Service-Anbietern und –Kunden aber auch von Prüfstellen genutzt werden, um Einblicke in das Cloud-Service-Verhalten gewinnen zu können.

Zukünftige Forschung ist von Nöten, um festzustellen, wie Anbieter von kontinuierlichen Überprüfungen an der Plattform teilnehmen können und ihre Dienste bereitstellen können. Weiterhin gilt es aus einer technischen Perspektive zu evaluieren, wie Messverfahren adaptiv angepasst werden können, wenn es zu Änderungen des Cloud-Services oder zum Eintritt gewisser Ereignisse (bspw. Bekanntwerden einer neuen Sicherheitsschwachstelle) kommt. So müssen zukünftig innovative Ansätze untersucht und entwickelt werden, wie bereits laufende Messverfahren neu konfiguriert und gegebenenfalls weitere Messverfahren adaptiv hinzugefügt werden können. Nur durch adaptive Messverfahren sind kontinuierliche Prüfungen durch KMU als Dienstleister denkbar, da andernfalls der Aufwand zur Anpassung der Prüfverfahren nicht den Einnahmen durch die kontinuierliche Überprüfung gerecht wird.

Um die vielfältigen Vorteile einer Dienst-Plattform im Kontext einer kontinuierlichen Zertifizierung zu realisieren ist daher weiterer Forschungsbedarf notwendig, welcher ein Ökosystem zur Vernetzung aller Akteure schafft und automatisierte und kontinuierliche Prüf- und Zertifizierungsmechanismen speziell auf die Bedürfnisse von KMU ausrichtet.

Literatur

Lins S, Grochol P, Schneider S, Sunyaev A (2016) Dynamic certification of cloud services: trust, but verify! IEEE Secur Priv 14(2):67–71. https://doi.org/10.1109/MSP.2016.26
Lins S, Schneider S, Sunyaev A (2018) Trust is good, control is better: creating secure clouds by continuous auditing. IEEE Trans Cloud Comput 6(3):890–903. https://doi.org/10.1109/tcc.2016.2522411

Anhang: Vorgehensweise

Zusammenfassung

Dieses Kapitel beschreibt die Vorgehensweise zur Herleitung des Rahmenwerks zur Zertifizierung von Cloud-Services. Zunächst wurden mittels Experteninterviews Rahmenbedingungen und Gestaltungsempfehlungen für Cloud-Service-Zertifizierungen hergeleitet. Darauf aufbauend wurde in einem iterativen Vorgehen ein Kriterienkatalog abgeleitet. Dazu wurde zunächst eine Taxonomie für Zertifizierungskriterien entwickelt und anschließend Zertifizierungskriterien aus etablierten Standards aus dem Cloud-Umfeld abgeleitet und in die Taxonomie klassifiziert. Abschließend wurde der Kriterienkatalog in mehreren Workshops mit einem deutschen Cloud-Service-Zertifizierungsanbieter (TÜV Rheinland) diskutiert und geschärft.

Zur Entwicklung des Rahmenwerks zur Zertifizierung von Cloud-Services wurde ein vierstufiger Prozess verfolgt. Im ersten Schritt wurden 13 Experteninterviews mit Cloud-Service-Kunden, Cloud-Service-Anbietern und Cloud-Service-Beratern durchgeführt um die in der wissenschaftlichen Literatur dargelegte Wissensbasis zu erweitern, Rahmenbedingungen für eine Cloud-Service-Zertifizierung abzuleiten und eine Basis zur Ableitung des Kriterienkatalogs aufzubauen. Aufbauend auf diesen Erkenntnissen wurden Empfehlungen zur Gestaltung von Cloud-Service-Zertifizierungen erarbeitet (siehe Kap. 3). Zur Strukturierung des Kriterienkatalogs

© Springer-Verlag GmbH Deutschland, ein Teil von Springer Nature 2019   243
S. Lins et al., *Cloud-Service-Zertifizierung*,
https://doi.org/10.1007/978-3-662-58857-4_11

wurde im darauffolgenden Schritt eine iterative Methode zur Entwicklung von Taxonomien angewendet (Nickerson et al. 2013). Dazu wurden zunächst die Inter-
viewtranskripte analysiert um die Struktur der Taxonomie herzuleiten, anschließend wurden Zertifizierungskriterien aus sieben Cloud-Standards abgeleitet und in
einem iterativen Vorgehen konsolidiert. Im dritten Schritt wurde jedes Zertifizierungskriterium im Rahmen von Workshops mit vier Forschern in diese Taxonomie
klassifiziert. Mit dem vollständig klassifizierten Kriterienkatalog wurden im letzten Schritt zusammen mit einer deutschen Cloud-Service-Zertifizierungsstelle
(TÜV Rheinland) mehrere Workshops durchgeführt um jedes Kriterium zu disku-
tieren, die Praxistauglichkeit zu schärfen und weitere Konsolidierungen vorzunehmen. Eine vollständige Auflistung des Kriterienkatalogs findet sich in Abschn. 4.2.
Im Folgenden werden die einzelnen Schritte der Vorgehensweise detailliert beschrieben.

11.1   Entwicklung einer Taxonomie für Cloud-Service-Zertifizierungskriterien

Eine Taxonomie strukturiert und organisiert Wissen einer spezifischen Domäne
(Glass und Vessey 1995). Taxonomien nehmen eine zentrale Rolle in der Forschung und Praxis ein, denn eine Klassifizierung von Objekten hilft Forschern und
Praktikern dabei komplexe Domänen zu verstehen und zu analysieren (Nickerson
et al. 2013) und stellt somit einen fundamentalen Mechanismus zur Wissensorga-
nisation dar (Wand et al. 1995). Nach Nickerson et al. (2013) ist eine Taxonomie
ein Artefakt, das existierende oder zukünftige Objekte in einer spezifischen Domäne beschreibt und klassifiziert. Sie besteht aus einer Menge von n Dimensionen
D_i (i = 1, ..., n), die jeweils aus einer Menge von k_i ($k_i \geq 2$) gegenseitig unabhängigen und zusammen vollständigen Charakteristiken C_{ij} (j = 1, ..., k_i) bestehen,
sodass jedes Betrachtungsobjekt genau ein C_{ij} für jedes D_i besitzt.

Nickerson et al. (2013) haben eine iterative Methode zur Entwicklung von Taxonomien entwickelt. Im Folgenden wird die Anwendung dieses Modells beschrieben. Für eine detaillierte Beschreibung und eine Schritt-für-Schritt Anwendung sei
auf Nickerson et al. (2013) verwiesen. Zu weiteren Details zur Anwendung der
Taxonomieentwicklung in diesem Forschungskontext sei auf Schneider et al.
(2014) verwiesen.

Nickerson et al. (2013) definieren den Ablauf der Iterationen, indem sie induktive
(empirisch → konzeptuell) und deduktive (konzeptuell → empirisch) Iterationen
unterscheiden. Als empirische Daten sind hier die Objekte zu verstehen, die klassifiziert werden sollen. Im Fall der vorliegenden Forschungsarbeit also existierende

Zertifizierungskriterien die z. B. aus existierenden Cloud-Standards abgeleitet werden können. Induktive Iterationen eignen sich wenn Forscher begrenztes Verständnis über die Domäne besitzen, aber signifikante empirische Daten verfügbar sind (hier: Kriterien zur Zertifizierung von Cloud-Services). Deduktive Iterationen eignen sich wenn Forscher umfassendes Verständnis über die Domäne haben, aber nur wenig empirische Daten verfügbar sind. Da sowohl empirische Daten vorhanden sind (Cloud-Standards und die dort definierten Kriterien (siehe auch Gao und Schneider (2012); Bernnat et al. (2012)), als auch ausführliches konzeptuelles Wissen der Domäne, in Form von Experteninterviews und Erfahrung der Forscher, können beide Vorgehensweisen durchgeführt werden. Im Rahmen dieser Forschung wurden zu Beginn deduktive Iterationen durchgeführt um Charakteristiken und Dimensionen anhand der Interviews ableiten zu können. Es wurde also Domänenwissen angewendet, um abzuleiten, aus welchen Dimensionen und Charakteristiken Taxonomie aufgebaut ist. Im Anschluss daran wurden induktive Iterationen durchgeführt. Es wurden also die zu klassifizierenden Objekte betrachtet um die Taxonomie zu erweitern sowie um Zertifizierungskriterien zu identifizieren. Tab. 11.1 fasst die Vorgehensweise und die Datenquellen für jede Iteration zusammen. Bei den Experteninterviews ist jeweils die Position der Interviewpartner und in Klammern die Branche angegeben. In Klammern ist die Nummer des Interviewpartners angegeben, auf die im Folgenden bei Zitaten referenziert wird.

In den deduktiven Iterationen haben zwei Forscher die Interviews unabhängig voneinander iterativ kodiert, um Aussagen zur Ableitung von Dimensionen, Charakteristiken und Objekten der Taxonomie zu identifizieren. Dabei konnten durch die Interviews Charakteristiken und Dimensionen weiter geschärft werden, da nur wenige Aussagen konkrete Zertifizierungskriterien enthielten. Interviewpartner haben eher generische und abstrakte Kriterien genannt, wie bspw. *„Lokalität und Sicherheit der Rechenzentren, der Infrastruktur, die leitungstechnische Anbindung dieser Rechenzentren an den Kunden"* [Interviewpartner 07] oder *„[…] der rechtliche und besonders auch der vertragliche Bereich eines Cloud-Services, der explizit unabdingbar ist für diese Zertifizierung."* [Interviewpartner 10]. Weitere Aussagen klassifizierten Kriterien wie *„Wenn das Thema Sicherheit Zertifizierungskriterium ist, […], dann würde ich sagen, muss man auch vor Ort gucken, wie der seine Sicherheit managt."* [Interviewpartner 08] oder *„Wenn auf dem Stack ganz oben der Service liegt, darunter liegt irgendwo mal Hardware. Alles was dazwischen ist, würde ich in Scheiben schneiden […], weil das sind auch üblicherweise die Schnittstellen, wo eine Möglichkeit besteht, dass ein Cloud-Service-Anbieter sich für die Implementierung seines Cloud-Services wieder auf andere Provider stützt […]"* [Interviewpartner 01]. Diese Aussagen wurden genutzt, um Charakteristiken für die Taxonomie ableiten zu können. So beinhalten bspw. die

Tab. 11.1 Übersicht über Ablauf und Art der Iterationen

Iteration	Vorgehensweise	Datenquelle
1	Deduktiv	3 Experteninterviews
		(1) Senior Research Manager (Beratung)
		(2) CEO (Software-Lösungen)
		(3) Head of Research (Beratung)
2	Deduktiv	3 Experteninterviews
		(4) Leiter Softwareentwicklung (Software-Lösungen)
		(5) Global Server Virtualization Offering Lead (Beratung)
		(6) Senior Consultant (Beratung)
3	Deduktiv	4 Experteninterviews
		(8) CEO (IT-Services)
		(9) CEO (Software-Lösungen)
		(10) CMO (Software-Lösungen)
		(11) CEO (Software-Lösungen)
4	Induktiv	Bundesamt für Sicherheit in der Informationstechnik (2011)
5	Deduktiv	3 Experteninterviews
		(7) Cloud Territory Business Manager (Software- und Hardware-Lösungen)
		(12) Innovation Manager (IT-Services)
		(13) Sales Manager (Software-Lösungen)
6	Induktiv	International Organization for Standardization (2005)
7	Induktiv	Cloud Security Alliance (2011)
8	Induktiv	Cloud-Computing Use Cases Discussion Group (2010); Badger et al. (2012)
9	Induktiv	EuroCloud Deutschland_eco e.V. (2010)
10	Induktiv	Stein et al. (2012)

Aussagen von [Interviewpartner 07] und [Interviewpartner 10] drei Charakteristiken, welche in der Dimension „Kategorie" gruppiert sind: IT-Sicherheit, Vertragsbedingungen, Rechtliche Compliance. Die Aussage von [Interviewpartner 08] spiegelt die Dimension „Vor-Ort-Auditierung" (Charakteristiken; „ja", „nein") wieder und die Aussage von [Interviewpartner 01] demonstriert die Dimension „Servicemodell-Abhängigkeit" (mit den Charakteristiken: „Utility-Schicht", „Applikationsschicht" und „alle Schichten"). Ferner dienen präzise Aussagen als Objekte in der Taxonomie, wurden jedoch für zukünftige induktive Iterationen markiert, damit diese durch detaillierte und messbare Zertifizierungskriterien aus den ausgewählten Standards ersetzt werden konnten. So wurde bspw. die Aussage als Objekt definiert: *„Was zusätzlich auch auf jeden Fall im Vertrag drin stehen sollte ist die Anforderung, dass man über Incidents informiert wird, die beim Anbieter passieren und die mögliche Auswirkungen auf meine eigenen Daten als Kunde* *hätten.“* [Interviewpartner 06]. In den folgenden Iterationen wurde dieses Kriterium durch Kriterien überarbeitet und erweitert, die das Incident-Management betreffen (z. B. aus ISO/IEC 27001).

In den folgenden induktiven Iterationen wurden Zertifizierungskriterien anhand von bekannten und etablierten Standards für Cloud-Computing, IT-Sicherheit und IT-Services mit einem hohen Reifegrad und hohen Einflusspotenzial abgeleitet (siehe auch Gao und Schneider (2012); Bernnat et al. (2012)). Das Ziel war es, eine Auswahl von Standards zu definieren, die einerseits einen großen Umfang von Anforderungen an Cloud-Services aus den Interviews abdecken, und andererseits tiefen Einblick über hochrelevante Fragestellungen, wie Sicherheit und Privatsphäre, ermöglichen. Daher wurden zum einen umfassende Standards ausgewählt, welche eine große Anzahl an Themen in einem Standard aggregieren (Cloud-Computing Use Cases Discussion Group 2010; Badger et al. 2012) sowie Standards, welche sich auf spezielle Themen wie bspw. Sicherheit (Bundesamt für Sicherheit in der Informationstechnik 2011; Cloud Security Alliance 2011; International Organization for Standardization 2005), Servicemanagement (Stein et al. 2012) oder rechtliche Bestimmungen (EuroCloud Deutschland_eco e.V. 2010), fokussieren. Dabei wurden Kriterien von jedem Standard wie folgt abgeleitet.

Ein Forscher hat die ausgewählten Standards sequenziell zur Identifizierung von geeigneten Zertifizierungskriterien analysiert, Vorschläge für oder Anforderungen an Cloud-Services als Kriterien extrahiert und diese in Fragen umformuliert, sodass diese mit ja oder nein beantwortet werden konnten. Dabei wurde jedes extrahierte Kriterium mit den bereits identifizierten Kriterien in der Taxonomie verglichen, sodass ähnliche Kriterien von verschiedenen Standards vereint und angepasst wurden. Zudem wurden allumfassende oder unpräzise Kriterien, welche zu mehreren Charakteristiken einer Dimension zugeordnet werden konnten, in kleinere und spezifischere Kriterien aufgeteilt. Da dieses Vorgehen nur von einem Forscher durchgeführt wurde, wurde die Vereinigung unter großer Vorsicht durchgeführt, sodass nur zwei Kriterien vereint wurden, welche zweifelsfrei identisch sind. Im Zweifelsfall wurde ein neues Kriterium eingefügt und in der nächsten Phase genauer untersucht. Durch diese Vorgehensweise konnten insgesamt 417 Zertifizierungskriterien identifiziert werden.

11.2 Klassifizierung der Zertifizierungskriterien

Um die Subjektivität der vorherigen Klassifizierung bei den induktiven Iterationen zu reduzieren und die Gültigkeit und Verlässlichkeit der Taxonomie zu erhöhen, wurden die folgenden Schritte durchgeführt. Zunächst wurden alle Klassifizierun-

gen der Kriterien entfernt, sodass die 417 Zertifizierungskriterien von der Taxono-
miestruktur losgelöst waren. Dann wurden Workshops mit vier Forschern durchgeführt. Dabei wurden abgeleitete Kriterien klassifiziert, vereint und obsolete
Kriterien oder Duplikate von Kriterien gelöscht. Dies wurde in Iterationen durchgeführt, welche jeweils aus der Vorarbeit der Forscher und Team-Diskussionen be-
standen.

Im ersten Schritt wurde eine Zufallsmenge von 50 Kriterien ausgewählt. Zunächst klassifizierte jeder Forscher individuell diese Kriterien. Im Anschluss daran
wurde ein Treffen der Forscher abgehalten, bei denen Probleme die während der
Klassifizierung auftraten und Konflikte bei Klassifizierungen besprochen wurden.
Im Anschluss wurden allgemeine Regeln zur Klassifikation basierend auf den ent-
standenen Problemen erstellt, bspw. Regeln zur Lösung von Fällen bei denen ein
Forscher unentschlossen bezüglich zweier Charakteristiken in einer Dimension
war.

Weiterhin bildeten die Forscher jeweils zwei Teams (Team 1: Forscher A und B,
Team 2: Forscher C und D). In diesen Teams wurden die verbliebenen 367 Krite-
rien iterativ in Sets von je 90 Kriterien klassifiziert und diskutiert. Nachdem 90
Kriterien klassifiziert wurden, tauschten die Forscher die Teams: Forscher A und C
sowie B und D diskutierten ihre Klassifizierungen. Zudem wurden die bisherigen
Ergebnisse und Klassifizierungen der alten Teams besprochen. Im Anschluss der
Diskussionen und Konfliktlösungen wurden die nächsten 90 Kriterien klassifiziert.
Als alle Kriterien klassifiziert und Konflikte gelöst waren, prüfte ein Forscher die
Ergebnisse auf Konsistenz.

Diese neue Klassifizierung der Zertifizierungskriterien führte zu einer Reduzierung der Kriterien von 417 auf 328. Dabei wurden jedoch keine Änderungen an der
Taxonomie vorgenommen. Diese augenscheinlich starke Reduzierung um 89 Kriterien entstand aus den vorhergehenden Phasen, bei dem ein einzelner Forscher
unsichere Kriterien vorerst in die Taxonomie einfügte, um so Fehler zu reduzieren.

11.3 Workshops zur Schärfung der Ergebnisse

Um die ermittelten Kriterien weiter zu schärfen und ihre praktische Anwendbarkeit
sicherzustellen, wurden darüber hinaus drei externe Workshops in Kooperation mit
dem TÜV Rheinland durchgeführt. In diesen Workshops nahmen jeweils zwei
Cloud-Zertifizierungs-Experten des TÜV Rheinlands sowie ein Forscher teil. Die
Teilnehmer verglichen die bestehenden Cloud-Zertifizierungsanforderungen des
Zertifikats ‚Certified Cloud Service' vom TÜV Rheinland mit den in der Taxonomie enthaltenen Kriterien. Dabei wurde auch die praktische Anwendbarkeit der

Taxonomiekriterien zwischen den Teilnehmern diskutiert. Durch diese Evaluierung wurden einige Kriterien als nicht praktisch relevant oder umsetzbar markiert oder mehrere Kriterien zu einem einzelnen Kriterium vereint. Im Anschluss wurden die Empfehlungen der Praktiker hinsichtlich der Eignung der Taxonomiekriterien in vier internen Workshops erörtert. An diesen internen Workshops nahmen drei Forscher teil. Die praktischen Empfehlungen wurden dabei gemeinsam diskutiert und die Taxonomiekriterien entsprechend angepasst. Sowohl die externen, als auch die internen Workshops dauerten im Durchschnitt zwei Stunden. Durch diese Workshops wurde die Anzahl von 328 auf 219 Kriterien reduziert. In abschließenden Diskussionen wurden die Taxonomie und die Anzahl der Charakteristiken nochmals verschlankt, um die Praxistauglichkeit des Kriterienkatalogs sicherzustellen.

Literatur

Badger L, Grance T, Patt-Corner R, Voas J (2012) Cloud computing synopsis and recommendations: recommendations of the National Institute of Standards and Technology. http://csrc.nist.gov/publications/nistpubs/800-146/sp800-146.pdf. Zugegriffen am 02.12.2014

Bernnat R, Zink W, Bieber N, Strach J (2012) Das Normungs- und Standardisierungsumfeld von Cloud Computing: Eine Untersuchung aus Europäischer und deutscher Sicht unter Einbeziehung des Technologieprogramms „Trusted Cloud". Bundesministerium für Wirtschaft und Technologie, Berlin

Bundesamt für Sicherheit in der Informationstechnik (2011) Sicherheitsempfehlungen für Cloud Computing Anbieter – Mindestanforderungen in der Informationssicherheit. https://www.bsi.bund.de/SharedDocs/Downloads/DE/BSI/Mindestanforderungen/Eckpunktepapier-Sicherheitsempfehlungen-CloudComputing-Anbieter.pdf. Zugegriffen am 02.12.2014

Cloud Security Alliance (2011) Security guidance for critical areas of focus in cloud computing V3.0. https://cloudsecurityalliance.org/guidance/csaguide.v3.0.pdf. Zugegriffen am 02.12.2014

Cloud-Computing Use Cases Discussion Group (2010) Cloud-computing use cases. http://cloudusecases.org. Zugegriffen am 02.12.2014

EuroCloud Deutschland_eco e.V. (2010) Leitfaden Cloud Computing Recht. Datenschutz & Compliance. http://en.eurocloud.de/2011/03/04/eurocloud-guidelines-cloud-computing-german-law-data-protection-and-compliance/. Zugegriffen am 02.12.2014

Gao F, Schneider S (2012) Cloud frameworks: an information systems perspective. In: Proceedings of ConLife Academic conference

Glass RL, Vessey I (1995) Contemporary application-domain taxonomies. IEEE Software 12(4):63–76

International Organization for Standardization (2005) ISO/IEC 27001:2005 Information security management. http://www.iso.org/iso/home/standards/management-standards/iso27001.htm. Zugegriffen am 02.12.2014

Nickerson RC, Varshney U, Muntermann J (2013) A method for taxonomy development and its application in information systems. Eur J Inf Syst 22(3):336–359. https://doi.org/10.1057/ejis.2012.26

Schneider S, Lansing J, Gao F, Sunyaev A (2014) A taxonomic perspective on certification schemes: development of a taxonomy for cloud service certification criteria. In: Proceedings of the 47th Hawaii international conference on system sciences

Stein F, Schneider S, Sunyaev A (2012) ITIL Als Grundlage zur Zertifizierung von Cloud-Services und -Anbietern. HMD Praxis Wirtschaftsinform 49(288):33–41. https://doi.org/10.1007/BF03340755

Wand Y, Monarchi DE, Parsons J, Woo CC (1995) Theoretical foundations for conceptual modelling in information systems development. Decis Support Syst 15(4):285–304. https://doi.org/10.1016/0167-9236(94)00043-6

The manufacturer's authorised representative in the EU is Springer
Nature Customer Service Centre GmbH, Europaplatz 3, 69115 Heidelberg,
Germany. If you have any concerns regarding our products, please
contact ProductSafety@springernature.com

Printed and bound by CPI Group (UK) Ltd, Croydon, CR0 4YY
27/04/2026
02097666-0002